美军空间侦察研究

A Study on Space-Based Reconnaissance
of the U.S. Armed Forces

高庆德/程 英・著

时事出版社
北京

目　　录

前　　言

空间侦察作为国家战略侦察手段，已经成为国家威慑力量和军队战斗力的重要组成部分，成为世界各国竞相争夺的战略制高点。特别是科学技术迅猛发展及其在军事空间领域的广泛应用，促使战场空间由陆、海、空向外层空间扩展，作为制定战略和军事行动基础的军事情报的获取也将重心逐渐向外层空间转移。以侦察卫星、预警卫星、通信卫星和导航卫星等为代表的卫星平台组成的空间情报信息系统，正日益成为世界各军事强国竞争的重要领域。以空间侦察卫星为依托的空间侦察系统成为了情报的重要来源，围绕空间的制信息权，空间侦察与反侦察构成了空间对抗的重要内容。美国前总统肯尼迪称："谁控制了宇宙谁就控制了地球；谁控制了空间，谁就控制了战争的主动权。"美国利用其强大的信息优势、人才优势、资源优势和技术优势，在构建以信息化为核心的空间信息系统方面走在了世界各国的前面，已建成若干个功能各异的军用卫星系统，拥有当今世界上最强大的军用空间基础设施和情报侦获系统，具备了较强的天基数据获取、转发、传输和分析能力。

美军已形成了雷达成像卫星、光学成像卫星、信号情报卫星和海洋监视卫星四大侦察品类，具备在全球范围、全天候、全天时、全电磁谱段获取情报信息的能力，使得美军在空间侦察方面的技术和能力远远超过其他国家。如美军雷达成像卫星能够全天时、全天侯实施不间断侦察，具有发现隐蔽的武器装备和识别假目标的能力，分辨率在 1 米以内；美军光学成像卫星的分辨率已达到 0.1 米的水平，光学成像卫星除具有光学侦察能力外，还具有红外侦察和信号情报侦察能力，能识别伪装。信号情报侦察卫星系统具有接收数据链信号、话音通信信号、雷达信号等各种无线电信号通信情报和电子情报的能力，能同时侦收地面不同信号源发射的信号；海洋监视卫星能侦收潜艇和海面舰艇发射的无线电通信信号和雷达辐射的射频信号。空间情报信息系统所包含的通信卫星、导航卫星和预警卫星等具备的能力也为美军信息优势的取得奠定了基础：通信卫星可使互联网的接入速度极大提高，能将战场视频信息近乎实时传输到美国总部和需要的地方，情报传输能力基本支持“情报—打击”的作战模式；导航卫星经历了几代的发展，已更为成熟，更为先进的脉冲导航技术也已进入试验阶段；卫星预警能力与导弹拦截能力有效结合，广泛应用于近年来的多场高技术局部战争中，极大提高了导弹拦截的效率。在空间侦察系统的支援下，美军的联合作战模式逐渐成熟，成为现代战争的基本模式。

随着对空间侦察能力认识的发展，其他国家也将国家安全、军事安全和战争胜负同空间侦察能力优势联系起来。提高空间侦察能力和有效对抗他国的空间侦察成为当今维护国家安全和利益的重要手段。近年来的几场局部战争和军事行动表明，空间侦察系统已经成为战争力量的“倍增器”，同时，空间侦察能力也在逐渐改变着战争方式、作战理念、作战形态等，全新的“侦察—打击”作战模式在空间情报系统的强力推动下正在形成。

没有制天权，就没有制信息权，并将严重削弱制空权和制海权，最终可能丧失战争的主动权而不能保证国家安全。当代空间侦察的战略地位更为重要，平时成为维护国家安全的重要屏障，战时直接支援作战，是军队战斗力不可或缺的构成要素，是争夺战争主动权的关键，是部队遂行作战任务，进行精确打击的可靠保障。

有比较才有鉴别，对美军的空间侦察进行研究，了解空间侦察能力强国的技术发展历程、建设经验、运用状况等无疑对本国该方面的建设具有重要的启示和借鉴作用。本书是作者所在课题组研究领域部分成果的总结，其中涉及到课题组成员的共同成果，他们是我的学生谢捷伟、童炜、吴林等。部分内容引用了本领域一些同行公开发表的研究成果，在此一并感谢。

高庆德

2016 年 10 月

第一章　空间侦察

很久以前古人就懂得了“欲穷千里目，更上一层楼”的道理，战时筑起高墙和高塔，极目远望，以侦察敌方的动向。到了19世纪末，各类气球开始登上战争的舞台，成为了新的侦察平台，侦察高度进一步提升。不久性能更好的飞机代替气球成为了空中侦察的绝对主力，在两次世界大战中，交战的各方都把空中飞机侦察作为掌握敌方动向、获取军事情报的主要方式。这一时期，用于观察对手的器材设备同以往相比发生了质的变化，空间侦察的技术水平有了跨越式发展。1957年，随着人类太空时代的来临（1957年10月4日苏联成功发射了全世界第一颗人造地球卫星），人造卫星、宇宙飞船、航天飞机、空间站等一系列航天器都被优先运用于军事，提供了更高、更为广阔的侦察平台，从而使军事侦察活动领域从传统的陆地、海洋、天空一直延伸到了太空，实现了划时代的飞跃，开启了空间侦察的新纪元，卫星从此成为空间军事侦察最重要的平台。现在在地球轨道上运行着承载不同任务的卫星有近千颗，其中1/3具有军事用途，大部分承担提供各种类型的情报侦察任务。空间侦察作为国家战略侦察手段，已经成为国家威慑力量和军队战斗力的重要组成部分，成为世界各国竞相争夺的“战略制高点”。随着空间侦察支持从情报侦察发现到武器系统引导，卫星越来越多地被用于军事作战，为战斗提供直接的支持。例如，在伊拉克战争中，有68%的炮火是通过卫星引导的。随着空间侦察精度和实时性的提高，现代战争对空间侦察的依赖性也日益增加。据统计，目前空间侦察约占现代战争中全部侦察手段的60%—65%。

从以卫星平台出现的空间侦察时代开始，美军的空间侦察能力就处于绝对领先地位。据美国民间科学组织的资料，目前美国大约拥有 400 多颗卫星，其中可用于纯军事任务的卫星总量超过 100 颗，每年的空间军事活动支出超过 250 亿美元，美军的卫星能够执行各种情报任务，包括成像、导航、电子信息捕获、预警和气象等。美国很早就意识到空间对于美国的重要性，提出“谁能控制太空，谁就能控制地球”[①]，并称美军在 21 世纪的作战将更加依赖空间力量。目前，美军已经建成世界一流的空间情报侦察体系，在美军的军事体系中占有举足轻重的地位。

第一节　空间侦察的相关问题

根据国际法，空间侦察平台能够合法、安全地过境或停留在别国领土的上空实施侦察[②]，并且空间侦察很少受大气和地面环境的影响，可以经常保持比较高的战备状态。[③] 因此，和其他侦察手段对比来看，融合当今世界最先进科技于一体的空间侦察，是一种较有成效、较为可靠的高科技侦察手段。

一、空间侦察的相关概念

从获取情报的方式区分，侦察卫星分为成像侦察卫星和电子侦察卫星。成像侦察卫星通过对地球物表的成像，获取各种重要区域设施的布局，为军事行动提供可靠情报。电子侦察卫星是通过对诸如雷达、通信设备所辐射的电磁信号的获取，确定辐射源的方位及活动情况，获取目标的技术和战术参数，从而为实时地攻击目标提供所需信息。因此，常常形象地把成像侦察卫星称为“空间之眼”，

① http://www.fjk.link.com/speeches/joint/app17_ missilesandrockets.html.

② 这对于和平时期的军事斗争具有极其重要的意义，美军称之为“侵入性前沿存在”。

③ Robert L. Butterworth, Space and the Joint Fight, Strategic Forum, INSS, Feb 2012. p. 2. http://www.ndu.edu/inss.

把电子侦察卫星称为“空间之耳”。

（一）“侦察”与“情报侦察”

在美军，侦察与情报概念紧密相连，侦察的目的是为了获得情报信息。美军2013版JP1－02联合出版物《国防部军事与相关术语字典》对“情报”的定义：1. 对外国、敌对的或潜在敌对力量或机构，或实际的或潜在行动区域信息的搜集、处理、整合、评估、分析以及诠释后所得的产品；2. 产生制品的活动；3. 参与这些活动的组织。① 美军2013版JP3－14联合出版物《空间作战》对“情报”的定义也采用2013版JP1－02联合出版物《国防部军事与相关术语字典》对“情报”的定义。② 这一定义与美国战略情报之父肯特的看法一致。肯特在《服务于美国世界政策的战略情报》一书指出，情报就是一种知识，知识的追求必须通过人采取各种实际的活动才能获得，而人又必须依靠各类组织的支援配合运作，才可能顺利地进行情报活动或完成情报工作。③

美军2013版JP1－02联合出版物《国防部军事与相关术语字典》对“侦察”的定义：通过目视观察或其他的探测手段，获取关于敌人或对手的活动和资源的信息，或者获得关于气象、水文或地理特征的数据。④ 从该定义看，侦察的实施需要一定的手段，侦察的任务是获取相关的情报。

关于情报侦察，解放军外国语学院张晓军教授主编的《军事情报学》一书的定义是：“情报侦察是情报机关和情报人员通过各种观察、探测和调查手段获取情报材料的活动，是获取情报的主要方式。

---

① JCS, JP1－02: Department of Defense Dictionary of Military and Associated Terms, August 15, 2013, p. 137. http://www.fas.org/irp/dodirp/jp1_02.pdf.

② JCS, JP3－14: Space Operations, May 2013, p. 76. http:/www.fas.org/irp/dodder/dod/jp3_14.pdf.

③ Sherman Kent, Strategic Intelligence for American Foreign Policy, Princeton, NJ: Princeton University Press, 1949, p. vii.

④ JCS, JP1－02: Department of Defense Dictionary of Military and Associated Terms, Nov 8, 2010 (as amended through March 15, 2014), p. 224. http://www.dtic.mil/doctrine/index/html.

一般来说，情报都是经过侦察获得的。情报侦察除了传统方式、方法和手段之外，现代还出现了许多新的侦察手段。”① 李耐国教授著的《军事情报研究》中认为，军事情报侦察是通过各种观察、探测和调查手段获取情报材料的活动，是军事情报人员和情报机关获取情报的主要方式。② 从上述定义可以看出，侦察是和情报密不可分的概念，侦察的实施需要相应的人员、机构和手段。

（二）“空间侦察”与“空间能力”

1994 年版的《中国军事百科全书》（第二卷）把空间侦察定义为：“使用空间器进行的侦察，空中侦察的方式之一。按使用的空间器分为卫星侦察、宇宙飞船侦察、空间站侦察和空间飞机侦察；按空间器装载的侦察设备功能和任务范围分为成像侦察、电子侦察、海洋监视、导弹预警和核爆炸探测等。”③ 2011 年版的《中国人民解放军军语》对空间侦察的定义是：使用有侦察设备的空间器在外层空间进行的侦察，包括卫星侦察、空间站侦察、宇宙飞船侦察、空间飞机侦察等等。④

1990 年美国空军少校斯佛伦斯对空间侦察的界定是：空间侦察是指卫星与地面站，使用光电、成像、微波以及多光谱成像手段，从太空观察地球。⑤ 美国维基百科对空间侦察的定义是：使用空间飞行器照相和卫星照相，对空间中的各种天体实施侦察。军队使用侦察卫星，对地球表面实施空间侦察。⑥

空间侦察是一个非常笼统的概念，广义地说，以空间各种平台

---

① 张晓军主编：《军事情报学》，军事科学出版社，2001 年版，第 92 页。

② 李耐国著：《军事情报研究》，军事科学出版社，2001 年版，第 104 页。

③ 中国军事百科编委会编：《中国军事百科全书》（第二卷），军事科学出版社，1994 年版，第 234 页。

④ 中国人民解放军军事科学院：《中国人民解放军军语》，军事科学出版社，2011 年版，第 267 页。

⑤ John D. T. Severance, Proposed Design of a Tactical Reconnaissance Satellite System, Air Force Institute of Technology, Nov 30, 1990, p. 13. http://oai. dtic. mil/oai.

⑥ http://en. wikipedia. org/wiki/spatial_ reconnaissance.

为基础的情报信息获取都是空间侦察。但通常意义上讲，空间侦察是通过侦察卫星（也称间谍卫星）完成的，故亦称卫星侦察。空间侦察是利用光电遥感器和无线接收装置等侦察设备，接收和记录各种目标的电磁辐射，经分析处理，从中提取有价值情报信息的过程。

根据2014版的美军《国防部军事与相关术语词典》，空间能力是：空间资产完成任务的能力，或者是地面资产完成空间任务或者通过空间完成任务的能力。① 空间资产是一种装备，是空间系统的一部分，能够置于空间支援空间行动，或者在地面上直接支援空间行动。② 实施情报侦察任务的空间资产则是我们通常所说的空间情报侦察系统。

从以上定义可以看出，空间侦察是空间能力的一部分。这些定义指出了空间侦察的手段是指在空间的飞行器及其传感器，其传感器类型包括成像侦察传感器与电子侦察传感器。根据上述定义，按使用的空间器来划分，空间侦察可分为多类，并不单指卫星侦察。但是，由于目前卫星侦察技术是最成熟且运用最为频繁，因此，本书的空间侦察主要着眼于卫星平台，卫星侦察的主要类型包括成像侦察、电子侦察、海洋侦察、导弹预警和核爆炸探测等。由于侦察卫星在执行任务过程中，也需要其他非侦察类卫星的辅助，如通信卫星、气象卫星及导航卫星等配合侦察卫星执行空间情报侦察任务。因此，书中亦会少量提及到这些非侦察类卫星。

（三）"空间情报侦察能力"

美国国防空中侦察办公室在1995年版的《一体化空中侦察战略》谈到，一个完整的情报侦察系统包括传感器、平台、通信系统以及信息处理和分发构件。③ 这说明，几乎没有哪个侦察系统是单独

---

① JCS, JP1 – 02: Department of Defense Dictionary of Military and Associated Terms, Nov 8, 2010 (as amended through March 15, 2014), p. 243. http://www.dtic.mil/doctrine/index/html.

② Ibid. p. 243.

③ DARO, The Integrated Airborne Reconnaissance Strategy Executive Summary, 1995, p. 8. http://www.fas.org/irp/agency/daro/product/iarsexec.htm.

发挥作用的。因此，美军的空间侦察能力不仅是指卫星平台，还包括其他要素。正如美军所认为的，美军的军事任务不仅取决于卫星的能力，还取决于地面站的链接、指挥和控制节点、数据处理和分发系统等等，这些系统能够确保卫星的能力可为作战人员所使用。①这些能力会随着地面处理技术的发展而增强。

关于能力的定义，2009 年版的《牛津高阶英汉双解词典》对能力（capability）的定义是：做某事所必要的条件或品质。因此，我们可以认为所谓的能力就是完成某件事情或工作所需要的条件。这意味着空间情报侦察能力就是完成空间情报侦察所需要的条件。综合上述空间侦察、情报、情报侦察、空间能力等定义，我们可以认为，空间情报侦察能力，在情报要素上至少包括实施空间情报侦察的组织机构、人员、装备等等。这些都是实施空间情报侦察的条件，即由什么主体，在谁的组织下，用什么去完成任务。按照一般的情报流程和实施空间情报侦察的条件，空间情报侦察能力，指的是空间情报侦察部门，依照指挥控制机构的指令，运用空间情报侦察装备以及地面站，从太空对地表目标实施侦察的能力。为形成空间情报侦察能力需将传感器平台、指挥控制平台及作战平台无缝连接，进行信息获取、传递和处理，以供决策者参考，保障评估和决策，迅速、准确地下达作战命令和指挥协同作战。②

根据空间情报侦察的构件，空间情报侦察与侦察卫星的性能指标、人员素质、以及指挥控制有关。侦察卫星的性能指标主要有：分辨率、覆盖范围和时间性。③ 情报与指挥控制机构的融合，其结果是可以形成一个协作系统，快速搜集战场情报信息、分析并提供给指挥官。人是空间情报侦察活动的主体，空间侦察机构及其指挥控

---

① Robert L. Butterworth, Space and the Joint Fight, Strategic Forum, Feb 2012, p. 2. http: //www. ndu. edu/inss.

② 赵辉、严晓芳、曹晨：《美军天基信息系统与网络中心战》，《航天制造技术》，2010 年第 3 期，第 12 页。

③ DARO, The Integrated Airborne Reconnaissance Strategy Executive Summary, 1995, p. 8. http: //www. fas. org/irp/agency/daro/product/iarsexec. htm.

制机构都是由实施空间情报侦察活动的人组成的。因此，人是空间情报侦察的基础构件。

二、空间侦察的优势

空间侦察是一种高技术侦察手段。不但侦察平台技术先进，侦察设备、各种传感器、传输设备和指挥控制系统及其他相关组件无不体现出相关领域的高技术，因此这种侦察手段具备其他侦察手段无法匹敌的优势。对于诸如美国、俄罗斯等空间大国而言，空间侦察早已是其获取战略情报的主要手段，并成为现代作战指挥和战略武器系统的重要组成部分。

空间侦察系统是从空间获取信息的强有力手段，起着其他任何武器系统所不可替代的作用，是确保信息优势的重要环节。通过空间侦察系统，可长期、连续不断地对重点地区的军事设施、兵力部署、作战装备等进行监视，使敌方或潜在对手始终处于己方监视之下。

与其他情报侦察系统相比，空间侦察系统具有许多独特的优势：

（一）侦察范围广、覆盖面积大

卫星居高临下，视野广阔。一颗地球静止轨道卫星即可覆盖地球表面 30%，可 24 小时不间断工作，因此用地球静止卫星覆盖全球只需要 3 颗卫星。“普查型”照相侦察卫星上装有低分辨率广角照机相，对确定的国家和地区进行扫描拍照，一幅图片可覆盖几千到一二万平方千米。即使“详查”型照相侦察卫星采用高分辨率及相对窄视场照相机，一幅图像也可覆盖几十到几百平方千米。一颗运行在 500 千米高空的电子侦察卫星，最大可覆盖方圆 2000 多千米的地域；一颗与地球同步的预警侦察卫星可监视占地球表面 42% 的区域。

同空中侦察相比，在同样的视角下，卫星所覆盖的侦察范围是飞机的几万倍。例如，运行在离地面 150—200 千米高的轨道上的成像侦察卫星能把 4 万多平方千米的地区拍摄在一张图片上。这样一张图片抵得上几十张、甚至几百张航空侦察图片；运行在离地面

36000 千米高的同步轨道信号情报侦察卫星，甚至能侦察监视整个地球表面五分之二的地区，这样的超能力对空中侦察和其他平台的侦察来说永远望尘莫及。

（二）速度快、实时性强

空间侦察的速度取决于卫星实施侦察的速度和卫星将得到的信息传输到地面站的速度。卫星侦察的速度快，关键在于传输的速度。如美国的“锁眼－12”侦察卫星，在自然条件下，当太阳高度角大于5 度时，即可实施照相侦察。普查方式时，照相侦察进行航线和区域摄像，卫星每一圈飞行用 15 分钟摄像，每昼夜工作不到 1 小时，航线摄像时间不超过 2 分钟，在 2 分钟内可拍摄地面扫掠带长度约 200 千米。现正在运行和将来发展的侦察卫星多采用数字传输方式，星上装有具有信息加工处理能力的专用设备，在星上对胶卷处理后，转换成数字图像信息，再经数据传输信道传回地面，从完成侦察到指挥官（机关）得到侦察情报的时间约 4—7 小时；如用线性分辨率为 20 米的合成孔径雷达对 30—50 千米的地段进行普查侦察，将该雷达所获数据通过数传信道发往地面，所需时间约为 0. 5—2 小时。“长曲棍球”合成孔径雷达侦察卫星可近实时或在 0. 5 小时内将情报传输到指挥机关，电子侦察卫星能近实时将获得的情报进行传输。

在近地轨道上运行的侦察卫星，飞行速度高达 7—9 千米/秒，每天可绕地球飞行 16 圈，飞行速度是美军 U－2 高空侦察飞机的 35 倍。

（三）可定期或连续地监视某一地区，侦察行动无外交纠纷

“锁眼－11”设计寿命 2 年，实际平均工作寿命达 2. 5 年。“锁眼－12”照相侦察卫星其轨道升交点的经度为 46. 1 度，保证每隔 3 小时对同一目标实施重复侦察一次。它具有太空“加油”功能，经航天飞机在轨道上加注燃料后，其工作寿命可达 6 年之久。目前美国在轨道工作的 4 组经过改进的“白云”海洋监视卫星，其工作寿命长达 10 年。海湾战争期间部署的 2 颗“锁眼－11”和 4 颗“锁

眼－12”卫星，每隔两小时飞越海湾地区一次，每次工作约10分钟；在轨道的4组12颗“白云”海洋监视卫星每组每天至少飞经海湾地区上空1次，最多达3次，对该地区的重要目标进行探测、定位。科索沃战争期间，北约有50余颗卫星，对南联盟进行24小时不间断侦察，提供及时准确的战场态势情报。

低轨侦察卫星每天可绕地球飞行十几或数十圈，可侦察纬度较低的地区1—2次；若发射多颗卫星组网，即可缩短侦察该地区的时间间隔；若采用同步侦察卫星，则能连续不断地监视某一地区。

空间侦察可不受国界、地理和气候条件限制，自由飞越地球上任何一个地区，畅通无阻。可“合法”地进行空间侦察监视，挑衅性小。尤其在现代战争战场范围广、情况变化快、地面防空火力强的情况下，其他侦察手段均受到一定的限制，而侦察卫星却畅行无阻。

（四）手段多、功能全

空间侦察卫星集多种高技术于一身。照相侦察卫星使用的侦察设备主要有可见光照相机（常用的有长焦距全景扫描式、画幅式相机和测绘相机）、扫描仪（有可见光全景扫描仪、多谱段扫描仪和微波扫描仪）、电视摄像机、多谱段照相机、侧视雷达等。美国“锁眼”照相侦察卫星，装有焦距为27米的望远镜型长焦距照相机，内装有由计算机控制的“自适应光学仪”可精确修正主反射镜的镜面形状，使之快速改变焦距，通过变轨实现普查和详查功能。数字传输型侦察卫星采用高分辨率数字图像技术、高级光学遥感器、获取图像的宽频谱技术和数字传输技术。这类卫星还载有更先进的遥感设备，具有更高的红外、电子侦察能力和轨道机动能力，能完成战术侦察任务，它装载的推进剂较多，机动能力大，可及时机动到爆发冲突的地区上空进行侦察。

美军于1988年12月发射了“长曲棍球”新型雷达成像侦察卫星。这种侦察卫星载有合成孔径雷达，在拍摄地面图像时，具有全天候、全天时的侦察能力。由于雷达波有较强的穿透能力，能探测一定厚度的植被和掩蔽物下的目标，具有复杂全天候下实时侦察的能力。在海湾战争期间，美军使用“长曲棍球”卫星发现了伊拉克埋在沙里的掩体、管道和其他设施，弥补了“锁眼”卫星全天候能力不足的缺陷。

美国“白云”海洋监视卫星是一种电子型信号侦察卫星，采用1组3星（1颗主卫星，2颗子卫星）的多星侦察模式①。卫星入轨后弹出2颗子卫星，其轨道与母星相似，彼此相隔几十千米，为扩大覆盖面积，通常也采用4星为1组，4组16颗星组网，监听信号的有效距离可达3200千米，能全天候实施侦察和监视。科索沃战争中，北约使用了2颗“长曲棍球”雷达成像侦察卫星、3颗照相侦察卫星、3颗侦察小卫星、6颗气象卫星及24颗导航和定位卫星组成的全球卫星定位系统，为美军武器装备提供全天候、近实时、高精度的三维位置、速度和时间数据。

（五）分辨率高

美军现役照相侦察卫星地面分辨率均优于5米，有的达到0.15米。如“锁眼－11”在近地点处拍摄的地面分辨率普查时约0.6米，详查时0.15—0.3米；“锁眼－12”普查时约0.3米，详查时约0.1米，所摄取图像的地面分辨率最大达0.15米。“大酒瓶”电子侦察卫星，灵敏度极高，足以侦听到欧洲野战部队的无线电话，并可以对信息发射体定位。

照相侦察卫星轨道一般取近圆低轨道，近地点在300千米以下，有的在150千米左右。在轨道上对地摄影，摄影时姿态控制精度为0.1度左右，稳定精度要求0.001度/秒。卫星飞行平稳，几乎没有大气扰动，星上又没有发动机振动，这就为精密侦察设备提供了良好的工作环境。侦察卫星，特别是照相侦察卫星提供的军事情报直观效果好，同谍报人员提供的情报相比，具有较小的模棱两可性。

---

① 根据需要，有的采用1组4星，1颗主卫星，3颗子卫星。

三、空间侦察提供的情报类型

从提供情报的层次上，空间侦察的情报类型分为战略情报和战术情报两个层次。战略情报主要包括战略目标侦察，了解并掌握他国军事基地、战略设施和兵力部署情况及武器装备发展水平，为军政指挥当局提供决策辅助。战术情报主要包括为战术行动提供所需的情报资料，如地形地貌图、导航图、目标图、打击评估图等。美军侦察卫星的早期任务主要是获取全球战略目标情报，如敌方机场、港口、导弹发射场、核设施等，海湾战争后则加强了对图像情报的战术应用。其侦察卫星所获信息被广泛应用于国际的政治、外交较量和军事斗争，特别值得注意的是，长期以来，美军空间侦察卫星对重要战略目标和重大军事活动一直保持严密的侦察监视，获得了大量的情报。

随着现代战争形态的发展，多维一体化的体系对抗已成为未来攻防作战的基本样式，而凭借空间侦察系统对各类武器平台优越的支援作用，能够实现情报和武器平台的全维融合，达到“全维感知—高效指挥—精确打击”，从而有效提升体系作战能力，并充分应用于攻防作战。因此，空间侦察系统在未来体系作战中具有举足轻重的作用，能够提供和满足未来多维化、信息化、一体化作战所需的战术情报。

从提供信息用途上看，空间情报系统主要提供如下情报信息：

（1）决策情报：空间侦察系统主要提供侦察、监视和预警的战略和战术情报；

（2）指挥信息：未来信息化作战需要空间侦察系统提供决策情报信息并进行信息处理与分发以及指挥通信；

（3）打击信息：一是信息对抗，二是搜索目标，三是导航定位；

（4）保障信息：一是气象信息，二是测绘信息；

（5）评估信息：一是战场形势分析，二是打击效果评估。

从功能看，空间情报系统主要提供如下情报信息：

（1）侦察（军事侦察系统）监视（空间监视系统、海洋监视系统）情报；

（2）预警（预警和警戒系统）情报；

（3）服务（导航定位系统，气象，通信）情报；

（4）指控（作战管理指挥控制系统、引导控制系统）情报；

（5）作战（网络战系统、信息战系统）情报等。

第二节 空间侦察的作用

空间侦察自问世以来就在维护国家安全和局部战争中发挥着重要作用。“空间能力是一种重要的兵力倍增器（Force Multipliers），把空间能力（Space Capabilities）融入联合作战军事行动中将倍增美军作战能力。空间能力可以提供全球通信、定位、导航和授时（PNT），环境监测，天基情报、监视和侦察（ISR），以及向作战指挥官（CCDR）、军种机构提供预警服务”。[①] 空间侦察作为一种侦察手段，已经成为美国战略威慑力量和军队战役战术能力的重要组成部分。随着美军空间侦察能力不断增强，其在战争中发挥的作用也越来越大，美军对空间侦察的依赖性也日益增加。

据有关统计表明，美国的 80%、苏联的 70% 以上的战略情报来自空间侦察。1969 年 3 月苏联侵犯我国领土珍宝岛时，在不到两个月时间就发射了 10 余颗侦察卫星，战前获取大量情报，为战争做好准备。1973 年中东战争期间，苏联在不到 20 天的时间里，就连续发射了 6 颗侦察卫星监视战场，对战场进展情况全方位监视。海湾战争中，美国使用的侦察卫星多达 37 颗，获得 80% 以上的战场情报。科索沃战争，美军调用了 49 颗侦察卫星，为北约海、空军的空中打击提供了近实时的情报，使整个战场成为单向透明的战场，空间侦察自出现伊始就成为了军事领域的宠儿。

---

① U. S. Joint Chiefs of Staff, Joint Publication 3 - 14, Space Operations, 29 May 2013, p. IX.

一、空间侦察的任务

空间侦察方式自出现以后，就肩负着重要使命，对军事领域的众多传统行为产生重要影响，在多个方面发挥了重要作用。

（一）进行战略目标侦察，制定打击目标清单

任何一场现代战争，战争之前都少不了对敌战略目标的收集整理，对战场环境的掌握。卫星侦察出现以后，这一目标实现最有效的手段就是卫星侦察。卫星侦察可以从广阔的范围获得对方纵深目标的类型、分布和地理坐标等详细资料，如海军基地、空军基地、导弹阵地、防空阵地、防空系统、指挥通信中心、兵工厂、弹药库、兵营等军事设施，以及政府机构、交通枢纽、电讯、电站、冶金、机械、石油、造船、电子、航空航天、化工等作战支持设施。早期的侦察卫星通过星上装载的侦察相机、测绘相机系统同步观测，实现对战略目标的详细侦察和精确定位。

随着弹道导弹、巡航导弹和远程轰炸机等新式打击兵器的发展，“非接触”作战已经成为现实。在实施远程打击之前，必须利用空间侦察手段对敌方各类目标进行预先的侦察准备，包括对地球表面进行精确测绘、对重力场分布的测定，以及获取对方纵深目标的类型和地理坐标等详细资料。早期的侦察卫星通过星上装载的相机系统同步观测，实现对打击目标的详细侦察和精确定位。20 世纪 60 年代中期，美军利用这种方法对全球多个目标进行侦察，其像片地面分辨率达到 1.8 米，目标定位精度在 300 米左右；到 60 年代末，目标侦察像片分辨率达到 0.5 米左右，而定位精度达到 135 米以内。随着地理信息系统的发展和“3S”（CRS，GPS，GIS）技术的综合应用，现在可以对侦察卫星获取的打击目标资料进行更加详细的分析和更精确的定位。无论是海湾战争、科索沃战争还是对阿富汗的军事打击中，亦或是随后的反恐战争，美国无不借助于空间侦察图像和地理信息系统，精心地汇编了各类打击目标资料。在“沙漠风暴”的整个空袭期间，每当飞行员袭击伊拉克目标之前，美军指挥官总

是例行地将打击目标的卫星照片作为下达命令的一部分，让他们必须熟悉飞行路线及所要轰炸的目标。据悉，美军对阿富汗的“持久自由行动”打击行动中，有6—7颗军事侦察卫星部署在阿富汗的上空，其目标分辨率小于30厘米，为美国实施军事打击、跟踪战况、打击效果评估以及美特种作战部队进入阿富汗实施地面作战提供了源源不断的情报信息。空间侦察图像已成为军事打击目标资料的主要来源。同时，美军根据掌握的战略目标等级进行分类，制定作战计划，拟定打击目标清单。此外，其还依据平时搜集掌握的资料，战时可有效地鉴别出新设置的假目标和伪装。我们不难从美国科学家联合会在互联网上公布的台湾海峡两岸浅近纵深主要军事设施，以及中美撞机事件后美公布的我陵水机场照片，可以看出美国在平时利用空间侦察进行了精心的情报积累和储备。

（二）战略武器部署调查和军备控制监视

军备控制与核裁军仍是当前军事领域的一个重要课题，搜集掌握该领域的战略情报十分重要，而空间侦察就可起到不可替代的作用。

一是侦察战略武器系统的部署情况。在冷战对峙的20世纪50年代和60年代，导弹核武器系统迅速发展，但其部署又处于高度机密和隐蔽状态，用一般的侦察手段更难获知其详细情况。由于航空侦察对战略武器系统的部署情况知之甚少，所谓的“导弹差距”之说使美国朝野惶惶不安。为了查明苏联战略武器部署的真实情况，美国在1958年成功发射第一颗人造地球卫星之后，大大加快了人造卫星的研制试验进度。据中央情报局在侦察卫星试验成功之前的1960年2月提交的一份绝密级“国家情报估计”称，苏联到1961年年中可能部署140—200枚洲际弹道导弹。可是到1961年9月，中情局在对若干颗“科罗纳”卫星的侦察照片进行判读分析后提出的一份新的“国家情报估计”中指出，苏联已部署的洲际人造导弹还不到25枚。实际上，当时美国所拥有的洲际弹道导弹数量比苏联多好几倍。卫星侦察为查清苏联导弹武器布署情况立下了头功，使美国人终于搞清了“导弹差距”的真相，从而消除了对它的恐惧。20世纪60年代的“古巴危机”事件中，美国也是利用其成像卫星侦察技术确认了苏联导弹运抵古巴的情况，迫使苏联从古巴撤回导弹。

二是为军备控制谈判提供准确资料。从卫星侦察照片显示的地下核试验遗留的崎岖圆坑或导弹发射井四周的环形道路，以及太空电磁、红外射线的变化等特征，可以判断出地下核试验情况和导弹系统的部署。“锁眼－11”侦察卫星在1984年拍摄的苏联黑海尼古拉耶夫造船厂照片，清晰地显示出正在建造的苏联第一艘航空母舰。即使从民用资源遥感卫星照片上，也可以发现某些大型设施的情况。1986年4月20日发生的切尔诺贝利核电站事故，不仅“锁眼－11”卫星红外图像记录到了基辅附近的“闪光”，而且从“陆地卫星”（Landsat）和“斯波特”（SPOT）遥感图像所反映的当日前后核电站反应堆附近冷却池中的水温变化也可推断出，事故发生后反应堆业已关闭。

（三）提供导弹攻击和战争征候的预警

空间侦察可提供两方面的战略预警服务：

一是导弹攻击战略预警。利用星载红外探测器和电视摄像机，实时探测和跟踪导弹火箭发动机炽热尾焰的红外辐射，提高对来袭导弹的探测、跟踪、预警能力。导弹预警情报来源于导弹预警卫星、新一代的天基红外系统等空间侦察平台。通过星载红外传感器，实时探测弹道导弹发射尾焰的红外辐射信号，获取导弹飞行状态、打击区域预测等导弹预警情报，为高层决策指挥员提供预警信息，为导弹防御系统提供初步的目标指引和跟踪导引。和平时期，导弹预警情报主要用于监视对象国的航天发射和弹道导弹试射活动。

二是战争征候战略预警。利用空间侦察平台对敌方广域态势进行侦察监视，能发现敌方部队、武器装备大规模调动、集结等战略动向，为决策层提供战争征候预警情报，为阻止战争或准备战争赢得宝贵的时间。

美军近年来还通过空间侦察（导弹预警卫星）手段多次配合弹

道导弹防御系统的测试实验，在第一时间发现靶弹，并且将靶弹的弹着点和弹道及时传送给作战管理指挥控制通信中心（C^2BMC），确保了美军导弹拦截试验的顺利开展。

及时发现战争爆发征候，监视战场态势变化。战略预警侦察卫星可以提前判断战争爆发的征候，及时发现敌人开始准备进攻的地区、兵力部署、突击方向和重要地点，以及战争发展进程中敌我双方态势的变化，为高级指挥机关及战场指挥官进行作战决策提供依据。现代战场形势变化急剧，要求指挥系统具有快速反应能力，否则就会贻误战机，处于被动挨打的境地。举世瞩目的第四次中东战争爆发不到24小时，埃及军队便突破了被喻为坚不可摧的巴列夫防线。在北线，叙利亚的坦克集群和空降部队也很快的夺取了戈兰高地。但在一周之后，战争形势急转直下，究其原因是10月15日美国的“大鸟”照相侦察卫星，向以色列提供了埃及第二军和第三军结合部设防薄弱的情报，以色列当即派出一支装甲先遣队乘隙偷渡大苦湖，直插埃及军队的后方，进逼苏伊士城，挽回了败局，夺取了战争的主动权。

在海湾战争前夕，美国电子侦察卫星首先为情报部门提供了大量伊拉克军队可能采取大规模军事行动的预警情报。1990年7月27日，美国“锁眼”卫星发现伊拉克部队在科威特北部边界大规模集结，诸多迹象显示伊拉克很快会采取一次大规模军事行动，7月28日中央情报局长韦伯斯特向布什总统汇报了这一战争预警情报。1990年7月29日，即伊拉克入侵科威特开始前的四天，美国电子侦察卫星探测到伊拉克南部的一部苏制雷达开始工作。然后美军又利用成像侦察卫星，获取了伊拉克军队向科威特前进的证据，在8月1日上午判断伊拉克将在24小时内入侵科威特，8月1日晚即大举入侵科威特。

1990年8月3日，在伊拉克入侵科威特不到48小时，苏联就发射了照相侦察卫星，以监视海湾局势的发展变化。美国空军也改变了“锁眼-11”和“锁眼-12”照相侦察卫星及“长曲棍球”雷达成像卫星的轨道，以加强对海湾地区的空间侦察能力。这些情报，为美军决策海湾的军事行动提供了重要依据。

当前美国正在大规模兴建的 C^4ISR 指挥自动化系统，无论是战略、战役或战术 C^4ISR 系统都越来越依赖于空间侦察系统获取情报和传输信息，空间侦察发挥了其他手段不可替代的作用，为美国当局决策及行动计划的制定提供了重要依据，标志着美空间侦察支援作战已经走向成熟，对战争进程和结局的影响越来越大。

空间侦察自出现以来，就以其及时性和准确性，在战略层面为美国提供了独特的情报保障，辅助了军事战略决策，维护了国家安全。随着航天技术和传感器技术的进步，卫星类型不断丰富，空间侦察装备已从最初单一的成像侦察卫星，逐渐扩大到电子侦察卫星、海洋监视卫星、预警卫星等。空间侦察应用方式越来越多，范围也越来越广，已经从单纯的情报保障转化为作战的重要形式，覆盖了战略、战役和战术三个战争层面，在战前情报保障、战役战术情报支援、战场动态监视及毁伤效果评估等各个环节上都起到了重要作用。

（四）战场动态和海洋监视

动态情况的侦察和掌握是其他手段较难及时有效达成的，而卫星侦察在这方面则可大显身手。

一是进行战场动态监视。卫星侦察可以发现和识别坦克、火炮和车辆等调动和布防，前沿工事的构筑和指挥所的修建，防空设施和导弹武器系统的部署，飞机类型及其转场，作战物资的运送，以及其他作战系统的部署和转移，进而计算出兵力和作战能力的变化。及时发现战争爆发的征候，监视战场准备情况和态势变化，为作战决策提供有力的情报保障。海湾战争期间，美国有 5 颗成像侦察卫星在太空不间断运行，可以保障美军前线作战指挥官在 12—24 小时内得到伊军动向情报。在伊拉克进犯科威特之前的 1990 年 7 月 17 日，美国成像侦察卫星图像显示，伊拉克有几个装甲师大约 3 万人正在向科威特方向进发；到 7 月 23 日，侦察卫星已在伊科边境地区拍摄到了这些部队；此后的卫星侦察照片进一步显示，伊拉克军车正将大量军火、燃料、饮用水等作战物资运往驻扎在伊科边境前线的伊军部队。到伊军入侵的前一天，“锁眼－11”侦察照片显示沿科威特边境已部署了10万伊军，伊军的后勤车队和运输飞机还在源源不断地将各种作战物资运往伊科边境前线。

美国中央情报局的卫星侦察情报分析，在1990年8月1日上午以70%的把握判断，伊拉克将在24小时内入侵科威特；到当日下午3时，又进一步以90%的概率预测，入侵将在12小时内发生。事实证明3小时后（即伊拉克当地时间1990年8月2日凌晨2时），伊拉克果真发动了对科威特的大举进攻，并迅速占领了科威特全境。即使是分辨率不高的民用遥感卫星图像，亦可显示战场准备的一些宏观现象。例如，在两伊战争期间，通过分辨率仅30米的“陆地卫星”图像也可看出，伊拉克在战略重镇巴士拉东面修筑了一条长30千米的水障以及若干防御工事，以阻挡伊朗军队的进攻。

二是进行海洋动态监视。通过目标成像和截获舰艇上的雷达、通信和其他无线电设备发出的信号，并进行综合处理，实现对海面舰艇、预设船队、浮动（船）基地和大型运输船只的探测和跟踪，并对海岸地势、海平面升降变化、海面温度、台风形成、风力风向、海流和海冰分布等进行测定，即可随时掌握及时提供诸如航母、潜艇、各类舰船等航行活动和登陆岸滩预测等动态情报。

（五）作战打击效果评估

准确评估武器系统的打击效果，对于指导战争具有十分重要的现实意义。它不仅可以减少精确打击武器的消耗，也为组织新的打击波次乃至将目标彻底摧毁提供依据。目前，对于打击效果的评估主要是通过卫星侦察来判定空中打击的成功率。美国空军对轰炸效果的判定，主要是依靠空间侦察进行的；美国海军对巡航导弹攻击效果的评判，主要也是靠侦察卫星获取的图像。

空间侦察可以发现识别打击之后的装甲、火炮和车辆等的调动和布防；前沿工事破坏后的构筑和指挥所的重建；防空设施和导弹武器系统的受损后重新部署和机动情况；飞机的类型及转场情况；舰艇受损情况及后续增援舰艇的级别及航向；作战物资的运送以及其他作战系统的部署和转移等情况，进而估算出兵力和作战能力的变化，监视战场情况和态势变化，为作战进一步决策提供有力的情报保障。

空中打击效果评估，是侦察情报工作的难点，它对于战争的进程十分重要，精确的评估不仅可以减少昂贵的精确打击武器的消耗，也是为了组织新的打击波次以将目标有效摧毁所必需的重要措施。美军认为，只有空中打击使对方作战能力下降30%—50%以后，才能发动地面作战行动，以尽量减少已方人员伤亡并快速取得战斗胜利。美空军轰炸效果判定主要是依靠设在机场附近的机动航空侦察专用设施，来接收和分析参战轰炸机或无人驾驶侦察机传回的录像和静止图像；美海军巡航导弹攻击效果评判，主要是靠侦察卫星图像。尽管受云雾和冰雪覆盖等气象因素和目标伪装的影响，给打击效果的评估的准确性带来一定的团难，但在海湾战争和科索沃战争中，侦察卫星在打击效果评估上仍发挥了其他手段无法取代的重要作用。“沙漠之狐”行动中，美军打击效果的评估是最成功的。驻海湾美军总司令安东尼·津尼上将认为：“我们有出色的情报保障。在这次行动中，我觉得我所需要的所有情报和情报要点都提供得令人极为满意，轰炸效果判定速度，反应灵敏，分析准确”。

在现代高技术条件下的信息化战争中，及时有效的打击效果评估对决策后续战役行动、节约战争成本、提高整体作战效能具有十分重要的意义。打击效果评估的前提是全面获取目标毁伤信息，而复杂的战场环境给信息的获取带来了一定的难度，高技术战争中目标毁伤信息收集手段多种多样，包括侦察卫星、侦察机、弹载侦察平台和地面侦察部队等。其中，侦察卫星由于其较强的侦察能力，在近年来几次局部战争中提供了大量的情报信息，是打击效果评估中信息收集的重要手段之一。①

在对目标实施打击后，利用照相侦察卫星上的各种成像传感器得到打击后的目标图像，同时配合地面卫星情报处理系统，通过图像处理技术（变化检测、目标识别和图像理解等）提取目标几何特征与纹理特征，对比打击前后这些特征的变化，可以判断目标的毁伤程度，进行打击效果评估。但是这种评估不能判定目标内部损伤程度，也会被敌方伪造的毁伤信息所迷惑，因此效果不理想。电子侦察卫星在打击效果评估方面能弥补照相侦察卫星的不足，它可以获取被打击目标雷达辐射的电磁信号，通过比较打击前后同一雷达的持续工作时间，能够判断该雷达及其相关系统的受损程度。

将侦察卫星用于打击效果评估，最具代表性的应用者就是美国。美军在20世纪90年代以来的几场局部战争中综合使用了侦察卫星、各型侦察机、地面侦察部队等多种手段进行打击效果评估，其中空间侦察的利用极大地提高了打击的有效性和反应速度。

在海湾战争中，美国卫星进行实时侦察，监视战场，为导弹攻击和空袭作战提供目标参数和打击效果的评估，这些卫星提供的情报比以往任何战场上指挥员获得的情报都要多，在战争中发挥了重要作用。

在科索沃战争中，美国的3颗“锁眼－12”光学成像卫星，2颗“长曲棍球”雷达成像卫星和2颗电子侦察卫星用于制定空中打击目标和评估打击后的效果等，使敌方战场变得“透明”。

阿富汗战争期间，美国通过变轨技术，将多颗最先进的“锁眼－11”和“锁眼－12”卫星调集到中亚地区上空，之后又先后发射了3颗“锁眼－12”卫星，同时使用2颗“长曲棍球”雷达成像卫星，这些卫星用于对阿富汗战场进行监视、追踪本·拉登的下落以及打击效果评估。美军全方位、全天候的侦察和及时有效的打击，使得塔利班政权的部队在集结过程中就被击溃，难以组织有效的

---

① 祝明波、陈麒、高明哲：“侦察卫星在打击效果评估中的应用研究”，《航天电子对抗》，2013年第4期。

进攻。

伊拉克战争中，美国动用了3颗“锁眼－12”卫星，2颗“长曲棍球”卫星和1颗“8X”普查卫星等组成了空间成像侦察系统，可对伊拉克保持几乎每两小时一次的严密监视，同时为作战部队提供了大量的图像情报，保障了打击效果的评估。从这次战争可以看出，侦察卫星的应用使得美军具备了在短时间内连续迅速精确打击任何目标的能力，在每一轮打击完成后，能快速反应，迅速做出下一轮打击决策。

（六）增强军事侦察和指挥控制能力

从近年来几场高技术局部战争可看出，空间侦察所发挥的侦察监视作用日益突出。美军的空间侦察技术日益先进，完全能够发现和识别装甲车辆、火炮、导弹武器系统、飞机、舰艇、作战物资及其他作战系统的规模、准备状态、位置及其转移和机动，进而推断出对手的兵力和作战能力。

现代高技术局部战争条件下，作战部队机动能力大大增强，战场态势瞬息万变。作战部队指挥官必须准确了解战场态势才能制定出正确的作战计划，夺取战争胜利。这就对情报保障的全面性、实时性、快速性、准确性和连续性等方面提出了更高要求。在各种侦察手段中，由于空间侦察具有的独特优势，可以全天时、全天候地掌握和监视地面、海上和空中发生的一切变化，实时获取并为军事指挥员提供所需的有关敌方军事目标、军事部署与调动、军事武器装备的数量和性能等各方面的重要情报，从而保证作战方案的正确制定及对整个作战过程实施正确指挥和控制。在海湾战争、科索沃战争及伊拉克战争等近期几场局部战争中，从美国总统到前线各级指挥官，美军自始至终紧密依靠空间侦察获取并传输敌国情报来指挥作战。在现代高技术战争中，如果没有空间侦察的支援，作战指挥官难以做出正确决策，实施有效指挥。在某种程度上，空间侦察已成为决定现代战争胜负的重要因素。

（七）改善和提高武器装备作战效能

美军在现代战争中大量使用弹道导弹、巡航导弹和战略轰炸机等远程打击兵器，实施超视距打击，进行“非接触”作战。“非接触”作战方式要求美军在进行打击之前，必须对对方的各类目标进行预先侦察，包括对地球表面进行精确测绘、获取目标的类型和地理坐标等。目前，美军的成像侦察卫星最高可获取分辨率为0.1米的卫星图像，足以对主要军事目标进行描述，可为美军战略武器和精确制导武器提供打击目标的详尽资料，起到了武器效能“倍增器”的作用。

目标定位的精度对打击效果有着重要影响，在毁伤概率相同的条件下，目标定位精度提高1倍，相当于弹头数量增加了3倍，弹头的爆炸当量增大了7倍；而目标精度提高2倍，相当于弹头数增加了8倍，当量增大了26倍。① 可见，提高目标定位精度可以达到更好的打击效果。美军充分利用空间侦察手段对他国纵深腹地进行侦察，为精确打击武器服务。

例如，美国在冷战期间曾利用侦察卫星获取了4万个前苏联的核打击目标，其中军事目标2.5万个，经济目标1.5万个。② 侦察卫星不仅可提供目标性质、数量情况、还能够提供准确可靠的位置数据。通过空间侦察获得的目标性质与位置的情报，使得美军战略武器能够有的放矢。在伊拉克战争中，美国利用空间侦察手段详细掌握了伊军的部署情况及民用要害部门的精确位置，通过巡航导弹和制导炸弹对其采取打击，彻底摧毁了伊军指挥、通信系统以及重兵集团，使伊军丧失了有生战斗力量，最后美军几乎没有遇到有效的抵抗，仅以伤亡不足百人的代价获得了战争胜利。③

在现代战争中，空间侦察系统进行全球战略目标监视，为战略

① 内容引自维基百科网站，http：//en. wikipedia. org/wiki.

② 同上。

③ Anthony H. Cordesman，The“Instant Lessons”of the Iraq War：Main Report，April 2003.

决策和作战计划提供支持。对于战争的增效，不同功能卫星从对体系的贡献不同：

（1）利用电子侦察卫星和陆海空侦察平台建立立体电子情报网；

（2）由成像侦察卫星侦察敌方重要目标，为空袭和导弹发射提供目标；

（3）由通信卫星和其他手段相互结合，确保战场指挥通信的畅通；

（4）由预警卫星提供导弹发射的预警信息；

（5）由导航定位卫星提供人员与武器的导航定位；

（6）由气象卫星提供战区气象情报，提高部队的作战能力。

（八）数字化士兵

早在20世纪80年代，美国国家测绘局[①]就建立了覆盖美国及全世界热点地区的遥感影像数据库。海湾战争以来，美军一直在大力打造数字化部队，建设数字化战场。阿富汗战争中，美军首先虚拟了阿富汗数字化战场环境，进行战术演练，取得了很大成功。所谓数字化部队和数字化战场，其物质基础是，从单兵武器到弹药、火炮、坦克、直升机、作战飞机、军舰及指挥技术器材等，都要装备数字化的处理与传输设备或装置，组成一个作战体系，在这个体系中都需要成像侦察卫星提供的战场信息，即使是一个小分队，甚至是单兵，都必须携带并使用卫星终端。没有空间侦察系统的支持，不但数字化部队的规模极小，数字化战场的覆盖范围有限，而且根本不可能实时、准确、可靠地获取传输和利用数字化的战场信息。可见，空间侦察系统对于美军未来的军队建设、作战指挥、武器装备及战场的信息化、数字化、自动化都起着关键的作用，在很大程度上将决定未来军事革命的特点和历程。[②]

---

① 2003年11月24日，该局更名为国家地理空间情报局（NGA）。参见：U. S. Joint Chiefs of Staff，Joint Publication 2－03，Geospatial Intelligence in Joint Operations. Washington，D. C.：GPO，October 2012.

② 杨娟、罗小明：《制天权与制信息权》，载《卫星应用》期刊，2001年第2期，第17页。

二、空间侦察对现代战争的影响

空间侦察的出现使情报在现代战争中的角色发生了重大转变，其影响战争进程和战争胜负的作用在不断加强。在现代战场上，以空间侦察系统为依托，对于战场态势侦察优势的争夺、控制、利用在一定意义上已演变成一种独立的战争雏形。美军自20世纪90年代以来，经历了海湾战争、波黑战争、“沙漠之狐”作战行动、科索沃战争以及阿富汗战争、伊拉克战争等几场现代技术条件下的局部战争，空间侦察在战争中使情报的角色有了重大转变，阿富汗战争可以称为情报角色转变的转折点。在战争的后期，美国的高级军事官员和军事分析家称赞道：“阿富汗战争是美军第一次将情报作为关键性武器使用的战争”。①

（一）现代战争中的军事情报

在阿富汗战争中，美军通过数据链或卫星通信系统，有效地将空间侦察系统和武器系统联网，组成了以情报系统为中心的“多系统的系统”，② 对稍纵即逝的目标进行了致命的打击，使得从传感器到射手这个过程所需的时间，从以天计算缩短到以小时计算，在阿富汗战争中后期又缩短到分钟级。整个战争，空间侦察作用历程的发展经历了3个阶段：

第一阶段　常规作战阶段，实时的情报侦察未能与实时的指挥控制连接在一起，情报仍起常规作用。

阿富汗战争的头几周，美军错失了多次高价值的、但目标时间性很强的打击机会，如打击塔利班和“基地”组织的领导人等。症结在于美军的情报辅助决策过程（传感器探测—情报目标—情报判断人员识别确认）太长。其原因一是作战协同问题；二是技术问题；

① Robert K. Ackerman, “Technology Empowers Intellgence Operations in Afghanistan”, Signal, March 2002.

② William Murray, “The Evolution of Joint Worfare”, JFQ, Summer 2002.

三是作战规则问题。例如，美军对阿富汗空袭的第一夜，空间侦察曾发现护送塔利班领导人奥马尔逃离喀布尔的车队。当时，美国无人机就在附近盘旋，机上配备有“狱火”反坦克导弹，但却错失了炸死奥马尔的机会①。

第二阶段　将侦察系统、指挥控制系统和武器系统联网，组成以情报系统为中心的战区级网络阶段。

阿富汗战争中期，美军吸取了战争初期的经验教训，针对阿富汗地区地形复杂多变、目标琢磨不定、稍纵即逝等特点，总结出要有效打击阿富汗恐怖主义分子，就必须将情报侦察传感器、打击武器系统和作战指挥系统联网。位于美国东海岸佛罗里达州坦帕的美军中央司令部利用通信卫星，成功的将位于科威特和乌兹别克斯坦的前线司令部联网，这样使得美军中央司令部（位于美国本土佛罗里达州坦帕）的指挥官，在指挥部就可以利用军事情报直接指挥远在20000千米的阿富汗战场上的实时性战斗。

第三阶段　组成战术级网络系统，充分发挥情报侦察主导地位作用，近实时地打击稍纵即逝的目标阶段。

经过与阿富汗恐怖主义分子多次较量以后，美国空军一位高级官员指出：“塔利班和‘基地’组织的指挥人员移动变化的信息很容易失效，必须在几分钟之内，甚至在几秒钟之内做出反应才行”。② 如果每次打击都必须经过授权过程，有时甚至必须得到最高层的授权，那么，在等待授权的过程中，目标可能已经消失了。为此，需要建立一个极其快速的“从传感器到决策者”的战区级战术网络系统。美国国防部制定了一种称为“闭环 C^4I 系统”的作战方案，该方案由空间侦察卫星、“全球通”无人机、“捕食者”无人机、RC－135“联合铆钉”信号情报侦察机、E－8C 雷达侦察机、F－15 战斗机、AC－130 武装运输机、B－2 轰炸机等组成，利用 16 号链，组

① David S, Albert, john J Garstka. Network Centric Warfare: Developing and Leveraging Information Superiority. http: //www. Dodccrp. org/NCW/NCW/_ report/report/new exec_ sum. pdf.

② http: //www. cia. gov/csi/bulletin/csi11. html.

成一个闭环 C^4I 系统。作战时，首先通过侦察卫星、E－8C 雷达侦察机、RC－135 信号侦察机或“全球鹰”无人侦察机等高高空侦察平台对战区进行大范围的不间断情报侦察，一旦发现有移动目标，就将目标信息传送给中央情报局的“捕食者”情报侦察机或中高空无人侦察机。由这些中高空无人侦察机对目标的位置在作进一步的细致测控，引导美国空军的 B－2 轰炸机利用新型的 GBU－37 型炸弹和 AGB－130 型炸弹打击恐怖主义分子。

战争实践表明，这种以情报系统为中心的“闭环 C^4I”网络系统，作战效果很好。美国国防部长拉姆斯菲尔德 2001 年 12 月中旬曾经给予充分肯定。美国国防部负责情报工作的 Kevin Mainer 在 2002 年《信号》杂志撰文称“我们在阿富汗战场中发现一件重要的事情，就是侦察情报可以直接用于目标指示：情报并不是传回美国本土进行分析，而是直接传送到作战飞机进行实时攻击，从而侦察识别——攻击打击决策有效缩短到几分钟，这将成为未来新军事革命的一种原动力。”美国人从阿富汗战争中，首次建立“传感器—射击手”联网的网络系统，为美军开展全面的网络支持下的“情报——打击”迈出了关键一步。

（二）情报侦察处于作战的中心

可以预测未来战争中情报作用的形式将是充分利用计算机技术、通信技术和网络技术等，将分布在战场各处的作战平台和非作战平台（各指挥机构和各部队等）的情报侦察系统、指挥控制系统和打击武器系统连成网络，完成情报搜集—处理—传输—目标打击等过程，以提高对战场态势感知和情报共享程度，加快决策指挥速度、增强系统杀伤力和系统自身生存能力。从而获取战场信息优势，提高部队战斗效能。

夺取情报优势是高技术条件下战争发展的新趋势。以网络为依托，情报的功能也发生了改变，完全有别于传统意义上的军事情报功能。以网络为基础的情报系统以实现作战信息共享、战斗行动统一协调为出发点，通过将分布在战场各处的传感器和武器平台联网，将各军兵种的情报收集、处理和传输及目标打击等网络化、一体化和实时化，将情报优势转化为战斗力，为最后获取战争优势奠定基础。这时的作战平台如飞机、舰船等，仅仅是网络中的一个节点，整个网络系统的网络结构包括传感器、交战网和情报信息网等相互连接的部分。传统的平台中心战中主要依靠作战平台自身的传感器和武器系统形成战斗力，平台间情报共享非常有限，这时的作战平台是战争中的作战中心。而未来的战争，网络中情报的作用如同血液之于人体。

利用技术优势，“抢先”搜集敌方的情报，并且利用情报“抢先”向敌方发动攻击。吸取海湾战争的教训，美国国防部在阿富汗战争前制定的作战目标，是在发现和锁定敌方目标后，十分钟内将其摧毁。而抢先的基础在于情报的优势。美国国防部军事革命办公室负责人，美海军退役中将阿瑟·塞伯路斯奇认为，“这样一种能力（即情报侦察—打击能力）将变得越来越重要。尤其是当敌人决定隐蔽自己时，实施打击的时间是稍纵即逝的。在这段时间内，敌人实施机动的过程中是完全暴露的，因此我们必须抓紧作战时机做出非常及时的反应才行”。

对稍纵即逝的活动目标进行打击时，一方面要求对活动目标进行长时间的监视，另一方面要求在发现目标后尽快对其进行识别和跟踪，然后做出对威胁程度的判断和是否打击的决策。战场各级指挥官面临的困难是如何迅速地把多种来源的情报数据迅速综合，形成一个易于理解的作战空间图像，尤其是要形成能让他们相信自己正确选定的目标的图像，并迅速把有关情报和作战命令传送到有关作战单元。现代技术条件下的战场上，获取情报的手段越来越多，导致情报信息量激增，这样就不可避免地导致情报过载和决策不完善。过不了多久，受能力限制，人将成为这一过程中最缓慢的因素，解决这一问题的措施，就是通过通信网络在可能需要情报的任何人和任何作战平台（战场内外的指挥官、空中作战平台和海上游弋的战舰等组成）之间传送情报，然后通过高性能的计算机进行处理，由指挥控制机构迅速授权对某个目标实施打击，并下令对目标发射武器。

（三）侦察使作战理念的转变

情报角色的转变要求军事情报系统、作战观念必须适应这种形式的转变。

1. 思维模式的转变

从情报辅助决策到“情报—打击”的转变，确立以情报为中心的精确打击观念。以往的战争，以武器平台为主导的战法一直被奉为战争制胜的要则，众多的战例和众多的军事理论家对此作过详尽的阐述，对于军事情报的功能从未超出辅助决策的范畴。随着科学技术的发展，通过近几场高技术条件下的局部战争中空间侦察系统所发挥的作用，不难看到，命中概率极高的导弹、制导炮弹、制导鱼雷及各种各样的灵巧炸弹等精确制导武器投入战场使用，使武器装备的精确程度和作战效能有了惊人的提高。通过情报作用阶段的分析，我们看到情报角色未转变以前，武器的先进性能仍不能得到充分的发挥。只有在精确情报的主导下，才真正体现出信息化战争的特征。未来的战场是更高技术的战场，如果要追求低风险低代价，达成最佳的作战效果，必须转变观念，改变传统的思维模式，深刻理解“情报—打击”的作战理念。情报主导和精确打击取代传统的作战观念是信息化战争的必然趋势，是取胜的必然要求。

2. 情报保障体系的转变

在以武器为平台的机械化战争中，武器平台性能的高低是战争制胜的最重要因素。为保障决策方便，便形成了适合此种模式下的“烟囱”式的情报保障体系，情报保障体系的这种模式，将成为未来获胜的障碍。这是因为：（1）这种情报体制不利于数据共享，有价值的情报可能不能发挥其应有的作用；（2）这种体制下，数据融合困难，并且这种标准不统一，获取各类信息的设备很难确保信息安全。

3. 作战形态和手段上的转变

军事情报将战场上诸军兵种作战力量融为一体，形成实时联动作战。军兵种的不同只是情报支持下的具体任务的不同，并没有传统意义上的差别。作战形态是情报体系与体系的对抗，制胜的关键在于破坏敌体系结构中的核心目标，瘫痪敌情报系统，以实现作战效能最大化和作战进程最小化。作战手段上，将以网络为依托，充分发挥情报和高技术打击武器的作用，较少地投入人力资源，以减少人员伤亡。

4. 技术运用方法的转变

未来战场上的情报系统，将融合当代最新的科学技术，声学、光学、电子、人工智能等技术手段将紧密结合，组成一个有机的整体，各种装备取长补短，充分发挥整体的效能。海、陆、空连成一个整体，情报信息量极大，如不能及时处理，将无法满足未来的战争模式需求。

第三节　空间侦察系统

空间侦察系统，是指为实施有效的空间侦察所组成的人机系统，它将参加侦察的各种力量，按照功能需求组成的有机整体。空间侦察是一个复杂的大系统，是由具有不同功能的各个部分组成的体系，具有整体性特征。其整体性体现在三个方面：

一是体系内部要素间的整体性。空间侦察是由情报信息的获取、传输、分析、指挥控制、综合保障等系统共同构成的有机整体。这些组成系统都不是独立存在的，更不是堆积和机械的组合，而是相互之间按照一定的方式和顺序相互联系、相互依赖、相互制约、相互作用，最终形成的具有一定结构和功能的有机整体。

二是体系功能上的整体性。空间侦察体系的功能是根据未来侦察的实际需求而确定的，这些功能互为补充，互为促进，最终形成整个体系强大的功能和威力，缺少或削弱某一项功能将会直接影响其他功能甚至是整体功能的发挥。

三是体系与外部要素之间的整体性。比如，空间侦察与情报信息需求之间的关系，构成了供求体系的各个组成部分。

美军自具备空间侦察能力的那天起，其内部与之有关的职能部门即开始运作，由不完善到完善，由低效到高效，经历了一个漫长而复杂的过程。直至今日，已经形成体系，具备体系侦察能力。美军空间侦察体系十分复杂，可以说你中有我，我中有你。美国海、陆、空三军均要利用空间侦察的成果，自然在空间侦察领域可以看到各军种的影子；另外，空间侦察的全过程由美军航天部队、指挥控制系统的情报处理部门以及其他各情报机构合作完成，进一步增添了复杂性。从侦察到情报的使用也有复杂而清晰的流程，由航天部队和相关的情报机构通力合作完成，情报成果为决策层制定方案、定下决心提供依据，为保卫美国国家安全和推行其价值观服务，为美军前线作战部队提供情报保障，必要时启用民用航天系统以支持军事空间侦察。

一、空间侦察测控系统

美军具有世界上最先进的军事指挥控制系统，这一庞大的系统本身就具备分析处理空间侦察数据的能力。[①]

目前，美军常设的高层指挥系统分为国家指挥系统和联合作战司令部指挥系统两级。这两个系统均具备处理空间侦察数据的能力。以航天司令部为例，美军航天司令部的一项重要职责即为保障反导弹系统的预警与空间监视，包括运用配置在各个不同方向、灵敏度和精确度高、数据处理快的弹道导弹预警网和空间监视网等，向国家指挥当局、参谋长联席会议和美、加联合北美防空司令部及美军各战区总部、特种司令部提供战略预警和空间监视信息。战略预警能力对快速

① 郭建恩：《航天侦察与现代高技术战争（二）》，《解放军国际关系学院学报》，2001 年第 1 期。

反应能力提出了极高的要求，在接收到卫星信号后应立即做出反应，迅速做出判断，尽可能多地争取到战略预警时间。美国空军航天部队第 21 航天联队的编成中即有导弹预警中队，该中队的任务即为密切注视预警卫星信号并随时向决策层和作战部队发出警报。

除上述两层指挥系统外，美国本土防空作战指挥机构——北美防空司令部也具备很强的战略预警和情报处理能力。空间侦察数据可直接传输至该机构的指挥中枢，并在分析判断后迅速形成情报。

为使具备侦察能力的航天器按照地面的控制实施侦察，需对卫星的轨道、姿态进行监视和控制，这是地面测控系统的任务。空间侦察测控系统的主要任务包括：

（一）跟踪测量和监视卫星的飞行轨道和姿态

由于地球引力场的分布会受空间位置变化、大气阻力和其他天体引力场干扰等因素的影响，侦察卫星会逐渐脱离轨道，姿态也会发生变化，因而需要对卫星的实际轨道和姿态进行测量和推算，以便进行必要的轨道和姿态修正。

（二）完成对航天器的轨道和姿态的控制

航天器在运行过程中，当轨道发生摄动偏移和姿态发生变化时，测控系统向卫星发出遥控指令，控制它纠正姿态和修正轨道。

（三）接收和处理卫星发送回来的遥测信息

卫星平台和星上设备的状态如何，将影响侦察任务的完成。因此，卫星运载的各种仪器和设备的重要部位，一般都布设了多种测量器件，星上数管系统将汇集测量到的各测量点的数据，通过遥测信道向地面发送，地面测控系统接收这些遥测数据，进行处理分析，随时监控航天器的平台和设备的工作状态。

（四）对卫星有效载荷进行控制

为完成侦察任务，需对星上有效载荷进行控制，这些工作是通过遥测指令来完成的。地面测控系统由测控中心和测控站（包括测量站、船和测量飞机）组成，有的还包括跟踪与数据中继卫星，以及测控通信网络。

美国的航天测控系统，分成用地球轨道航天器的航天跟踪、数据网和用于月球、行星探测的测控网，以及为测控传输各种信息的地面通信系统，其指挥中心设在戈达德航天中心，利用两颗静止轨道上的跟踪与数据中继卫星和新墨西哥州的白沙地球站，对中低轨道卫星、飞船等航天器进行连续跟踪测量和遥控。

二、空间侦察地面应用系统

空间侦察地面应用系统指负责接收卫星无线电信号的地面接收站。美军不但在其本土，而且在海外建有卫星地面站，这样可保证快速、准确地截获卫星信号。例如美国的成像侦察卫星在获取数字图像数据后，可将这些数据经由“卫星数据系统”中继卫星实时传送到华盛顿附近的贝尔沃堡地面站。有的地面站不再对数据进行更进一步的分析，只将数据传输到其他部门；而有的地面站不但负责接收数据，而且还能对其迅速进行处理并形成情报，即刻传输给作战部队。例如在海湾战争中，美国国防支援计划卫星将探测到的伊“飞毛腿”导弹发射图像传送至澳大利亚纳朗格卫星监测基地，该基地在 1 分钟内将处理好的情报传送到驻沙特的美军司令部。由于美军指挥系统的高度自动化，全球美军均可受益于这些数据。

为接收航天器获取的信息，并处理加工成为有用情报，最后分发到相关部门与作战单位，需要由地面应用系统来完成卫星跟踪和数据的接收、处理及情报整编等工作。它一般由下列单元组成：任务管理控制中心、卫星跟踪和数据的接收站、数据处理系统和情报处理系统以及相应的综合通信网。

（一）任务管理控制中心

任务管理控制中心是整个空间侦察系统的神经中枢，其主要任务是对空间侦察的飞行器进行状态监视，如轨道与姿态、星载仪器的设备状态等，根据侦察任务，综合考虑各飞行器的相对目标位置、目标区域的天气等因素以及星载仪器的状态以便制定快捷的侦察方案，同时根据地面接收站网与卫星的位置关系，制定侦察数据，最终完成侦察任务。美、俄、法都拥有多个自动化程度非常高、设备先进的任务管理控制中心。

（二）卫星跟踪和数据接收站

卫星跟踪和数据接收站的任务是跟踪卫星并接收卫星（空间侦察飞行器）的下传数据。由于侦察卫星一般都是低高度极地轨道卫星，相对地面接收站来讲，具有飞行速度快、不易被跟踪的特点，而且跟踪接收范围有限，因而需要建立一系列的跟踪接收站来形成站网，以扩大有效数据接收的范围。美国在全球建立了这样的跟踪接收站；俄罗斯由于地域辽阔，在本土建有多个跟踪接收站，保证了卫星数据的全天时接收。同时，美、俄还拥有多颗数据中继卫星，保证了对卫星的全天时控制和数据接收。

（三）数据处理系统

由于星载相机在外层空间对目标进行拍摄。大气的散射扰动、成像系统本身的辐射畸变，使得拍摄到的目标影像发生辐射畸变。由于地球曲率的不均匀性以及卫星轨道和姿态的扰动，成像系统本身的几何畸变同样将使目标影像发生几何畸变，因而需要对获取的侦察图像进行几何方面的纠正；来自雷达的数据，需将雷达回波处理成可视图像以及将其他传感器获取的目标数据处理成可视图像。这些工作都由图像预处理系统来完成，侦察图像经过纠正技术处理，方能成为高品质的影像，用于目标的识别和定位，制作出专题影像并整编成为情报。

（四）情报处理系统

根据获取的大量卫星遥感图像，如何去伪存真，发现敌方的重要目标并确定其性质，以及敌方部署情况，并参考相关的历史资料，包括先前获取的遥感图像，进行综合分析，最后确定敌方的态势变化，是一项繁琐的工作。由于计算机人工智能的发展，以及军事地理信息系统的广泛应用，目前，遥感图像的解译工作自动化程度逐步提高，因而影像判读和情报整编工作，也已发展成为一个人机交互的复杂系统。依托专用软件装备的计算机系统和有经验的情报分析人员构成了情报处理的系统。

整个空间侦察系统是集卫星遥感信息的获取、传输、处理为一体的复杂系统，是 C^4ISR 系统的重要组成部分。现代高科技的发展，为信息的获取、传输和加工处理提供了越来越高明的手段，因而大大压缩了战争的时空。

三、信息加工处理系统

卫星数据信息传送到地面接收站以后，要进行各种加工处理，分析判读，从复杂的背景中找到其所寻的目标。当今，美国的卫星信息加工处理、分析判读工作，采用一整套以电子计算机为核心，高度自动化的信息处理系统进行。从空间探测得到的数字电子信息和图象信息中高速地分析出目标区别于其他景物的特征，即目标的特异性所引起的卫星信息差异，对这种差异进行综合分析处理，最后成为判明目标性质的依据，作出识别判读的结果。

美国目前采用多种信息处理判读的方法。例如，将多光谱卫星信息进行高速彩色合成，在同一地区得到的各种彩色图象，每种色彩能突出地显示出某种物体或景物；采用对同一地区重复扫描或不同波谱段获取的图象进行数学运算的处理方法来搞清地面景物的特征及变化，从中寻找出所需要的目标。对不同电磁波谱段的卫星信息，首先分别进行基础处理、信息筛选、合成、解象，而后进行综合分析，识别判读。兼顾卫星信息的两种传输方式，对于有丰富判读经验和先进处理系统的美国，完成上述一个判读单元过程所需时间：对容易辨认的目标，约20—30个小时；对难以辨认的目标，要更长一些，也许毫无结果。由此可见，对目标实施技术伪装的重要性。

四、情报信息获取系统

空间侦察通过不同类型传感器获取情报信息，传感器类型一般分为两类。一类是光学系统，另一类是雷达系统。光学传感器占各国空间侦察成像系统的绝大部分，因为光学传感器比较简单，能源功率要求低。由于可一次从几个谱段收集数据，光学系统可积累原始数据，并由此可得到我们最熟悉的真假彩色图像。利用计算机图像增强技术，就有可能从性能比较差的遥感系统得到大量有关陆地利用、地形测量、土壤成份以及物体识别等方面的信息。

光学传感器的最大问题是不能穿透云层，受气象影响大。有源雷达传感器的分辨率不如光学成像遥感系统，但它是全天候、全天时的成像系统，在军事和民用领域有着广泛的应用。

传感器技术可分为三类：利用可见光和近可见光的传感器；利用雷达波和无线电波的传感器；其他类型的传感器。卫星侦察使用的主要是前两类传感器。光电和无线电探测侦察主要获取图像情报信息；无线电侦察用于截获和分析无线电通信传播的信息；无线电技术侦察通过截获和分析雷达辐射的电磁波，获取其频谱特征和雷达位置坐标等情报信息①

（一）光电侦察系统

该系统由卫星、发射装置及地面控制与接收中心组成。目前有两颗卫星“锁眼－11”和“锁眼－12”位于同步轨道，卫星在实施粗略侦察时，侦察地带5千米，分辨率0.6—1.5米；详细侦察时，侦察地带3千米，分辨率0.1—0.3米。在卫星上拍摄的图像，以数码形式传送到地面。从拍摄到地面成像时间为1.5—2小时，从图像中可以判读机场、导弹和雷达阵地等，并可判明武器装备的类型和数量。光电侦察只能在侦察目标地区具有良好可见度时进行。目前，“锁眼－12”卫星安装了天文望远镜，可实施红外侦察。

---

① 张彦友：《美太空侦察与监视》，《航空杂志》，2003年第2期。

（二）无线电探侧侦察系统

为保证在能见度较差的情况下获取图像情报信息，美军使用了无线电探测卫星。一般情况下在轨道上部署1—4颗卫星，卫星监视地带为3000千米，分辨率15米；详细侦察地带为20千米、分辨率4米。从所获取的图像中可以判读机场、通信枢纽、雷达和导弹阵地，以及武器装备的部署情况和数量等。与光电侦察系统相比，无线电探测系统可在任何气象条件下实施全天候侦察。

（三）无线电和无线电技术侦察系统

通过无线电和无线电技术进行的侦察，美国主要的系统有：

菲利特－D：该系统由2—3个卫星、地面控制中心和8个信息接收站组成侦察频率范围50－18000MHZ（分为7个频段），可确定雷达的频谱特征和雷达的位段，精度10—20千米。从发现目标到把信息传到地面的时间为3.5小时。

对海洋进行侦察的无线电技术侦察系统

美海军部署3组（每组3颗）小卫星对海洋实施侦察，该系统用于接收舰载雷达的信号，可发现水下和空中目标侦察频率50—4000MHZ，侦察地带7000千米，精度7—10千米。

“980”系统：该系统现有7颗在轨卫星。卫星侦察频率为10—55000MHZ，每颗卫星侦察地带18000千米，对雷达位置定位精度18千米，并能同时截获2000个无线电通信信号。

“711”系统：该系统使用了4颗卫星，侦察频率20—50000MHZ每颗卫星的侦察地带18000千米，测量雷达位置精度20千米。

五、侦察卫星军事指标体系

军用侦察卫星的遥感系统有4个衡量指标，即分辨率、传感器类型、覆盖范围和时间性。[①]

① 廖育荣、李陟：《航天侦察对现代战争的影响和对策》，《指挥技术学院学报》，1999年第6期。

(一) 分辨率

分辨率是指侦察系统(包括所有计算机成像增强技术)可以辨别地球上物体的大小,卫星侦察效果的重要指标是分辨率。所谓地面分辨率(也称空间分辨率),是指卫星照片上能够显示出地面最小目标的大小。如分辨率为 1 米,即表示长、宽各 1 米的地面物体在照片上显示的是一个点。它只能显示物体的存在,但无法判明性质。在一般情况下,只有当目标的长、宽尺寸均相当于地面分辨率的 5—7 倍时,才有可能被识别。表 1—1 列出的是从空间识别各种目标所需的地面分辨率。

表 1—1　目标发现、识别、确认、描述和分析所需的地面分辨率(米)①

目标	发现	识别	确认	描述
部队单位	6.0	2.0	1.2	0.3
车辆	1.5	0.6	0.3	0.06
飞机	4.5	1.5	1.0	0.15
军用机场	6.0	4.5	3.0	0.3
核武器部件	2.5	1.5	0.3	0.03
导弹阵地(地地/地空导弹)	3.0	1.5	0.6	0.3
火箭及火炮	1.0	0.6	0.15	0.05
水面舰艇	7.5—15.0	4.5	0.6	0.3
浮出水面的潜艇	7.5—30.0	4.5—6.0	1.5	1.0
公路	6.0—9.0	6.0	1.8	0.6
桥梁	6.0	4.5	1.5	1.0
雷达	3.0	1.0	0.3	0.15
无线电通信设施	3.0	1.5	0.3	0.15

① 发现:指出具有军事意义的各类单位,物体或活动等的所在位置;识别:指确定目标所属的类别(如汽车、飞机等);确认:指辨别目标在已知类别中所属的具体品种(如是卡车还是小轿车,是轰炸机还是战斗机;描述:指详细说明目标的尺寸大小、构型布局、组成结构和装备数量。参见:张国清、武向荣:《高分辨率商业遥感卫星的发展及军事应用》,载《现代军事》期刊,2002 年第 6 期,第 41 页。

续表

目标	发现	识别	确认	描述
指挥控制中心	3.0	1.5	1.0	0.15
补给品供应中心	1.5—3.0	0.6	0.3	0.03
地雷场	3.0—9.0	6.0	1.0	0.03
市区	60.0	30.0	3.0	3.0
海岸和登陆滩头	15.0—30.0	4.5	3.0	1.5
地形	–	90.0	4.5	1.5

（二）覆盖范围

覆盖范围是指一个平台可以有效成像的地球区域及对一个特定目标两次观察机会之间的时间长度——“再访时间”，缩短再访时间是遥感平台作战和战术利用的关键。现在遥感卫星的典型地面轨道重复时间为16天至6周左右。但是，如果每条轨道期间利用宽幅成像，或者用更先进的卫星使星上传感器（或瞄准镜）能够根据地面任务要求进行左右摆动，再访时间就能大大缩短。

扩大对地球的有效覆盖范围，可以采取以下方法：

1. 增加更多的地面站

一般系统都是通过这种方法来扩大覆盖范围的。美国的陆地卫星系统共有18个地面站，分布在世界各地，刚好处在拐角周围，还有可运输的地面接收机，这就能使覆盖范围实际扩大到任何地方。

2. 在卫星上使用磁带记录器

它可以将处在任何地面站地平线以外地区的数据记录下来，当卫星下次从地面站上空通过时再重新播放。目前，不是所有平台都有这种记录器。

3. 利用数据中继卫星

即使采用星上记录，也仍受存储容量的限制，不能将收集到的信息全部存储起来。进行全时间成像的唯一办法是利用数据中继卫星来始终同地面站保持无线电通信。它的轨道比遥感平台的轨道高得多，因而覆盖范围也大得多。传感器平台可以通过这些高轨道通信卫星将图像资料转发给地面站。

（三）时间性

图像需求时间与用户得到图像的间隔时间是衡量军用侦察利用性的关键参数。过去，科学研究和商业应用都不要求迅速处理和传送图像，但随着需求的提高，特别是数据传输模式发生了革命性的变化，为数据的瞬时传输奠定了基础。同时战场瞬息万变的态势，对数据传输时间性要求也越来越高。

侦察的时间性对战术军事行动至关重要。时间性直接与覆盖范围有关，因为用户对图像提出要求到卫星实际能获取目标图像的时间往往是整个过程最长的。目前已有几个国家拥有天基地球观测平台，随着科学技术的发展将会有更多国家拥有这种平台。事实上，现在各国有更多手段通过商业渠道获取有用的卫星图像照片，加上普遍吸取了“沙漠风暴”和“科索沃危机”的教训，认识到这种信息的有用性，这就可能使很多国家都可能试图利用天基图像，并且重视图像的实时性。

（四）侦察设备类型

侦察设备类型对侦察具有重要的影响，每种侦察设备都有优长和不足，因此，为了满足各种需求出现了不同种类的空间侦察。

表 1—2　常用的侦察设备类型及其特点

分类	设备	特点
分类可见光	可见光照相机	有很高的地面分辨力，只能在白天无云的条件下工作。
	电视摄像机	
多光谱遥感设备	多光谱相机	昼夜工作，有一定的识别伪装能力。
	多光谱扫描器	
	多光谱电视	

续表

分类	设备	特点
红外遥感设备	红外辐射计	昼夜工作，有一定的识别伪装能力，具有较高的温度分辨力。
	红外扫描器	
	红外望远镜	
	红外相机	
	红外电视	
微波遥感设备	微波辐射计	全天候工作，有一定的识别伪装能力。
	微波测高计	
	合成孔径雷达	
紫外遥感设备	紫外辐射计	白天工作
	紫外电视	

目前，美国侦察卫星上装载的主要探测器有：

1. 普查与详查可见光照相机

这种相机是目前对地面目标侦测的主要探测器，用来侦测目标的表观特征—外表形状、裸露尺寸、阴影、色调、亮度、运动状态和方位坐标等。

2. 带有可变焦距远摄镜头的可见光电视摄像机

它是对目标进行连续侦测的探测。侦察到的数字图象信息，可直接通过中继卫星送到国内地面判读中心，并在电视屏幕上直观地显示出来，同可见光照相机一并使用。可见光探测器的普查地面分辨力为1—2.4米，详查地面分辨力为0.3米左右。

3. 多光谱照相机

通常使用4—5个光谱段，是在可见光和近红外侦测技术的基础上发展起来的一种探测器。具有一定揭示目标性质和揭露伪装的能力，地面分辩力为6—8米。

4. 中红外扫描器和热红外成像

中红外扫描器和热红外成像仅具有识别真假目标和比较强的揭

露伪装的能力，温度分辨力为0.1℃—0.50℃，角分辨力为1—3毫弧度。

5. 微波辐射计和侧视雷达

微波辐射计和侧视雷达可进行全天候侦察，具有对植被、沙土层和冰雪层等较强的穿透能力与揭露隐蔽物体的伪装能力，是目前广为应用的一种探测器。地面分辨力一般为6—10米，与多光谱的分辨力相似。

6. 新型电子侦察接收机

新型电子侦察接收机在美国陆地侦察卫星上装载有超宽频带电子接收机，其任务是侦测对方战略防御系统和军用雷达的主要参数，窃听卫星通讯、散射通讯、超短波通讯，截收战略导弹发射过程中的遥测信号等军事情报信息。具有侦测面广、传输信息快的特点和连续监视能力。

上述星载各种技术性能的探测器，对地面目标的侦测是采用有机配合，相互补充，综合运用的技术手段，大大提高了对地面目标的探测能力和识别能力。

第二章 美军空间侦察的发展

在多极化的国际社会中，美军空间情报、侦察、监视系统经过几十年的发展，已经建成门类齐全、手段丰富的侦察手段，构建有强大的空间侦察基础设施，其能力处于世界绝对领先地位，没有哪个国家能够望其项背。美军的空间侦察代表着当今世界空间侦察最先进的技术水平，其发展也代表了世界空间侦察系统的未来发展趋势。

第一节 美军空间侦察的历史演进

美国于1959年成功发射了世界上首颗试验型成像侦察卫星，至今其侦察卫星的发展已经历了近60年历程。在科学技术的不断推动下，空间侦察能力已经发展成为美军联合作战不可或缺的组成要素。尤其是冷战后，美军的空间侦察能力除继续发挥战略情报保障功能外，更多地被运用于实战，以支援战术层次的作战行动。[1] 美军依托强大的空间侦察支援体系，在近几场局部战争中取得了绝对的信息优势，形成了单项透明的支援效果，确保了作战行动的顺利实施，充分展现了空间侦察对整体作战行动的强大支援作用和增效作用。美军空间侦察经历了从无到有，从支援战略决策到支援战术行动的发展历程。

---

① 李大光等主编：《美俄太空军事力量及其作战运用》，武警出版社，2012年10月版，第2页。

一、基于战略需求，探索发展空间侦察

从20世纪50年代末至60年代末，基于当时的国际环境和国际政治斗争的需要，美军开始探索发展空间侦察，主要服务于战略威慑和其他的战略目的。但是，这一时期，由于技术发展水平的限制，相关的配套设施并不能满足美国国家当局的需要。在军事应用方面，当时的空间侦察能力也不能满足于现实作战需求。

（一）基于国家和军队的战略需求，初步建成空间侦察系统

战后，美国的决策者从苏联的空间实践成就得出的经验是，活动于外层空间的侦察卫星“对美国比对苏联更有价值”。[①] 美国艾森豪威尔政府颁布了美国历史上第一部空间政策法案《1958年国家航空法》，致力于发展外层空间的空间侦察。[②] 这一时期，美军在大力发展航空侦察平台的同时，又把注意力投向外层空间，欲把空间优势作为“弥补其他因素造成的军事劣势”[③] 的重要途径，特别是作为军队和国家战略侦察的基本手段。

20世纪50年代中期，美国制定了一项秘密计划，使用军用飞机，实施飞越他国领空的侦察，搜集苏联的图像和信号情报，了解苏军的战略部队、核力量的部署和态势，预警和防备苏联对美国的核突袭。其中，第一项计划名为“敏感情报计划”，起于1954年，止于1956年12月。该计划是使用一般的航空平台飞越他国的领空进行抵近侦察。尽管这在平时是一种违反国际法的行为，但美国政府认为，在核与热核武器时代，需要使用“超越法律”的行动来保

---

① 侯宇葵等：《美国航天政策的演变与布什新太空计划》，《卫星应用》，2004年第2期，第5页。

② NASA, *National Aeronautics and Act of 1958* (*Unamended*). http://history.nasa.gov/spaceact.html.

③ ［美］T. N. 杜普伊：《国际军事与防务百科全书》，军事科学院外军部编译，解放军出版社，1998年版，第2490页。

护美国的国家安全。[①] 之后，美国政府制定了另一项名为“感光板”（*Project Aquatone*）的计划，使用U－2侦察机对苏联集团进行飞越领空侦察，但在1960年5月1日，这项计划随着苏联地对空导弹击落U－2侦察机而告结束。这两项计划的先后失败，迫使美国需要寻求一种安全的、不受国际法制约的手段，对苏联集团进行战略侦察。早在1955年，美国政府召集的一个技术能力小组（TCP）就提出研究科学卫星计划，制定关于空间自由方面的国际法。美军卫星计划也同步展开。1956年，美国空军选择洛克希德公司研制具有侦察和预警等功能的国防支援卫星，计划名称为WS－117L。1958年，美国政府命令胶片回收侦察卫星从WS－117L计划脱离，并制定了名为“科罗纳”（Corona）的秘密侦察计划[②]，由CIA负责。首批“科罗纳”卫星于1960年8月发射成功，从外太空传输回大量关于苏联的胶片图像。紧接着，“锁眼”（KH）侦察卫星计划开始实施，主要用于搜集情报与实施监视。这段时期，共制定并实施了“科罗纳”侦察卫星计划（即”锁眼－1—4”侦察卫星系列）、氩计划（即“锁眼－5”侦察卫星）、火绳计划（即“锁眼－6”侦察卫星）、策略计划（即“锁眼－7”和“锁眼－8”侦察卫星系列）等等。其中，策略计划是60年代比较成功的情报卫星、侦察与监视项目，此类卫星在搜集苏联情报方面具有很大的优势。美国海军则在1959年制定了“银河辐射与背景”卫星计划（GRAB），空军负责WS－117L剩余的胶片判读图像侦察部分，也就是现在所称的“卫星和导弹观测系统”（SAMOS）。电子侦察卫星比成像侦察卫星发展稍晚，美国于1962年发射了第一颗电子侦察卫星。总体上，这些卫星计划

---

① R. Cargil Hall, *National Space Policy and Its Interaction with the U. S. Military Space Program*, Marshall Institute, 2006, p. 2. http://www. marshall. org/pdf/materials/419. pdf.

② “科罗纳”侦察卫星项目是美国第一代回收型照相侦察卫星。这个侦察卫星项目始于1959年，止于1972年，并于1995年才被时任美国总统的克林顿解密。Kevin C. Ruffner, *Corona: America's First Satellite Program*, CIA History Staff Center for the Study of Intelligence, 1995. www. cia. gov/library/center－for－the－study－of－intelligence/csi－publications/books－and－monographs/corona. pdf.

的实施标志着越顶侦察的革命性变化，开创了技术情报搜集的新时代。[①] 20 世纪 60 年代，许多在 40 年代和 50 年代计划开发的军事卫星系统基本建成并投入使用。海军的“子午仪”导航卫星于 1964 年投入运行，该卫星使用自身精确的无线电信号，通过舰载原子钟授时，为海军舰艇和潜艇提供精确的位置。国家侦察办公室在 1961 年启动了低轨极地轨道气象卫星系统，使用“科罗纳”成像侦察卫星，辨析云层覆盖的“拒止区域”。由国家侦察办公室秘密研制的气象卫星在 60 年代中期转隶给空军，成为众所周知的国防气象卫星计划（DMSP）[②]。军事卫星在装备红外传感器之后，能够探测和预警地球任何地方发射的远程导弹。这些预警卫星在 60 年代中期得到了完善，该计划名为导弹防御预警系统（MIDAS），此类作战系统，后改名为国防支援计划（DSP），在 70 年代初，这些早期的预警卫星被置于地球同步轨道。

（二）为协调情报界搜集需求，初步建立统一的空间侦察管理机构

针对 1961 年苏联在载人航天方面取得的巨大成就以及中央情报局入侵古巴的失败，时任美国国防部长的麦克纳马拉于 1961 年 9 月制定了国家侦察计划（NRP），涵盖所有卫星和越顶侦察项目。麦克纳马拉命令把艾森豪威尔时期国防部内文职的空军侦察卫星办公室，改编为一个统一的卫星管理机构。[③] 1960 年 8 月 25 日，中央情报局和空军联合成立了负责统一管理侦察卫星的机构——国家侦察办公

① 这些侦察卫星穿越被拒止区域，并以快速重访方式实现全球覆盖，获得准确的战备证据，减少核战争的危险。在卫星侦察的帮助下，美军能够面对真正的威胁，而非想象中的威胁，并能节约大量的经费。

② 1998 年，国防气象卫星计划和国家海洋与大气管理局的低轨道气象卫星被合并成一个项目，由国家海洋与大气管理局运行，并被视为国家极轨环境卫星系统（NPOESS）。

③ 这一指令使得国家侦察办公室成为一个秘密机构，科罗纳胶片回收卫星计划以及海军的 GRAB 信号情报卫星计划，随之并入国家侦察计划。

室①。该机构直属美国国防部，是美国国家级的情报管理机构，其主任通常由负责太空系统的空军部副部长兼任。国家侦察办公室负责管理美国的空间侦察计划，确保国家决策者和作战人员获取所需的情报。其主要职责是：操控主要的空间卫星侦察系统，为诸多“国家”用户、战略用户和战术用户服务；在发现潜在的军事入侵、监控大规模杀伤性武器以及跟踪恐怖主义等方面提出预警，并且评估自然和人为灾难的影响；发展新的卫星搜集系统，维持用户数据的连续性等等。②

此外，美军根据1958年美国和加拿大两国签订的《北美防空司令部协议》建立“北美防空司令部”。1981年又将其改名为“北美航空航天防御司令部”。其基本任务是尽早发现和掌握来袭的空中和空间目标，争取足够的预警时间，供指挥官进行分析判断，并做出相应的决定，执行必要的防空措施，以保卫北美大陆的安全。统一管理和指挥两国的防空力量，其中包括针对导弹和飞机的各类预警系统、空间监视和跟踪系统，各防空区的探测跟踪与拦截武器系统等等。

二、从战略运用逐渐走向实战

20世纪70年代至90年代初，情报侦察技术在新军事技术革命的推动下取得了突破性的进展。在此背景下，美军的空间侦察能力获得了长足的进步。尤其是美军的侦察卫星，在种类、数量和技术上都有了比较大的发展和突破。但是，如何推动空间侦察能力的实战化转型，直接支援战场的作战行动，成为这一时期美军空间侦察能力发展的驱动力之一。

---

① Robert A. Guerriero, Maj. , “Space – Based Reconnaissance: from a Strategic Past to a Tactical Future”, *Army Space Journal*, Spring 2002, p. 31. http: //www. dtic. mil/cgi – bin/GetTRDoc? AD = ADA525826.

② R. Cargill Hall, *The NRO at Forty: Ensuring Global Information Supremacy*, 2001. http: //www. nro. gov/foia/docs/foia – nro – history. pdf.

（一）空间侦察由战略战役任务向战术应用过渡

20 世纪 70 年代末，美军支援作战的军事航天计划主要由五大国防支援卫星系统构成。[①] 比如，国防支援计划（DSP）卫星于 70 年代初被置于地球同步轨道，使用红外望远镜监视远程导弹的发射。当国防支援计划卫星探测到导弹升起的同时，卫星将该信号中继到地球。北美航空航天防御司令部分析这些数据，得出导弹的数量、飞行线路以及预计弹着点。根据媒体报道，国防支援计划卫星在 1972 年形成作战能力，并转隶给北美航空航天防御司令部。同时，中轨国防卫星通信系统 I（DSCS I）战略军事通信卫星提供了初始作战能力，于 70 年代中期由技术更先进的、位于地球同步轨道的国防卫星通信系统 II（DSCS II）卫星替代。极地轨道国防气象卫星，开始由国家侦察办公室控制，1965 年转隶给空军。60 年代后期，国防气象卫星主要用于支援战略侦察的成像侦察卫星，但是也曾被用于支援越南战争期间美军在东南亚的战术军事行动。

洛克希德公司的“六角形”计划（即“锁眼 -9”侦察卫星）是对 60 年代“科罗纳”侦察卫星项目的继承。该计划的卫星都携带着各种性能优良的照相机以及充足的胶卷。从 1973 年到 1980 年期间，这类侦察卫星拍摄了 29000 张关于地球各个角落的图像，其中包含大量的关于苏联和其他潜在敌对国家的全景照片。[②] 这些卫星将拍摄好的胶卷从太空发射回地球并投放在太平洋，随后由空军前往捞取。凯南计划（即“锁眼 -11”侦察卫星），首次发射于 1976 年，70 年代美军通常使用这类卫星作为军事行动的情报支援手段。这个时期，侦察卫星不仅种类逐渐增多，而且功能也相应地变强。

---

① 第六颗成像与信号侦察卫星，艾森豪威尔将其从军事航天项目中分离，肯尼迪将其放在国家侦察计划之中。国家侦察计划卫星中的大多数，担负绘图和测地任务，在 60 年代形成作战能力。Robert Butterworth, *National Space Policy and Its Interaction with the U. S. Military Space Program*, the Marshall Institute, 2006, p. 10. http://www.marshall.org/pdf/materials/419.pdf.

② Arzhan Surazakov and Vladimir Aizen, *Positional Accuracy Evaluation of Declassified Hexagon KH-9 Mapping Camera Imagery*, 2010, p. 1. www.asiacryoweb.org/wiki/pub/Publications/PublishedPapers/2010_ Surazakov_ Aizen. _ KH-9. pdf.

比如：海洋监视卫星、导弹预警卫星以及核爆炸探测卫星等侦察卫星发展得越来越成熟。

1977年卡特就任美国总统，国家侦察办公室宣布首颗光电成像侦察卫星投入运行。这些装备采用轻型灵敏的二极管，把可见光谱转化成各种卫星图像，近实时地将数字图像直接中继到地球。回收并冲洗来自空间情报侦察的胶卷再也不需要几天甚至几周的时间。数字成像侦察卫星使得“科罗纳”胶片返回式卫星黯然失色，给越顶侦察带来了第二次革命。而且，类似的信号情报卫星，能够近实时地中继所搜集到的电子信号。事实上，侦察卫星在设计之初，其目的只是为政府提供国际对手的战略情报，但是在实际应用过程中，侦察卫星近实时地向地球传输情报，同时也使得美国战术军事指挥官在战场上能够使用这些制品。① 卡特政府在1978年首次强调了空间侦察系统对美军战场作战的重要性，要求国家空间情报资产从战术上支援美军部队的作战。② 但是，在第三次中东战争中，由于当时技术水平所限，卫星支援战术行动受到了很大的限制。正如柯蒂斯所说的：“第三次中东战争时，为了支援战场行动，美军于1967年5月9日发射了‘科罗纳’卫星，但是该卫星的两个返回舱却在5月15日和22日才回收，正好临近战争开始，因而没来得及提供情报。另外，此次战争只持续6天，‘锁眼-7’卫星直到战争结束也没有返回地球。因此‘科罗纳’卫星及其他侦察卫星在第三次中东战争期间对美国的情报行动并没有发挥作用，甚至在第四次中东战争中也没有派上用场。”③ 这些表明“科罗纳”以及当时其他侦察卫星不

① 此时，军队已经建立了TENCAP（战术使用国家能力）机构，国会鼓励战术使用国家侦察计划的资产。通过与国家侦察办公室和任务伙伴的合作，他们制作了新的机动车，改进了广播技术，完善了接收装备，使部署的部队能够直接从卫星获益。其中包括军、师，甚至到旅一级以及海上的作战舰艇。

② NASA, *PD/NSC-37*, May 11, 1978. http://www.hq.nasa.gov/pao/history/hsc-37.html.

③ Curtis Peebles, *the Corona Project: America's First Spy Satellite*, Naval Institute Press, Dec 1997, p. 234.

适合动态危机环境。[①]

总之，这一时期，美军开始尝试将空间侦察运用于实战，但是，实践表明其实战能力实在有限。与此同时，美军的作战理论、武器装备、体制编制与空间侦察也不匹配。因此，这一时期，美军空间情报侦察能力的实战运用只是呈现零星的状态，并没有全面形成作战能力。

（二）走向实战化的空间侦察战场支援

20 世纪 80 年代初至 90 年代初，为适应新的全球战略环境以及在新军事技术革命的推动下，初步形成了比较完善的空间侦察体系，具备了一定的空间侦察战场支援能力。进入 20 世纪 80 年代后，美军启动了以“侦察与情报技术的军事利用”（MERIT）为代表的一系列计划，为卫星侦察数据的战术使用进行了前期的技术准备。[②] 同时，美军为应对苏联的“大纵深作战”，提出“空地一体作战”理论。这种以“全球性、大纵深、全方位、高立体”为主要特征的现代作战方式，对空间侦察系统提出了更现实的要求。进一步提高空间侦察系统的战场支援保障能力，就成为这一时期美军空间侦察战略的一项重要内容。偶像计划（即“锁眼 -12”侦察卫星）与“锁眼 -11”侦察卫星一样，是实现情报与监视的重要手段。80 年代初至 90 年代初，美军逐步把具有高分辨率和实时无线传输能力的“锁眼 -11”[③]（1976 年发射第一颗）和“锁眼 -12”（1990 年发射第一

---

① NASA, *PD/NSC - 37*, May 11, 1978, p. 236. http: //www. hq. nasa. gov/pao/history/hsc - 37. html.

② MERIT 为 military exploration of reconnaissance and intelligence technology 的缩写，即侦察与情报技术的军事利用。

③ KH - 11 载有多种探测系统以获取照片和数据，其中包括能昼夜观察对方活动的多光谱扫描器。［美］T. N. 杜普伊：《国际军事与防务百科全书》，军事科学院外军部编译，解放军出版社，1998 年版，第 2339 页。

颗）作为其照相侦察卫星的主力。[①] 这两代“锁眼”侦察卫星也在近几场局部战争中，为美国立下赫赫战功，闻名于世界。冷战结束前，美军侦察卫星已经开始有限地支援军事行动，比如1986年的轰炸利比亚行动，1989年的“正义事业”行动。1991年的海湾战争是卫星支援军事行动的分水岭。[②] 侦察卫星所获取的情报用于预警飞毛腿导弹的攻击，为“爱国者”反战术弹道导弹确定目标，提供数据，辅助地面导航和空中轰炸，以及作为通信中枢。此外，在反恐战争中，也显示了美军对卫星图像和电子情报的依赖。侦察卫星角色的转变（从战略情报到战术支援），对情报的提供者和接收者来说，以往的整个情报流程都需要进行相应的调整，否则会造成诸多问题。例如，在1991年的海湾战争中，情报分发成为一个大问题，部分战场指挥官不熟悉美国情报系统的能力和弱点，造成了情报分发的延误。[③]

（三）建立空间侦察作战指挥机构，探索作战支援方式

在经历过初级阶段后，美军的空间侦察机构迎来了大发展的阶段，各军种的空间侦察指挥机构体系逐步完善。[④] 军种空间侦察组织主要包括美军航天司令部及其领导下的空军航天司令部[⑤]、海军网络

① 1976年首次发射的KH－11是第一颗实时成像卫星。这意味着光电图像能够通过数据链，几乎是在事情发生的同时，下行到接收站，从卫星到地面站滞后时间最多为90分钟。John D. T. Severance, *Proposed Design of a Tactical Reconnaissance Satellite System*, Air Force Institute of Technology, Nov 30, 1990, p. 14. http://oai.dtic.mil/oai? verb=getRecord&metadataPrefix=html&identifier=ADA230471.

② Glenn Hastedt, *Reconnaissance Satellites, Intelligence, and National Security*, p. 380. http://history.nasa.gov/sp4801－chapter19, pdf.

③ House Committee on Armed Services, *Intelligence Successes and Failures in Operations Desert Shield/Storm*, Committee Print 5, August 1993. http://www.dtic.mil/dtic/tr/fulltext/u2/a338886.pdf.

④ 2002年美国航天司令部与战略司令部合并，组建美国战略司令部。2002年海军航天司令部与海军网络作战司令部合并，组建海军网络与航天作战司令部。

⑤ http://www.globalsecurity.org/space/agency/afspc.htm.

与航天作战司令部、陆军航天与导弹防御司令部等①。这些部门负责与本军种任务相关的军事系统、装备与训练，提供空间侦察支援，并具体指挥和实施本军种空间侦察活动。

成立于1985年的美军航天司令部②的主要任务包括：对美国本土航空航天袭击的统一战术进行警报和判定；操控卫星，通过对敌航天器和有关威胁的监视实施“航天控制”；向北美航空航天防御司令部提供警戒和判定支援。60年代早期，在国家侦察办公室掌控侦察卫星之后，美国空军指挥官就已经放弃了军事空间项目，但是，80年代初，美国空军指挥官开始重视国防支援计划卫星对提高部队作战效能方面的作用。最突出的是，空军仍没有操控空间系统的司令部，空间项目仍由空军的武器研发部门所控制。在经过一段时间的部署研究后，1982年美国空军建立了空军航天司令部，对空间系统实施作战控制。新的司令部很快担负起国防支援计划的职责，负责早期的预警卫星以及国防气象卫星项目等等。空军航天司令部是美国战略司令部的主体，掌管美国90%的航天力量，其主要任务是负责组建、训练、装备并管理用于支援美国战略司令部和北美航空航天防御司令部的部队；管理“国家支援计划”、“国防气象卫星计划”、“导航星”及“军事星”等卫星系统。海军网络与航天作战司令部主要负责海军航天及全球远程通信系统、海外通信网络与“海军－海军陆战队司域网”海军部分的内部网的运行和监督。陆军航天与导弹防御司令部主要负责美国本土空间通信系统保障中心、欧洲空间通信系统保障中心、太平洋空间通信系统保障中心，反导弹防御业务指导机关和位于太平洋夸贾林岛的反弹道导弹防御基地的研究计划。

---

① http://www.globalsecurity.org/space/agency/afspc.htm.

②［英］伦敦国际战略研究所：《军事力量对比》，刘群等编译，国防大学出版社，2002年版，第40页。

三、支援战场作战

全面支援战场是20世纪90年代初至本世纪初，从作战层面看，空间侦察作为杀伤链的一部分，能够实时发挥作用，支援战场情报准备。[①] 但是，空间侦察系统对战场作战的实时支援一直到海湾战争之后，伴随着系统一体化的发展，才得以实现。

（一）建成具有战术支援功能的空间侦察系统

侦察卫星从诞生以来，在相当长的一段时间里主要用于战略侦察，服务于战略层次部门的需求，基本没有用于战役层次，也没有用于战场情报支援。其原因主要是技术方面的。一方面，卫星性能比较差，如成像侦察卫星的分辨率较低，无法发现小型目标，特别是对于移动目标辨识度更低；另一方面，卫星种类较少，远不能满足战场情报支援的时效性要求。这种局面直到海湾战争时才有所改观。当时，美军的空间力量已经得到长足发展。海湾战争期间，天上有多颗侦察卫星共同监视着战场的动态变化。侦察卫星获取的战场图像通过印度洋上空的通信卫星传递到位于澳大利亚的数据处理中心，在经过处理后，再分发给前线的联军指挥部和作战分队使用，全过程仅需十几分钟。由此，空间侦察装备开始逐步由战略层次运用向战役层次甚至战术层次运用转化。

早在越南战争期间，远程遥感和通信卫星在支援美军作战行动中就发挥了重要作用，比如提供气象、侦察和指挥控制。因而，海湾战争并非是军事行动中运用空间设施支援战术行动的首例。但是，在海湾战争期间，由于出现了多类新技术，从而更好地整合了空间信息制品，改变了人们对空间情报在未来军事行动中的作用的一般看法。[②]

---

① Robert L. Butterworth, "Space and the Joint Fight", *Strategic Forum*, INSS, Feb 2012, p. 9. http://www.ndu.edu/inss.

② Handberg, Roger, *Seeking New World Vistas - The Militarization of Space*, London: Praeger, 2000, p. 88.

海湾战争证实了空间侦察设施在提高其他军事技术产生的效果方面具有巨大潜力。空间侦察能力提供了更好的指挥控制，为全面而又准确识别敌方的军事能力发挥更为有效的作用。此外，它还提高了导航系统的精确性，使联军的火力打击在速度和精确度方面有很大的改观。换句话说，在空间侦察的支援下，海湾战争期间的部队指挥控制更为有效，目标选择过程中更少的人暴露于敌方火力，空间设施实施的战斗毁伤评估中飞行员在侦察任务中的伤亡大大减少。

（二）空间侦察系统与指挥系统、武器系统的融合

20 世纪 90 年代初至本世纪初，是信息技术呈现井喷式发展的重要阶段。“以情报搜集、监视、侦察、导航、指挥控制系统等形式存在的信息技术，”① 是支撑美国军事优势的主要根基，是作战方式转变的重要物质基础。美军认为，在信息技术的推动下，其作战方式逐渐从平台中心战向网络中心战转变。② 所谓的“网络中心”指的是信息技术、武器平台、人员、条令、战术以及程序之间的内部相互连接，实现近实时信息交换。③

美军认为，“信息优势是网络中心战的关键”，④“空间侦察系统又是获取信息优势的关键”。⑤ 因此，我们可以认为，空间侦察系统是网络中心战的关键。以网络为中心的作战方式，客观上要求各个作战系统高度融合，以获取信息优势，提高作战效益。也就是说，支撑网络中心战的是，在所有军事行动中，通过在共同作战环境中

① Zalmay Khalizad, etc., *the Changing Role of Information in Warfare*, Santa Monica, CA: RAND, 1999, p. 135.

② Thomas G. Behling and Kenneth McGruther, “Satellite Reconnaissance of the Future”, *JFQ*, 1998. http: //www. dtic. mil/cgi – bin/GetTRDoc? AD = ADA524807.

③ Maryann Lawlor, “War Validates Net Centricity Concept”, *Signal*, November 2005, pp. 17 – 22. http: //www. afcea. org/content/? q = node/1041.

④ David S. Alberts, Network Centric Warfare: Developing and Leveraging Information Superiority, CCRP Publication Series, 2000. www. dodccrp. org/files/alberts_ ncw. pdf.

⑤ JCS, *JP3 – 14*: *Space Operations*, May 29, 2013, p. 23. http: //www. dtic. mil/doctrine/new _ pubs/jp3_ 14. pdf.

同时共享信息所形成的合力，连接包括空间侦察系统在内的传感器网络，指挥控制网络以及火力打击网络。通过连接这些网络，美军能够协同规划和实施行动，缩短时间，从多源情报获得益处，实现“从传感器到射手”的作战概念。①

在作战方式发生深刻变革的这一历史时期，美军空间侦察系统与指挥系统、武器系统的融合经历了一个逐步发展的过程。海湾战争是军事利用卫星的重要时刻。美军向盟国和外界展示了在军事行动中，空间侦察能力的重要作用。② 空间侦察卫星与指挥系统的整合，表明美国能够为未来的军事冲突发展一种信息力量倍增优势，③形成了美国对未来战争的构想的基础。④ 尽管如此，海湾战争期间美军空间侦察系统与指挥系统、武器系统之间的互联互通能力比较差，各种信息还无法在这些系统完全实现实时共享。此后，美军的空间侦察在经过近 10 年的发展，历经科索沃战争、阿富汗战争之后，在伊拉克战争中发挥了关键作用。伊拉克战争中，美军的空间侦察与指挥系统、武器系统高度融合，初步实现了一体化，空间侦察开始全面支援战术行动。伊拉克战争中，美军从空间侦察系统向作战系统传输情报信息的时间极大地减少，整个过程不超过 10 秒。

（三）直接服务于作战的空间侦察支援机构

海湾战争是美军首次在局部战争中大规模运用空间侦察，其经验对美军日后的空间侦察能力的建设与发展产生了重要影响。海湾战争的实践表明，美军的空间侦察能力在取得战争胜利的进程中发挥了重要的作用。但是，海湾战争的实践也暴露出美军空间侦察能力方面的短板，其

---

① AUSA, “Space and Missile Defense Challenges: Space Capabilities—an Integral Part of Land Force Operations”, *AUSA Background Brief*, No. 89, an Institute of Land Warfare Publication, November 2000.

② James Andrew Lewis, *Commercial Satellite Services and National Security: We are Not Alone*, March 25, 2003, p. 16. http://www.csis.org/files/media/csis…/030325_commercial_sat_services.pdf.

③ James Andrew Lewis, *Commercial Satellite Services and National Security: We are Not Alone*, March 25, 2003, p. 17. http://www.csis.org/files/media/csis…/030325_commercial_sat_services.pdf.

④ James Andrew Lewis, *Commercial Satellite Services and National Security: We are Not Alone*, March 25, 2003, p. 17. http://www.csis.org/files/media/csis…/030325_commercial_sat_services.pdf.

中最为突出的是空间侦察机构难以全面有效地支援战役战术行动。美空军的几位战争历史学家认为："在把美国空军制定计划，实施计划方面，与发挥情报功能方面联为一个功能平稳的团队组织方面存在困难"、"潜在的严重的组织问题"。[①] 为此，海湾战争后，美军着手解决这些组织机构问题，以解决空间侦察机构支援战役战术作战行动所面临的种种限制：一是建立加强空间侦察系统作战应用的机构。一方面是建立空间侦察作战支援研究机构。海湾战争后，美国空军成立了关于空间作战行动的"蓝丝带"专家组（*Blue Ribbon Panel*）。该专家组的研究认为，海湾战争中，美军对空间侦察的运用不够重视，建议成立空间作战中心以有效地运用空间侦察。1993 年 11 月 1 日，美军成立了空间作战中心。该中心的任务是改变过去只注重采购和管理空间侦察资产，重点放在研究与开发空间侦察的作战运用方面。其中的主要任务之一是实施"国家空间资源战术利用计划"（TENCAP）。该计划是通过快速的原型项目开发具有战术用途的空间侦察系统，或者改变未来空间侦察系统设计思想使之用于战术目的等等。[②] 2006 年，该机构更名为空间创新与发展中心，其作为航空航天和军事信息化领域的改革者，主要任务还包括通过迅速增强作战人员的战斗效果来支援作战行动。[③] 另一方面是建立空间侦察作战支援实施机构。海湾战争的经验表明，空间侦察系统在支援作战的时效性方面还不能完全满足作战需求，比如空间侦察系统获得的图像情报不能及时传送到决策者手中。为此，美国国防部在 1997 财年的国防拨款授权法案中决定建立国家图像与测绘局，作为作战支援机构，满足国家层和战术层用户的需求。[④] 该机构多

---

① 理查德·A·贝斯特：《科索沃战争：对军事情报的启示》，徐义忠、邱蜀林编译，《美国国会研究署递交国会的研究报告（选编）》，北京：军事科学出版社，2002 年版，第 204 页。

② www. fas. org/spp/military/program/nssrm/categories/aftencap. htm.

③ http: //en. wikipedia. org/wiki/Space_ Innovation_ and_ Development_ Center.

④ Senate, *Authorizing Appropriations for Fiscal Year 1997 for Military Activities of the DOD*, *for Military Construction*, *and For Defense Activities of the DOE*, *to Prescribe Personnel Strengths for Such Year for the Armed Forces*, *and For Other Purposes*, June 1996. www. gpo. gov/fdsys/pkg/CRPT – 104srpt278/html/CRPT – 104srpt278. htm.

派出国家情报支援小组，实施前沿部署，支援美军的作战行动。比如，2001 年，国家图像与测绘局派遣国家情报支援小组到阿富汗战场直接支援美军特种作战部队。该小组配备标准的卫星通信装备和能处理图像情报的专业电脑设备。二是建立新的战术情报协调管理机制。基于空间侦察系统在海湾战争中的作战运用经验，美军于 1992 年成立了新的空间侦察协调管理机构，即国家侦察办公室作战支援办公室（NRO－OSO）。[①] 其目的是促进国家侦察办公室满足作战人员的情报需求。这种机构调整在高度立体化的科索沃战争发挥了重要作用。[②] 科索沃战争期间，美国国防部、国家侦察办公室、国家图像测绘局、中央情报局和国家安全局之间形成了一种新的合作关系和更为一体化的工作程序。美国空军、海军、陆军、国家侦察办公室、国家图像测绘局、中央情报局和国家安全局联合成立战术情报管理机构——作战支援办公室（OSO），以管理时间要求极高的打击前后的数据，加强各个部门的协调与合作，提高工作效率。

四、应用于战术任务

新世纪以来，美军将空间侦察与军事行动直接对接，在多次的反恐行动和若干战斗行动中发挥了重要作用，空间侦察支持各个层次的军事任务。

（一）情报侦察卫星系统已成为美军作战行动的重要信息来源

1961 年 9 月美国正式成立国家侦察局（NRO），专门负责操纵美国情报界的所有情报侦察卫星，如成像侦察卫星、电子侦察卫星、海洋监视卫星等，以确保美国始终保持全球情报优势。冷战时期国家侦察局将卫星侦察图像提供给中央情报局、国家安全局等部门，

---

① R. Cargill Hall, *the NRO at Forty: Ensuring Global Information Supremacy*, 2000, p. 5. www. nro. gov/foia/docs/foia－nro－history. pdf.

② R. Cargill Hall, *the NRO at Forty: Ensuring Global Information Supremacy*, 2000, p. 5. www. nro. gov/foia/docs/foia－nro－history. pdf.

而一直不愿将侦察卫星图像发往战场，因为它担心这些图像一旦落入敌人之手，就会泄露太多有关侦察卫星技术能力的信息。从1988年起，美国降低了侦察卫星情报信息的保密等级，侦察卫星图像由原来只为情报界服务转而也直接为作战部队提供更多的支持，扩大了应用范围。到90年代，国家侦察局开始用侦察卫星支持联合军事演习。海湾战争就是侦察卫星转向战术应用的重要标志①。

海湾战争期间，美国在轨成像侦察卫星连续不断地监视海湾地区的军事动向，卫星图像情报除了送给国家有关情报部门外，还被广泛地传送给海湾地区的高级到低级军事指挥官，指挥官只要通过首次在战场上部署的小型机动式地面终端就可不断地接收大量卫星图像情报，图像传送的层次之广，数据量之大，都是前所未有的。其间，美国还利用电子侦察卫星和海洋监视卫星对伊拉克实施侦察活动。当时，美国有多颗电子侦察卫星用于截获伊拉克的雷达信号，并监听伊拉克的无线电通信和广播信号。美国利用白云卫星监视伊拉克舰艇活动情况，为多国部队指示海上攻击目标。

海湾战争之后的波黑战争再次深刻证明，卫星已经成为高技术条件下局部战争中直接支持战场作战的重要支援保障系统。例如，美军利用波黑地区的侦察卫星图像和数字地形图，在意大利阿维亚诺空军基地建立了一套灵境仿真设施，战斗机每次出发之前，驾驶员首先利用该仿真设施进行演练，大大提高了空袭效果。

在1998年12月的“沙漠之狐”行动中，侦察卫星又发挥了重要作用。与海湾战争相比，这次行动的规模比较小，对卫星的要求没有海湾战争那么高。此次行动中成像侦察卫星的主要作用可能在两个方面：一是进行打击效果评估；二是监视伊拉克军队的军事动向。美国在用的5颗成像侦察卫星，每颗卫星每天在伊拉克上空过境2次，另外还有2次倾斜观测机会，这样每颗卫星每天可对伊拉克实施4次观测，5颗卫星可实现20次观测，平均1.2小时一次，

---

① 安茂春、于东涛：“美国航天侦察力量现状分析”，《中国航天》1999年第7期。

足以满足这次行动的需要。美国仍在应用其电子侦察卫星监听伊拉克政府的通信内容，以帮助确定萨达姆等伊拉克政要们的行踪和判断伊拉克的意图，利用白云卫星监视对伊拉克的禁运以及伊拉克的石油走私”活动等。但从披露的美国间谍借联合国特委会伊拉克武器核查人员的合法身份大肆进行窃听活动的事实来看，美国的电子侦察卫星虽然在侦察伊拉克的防空雷达方面发挥了重要作用，但对于地面通信系统的监听却显得力不从心。

在1999年3月北约针对南联盟的盟军行动”中，情报侦察卫星又发挥了类似于“沙漠之狐”行动中的作用。

2001年9月11日，“基地”组织针对美国本土目标发动了多起自杀性恐怖袭击行动，使美国本土遭受了自“珍珠港事件”发生以来最为沉重的人员伤亡。随即，美国政府及其盟国于2001年10月7日起开始在阿富汗开展“持久自由”行动（Operation Enduring Freedom，OEF）①，全面揭开了“全球反恐战争”（Global War on Terror-

---

①“持久自由”行动（Operation Enduring Freedom，OEF）系美国政府自2001年10月以来，对美军及其盟军开展的一系列反恐怖主义军事行动的总称，是美国主导下的“全球反恐战争”（Global War on Terrorism，GWOT）的重要组成部分。该行动原名“无限正义”行动（Operation Infinite Justice，OIJ），在被某些媒体引用时也误传为“终极正义”行动（Operation Ultimate Justice，OUJ）。为避免类似“正义”之类的字眼引起众多穆斯林国家的误解与不满，美国政府最终正式将其更名为“持久自由”行动。“持久自由”行动计划下辖六个子方案，分别为：“持久自由”——阿富汗行动（OEF－A）、“持久自由”——菲律宾行动（OEF－P）、“持久自由”——非洲之角行动（OEF－HOA）、“持久自由”——泛撒哈拉行动（OEF－TS）、“持久自由”——吉尔吉斯斯坦行动（OEF－K，已于2004年实施完毕）及“持久自由”——潘基西山谷行动（OEF－PG，已于2004年实施完毕）。虽然上述六个子方案均同开展反恐行动相关，但“持久自由”——阿富汗行动堪称其中最为核心的组成部分，目前为各类媒体通常所指的“持久自由”行动即专指“持久自由”——阿富汗行动。国内部分学者在探讨美军在阿富汗的军事行动时，往往将2001年10月至2002年5月间“持久自由”行动第一阶段美军打击并推翻塔利班武装政权的过程称为“阿富汗战争”，这种称呼与美国官方对阿富汗战事的称呼并不相符。美国政府迄今为止从未正式宣布“持久自由”行动已经结束，并未笼统地将2001年底至2002年中的“持久自由”行动贯以“阿富汗战争”的称呼。（这一点与美国对待随后在伊拉克开展的“伊拉克自由”行动有本质区别，美国总统小布什于2003年5月1日明确宣布伊拉克战场上的主体战事已经宣告结束，而自2010年9月1日起，“伊拉克自由”行动正式宣告终结，为“新黎明行动”所替代）。故本书沿用美国政府对美军在阿富汗战事的官方称呼——“持久自由行动”，而非“阿富汗战争”。

ism，GWOT）的大幕。在之后的近13年的时间里总计耗费了2万多亿美元[①]。迄今为止，美军在针对“基地”组织、塔利班运动以及打击行动中，已先后租用了33个国家的机场[②]，获得了89个国家的领空飞越权[③]，领导筹建了一支由41个国家的武装力量共同构成的国际安全援助部队（International Security Assistant Force，ISAF）[④]，投入了近35000人的精锐作战力量，动用了除核武器、生物武器、化学武器之外当今世界几乎所有最为先进的武器装备。为保障自己最大限度地拥有战场情报优势，美军共动用了各类军用和民用卫星94颗[⑤]。其中包括“大酒瓶”“漩涡”“号角”电子侦察卫星，“长曲棍球”雷达成像卫星、“锁眼－11”“锁眼－12”光学成像卫星、“白云”海洋监测卫星等。[⑥] 同时，为了保住这种情报优势，美国军方还出巨资购买了商用卫星拍摄到的阿富汗战区卫星图像专卖权，并且买断了“伊科诺斯”卫星飞越阿富汗及伊拉克上空的所有时间，以此确保有关阿富汗和伊拉克战场的卫星图像不会落入他人之手[⑦]。

在“持久自由”行动的第一阶段，美军通过空间侦察卫星的支援下，情报工作迅速大获成功。美军及其盟军取得了辉煌的战果。仅用了不足两个半月的时间便轻取马扎里沙里夫、抢攻喀布尔、强

---

① 有关美国政府在“持久自由”行动中投入的人员及资金数量的详情可参见美国科学家联盟情报资源。Available at：http：//www. fas. org/sgp/crs/natsec/RL33110. pdf.

② 孙壮志：《中亚安全与阿富汗问题》，北京，世界知识出版社，2003年版，第91页。

③ 孙铁良、丁步东、王兴宏：《美军转型研究》，北京，空降兵第十五军装备部、空军指挥学院科研部，2005年版，第122页。

④ 自“持久自由”行动展开以来，包括美国在内，先后共有43个国家向阿富汗派驻了军事人员。其中既包括一线作战人员，又包括负责医务、工程、后勤、安保等相关事务的辅助人员。由于韩国与瑞士分别于2007年12月14日及2008年2月23日撤回了本国驻阿的军事人员，因此，目前驻扎在阿富汗的国际安全援助部队共由来自41个国家的军事人员构成，总人数约为52900人。Available at：http：//en. wikipedia. org/wiki/International_ Security_ Assistance_ Force.

⑤ 孙铁良、丁步东、王兴宏：《美军转型研究》，北京：空降兵第15军装备部、空军指挥学院科研部，2005年版，第122页。

⑥ 李庆华：《从美国反恐战争看其航天侦察力量》，载《解放军国际关系学院学报》，2003年第1期，第36页。

⑦ 同上，第37页。

占昆都士、逼降坎大哈，以摧枯拉朽之势结束了塔利班政权在阿富汗的统治[①]。凭借着以侦察卫星、无人驾驶侦察机、红外摄像机、声波传感器等先进技术装备为支撑的技术侦察手段以及与特种部队打击手段，美军总是能够轻而易举地锁定战场打击目标并有效地对打击效果进行实时评估。

（二）导弹预警系统为战区导弹防御系统提供预警信息支持

美国空军负责导弹预警任务。为配合 DSP 卫星的工作，除了在科罗拉多州巴克利空军国民警卫队基地建立了 DSP 卫星地面站（CGS）外，还建立了澳大利亚地面站（OGS）、欧洲地面站（EGS）。自 70 年代以来，美国 DSP 卫星一直被用来探测洲际导弹的发射。尽管 DSP 探测战术弹道导弹发射的能力有限，但冷战结束后，随着战术弹道导弹的大量研制与扩散，美国开始将 DSP 用于战术弹道导弹的发射探测上，并逐步提高了 DSP 卫星技术及其应用技术。美国目前已研制成功和正在研制的战区导弹防御（TM）系统和国家导弹防御（NM）系统都离不开导弹预警卫星系统的支持。

在海湾战争期间，在印度洋上空有两颗第二代改进型 DSP 卫星被用来监视伊拉克飞毛腿导弹的发射。战争初期，DSP 卫星的预警信息必须先下传给澳大利亚地面站，再经过太平洋上空的一颗国防卫星通信系统（DSCS）卫星，传送给美国本土地面站，预警信息经处理后再经大西洋上空的一颗 DSCS 卫星，传送给海湾地区的战区指挥官和防空指挥官。这样从导弹发射到战区收到预警信息需要 5 分钟，其中 DSP 卫星确定导弹发射和射向需要 40—50 秒，预警信息的处理需要数分钟。而飞毛腿的飞行时间为 5—7 分钟，所以能够提供的预警时间最初为 2 分钟，有时警报信息比导弹到达的还晚。鉴于当时导弹预警系统所暴露出来的问题，美国空军马上采取了一些改

① 美军及其盟军自 2001 年 10 月 7 日起正式发动对塔利班政权及“基地”组织的军事打击，至 2001 年 12 月 9 日塔利班控制下的最后一个省份——阿富汗东南部的查布尔省宣布投降为止，塔利班政权在阿富汗的统治正式宣告结束，前后共历时不足两个半月时间。

进措施，开始利用数据传输系统将 DSP 卫星数据直接传送给海湾地区的美国陆军爱国者导弹连，爱国者导弹连通过新部署的机动式地面站即可接收数据，这样预警时间可以延长到 5 分钟左右。海湾战争后的 DSP 预警卫星系统已做了大大改善，卫星已由海湾战争期间监视伊拉克用的第二代改进型上升为第三代，卫星预警信息的处理和传输手段也都有了很大提高。

目前美国正在使用的是第三代 DSP 卫星，其标准星座包括 4 颗工作卫星和 1 颗备用卫星。但是由于第三代 DSP 卫星工作寿命已经达到了 15 年，目前有 7 颗在轨工作。2007 年 11 月 11 日发射的 DSP－23 卫星由于故障在 2008 年 9 月停止工作，而这颗卫星原本计划执行预警和情报收集任务一直工作到 2022 年。

表 2—1　目前在轨的 DSP 卫星

卫星名称	发射日期	国际编号	位置
DSP－14	1989. 06. 14	1989－46A	西经 145 度
DSP－16	1991. 11. 24	1991－80B	西经 40 度
DSP－17	1994. 12. 24	1994－86A	西经 165 度
DSP－18	1997. 02. 23	1997－08A	东经 145 度
DSP－20	2000. 05. 08	2000－24A	西经 8. 5 度
DSP－21	2001. 08. 06	2001－33A	东经 70 度
DSP－22	2004. 02. 14	2004－04A	东经 103 度

（三）进一步加强情报侦察卫星数据向战区的传送能力

为了加强数据向战区的传送能力，美国国防部于 1995 年 12 月提出建设“全球广播服务”（GBS）系统的计划，并在 1998 年 3 月和 10 月美国海军发射的特高频后继星－8、9（UFO－8、9）上搭载了 GBS 有效载荷。GBS 主要用于将国家侦察局的图像以及其他重要国防部门的有关数据传送到更多的海上和地面部队，部队只要通过 0. 61m 直径的便携式地面终端即可接收数据，它们还能将数据传送到作战飞机座舱中。在 1999 年发射的 UFO－10 卫星上又搭载了第 3

个 GBS 有效载荷，以实现准全球覆盖。

美军正在利用一种新型高度现代化的战术情报系统，系统包括卫星数据接收、处理、判读等设备，可部署在战区，目的是加快侦察情报向战区的分发速度以及提高战区的数据处理能力。该系统在沙漠之狐行动中首次使用，主要用来加速对伊拉克空袭计划的制定和打击效果的评估，应用效果很好，战区指挥官比较满意。

（四）研制新的预警卫星地面应用系统

为了进一步提高导弹预警能力，美国空军于 1995 年研制了战区空袭和发射预报（ALERT）系统，陆军和海军于 1997 年共同研制了联合战术地面站（JTAGS）系统。ALERT 和 JTAGS 系统能够接收和处理 DSP 卫星的数据，在很短的时间内为战区提供预警信息。

ALERT 系统是一地基接收处理站，它接收 DSP 卫星以及其他卫星系统的红外数据来探测、识别和跟踪导弹发射，通过高效通信网，为战区导弹防御提供早期预警和更精确的导弹射向支持。系统的核心是中央战术处理单元（CTPE），每秒运行 15 亿次，处理速度比 1991 年快得多，在飞毛腿导弹发射后约 30 秒即可向战区发出警报。

ALERT 系统由位于科罗拉多州空军第 21 航天联队第 11 航天预警中队负责操纵，系统一直在 24 小时连续不断地运行，以监视重点地区的弹道导弹发射情况，在 1998 年的美伊核查危机逐步升级时，预警工作能够满足需要。

JTAGS 可部署在战区，它能够接收并处理多达 3 颗 DSP 卫星数据以及未来的天基探测器数据，直接为战区提供导弹预警信息支持。系统装在军用标准式移动方舱内，可进行牵引机动，由 C－141 运输机或其他大型飞机运输到战区。目前美国已在海外部署了 2 套 JTAGS，在国内部署了 3 套 JTAGS，JTAGS 的运用也使探测导弹并发出预警的时间大大缩短。

（五）为适应战术行动需要，国家侦察局正在进行一系列改革

在确保美国保持信息优势方面，国家侦察局是独一无二的关键机构。但国家侦察局的侦察卫星体系也有其不足的地方，在海湾战

争中，该局因提供情报速度太慢而受到批评。国家侦察局在海湾战争之后就认识到了变革的重要性，但改革的步伐不大。现在国家侦察局的主要用户已经是军事部门。1996 年末美国一高级情报小组完成了秘密的“杰里迈亚报告”，该报告继续鼓吹对国家侦察局进行自成立以来在管理、采办和技术开发等方面最彻底的变革，以保证国家侦察局的数据用户在21 世纪占有“全球信息优势”。“杰里迈亚报告”向该局提出的100 多条建议和批评作出的回应，国家侦察局提出了一个新的构想。新构想提出了许多变革，并于 1997 年开始实施，如今许多改革项目已见成效。

为满足21 世纪的国家情报和军事需要，国家侦察局提出了下一代成像侦察卫星系统计划—“未来成像体系结构”，系统星座将由数量更多、体积更小、能力更强的新型卫星组成，重访周期短，覆盖能力好，非常适合于战术应用。

第二节　美军空间侦察的主要类别

美军已形成了成像侦察卫星、信号侦察卫星、海洋监视卫星和天基空间目标监视系统构成的四大空间侦察系统，具备在全球范围(包括空间)、全天候、全天时、全电磁谱段获取信息的能力，在领跑的位置上正在谋求概念和技术突破。由于空间侦察的意义已成为共识，世界各国均在谋求空间侦察技术的突破，处于第二梯队的欧洲、俄罗斯、以色列、印度、日本、以及刚刚进入该阵营的韩国，都已拥有了分辨率优于 1 米的光学成像侦察卫星，部分国家拥有分辨率在 1 米—3 米左右的雷达成像侦察卫星。这样的发展对于美国来说，为了谋取军事空间的绝对优势，在不遗余力推进空间军事项目的转型与发展。其他国家在光学侦察卫星方面都强于雷达侦察卫星，目前一方面在提高光学卫星性能，另一方面大力发展雷达侦察卫星、完善卫星侦察体系。俄罗斯和法国还拥有信号侦察卫星，但在规模和能力上与美国相距甚远。

此外，美国商用高分辨率的成像卫星技术也突飞猛进，不断打破成像分辨率记录。已达到0.4米精度，甚至比一些军用侦察卫星的分辨率还高，其军事应用价值已不容忽视，正日益成为美国军事行动空间侦察的补充。

一、成像侦察卫星

在各种侦察卫星中，出现最早的是成像侦察卫星，主要包括光学成像和雷达成像两种类型。战后，美苏进入相互怀疑、互相对峙的时期。冷战之初，美国人心中最大的担心就是美苏之间的“导弹差距”，担心苏联在导弹的数量方面占据优势。这种担心源于50年代中期苏联在洲际弹道导弹方面的领先，造成了美国对苏联外交政策的误判。苏联导弹力量成为1961年柏林危机的核心问题。① 实际上，危机期间，赫鲁晓夫使用虚假的军事优势，削弱了美国谈判的战略筹码，使得美国与东德签署最终的和平协议。这类协议导致了外国军队撤离西柏林，在政治上对美国造成了沉重打击。② 据此，美军进一步认识到，了解真实的苏联军事能力极为重要。当时，空间图像情报在其中发挥了重要作用。

1955年，美国空军发布了《第80号综合计划要求》。这是号召发展成像侦察卫星的正式文件。③ 1958年，时任美国总统的艾森豪威尔授权研制可拍摄地面目标的侦察卫星。1959年2月，美国首次发射试验型胶卷回收式“发现者”号侦察卫星。美军发射的第一颗侦察卫星属于成像侦察卫星。1960年8月，“发现者－13”号照相侦察卫星的成功发射与回收，正式拉开了美国空间侦察应用的序

---

① Curtis Peebles, *the Corona Project*: *America's First Spy Satellites*, Annapolis, Naval Institute Press, 1997, p. 111. http://trove.nla.gov.au/version/27548602.

② Curtis Peebles, *the Corona Project*: *America's First Spy Satellites*, Annapolis, Naval Institute Press, 1997, p. 111. http://trove.nla.gov.au/version/27548602.

③ ［美］杰弗里·里彻逊：《美国情报界》，时事出版社，1985年版，第117页。

幕。[①] 迄今为止，美军的成像侦察卫星已经发展了六代（一部分资料划分为五代[②]）。前三代成像侦察卫星都用胶卷作为记录目标影像的介质，第四代“锁眼－11”于1976年问世，1996年退役。

美军现役的成像侦察卫星主要有“锁眼－11”“锁眼－12”侦察卫星，“长曲棍球”雷达成像侦察卫星，“锁眼－13”侦察卫星（也就是8X光学/雷达成像侦察卫星）以及“海军天基广域监视系统”等等。其中，有“极限轨道平台”之称的“锁眼－12”，其分辨率已达到卫星分辨率的极限0.1米[③]，并具有较强的机动变轨能力。但是，“锁眼－12”也有一个先天的不足，就是在天气不好的时候难以完成任务。这就为后来美军发展雷达成像侦察卫星埋下了伏笔。“长曲棍球”卫星是雷达成像侦察卫星的典型代表，是世界上首颗投入使用的雷达成像侦察卫星。该型卫星采用合成孔径技术，拥有微波遥感能力。[④] “长曲棍球”卫星能够弥补光学成像侦察卫星容易受天气影响的弱点，实施全时段侦察。比如，1991年海湾战争前，“锁眼－12”无法探测到躲入掩体的伊拉克共和国卫队，但是，美军运用“长曲棍球”雷达成像侦察卫星，就像使用X光机一样透视实施隐蔽和伪装的伊拉克军队。

目前，美军成像侦察卫星在全球处于领先地位，但其下一代成

---

① 王忠政、俞明：《试析美国航天侦察的历史演变及发展趋势》，《解放军国际关系学院学报》，2012年第2期，第5页。

② 大多数书籍或文献把美国图像情报卫星分为六代，即KH－1/KH－2/KH－3/KH－4为第一代，KH－5、6为第二代，KH－7、8为第三代，KH－9为第四代，KH－11为第五代，高级KH－11（KH12）、长曲棍球和8X为第六代。但美国前总统克林顿在1995年的一次讲话中提出，KH－1—6卫星为美国第一代图像情报卫星，它们都使用差别不大的全景式相机或画幅式相机，而KH－7以后的卫星所携带的遥感器有了质的飞跃，对军事目标判别有重要意义。本书据此将美国图像情报卫星的发展历程划分为五个阶段。参见：李大光：《太空战》，北京：军事科学出版社，2001年版，第231页。

③ Andronov and Shevrov, *American Overhead Visual Reconnaissance Systems*, 1995. http//: www. fas. org/spp/military/program/imint/andronov. htm.

④ “长曲棍球”三种工作模式，相应的分辨率为1米（标准模式），3米（宽扫模式），0.3米（精扫模式）。引自解放军报网络版。http//: www. pladaily. com. cn/item/newar/zsjz/28. htm.

像侦察卫星因多次变更计划而研制进展缓慢。不过，2009年美国总统奥巴马已批准一项名为“2+2”的先进成像侦察卫星开发计划。依照这一计划，美国政府将在随后10年内投入大约100亿美元，研发、制造并发射2颗光学成像侦察卫星和2颗高分辨率商业卫星，以替代现役卫星，防止美国对全球的监控出现“盲点”。据美国空间新闻网站2009年10月20日透露，由洛克希德·马丁公司建造的新一代光学成像侦察卫星的孔径将达2.4米，运行高度为600千米，分辨率为15厘米。2013年12月5日，美国发射NROL-39卫星。根据推测，NROL-39可能是一颗新一代雷达成像卫星，代号“黄玉”（Topaz）。另外，目前国家侦察办公室最新一代雷达成像卫星是原先“未来成像体系项目”（FIA）的剩余部分。

二、电子侦察卫星

自二战以来，电子技术大量在军事领域应用，获取电子情报成为情报侦察任务之一。随着战后空间侦察技术的发展，电子侦察卫星逐渐发展成为获取电子情报的重要手段，俗称超级“电子耳”。在战后的国际政治斗争以及局部战争中，电子侦察卫星发挥了重要作用。正如美国情报史学者切尔森所说：“只要把信号发到空中，总有办法能弄到它。即使信号不在空中，我们也能接到它上面。美国也许无法做到什么都搞得到，但我们确实可以弄到很多东西。[①] 比如，美国的“猎户座”电子侦察卫星，运行在地球上方3.6万千米的轨道上，可截获点对点无线信号微波通信。自1962年发射世界上第一颗电子侦察卫星以来，美国至今已发展了5代这种卫星：第1代为低轨道卫星，第2—5代主要是地球同步轨道和大椭圆轨道卫星。

（一）低轨道卫星

美国低轨道电子侦察卫星主要有“雪貂”系列和“白云”

① 袁艺等：《从“梯队”到“棱镜”：美国网络电磁空间情报活动特点》，《保密工作》，2013年第6期，第14页。

系列。

第一代电子侦察卫星“雪貂”于1962年5月开始发射，主要是对苏联和中国进行侦察以及对敌方的防空雷达信号进行侦察。另一类低轨卫星为“白云”卫星，主要对雷达信号进行侦察。首颗卫星于1976年4月发射，采用1母3子方式工作，到1987年，该卫星在发射了4组16颗星后，停止了发射。从1990年起，美国开始发展“高级白云”，该星又称“天基广域监视系统”。美国“高级白云”实际上为“天基广域监视系统”的海军版本，而空军版本“天基广域监视系统”则在卫星上搭载了雷达载荷。由于空军、海军分别发展“天基广域监视系统”，需要发射卫星较多，投资太大，因此美国防部决定将两个系统合并为“联合天基广域监视系统”。

（二）地球同步轨道卫星

为克服低轨卫星不可对目标进行连续侦察的缺陷，美国发展了可对同一目标实施24小时不间断侦察的地球同步轨道卫星，包含通信情报卫星和电子侦察卫星两大类。

第一代通信情报卫星“峡谷”于1968年8月首次发射，至1977年共成功发射7次，为美军收集了大量的苏联无线电通信情报。[①]“峡谷”卫星的成功，使得美国开始研制新型通信情报卫星“小屋”，用于截获对方同步轨道卫星天线以及宽主瓣天线传输的通信信号，该卫星于1978年6月进行了首次发射。在“小屋”卫星基础上，美军进一步将侦察设备向厘米波段拓展，发展了“旋涡”卫星。该卫星主要对前苏联和中国的外交、军事通信以及雷达和导弹遥测信号等进行侦察，获取情报。冷战结束后，为搜集经济情报以及局部冲突情报，美国又于1994年进一步发展了“高级旋涡”卫星，即“水星”卫星，该卫星除了能够侦察通信信号外，比如导弹试验时的遥测、遥控信号等，也能对非通信类电子情报进行收集。

---

① Jeffrey T. Richelson, “Eavesdroppers in Disguise”, *Air Force Magazine*, Aug 2012. http//: www. airforcemag. com/MagazineArchive/Documents/2012/August%202012/0812eavesdroppers. pdf.

第一颗电子情报工作型卫星“流纹岩”于1973年3月发射，主要用于截获苏联和中国的军事通信、雷达信号和导弹遥测信号等。到1985年，美国又发展了新一代电子侦察卫星“大酒瓶”以取代“流纹岩”，该卫星主要用于截获苏联/俄罗斯和中国的导弹遥测信号、雷达信号、微波通信、无线电通信甚至是步话机信号。前中央情报局官员维克托·马凯对“流纹岩”卫星工程作过以下描述：“这是一件非常有趣的工程。从技术上讲，它是非常先进的。因为它能获取我们既想得到而又需要的情报，又是一项称心如意的工程。它可以获取有关苏联洲际弹道导弹试验、反弹道导弹计划、反卫星计划一类的情报（当然这些活动大都发生在西伯利亚东部和亚洲中部）和有关中国洲际弹道导弹计划的情报”。[①] 1989年12月，美国航天飞机在太空投放了第2颗“大酒瓶”卫星，它在定点位置上可覆盖中东、非洲等地区。海湾战争中，美国曾用“大酒瓶”和“旋涡”卫星对伊拉克的无线电通信、广播进行监听，可窃听伊军各指挥部甚至各小分队之间的无线电通话，为美军指挥官提供多种情报信息。[②] 20世纪90年代，“大酒瓶”卫星改名为“顾问”，新型的“顾问”卫星在技术上进行了大量的改进。“顾问”卫星是美国中央情报局的地球同步轨道电子侦察卫星。这类卫星优势明显，比如，地球同步轨道电子侦察卫星的轨道越高，其覆盖面越大，时效性越好。

冷战结束后，随着世界政治格局的变化和卫星技术的进步，早期发展的第2代“峡谷”、“流纹岩”，以及第3代“小屋”、“旋涡”、“猎户座”、“大酒瓶”、“折叠椅”等电子侦察卫星，已先后停止发射并陆续退役——虽然有些卫星（如“大酒瓶”）仍然发挥着重要作用。

（三）大椭圆轨道卫星

为弥补地球同步轨道卫星在高纬度地区的侦察“盲区”，美国于

① ［美］杰弗里·里彻逊：《美国情报界》，时事出版社，1985年版，第132—133页。

② ［美］杰弗里·里彻逊：《美国情报界》，时事出版社，1985年版，第169页。

1985 年发射了第一颗大椭圆轨道电子侦察卫星“弹射座椅”。该卫星通常采用 2—3 颗卫星组网工作，可长时间驻留在高纬地区窃听前苏联/俄罗斯和中国的通信信号，以及反导雷达、空间跟踪雷达等信号。“小号”卫星是美国用来代替“弹射座椅”的新一代大椭圆轨道情报侦察卫星，该卫星轨道与“弹射座椅”类似，所以也被称作“高级弹射座椅”，主要对俄罗斯和中国北部地区实施近似连续的电子情报侦察。美国为争夺空间电子情报侦察领域的绝对主导权，加紧研制第五代电子侦察卫星“入侵者”，并取得了突破性的进展。该卫星是美国利用天基网的发展思路和新的设计理念研制的，它是“一体化过顶信号侦察体系”的组成部分。① 据分析，该卫星汇集了“大酒瓶”、“水星”和“小号”等卫星的功能，具有变轨能力，且集通信情报侦察和电子情报侦察于一身，可替代目前地球同步轨道和大椭圆轨道上的电子侦察卫星，是最先进的电子侦察卫星。

三、测量特征情报卫星

由于非成像红外传感器和核爆炸探测传感器的侦察技术原理符合测量与特征情报的定义范围，为便于研究，本书把装载有这些传感器的预警卫星与核爆炸探测卫星列入测量与特征情报卫星的行列。

美军的测量特征情报卫星②，主要包括导弹预警卫星和“维拉”核爆炸探测卫星。其中，从 1963 年 10 月到 1970 年 4 月，美国共计发射了 6 对 12 颗“维拉”卫星，现在均已停止工作。③ 但是美军监

---

① www. fas. org/irp/program/core/iosa. htm.

② 测量特征情报的概念于 1986 年提出，其定义为：这是一种独特的科技情报，其获取途径为，通过某种独特的传感器对敌方一些固定（移动）目标、信号源、辐射源或信号发射装置进行识别、跟踪，并对其包括尺度、角度、空间、波长，时间相关性、调幅、等离子区以及磁力分布等方面的科学特性进行数据采集，这些数据所反映的信息经过定量和定性描述后就可以综合为有用的技术情报。National Geospatial – Intelligence Agency，*Geospatial Intelligence*（*GEOINT*）*Basic Doctrine Publication 1 – 0*，2006，p. 48. http//：www. fas. org/irp/agency/nga/doctrine. pdf.

③ Sidney G. Ree，etc.，*DARPA Technical Accomplishments*：*An Historical Review of Selected DAPAR Projects*，Feb 1990，p. 9. http//：www. fas. org/spp/military/program/masint/vela – hotel. pdf.

视核爆炸的工作并没有停止过，已在“国防支援计划”预警卫星上安装类似的仪器，监测在大气层内和外层空间的核爆炸。

美国的导弹预警卫星分为两类。一类是“国防支援计划”预警卫星，另一类是“下一代空间红外系统”。

（一）“国防支援计划”预警卫星

“国防支援计划”预警卫星及其后续卫星系统（比如：“下一代空间红外系统”），遂行测量特征情报侦察职能，用于提供陆基洲际弹道导弹和潜射弹道导弹的发射信息。[①] 现役的“国防支援计划”系统已经发展到第三代，工作寿命更长，抗干扰能力更强。

“国防支援计划”预警卫星，是美国为应对20世纪50年代末苏联成功研制洲际弹道导弹而开发的一种测量特征情报卫星，其研制工作开始于20世纪60年代中期。第一颗“国防支援计划”预警卫星于1970年11月发射，最后一颗即第23颗“国防支援计划”预警卫星在2007年11月发射入轨。[②]“国防支援计划”预警卫星在1991年的海湾战争和1999年的科索沃战争中都使用过，为爱国者导弹拦截飞毛腿导弹提供预警信息。目前使用的第三代“国防支援计划”预警卫星部署于1989年6月。与第二代比较，第三代“国防支援计划”预警卫星轨道机动能力强，还具有一定的躲避反卫星武器的能力。

（二）“下一代空间红外系统”

美国的“下一代空间红外系统”，包括高轨系统（SBIRS GEO）和低轨系统（STSS）两部分。[③] 美国还在研制“空间红外系统”的后续系统——第3代红外监视卫星（3TGIRS）。空间红外系统是一

---

① Brian Crothers, USAF, Maj., *US Space - Based Intelligence, Surveillance, and Reconnaissance*, 2009, p. 180. http://www.space.maxwell.af.mil/au-18-2009/au-18_ chap13.pdf.

② 张伟主编：《侦察情报装备》，《空军装备系列丛书》，航空工业出版社，2008年版，第171页。

③ SBIRS Dilemma: *Go High or Go Home*, April 2005. http://www.defenseinduwtrydaily.com/2005/04/sbirs-dilemma-go-high-or-go-home/index.php.

个系统集成，由地球同步轨道卫星、星载传感器以及地面处理站构成。其用途是提供导弹预警、导弹防御以及战场侦察。首颗空间红外系统卫星于2011年5月发射升空，到2013年3月为止，共有7颗空间红外系统卫星在轨。已经进行的各项试验表明，高轨系统将拥有以往其他任何卫星系统所无法比拟的性能。与美国正在使用的同步轨道运行、只能探测助推段飞行、弹头与弹体尚未分离的导弹预警卫星不同，高轨系统在地球低轨道上部署24颗卫星，即使在来袭导弹助推段推进剂完全燃尽、火焰消失、弹头与弹体分离后仍能继续跟踪弹头。高轨系统能使反导系统更早地做出来袭导弹的弹道估算，与现有预警系统由地基雷达预警系统完成弹道估算相比，无疑是一大突破。①

美国国防部导弹防御局操控空间跟踪与监视系统（STSS－D），该系统卫星星座是一种试验系统，由两颗卫星构成，为打击单元提供导弹中段再进入的精确跟踪。2009年部署的空间跟踪与监视系统，参与一体化的弹道导弹防御系统的试验，支援未来导弹防御卫星星座的开发和部署。②

美军已经初步建立了覆盖全球的空间侦察体系，正在逐步完善提高其空间侦察能力，大力发展新型空间侦察技术装备，并以此为核心建立全球国防信息网，实施陆、海、空、天、电一体化侦察监视，在战略、战区、战术各层次实时或近实时地利用空间侦察信息。在美军的空间侦察系统中，空间侦察装备的主体是侦察卫星。按照遂行的任务和星载传感器类型来区分，美军的侦察卫星主要分为：成像侦察卫星，电子侦察卫星以及测量特征情报卫星三大类。③ 每年根据既定的军事任务和军事规划不同确定发射卫星的种类和数量，

---

① Lockheedmartin, *USAF'S New Missile Warning Satellite Providing Vital Infrared Data to Users*, Feb 13, 2012. www. lockheedmartin. com/us/news/press – releases/2012/february/0213 – ss – sbirs. html.

② Missile Defense Agency, *Space Tracking and Surveillance System*, Sep 2013. http：// www. mda. mil/global/documents/pdf/stss. pdf.

③ Brian Crothers, USAF, Maj., *US Space – Based Intelligence, Surveillance, and Reconnaissance*, 2009, p. 167. http：//www. space. maxwell. af. mil/au – 18 – 2009/au – 18_ chap13. pdf.

满足未来的军事任务。表 2—2 是 2009 年入轨的军用侦察卫星。

表 2—2 美国 2009 年入轨的军用侦察卫星

发射日期	卫星名称	卫星状况
1 月 17 日	NRO－26 电子窃听卫星	国家侦察办公室（NRO）发射的秘密电子窃听卫星，可能是美国最大、最机密、最昂贵的军用航天器。
3 月 24 日	GPS－2RM－20	L5 端口存在问题，卫星受到永久性信号畸变困扰，2010 年开始提供服务。
4 月 5 日	“宽带全球卫星通信”2 通信卫星	将替代美国空军的“国防卫星通信系统”卫星。一颗“宽带全球卫星通信”卫星的吞吐量是单颗“国防卫星通信系统”卫星的 12 倍以上。
5 月 5 日	“空间跟踪与监视系统先进技术风险降低”演示器	演示验证跟踪弹道导弹的传感器技术。
5 月 19 日	“战术星”3	验证在空间分析成像数据的能力。
8 月 17 日	CPS－2RM－21	8 颗 CPS－2RM 系列卫星中的最后一颗，已于 9 月开始提供运行服务。
9 月 8 日	秘密通信卫星 PAN	窄带“特高频后继星”向“移动用户目标系统”之间的过渡卫星，进入地球同步转移轨道。
9 月 25 日	2 颗“空间跟踪与监视系统”试验演示卫星	将演示对各个飞行阶段的弹道导弹的跟踪能力。
10 月 18 日	“国防气象卫星计划”（DMSP）F18 军事气象卫星	用于提供战略、战术气象预报，协助美军在陆、海、空域执行作战任务。
12 月 6 日	“宽带全球卫星通信”3 通信卫星	第三颗“宽带全球卫星通信”卫星。

第三节　美军空间侦察组织机构

美国国防部和情报界的空间资产，与空基和地面系统协力，成为整个情报搜集体系中的重要组成部分，为情报用户提供全球态势感知、情报监视侦察、目标选择信息以及重要的战略突袭征候和预警。美军空间侦察的组织机构是美军空间侦察系统运转的基本保证，目前美军常设的高层指挥系统分为国家指挥系统和联合作战司令部指挥系统两级，① 这两个系统都具备处理空间侦察数据的能力。美军空间侦察体系为国家决策者、军队领导人、分析人员以及作战人员提供了先进的搜集能力以及精确的数据。当与更大范围的情报部门合作时，国防部、情报界以及商业部门的空间搜集系统，将提供更多重要的保障能力。②

一、组织机构

美国空间侦察组织严密，自上而下层级非常清晰，职能明确，领导着空间侦察任务的实施。

（一）权责明确的空间侦察领导与管理层次

战后，美国确立了权责明确的空间侦察领导与管理机构，自上而下依次为总统，国防部长和中央情报局局长，“9·11”事件之后，根据美国总统颁布的《2004 年情报改革及恐怖主义预防法》，国家情报主任代替中央情报局局长。其中，总统在美军的空间侦察工作

---

① JCS, *JP1 – Doctrine for the Armed Forces of the United States*, March 25, 2013. http: //www. dtic. mil/doctrine/news_ pubs/jp1. pdf.

② BG Jeffrey C. Horne, USA, “Transforming National Space Security: Enabling DOD and Intelligence Community Defensive Space Control Collaboration”, *High Frontier*, Aug 26, 2008, p. 15. http: //www. dtic. mil/cgi – bin/GetTRDoc? AD = ADA513488.

中负总责，并通过国防部长和国家情报主任管理美军的空间侦察工作。[①] 根据美国政府《2006 年国家空间政策》及《2010 年国家空间政策》，美国总统、国防部长和国家情报主任在空间侦察领域的相应职能如下：

美国总统在空间侦察方面的职责是：充当美国空间军事力量发展的决策人，主要通过颁布相关的政策和指导原则，或者通过诸如总统对外情报咨询委员会之类的机构来管理空间侦察工作等等。[②]

国防部长在空间侦察方面的职责是：在国家情报主任的支持下，负责发展、采购、运行以及维护现代化空间态势感知能力；[③] 提出详细的情报需求，以满足战术、战役或国家级情报搜集能力的需求；[④] 制定和执行政策与规程，以保护有关控制、分发和解密与空间相关的国防活动的敏感信息。[⑤]

国家情报主任在空间侦察方面的职责是[⑥]：为美国情报界设置目标、情报需求、优先事务和指南，确保及时有效地实施搜集、处理、分析和分发国家情报；强化基础情报搜集和单一来源以及全源情报分析；[⑦] 把支援军事筹划和满足作战需求作为主要的情报任务；为美国商业空间能力和民用空间能力提供情报搜集和分析；提供灵活的外国空间情报搜集和分析能力，以及提供及时的信息和数据，支援

---

① U. S. President, *National Space Policy 2006*, Sep 14, 2006, p. 4. https://www. fas. org/irp/offdocs/nspd/space. pdf.

② U. S. President, *National Space Policy 2006*, Sep 14, 2006, pp. 3 – 4. https://www. fas. org/irp/offdocs/nspd/space. pdf.

③ U. S. President, *National Space Policy of the United States* 2010, June 28, 2010, p. 12. www. whitehouse. gov/sites/default/files/national_ space_ policy_ 6 – 28 – 10. pdf.

④ U. S. President, *National Space Policy 2006*, p. 4. https://www. fas. org/irp/offdocs/nspd/space. pdf.

⑤ U. S. President, *National Space Policy 2006*, p. 4. https://www. fas. org/irp/offdocs/nspd/space. pdf.

⑥ U. S. President, *National Space Policy 2006*, pp. 4 – 5. https://www. fas. org/irp/offdocs/nspd/space. pdf.

⑦ U. S. President, *National Space Policy of the United States* 2010, June 28, 2010, p. 5. www. whitehouse. gov/sites/default/files/national_ space_ policy_ 6 – 28 – 10. pdf.

国家和国土安全等。[①]

（二）层次分明的空间侦察实施机构

从空间侦察的职能来区分，美军的空间侦察实施机构，可以分为三个层次，即国家层级空间侦察机构、国防部层级的空间侦察机构以及军种层级的空间侦察机构。

1. 国家级机构

美军国家层次空间侦察机构，主要有中央情报局、国家侦察办公室以及国家安全局。一是具有综合性空间侦察职能的中央情报局。中央情报局致力于研究、发展和部署用于情报用途的先进技术，在国家地理空间情报局成立之前，中央情报局的图像分析能力及服务在美国情报界占有重要地位。[②] 该局有 4 个组成部分：情报处、科技处、行动处、管理处。[③] 其中情报处下辖的图像分析办公室与科技处下辖的国家图像判读中心主要负责有关空间侦察图像情报判读工作。作为美国情报系统的协调中心，中央情报局负责所有情报工作的部署和协调。特别是在“9·11”事件以后，中央情报局加大了与其他情报机构在图像分析、公开资料收集和情报收集技术之间的合作力度。二是管理和实施国家空间侦察计划的国家侦察办公室。国家侦察办公室的成立与侦察卫星的诞生有着直接的联系。按照当时美国总统的命令，1960 年 8 月，美国空军和中央情报局达成协议，成立一个联合机构，即国家侦察办公室，对外公开名称为“太空系统办公室”。空军负责卫星发射和回收胶片舱。中央情报局负责开发卫星。空军副部长担任国家侦察办公室主任，其副主任来自中央情报

---

① U. S. President, *National Space Policy of the United States* 2010, June 28, 2010, p. 5. www. whitehouse. gov/sites/default/files/national_ space_ policy_ 6 – 28 – 10. pdf.

② CIA, *About CIA*. http: //www. cia. gov/about – cia.

③ 情报处是 CIA 从事情报分析的单位；科技处是 CIA 执行技术侦察和技术情报分析的单位。下设：国家图像解译中心、发展与工程办公室、信号情报行动办公室、研究与发展办公室、技术服务办公室、外国广播新闻处等机构；行动处是 CIA 从事谍报的单位，下设：国外情报科、反情报科、隐蔽行动科、D 科、中央掩护科，以及评价、计划与设计科；管理处是 CIA 从事通信联络、安全、人力情报保障和后勤支援的单位。

局。国家侦察办公室不是空军的机构，而是国家级的情报机构。国家侦察办公室在空间侦察方面的职能是：获得全球态势感知，实时交战支援，获取信号情报和近实时图像，以及进入封锁地区等等。[①]三是专司空间信号情报侦察的国家安全局。成立于1952年的国家安全局，其前身是武装部队安全局。武装部队安全局成立于1949年，负责指导三军信号情报单位的通信情报和电子情报侦察工作。在当时，除了这种广义的授权之外，武装部队安全局基本没有权力。此外，美军第8集团军对该局在朝鲜战场上的工作表现不满。[②] 基于这些原因，1951年美国国家安全委员会成立一个专门委员会，审查通信情报的搜集和处理问题。该委员会建议加强通信情报活动国家层面的协调和指导。[③] 据此美国成立了国家安全局，负责信号情报的侦察与处理。国家安全局与中央情报局的不同之处在于，它隶属于国防部，经国家安全委员会向总统提供情报。国家安全局是美国情报界的重要机构之一，主管搜集和报知外国情报以及反情报方面的情报。其与空间侦察相关的工作任务有：搜集信号情报并进行破译和分析；监管监听设备和电子侦察卫星地面站。[④]

2. 国防部层级的机构

一是支援作战的国防情报局。国防情报局是国防部的作战支援机构，为国家级的外国情报制品提供军事情报，负责国防部内的测量特征情报；协调国防部辖内所有情报单位为满足军事情报需要而采取的各种行动，控制并管理驻外武官系统、向参联会提供国外情报与反情报活动情况；为海外情报与反情报行动提供人力支援。该

---

① NRO, *National Reconnaissance Office, the Nation's Eyes and Ears in Space*. www. nro. gov/about/nro/NRO_ Fact_ Sheet. pdf?

② James Bamford, *Body of Secrets: Anatomy of the Ultra – Secret National Security Agency*, New York: Anchor Books, 2002, p. 30. http: //www. hollings. net/content/bamford – bodyofsecrets. pdf.

③ Glenn Hastedt, *Reconnaissance Satellites, Intelligence, and National Security*, p. 372. http: //history. nasa. gov/sp4801 – chapter19. pdf.

④ NSA, *National Security Agency: Missions, Authorities, Oversight and Partnerships*, August 9, 2013, p. 2.

局管理与行动处的搜集管理科，对国防部所有情报搜集和加工要求加以管理、征集和评价，其中包括图像、信号情报和技术传感器，它还对国防部的图像加工和开发活动加以管理协调，并保持同联合侦察中心及其他侦察机构的联系，为国防情报局参与“国防部特种导弹和太空中心”提供支援。[①] 二是负责空间图像情报的国家地理空间情报局。美国国家地理空间情报局成立于2003 年 11 月 24 日。国家地理空间情报局与国家侦察办公室协作，处理来自国家卫星系统的数据。[②] 国家地理空间情报局还是美国国防部内唯一一个负责购买商业的和外国政府拥有的与图像相关的遥感数据。[③] 美军各个军种均向国家地理空间情报局提供由机载系统和其他手段获得的数据，国家地理空间情报局总体上则负责管理、存储数据。它是国防部的作战支援机构，在图像、图像情报以及地理空间情报方面，支援国防部长等国家层级的决策者，[④] 或者对作战人员实施支援。三是职能横跨战略部门和空间部门的战略司令部。战略司令部组建于 1992 年，是美国战略力量的指挥控制中心，控制军事空间行动、计算机网络行动、信息作战、战略预警、情报评估以及全球战略规划等等。[⑤] 战略司令部是具有全球职能的司令部，其职能并不局限于某个责任区，它还负责导弹攻击的早期预警和防御以及远程常规打击。战略司令部的职能横跨战略部门和空间部门。1985 年，美军成立航天司令部，协调各军种的空间活动以及导弹防御行动，集中实施空间作战任务。其司令兼任空军航天司令部司令、北美防空空间防御司令部司令。2002 年，美军航天司令部并入战略司令部，但是其职责划分，尤其是任务对口方面仍比较混乱。这种合并意味着美国国防部

---

① 高庆德著：《美国情报组织揭密》，时事出版社，2011 年版，第 93 页。

② Brian Crothers, USAF, Maj., *US Space - Based Intelligence, Surveillance, and Reconnaissance*, 2009, p. 169. http://www.space.maxwell.af.mil/au-18-2009/au-18_chap13.pdf.

③ JCS, *JP3-14: Space Operations*, May 29, 2013, p. 79. www.fas.org/irp/dodder/dod/jp3_14.pdf.

④ www.fas.org/irp/agency/nima.

⑤ http://www.globalsecurity.org/wmd/agency/stratcom.htm

将应对非常规挑战和战略的不确定性。美军认为，由于21世纪的威胁是“全球化和大规模杀伤性武器的扩散”，因此，联合司令部计划为新的战略司令部增加新任务。其中任务之一就是发展空间行动能力，支持并筹划、实施空间行动。2005年，美军战略司令部进行改革。改革后的战略司令部与各军种的空间司令部相对应，并建立了具有联合性质的指挥体制，负责美军各军种的空间力量的建设和发展。[①] 2006年7月战略司令部成立“空间联合功能分司令部（JFCC－S）”，以满足战役层任务需求。这种结构使得美国战略司令部能够维持战略层的一体化，同时将战役层任务推向联合功能部队司令部。2007年5月空军内部的航空队编制调整，重新将第14航空队，命名为第14空间战略航空队，将第614空间作战大队命名为第614航空航天作战中心。美国空军航天部队通过第614航空航天作战中心的指挥，构成美国战略司令部的联合空间作战中心的核心能力。第14空间战略航空队成为美国战略司令部的空军空间作战组成部队，为所有配属给或附属于作战指挥官的空军部队提供集中化的指挥控制能力。[②] 第14空间战略航空队的任务不变，提供监视、预警以及战场情报等能力，支援各层级战争的指挥控制活动。这种组织变化，为美国战略司令部司令以及指导空军航天部队的作战指挥官之间，构成直接联系。

3. 军种级的空间侦察机构

美军空间侦察的主体力量是空间侦察部队。20世纪60年代初，随着侦察卫星的发射成功并逐渐发挥作用，美国将原来主要用于对付远程战略轰炸机的北美防空司令部，扩展为对付洲际弹道导弹、潜射弹道导弹为主的防天防空系统。其作战区域也由大气层扩展到

---

① US Strategic Command, *About Strategic Command.* http：//www. globalsecurity. org/space/agency/arsmdc. htm.

② HQ USAF , *HQ USAF Program Action Directive*（*PAD*）*06 －09*, *Implementation of the Chief of Staff of the Air Force Direction to Establish an Air Force Component Organization*, November 7, p. 1, 2006. www. afnafpo. com.

空间，因而，空间监视、战略预警和攻击判定已成为它的主要任务。为了加强防天活动的组织指挥，北美防空司令部于 1979 年 1 月成立了“空间防御活动中心”。可以说，空间侦察是北美防空司令部的主要任务之一。[①]

20 世纪 80 年代以来，随着美军空间力量的增强，美国三军都相继成立了航天司令部。1982 年 9 月 1 日，美空军航天司令部成立，司令部设在科罗拉多州彼得森空军基地，有 7000 名军官和文职人员及 1000 名雇员，1983 年美海军也成立航天司令部，美陆军、海军陆战队也相继组建了本军种的航天与防天机构。全美军的航天司令部于 1985 年 9 月正式成立的，标志“天军”在美国的实际诞生，司令部设在科罗拉多州彼得森空军基地，司令为空军上将。美军航天司令部成为美军九大联合司令部之一，直接隶属于参谋长联席会议，下辖空军航天司令部、海军航天司令部和陆军航天司令部，下属作战中心有空军航天作战支援中心、海军航天作战支援中心、航天防御作战中心和联合航天作战中心等。

美军航天司令部成立后，事实上代行了很大一部分北美防空司令部的职责。美军航天司令部的主要任务是对各军种的航天活动和弹道导弹防御实施统一的作战指挥，这其中也包括空间侦察。尽管从严格意义上讲，空间侦察是作战保障行为，但美军在指挥体制中仍将其称为“作战”。冷战结束以后，美军航天司令部的职能、组织结构不但没有削弱，反而仍在不断加强和完善，相应地，其空间侦察力量也日益壮大。

空军航天司令部是美军航天司令部重要的组成部分，在每年的预算中都占 95% 以上，海军航天司令部约占 2.4%，陆军航天司令部约占 1.4%。由此可见，美军的空间侦察任务主要由空军承担。美空军航天司令部担负的空间侦察任务主要有：管理战略预警雷达、各种探测器和导弹预警卫星；管理全球范围的空间监视雷达和光学

① 高庆军、宋泽考：《美军航天侦察情报体系初探》，《卫星应用》，2001 年第 1 期。

跟踪系统；负责对美军的各类卫星进行指挥与控制；负责向北美防空司令部和美国航天司令部提供弹道导弹预警。此外，空军航天司令部还负责为军用、民用及商业空间发射活动提供发射设施。

具体说来，美国空军航天司令部管辖的第14航空队是承担主要航天任务的部队。第14航空队驻地加利福尼亚范登堡基地，编有第21、30、45、50航天联队，主要负责空间发射活动，另外还有导弹早期预警、航天监视、指挥和控制国防部的各类卫星等职责。

美国卫星的发射地点是：美国西海岸的范登堡空军基地和东海岸的卡纳维拉尔角航空站。美国卫星的操纵和控制由加利福尼亚州的森尼维尔卫星控制中心实施。跟踪和回收卫星工作是由设在全球各地的八个卫星跟踪站完成。

美海军航天司令部主要负责“白云”海洋监视卫星和海军空间监视系统。美陆军航天司令部主要负责“爱国者”弹道导弹防御系统。美海军航天司令部和陆军航天司令部规模都比较小。

（三）各军种司令部

各军种司令部提出空间侦察的情报需求，是军队当中空间侦察的用户，因此对空间侦察具有重要的影响。美军各军种均有空间侦察相关的任务和职责，但军种级的空间侦察机构，实际上都归口美国战略司令部领导。

1. 总部司令

九大总部司令的职责是考虑空间资源如何满足侦察任务需要，以及如何在他们的职权范围内将空间能力和应用需求结合，为战略制定和应急、作战计划提供支持，按照程序对空间侦察需求及空间相关能力提出军事建设需求。

美国航天司令部司令同时兼任北美防空司令部司令和空军航天司令部司令。作为美国航天司令部司令，其他总部司令提出的空间要求向他进行反馈，而且每年向参谋长联席会议主席提供能反映这些要求的综合优先需求清单。美国航天司令部司令的职责广泛且特点不同，除了负责保护和保卫空间环境，还负责支援战略弹道导弹防御、国防部计算机网络攻击和计算机网络防御任务。

由于对空间依赖性的不断加强和空间相关资源的脆弱性，如何部署和使用空间能力来进行威慑和防御，成了美国航天司令部司令首要考虑的问题。并且随着空间任务的不断扩展，空间发展成为美国航天司令部司令的“责任区域”。虽然他同时兼任北美防空司令部司令和空军航天司令部司令，但更多的是要求他更加关注国家指挥当局分派的空间任务，而在其他诸如北美防空司令部司令及空军航天司令部司令的工作方面花费较少时间。这些司令们是所属兵种部门的最高长官，根据所属领域的需求提出对发展空间侦察政策导向的要求。

2. 各军种

每个军种都由国防部指派实施特定的空间侦察计划，并根据国防部空间指令，把空间能力与其战略、条令、教育、训练、演习和作战结合起来。国防部绝大部分与空间相关活动的预算，都归空军使用，美国空军承担了大量与空间信息系统相关的任务。其他军种根据国防部的指派承担与空间相关的任务，但没有任何一个军种对空间行动有法定的“组织、训练、装备”权。

（1）美国空军

美国空军被赋予操作和维护空间信息系统的任务，管理相关设施和基地，用以支援美国各作战司令部的作战要求。主要的活动包括监视、导弹预警、探测核力量、定位、导航、记时、气象预报和通信。空军为国防部和其他政府机构发射卫星，并对空中、导弹防御和空间控制行动负责。空军和其他军种依靠天基侦察卫星来保证精度、导向目标、定位目标及获取战斗空间的情况。但是空军本身不研制、采购或操作天基侦察卫星，相关的这些任务由国家侦察局负责研制、采购和操作。

在空军内部，空间相关活动主要集中在四个部分。空间侦察系统的操作和需求由空军航天司令部组织。第 14 航空队承担发射国家侦察局和国防部的卫星，并有选择地发射部分民用卫星。此外，它还向战区级司令部提供空间基础支持，为北美防空司令部提供卫星预警和空间侦察信息。空军航天司令部制订空军所有空间需求并同其他军种合作制订其他军种的空间信息需求。

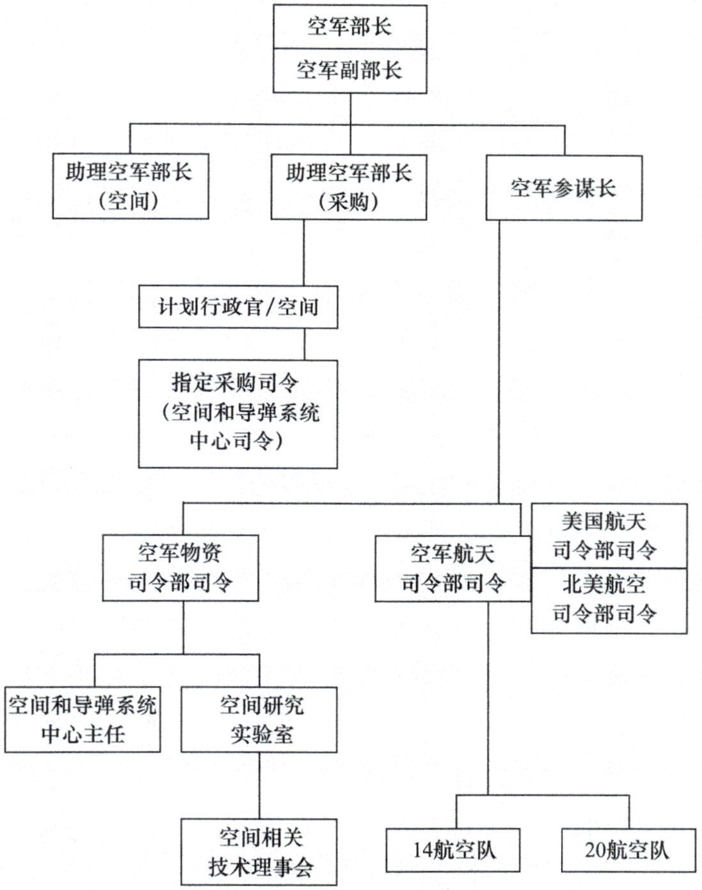

图 2—1 空军与空间侦察相关的组织机构

空军物资司令部下属的空间和导弹系统中心，指定人员负责设计、空间发射的研发和采购、指挥和控制以及卫星系统。项目执行官及空间和导弹系统中心主任，向负责采购的空军助理部长汇报项目的费用、安排和执行情况。空间和导弹系统中心主任还是指定的采购司令。空军研究实验室是空军物资司令部的一部分，从事高级技术研究。

空军在空间方面的作用领先于其他军种，这种传统可以追溯到20 世纪 60 年代，那时出现了空军研究和发展司令部，即空军系统司令部的前身。此后，空军对其空间活动的组织进行了一系列调整。这些调整常与空间行动和空间任务管理责任的扩大相对应。如 1982 年，由于对空间的依赖性不断加大，来自苏联的威胁不断形成，空间预算的不断增长以及对空间“战场化”需求的领悟，空军成立了空军航天司令部。

空间将在美国军事力量的变革中发挥更大的作用。它将为海、陆、空部队提供支援；遂行新的空间侦察和监视任务；保护空间力量以及在空间、从空间、向空间、通过空间投送力量，这些新任务将扩大国防部在空间的威慑和防御能力。

随着空间军事系统承担的任务范围的改变，空军组织机构根据遂行任务的需要不断变革，根据任务需求变化来确定自身改组或转型。美国的学术界一段时间内倡导空间和空中能力一体化，但空军对此的认知却存在差异，在实践中并没有把两者等同对待，仅把空间作为空中进攻和作战的一种支援能力。美国空军有关空间的任务和能力，赋予了它将对其他军种可以提供更多空间支援的职能。

空军航天司令部。为合并导弹预警和空间作战，美空军于 1982 年 9 月成立空军航天司令部。空军航天司令部是美军空间力量的主体，掌管着美军空间力量的 90%。① 其与空间侦察相关的任务为：运用各种发射装置发射卫星和有效载荷进入太空，并对其实施控制和使用，运用导航、空间监视以及空间防护实施反制太空行动。空军航天司令部操作和支援全球定位系统，第 II 和 III 阶段的国防卫星通信系统，国防支援计划，北约 III 和 IV 通信与舰队卫星通信系统甚高频后续与军事星卫星等等。该司令部还操作运行全球卫星跟踪

① http：//usmilitary. about. com/library/milinfo/affacts/blairforcespacecommand. htm.

站网络，为卫星提供通信链接，此系统被称为空军卫星控制网络。

（2）美国陆军

分配给陆军的空间行动由作为陆军航天和导弹防御司令部一部分功能的陆军航天司令部实施，陆军航天司令部是美国航天司令部的陆军部分。陆军航天司令部负责国防卫星通信系统的有效载重控制，操作地面移动部队终端。它向世界范围内部署的国防部力量提供国防卫星通信系统，陆军从位于马绍尔群岛的夸贾林环礁实施空间监视行动。卫星终端和接收行动遍及陆军执行特定任务的各个部队。联合战术地面站由在欧洲、韩国和中东的陆军航天司令部和海军航天部队共同操作。遍布全球的陆军情报单位操作各种收集和获取空间、空中和地面情报的终端器和接收器。

陆军航天与导弹防御司令部。美陆军航天与导弹防御司令部成立于 1997 年，目的是反映航天和导弹防御对陆军及其作战人员的重要性。其职责是指挥控制陆军空间力量，一体化导弹防御和计算机网络行动，空间行动，战略信息作战以及 C^4ISR 行动等等。[①] 陆军太空与导弹防御司令部司令具有双重头衔，他还是美国陆军航天司令部的司令。航天和导弹防御司令部力量发展一体化中心制订的陆军空间需求由陆军部批准通过。但是，陆军航天司令部和陆军训练与条令司令部对陆军空间需求的制订也产生影响。空间相关设备的研究、发展和采购一般在航天和导弹防御司令部、情报和安全司令部或通信电子司令部内部实施。陆军空间项目办公室负责通过“陆军战术运用国家力量”项目操作所需的系统。

（3）美国海军

海军航天司令部是美国航天司令部的海军部分。它的责任包括操作所分配的监视和预警空间信息系统；提供宇宙飞船遥感勘测和轨道管理；制订空间计划、项目、概念和学说；在联合领域提出海军作战要求。海军的空间研发工作由海军研究实验室进行。海军和

---

① http：//www. globalsecurity. org/space/agency/arsmdc. htm.

海军陆战队的空间要求由海军航天司令部提出；空间信息系统由海军航天司令部和海军作战系统司令部采购。海军还有一个较小的“战术运用国家力量”办公室，用以提高作战人员对国家安全空间信息的运用。

海军网络与空间对抗司令部。海军航天司令部是主中心位于克罗拉多夏延山山脉的美国航天司令部的备用航天司令部中心。美国海军航天司令部成立于1983年，海军航天司令部利用空间为海军部队提供各种信息和能力，运行通信、导航、信息以及监视系统，满足海军在联合作战中的作战需求。海军航天司令部还负责操作提供空间监视的海军雷达预警线。海军操作通信卫星超高频持续通信网，负责发展和采购此系统的替代系统——多用户目标系统，并且采购海军地面终端。海军航天司令部的基本任务是对世界范围内的舰队和舰队陆战队作战单位提供直接的空间支援，无论这些作战单位是常规部署、还是训练作出应急反应。

海军网络对抗司令部是管理海军所有信息技术、信息对抗和航天活动的核心权威部门，它也是与海军负责水面、水下、和空中作战的各个司令部平级的“类型司令部”。

2002年，海军航天司令部与海军网络对抗司令部合并成为海军网络与空间对抗司令部（NNSOC），司令部设在伊利诺伊州的达尔格伦，包括位于加利福尼亚州波因特美留的海军对抗中心；位于弗吉尼亚州诺福克、意大利那不勒斯和夏威夷瓦西阿瓦的地区性计算机和远程区域主站（NCTAMS）。作为海军网络战司令部的一部分，负责海军航天和全球远程通信系统和服务的运行与维护，这是美国海军空间作战职能的特色之一。海军网络与空间对抗司令部编制大约为5800人，主要机构是海军卫星作战中心和舰队监视支援司令部。海军网络与空间对抗司令部，作为战略司令部的一部分，操作配属的空间系统，提供监视和预警。此外，海军网络与空间对抗司令部作为战略司令部的备选空间控制中心，为美国战略司令部司令操作运行全球空间监视网络。

二、主要机构的职能

（一）国家侦察局

美国国家侦察局成立于1960年8月25日，是美国情报界一个最隐蔽的机构，号称“美国在太空的眼睛和耳朵”。从其成立之日起，这个机构一直深藏不露，人们对这个机构的存在讳莫如深，甚至它的名字一直没有被官方承认，在美国国防部和中央情报局的有关文件中，它被称为“国防部内通过侦察计划搜集特殊的外国情报的机构”。直到1992年，美国才公开承认它的存在。

国家侦察局的成立源于航天技术的发展。1959年1月21日，第一个“科罗纳”卫星在范登堡空军基地发射，但没有成功。同年2月28日发射的“发现者”一号（胶卷回收型）卫星在发射后失控。8月29日发射的“发现者”九号取得了部分成功，获得了部分图像资料。为了协调情报界的搜集需求，中央情报局和空军联合成立了负责侦察卫星的统一的管理机构——国家侦察局。

国家侦察局总部设在五角大楼4C－956，公开名称是“太空系统办公室”，是国防部一个独立的运行机构，由国防部长和中央情报主任共同负责该局的管理和运行，中央情报主任给其确定需求和搜集优先权。在人员组成方面，国家侦察局是一个特殊的团体，其中有国防部的成员、中央情报局的成员和美国航空公司的成员。国家侦察局的局长由国防部长和中央情报主任提名，由参议院任命。局长通常由负责太空系统的空军副部长兼任，并有一个由该副部长、中央情报局局长及国防部代表组成的委员会为其提供政策指导，同时向负责空间侦察的国家侦察执行委员会报告工作，执行委员会则向国防部长报告工作，由他负责空中侦察系统的行政管理。

国家侦察局是美国政府空间侦察系统的国家级管理机构。国家侦察局主要职责是负责研发所需的空间信息系统新技术、大规模系统工程设计、空间侦察系统的发展、采购和运行；保障国家安全使命所需的相关情报活动。虽然国家侦察局是国防部的机构，但它的预算即“国家侦察计划”是“国家外国情报计划”的一部分。中情局局长批准“国家侦察计划”和“国家外国情报计划”的其他部分，并为其提供指导。国防部长应确保实施根据中情局局长决定确定的“国家外国情报计划”中国防部应完成的那一部分。鉴此，国家侦察局受这些部门的共同掣肘。

国家侦察局曾是美国政府的系统采购局。在其创立初期，国家侦察局只是一个较小组织，非常脆弱。在开发先进技术和系统预研方面发挥了较大的作用，解决了涉及情报收集方面的诸多困难问题，具有优良的系统工程能力。随着空间信息系统重要性凸显，国家侦察局也得到了较大的发展，和初创时期承担的任务已大不相同。其职责除了管理涉及空间的大量项目，还注重关注空间信息系统相关的前沿研究，国家侦察局将负责前沿研究和技术转化为先进系统的应用能力。

国家侦察局在收集全球情报方面非常成功，这些工作的影响涉及到了美国多个领域，用户对卫星侦察成果的依赖性越来越大。国家侦察局为了减少资源紧张的情况对用户服务的影响，花费了大量时间对卫星侦察项目进行了维护。国家侦察局在计划采购新系统时倾向于在减少技术风险的同时强调效用性和可靠性。这种考虑偏重于改进提高现有系统，对体现革命性先进技术的新系统的开发则不太重视。

国家侦察局负责管理美国的空间侦察计划，确保获取国家决策者和作战人员所需的情报。该局的主要任务如下：

1. 运作主要的空间卫星侦察系统，为许多“国家”客户、战略客户和战术客户服务；

2. 在发觉潜在军事侵略、监控大规模杀伤性武器、跟踪恐怖主义、加强武器控制和环境威胁等方面提出预警，并且评估自然和人为灾难的影响；

3. 发展新的卫星搜集系统，维持客户数据的连续性，包括特殊技术方面的革新、大规模系统工程的发展；

4. 为保持未来卫星系统的领先优势而从事研究和技术革新，保证在和平和战时美国拥有全球的信息优势，并且可以触及到地球上任意角落；

5. 负责签订有关的卫星合同及管理、发射和控制各类用于保密通信、电子侦收和空中照相等情报目的的空间卫星；

6. 支持全球信息领先的相关情报行动。

实际上，国家侦察局是开发、发展和运营国家最敏感的空间侦察卫星系统。这些系统搜集外国（或地区）图像情报、信号情报和测量与特征情报，并通过高度机密的传输渠道，将情报传送到一个范围非常有限的客户群（主要是美国政府的各个部门）。一般情况下，信号情报给国家安全局，图像情报给国家地理空间情报局，测量与特征情报给相关组织。这些单位负责开发、分析和分发最终客户需要的情报产品。

随着国际地缘政治形势的不断变化，美国除了要面临传统威胁外，又必须应对安全战略方面的新威胁，包括能源、环境、恐怖主义以及经济竞争等，以维护国家政策和军事行动的实施，这就导致了真正的全球侦察需求。在过去，凭借在太空、通信和信息方面的先进技术，国家侦察局在防止武器扩散、反恐等方面提供了很好的近实时信息支持。为了适应新的安全局势，国家侦察局在确保大规模系统运作的同时，进一步升级系统，发展新的技术，包括提供地球通信系统、可视化工具、图像开发系统等，集中发展独有的天基搜集系统。

（二）国家地理空间情报局

美国国家地理空间情报局的前身是 1996 年 10 月 1 日成立的国家图像与地图局，是国防部的作战支援机构，主要任务是管理图像和地图，在图像、图像情报和地质情报方面支援国防部长、中央情报主任和其他国家级决策者。

国家地理空间情报局是围绕它的核心工作来组织的，整体上把国防测绘局、中央图像办公室、国防分发计划办公室（Defense Dissemination Program Office，DDPO）联系在一起，把中央情报局国家照片判读中心的任务和功能联系在一起。国防情报局、国家侦察局和空中侦察办公室的图像开发、分发和处理等任务也都包含在国家地理空间情报局中。

国家地理空间情报局的产品主要有以下几种：

图像：地球上的任意物体及其特征和活动，以及它们当时被获取时的精确位置的照片或是近似的代替品。它包括从太空基地侦察来的产品，通过卫星、空中平台、无人空间飞行器或类似方法产生的“图片”。

图像情报：包括空中和地面两类图像，是通过对图像和相关资料的判读而得到的技术、地理等情报。

地理空间信息（Geospatial Information），是把地球作为参照物而形成的自然结构、特征和边界的精确位置和分布。这种信息告诉物体是什么，在哪里。

地理空间情报（Geospatial Intelligence），是对一些图像和地质信息进行开发和分析而获得的情报，用来描述、评估、描绘地球上的物理特征和地理活动情况。

国家地理空间情报局下辖的业务部门有：

1. 中央图像办公室

它以前直属国防部，是依据美国相关法律特别作为国防部的一个防卫机构和战斗支援机构建立的，建立目标是确保获得美国政府需要的有效情报、地图、图表、大地测量和其他图像。负责指挥、控制、通信和情报的助理国防部长对它实行全面监督。

中央图像办公室的任务是给国防部、中央情报局和其他联邦政府部门及机构提供有关国家安全的相关图像资料。它负责用户的成像申请、指示卫星瞄准目标，卫星图像被中继到弗吉尼亚州的贝尔沃堡，然后传到中央情报局国家照片判读中心，由图像分析员分析后形成情报。

2. 国家照片判读中心

国家照片判读中心以前属于中央情报局的科学技术处，前身是中央情报局的图像情报科，1958 年与动态情报办公室的数据分析科合并。根据 1961 年第 8 号国家安全委员会情报指令及以后的条例，国家照片判读中心是为整个情报界提供服务的机构，其成员主要来自中央情报局和国防情报局。国家照片判读中心是中央情报局和国防部中心的一个连接点，其产品被分发到上一级机构，然后并入总的情报来源报告中。判读中心也为国家级的用户生产图像解析报告、简报和录像带，为军队提供支援。国家照片判读中心包括大约 1200 多名图像分析员和档案保管员。判读中心由西南基地指挥，在华盛顿通过高速光纤电缆系统与其他设备连接。

国家照片判读中心数据系统是国家图像和图像产品的基本存储和分发系统。图像数据通过卫星或飞机搜集，然后输入到初级处理装置，经过处理的数据通过分发系统被送到图书馆或数据库。图像文件从数据库中拷贝到一个开发系统中，在那里得到情报产品，而剩下的图像产品被返回到数据库。授权用户可以从数据库中获得他们需要的图像。大部分数据的整个处理过程都是秘密的，即使是秘密附属级别的数据也不例外。

（三）国防空中侦察办公室

国防空中侦察办公室是国防部一个相对较新的机构，成立于 1993 年 12 月 6 日，由负责接收和技术的副国防部长管理。办公室主要是为空中侦察系统提供高级管理思想、监督和接收专业技能。整个机构包括 26 名政府人员和系统工程技术助理，有两个主要的办公地点：一个在五角大楼的 4C1045，另一个在杜勒斯（Dulles）机场附近的国家侦察局的西边设施内。

国防空中侦察办公室是作为国防部的一个机构成立的，负责所有联合军事部门和空中侦察能力的发展和获取的管理监督，包括人工和非人工的飞行器、传感器、数据链路、数据中继和地面站，还包括发展和提高技术和情报共享能力。

（四）美军战略司令部

美军战略司令部（USSTRATCOM）总部位于美国本土中心地带的内布拉斯加州奥法特空军基地，于2002年由美国航天司令部和战略司令部合并而成，将太空任务从以前的航天司令中剥离，旨在将空间、信息对抗和进攻打击能力有机结合，执行空间和全球打击任务。2005年司令部进行了大规模改组，2006年美国战略司令部宣布联合职能司令部将按照航天和全球打击的职能一分为二，分为负责航天的联合职能司令部（JFCC SPACE）以及负责全球打击和整合的全球职能司令部（JFCC GSI）。

2002年后，美军航天司令部不复存在，但是在其存续期间，发挥了重要作用。美军航天司令部成立于1985年9月23日，隶属于联合作战司令部，司令部设在科罗拉多州彼得森空军基地，负责对各军种航空、航天和弹道导弹防御部队实施作战指挥。下辖空、海、陆军三个航天司令部及若干作战支援中心，其司令兼任北美航空航天防御司令部司令和空军航天司令部司令。它的任务包括：

1. 对美国本土航空航天袭击的统一战术警报和判定；
2. 对卫星的操纵；
3. 通过对敌航天器和有关威胁的监视实施“航天控制”；
4. 保护美国航天资源；
5. 向北美航空航天防御司令部提供警戒和判定支援。

美军航天司令部划分了宇宙空间中用于军事目的的航天行动的四种基本类型：进攻作战；宇宙空间监视；地面力量支援和航天系统保障。其中宇宙监视包括两个方面：一是保卫己方航天手段轨道部署的行动；二是反击敌人的航天器及地面站和发射场。航天系统保障包括对宇宙空间监视；发射人造地球卫星并对其进行指挥；识别空间目标并对其编目登记，同时与处于工作状态的旧的航天系统保持联系等活动。

除陆军航天司令部外，原美军航天司令部还下辖：

1. 空军航天司令部

它成立于1982年9月1日，隶属于空军部，是空军8个一级司令部之一，司令部设在科罗拉多州彼得森空军基地。它是美国武装力量中建立的第一个航天司令部，也是美军航天司令部的主体部分。建立空军航天司令部的目的是加强空军的航天活动和美国的航空航天管理职能。作战上受美军航天司令部指挥。其主要任务是：负责组建、训练、装备和管理空军航天部队；管理“国防支援计划”、“国防气象卫星计划”、“导航星”等卫星系统；管理卫星、导弹试验发射基地。基本职责是：卫星监视（跟踪、早期轨道测定、空间目标识别和降落预测）、防护（避免相撞和为航天飞机提供支援）和摧毁（对威胁进行威慑以及航天防御）。通过卫星系统获得情报是美国空军实施侦察的主要手段。美国卫星的发射地点主要是美国西海岸的范登堡空军基地和东海岸的卡纳维拉尔角航空站；卫星的操纵和控制是由加利福尼亚州的森尼维尔卫星控制中心实施；跟踪和回收工作是由设立在全球各地的8个卫星跟踪站完成。

2. 海军航天司令部

海军航天司令部成立于1983年10月1日，隶属于海军部，是海军19个一级司令部之一，司令部设在弗吉尼亚州达尔格伦，人员总数在2000—3000人左右，机关人员约100多人。其职责是负责管理和维护包括舰队卫星通信系统、海军导航卫星系统和海军空中监视系统在内的海军航天系统，以支援美国在全球范围的海军部队和美军航天司令部，作战上受美军航天司令部指挥。海军航天大队、航天作战支援中心、空间侦察与观测管理处是海军航天司令部结构组成的主要部分。2002年，海军航天司令部与海军网络对抗司令部合并成为海军网络与空间对抗司令部。

除上述机构外，美国的空间侦察组织还包括国家侦察执行委员会、美国情报委员会高空侦察委员会、图像分析办公室、国防分发计划办公室、国防测绘局、陆军战略防御及其他与空间侦察有关的部门，它们各司其责，相互配合，共同为美国的国家和军队安全提供情报。

三、空间侦察组织的特点

美国强大的空间侦察能力除要归功于其先进的技术外，还与其严密的空间侦察机构和指挥体制密不可分。[①] 美国空间侦察机构的任务，涉及接收、分析、处理、生产等方面，综观整个美国空间侦察组织，可以看出它主要有以下几个特点：

（一）空间侦察服务于情报机构

美国的空间侦察组织按其所属，大致可以分成两类：一类是为政府决策服务的国家情报组织（见图2—2），另一类是直接为军事服务的情报组织。

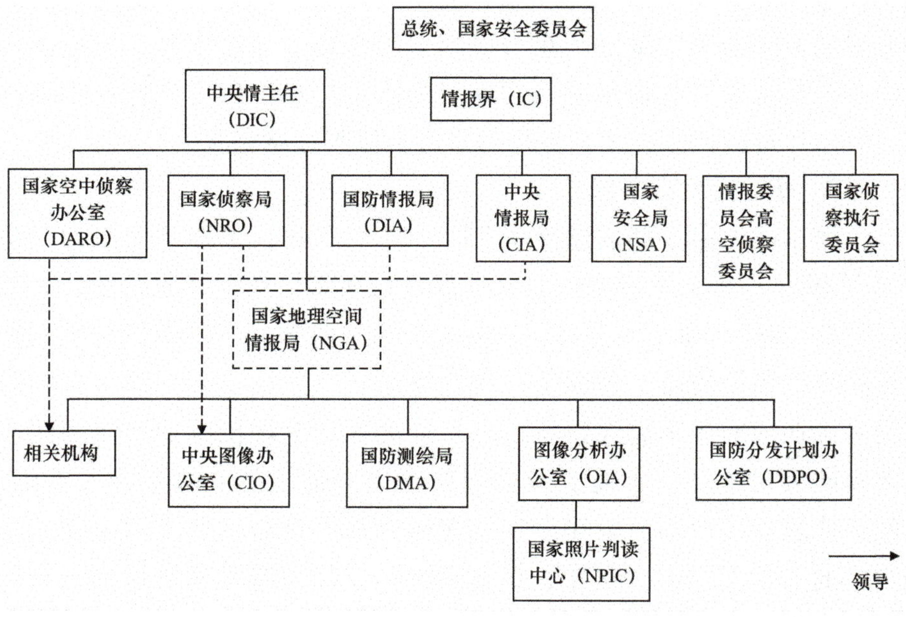

图2—2　美国国家空间侦察相关情报组织

---

① 钟海、周长安：《美军航天侦察情报机构和指挥体制》，《外国军事学术》，2006年第2期。

国家情报组织是从国家整体安全出发而设置的机构，其涉及范围最广，上至总统、国防部，下至一般的接收、分析部门，既有军事机构，也有非军事机构，几乎包括了与空间侦察情报有关的所有部门；军事情报组织主要是直接为军队服务，其针对性较强，就是针对美军目前和未来的各项实际任务服务。但是，两者并没有实质性的分界线，它们都为美国的整体利益服务，都为了搜集有关的政治、经济、科技、军事等情报。而且为了方便相关情报的处理和分析，特别将一些与图像相关的旧的部门整合在一起，组成了一个全新的情报机构——国家地理空间情报局。该局主要负责涉及地理图像情报的整理和分析，它的成立，标志着美国在空间侦察机构建设方面进一步趋于优化，更有利于情报的获取、处理和生产。

（二）统一指挥、集中控制，部门职能分散执行

尽管美国拥有非常庞大的空间侦察组织，但是在执行任务时却非常顺畅，关键在于工作中实行指挥管理的统一性，具体执行的分散性。整个情报界总体上由中央情报主任统领，根据需要安排任务，并对工作结果向总统或国家安全委员会负责。空间侦察组织也不例外，从数据的接收、传送、分析、处理直到最终情报产品生成的每一个环节上，都有相应的执行机构。各级职能部门都有自己明确的工作内容和一套严格的操作规则，当任务下达到本部门时，可以迅速地完成，尔后进人下一步情报流程。但这些机构并不是孤立的，它们之间经常保持联系，互相支援与协助，这对于整个系统使命的完成，起到了很好的推动作用。

（三）设备齐全、种类繁多

美军目前拥有所有类型的空间侦察设备，从卫星到航天飞机，从宇宙飞船到空间站，无不显示其空间侦察实力的强大。就拿侦察卫星来说，自从1959年美国发射第一颗侦察卫星“科罗纳”以来，已经经历了采用回收舱获取图像的“发现者科罗纳”系列到采用星上处理数据的“萨莫斯”系列，以及采用光学成像的实用型“锁

眼”系列等几代侦察卫星，其中的锁眼－9“六角体”（Hexagon，即大鸟）被称为“低轨道监视平台”，携带4个胶卷舱，配有一系列的信号情报搜集设备和一部超高分辨率的照相机，能够在90英里的高度分辨出8英寸长的物体，卫星上的红外照相机能够发现隐藏的地下导弹发射井。“锁眼－11”卫星所载的相机可不时地改变视角，从而可以更频繁地观察同一地点，而且，可以实现数据的即时提供，可用于执行危机监视和预警任务。1998年12月，美国又将能全天候、全天时侦察的“长曲棍球”雷达成像侦察卫星投入使用。这种卫星通过发射无线电波并接收目标的反射回波来产生雷达图像，由于无线电波不会因大气层中的水蒸汽而衰减，故它们可以穿云破雾。此外，它还可以提供埋在地下的管道和掩体图像。另外，美国还有至少三颗高轨道电子侦察卫星在工作，其中两颗代号分别为“流纹岩”和“小屋”，这些图像侦察卫星和电子侦察卫均为具有高技术含量的空间侦察卫星。

美国认为，尽管美国拥有领先的空间侦察技术，但世界各国航天技术也在不断提高，在一定程度上对美国构成了潜在的威胁。国际形势日趋复杂，为了保持空间侦察技术的优势地位，美国也在不断更新和发展自己的技术和设备。1996年，美国国家侦察局建立了高级系统技术委员会加速识别有前途的技术，同时推进从发展时期到实战演习的进化过程。围绕这个目标，一些新兴的技术不断涌现，地球同步轻量技术试验（the Geosynchronous Lightweight Technology Experiment，GeoLITE）、空间技术试验（the Space Technology Experiment，STEX）和多平台共同数据连接（Multi－Platform Common Data Link，MP－CDL）技术都是最新发展的空间航天技术。

（四）民为军用、军利于民、军民合作非常紧密

美国能够拥有如此完备的空间侦察系统，其侦察技术在其中起着决定性的作用，而促使这些技术不断发展的就是美国许多大公司、大企业。这些公司、企业拥有先进的技术，特别是一些高尖端技术。它们把这些技术提供给政府和军方，使政府和军方空间侦察的技术

含量大大增加，工作效率大大提高。当把这些高技术设备应用到军事方面时，美国的军事力量就会如虎添翼；另一方面，通过与政府、军方的合作，这些公司企业也在很大程度上促进了发展，带来的经济利益更是不言而喻。所以，这样的合作是对双方都有利的。例如，美国的“大鸟”图像侦察卫星就是洛克希德公司研制的；国家侦察局与国防部和美国宇航局也在进行技术共享。

作为美国整个情报体制的一个重要组成部分，美国的空间侦察体制也受到诸多因素的影响，这些因素包括总统、国会和国家安全委员会等，特别是涉及到职能问题，存在着法案与实际不符的方面，各部门之间还存在着相互竞争和情报资源配置浪费的现象。

第四节　美国空间侦察的管理与协调

美国目前采取的是军、民 、商分制管理的空间侦察管理体制。管理主体的分工是通过立法明确的。管理主体自上而下可以分为 3 个层次：一是以总统为代表的顶层管理主体；二是联邦的各个部门；三是联邦部门的下属机构。各个管理主体的权责明晰。顶层管理主体中，美国总统制定国家有关空间政策和指令，确定大项有关卫星发展的方向性问题，白宫所属的国家安全委员会和科技政策办公室负责从政策和技术层面协助总统制定空间侦察的政策指令，以及协助总统对各个联邦部门之间进行协调。第二层管理主体主要由 7 个部门组成：国防部、NASA、国务院、商务部、运输部（下属联邦航空局 FAA）、联邦通信委员会（FCC）和国家情报总监办公室。其中，国防部负责实施涉及国家安全（军事航天）的空间侦察项目，国家航空航天局、国务院、商务部、运输部和 FCC 实施民用和商用空间活动。第三个层次是各个联邦部门的下属机构，比较重要的有国务院空间和高级技术办公室、商务部的国家海洋大气管理局（NOAA）、运输部的空间商业运输局等。以上 3 个层次的管理主体共同构成了一个职能齐全的航天管理体系①。

一、美国军用空间侦察活动管理

国防部负责实施涉及国家安全的空间军事侦察项目，包括制定军事战略侦察政策、科研计划、预算及其计划的管理与实施等。包括5个部分：空军部、海军部、陆军部、美国战略司令部和国家安全局。从历史发展上看，1958年成立的是统一管理全军的研究、发展、试验与鉴定工作的国防研究与工程署；1977年设立负责研究与工程的副部长办公室，既领导国防研究与工程署的国防科研工作，又负责全军重要武器系统的采购与装备工作，成为美国武器装备采办的统管机构。1985年成立航天司令部，负责军事航天管理。2002年合并航天司令部与战略司令部，成立了美国战略司令部。目前与军事相关的空间操作由美国战略司令部来统一指挥。司令部总部位于美国本土中心地带的内布拉斯加州奥法特空军基地。该司令部执行的任务大致有以下几个方面：其一，对全军、军事航天系统实施作战指挥，包括反卫星系统；其二，统一指挥与控制弹道导弹预警系统、太空监视系统、军事航天飞机以及各种侦察卫星、测地卫星等活动；其三，加强对现有和未来的卫星侦察系统使用的计划工作，使全军各系统形成统一的完整体系。总之，美国战略司令部旨在将空间、信息对抗和进攻打击能力有机结合在一起，执行空间和全球打击等任务。其任务领域为：网络战，导弹防御，空间和全球打击，情报、监视和侦察，以及大规模杀伤性武器。

从目前拥有的部队与技术手段来看，空军航天司令部是美国战略司令部有关空间侦察事务的主体。空军被委任为全权空间（项目）的执行机构。空军航天司令部负责维护大部分空间设施，用以进行轨道追踪、轨道发射操作和绝大部分军事卫星运行。

国防部的其他一些机构也具有航天职责。例如，国家安全局

---

① 王国语、蒋天舒：《美国航天管理体制》，《中国航天》，2013年第10期。

（NSA）运用空间系统收集讯号情报，国家侦察办公室（NRO）运营侦察卫星，国防情报局（NIA）负责对卫星信息中与国防相关的信息进行分析，导弹防御局（MDA）利用外空监测导弹的发射。国防先进项目研究局（DARPA）负责管理外空相关的研究和发展。国家安全外空办公室管理国家空间安全政策的战略、战术分析。国家安全委员会，作为总统执行办公室的一部分，也关注其他国家的航天安全发展。

二、美国的民用和商用空间管理

美国在空间侦察的发展方面是军民融合发展的典范，空间侦察由于其技术密集的产业特点，能够可持续发展的有效方法就是军民融合发展。战时可以调用民用和商用领域的一切资源，为战略侦察和战术目标侦察服务，民用和商用空间资源也是军事空间侦察的一部分。平时，为战略侦察和民用领域提供支持，这样的融合发展模式为美军的空间侦察提供了强劲动力，也为科学协调和管理提出了较高的要求。

（一）NASA与民用、商用航天的基本管理

NASA是美国最重要的民用航天管理主体，负责管理和实施载人航天工程（航天飞机）、外空探索工程、政府名义的空间发射、国际空间站、与航天相关的科研和教育及国际合作等。NASA的管理职能或者说美国的民用航天的管理体制一直处在不断的完善和发展中。从历史上看，1958年的《国家航空航天法》作为世界上的第一个国家航天立法，标志着贯彻执行美国民用空间计划政策和建立美国国家航空航天局的开始。之后50年间，又颁布一系列的NASA授权法案（包括1958年，1987年，1990年，1992年，1998年，2000年，2002年，2004年，2005年，2008年）和一系列的单行立法。此外，美国法典四十二编（公共健康和福利）第二十六章“国家航天计划”中也较为详细地规定了NASA的职能。随着美国的空间立法完成了从“散见式”立法向“专篇式”立法的进化，关于NASA

管理职能和体制的大部分规定也被编撰在了美国法典第五十一编。

1. NASA 的管理职能

NASA 的管理职能包括活动和技术两个方面：

（1）规划、指导和实施航空航天活动，包括尽最大可能寻求和鼓励对空间的最大商业利用，按照联邦政府的要求，鼓励和为联邦政府提供商业性的航天服务和设备。

（2）研究发展相关技术。明确指出了发起、支持和实施地面推进技术、太阳加热和冷却技术方面的研究、研制、验证和其他相关活动。

2. NASA 的管理权限

（1）制定、颁布、颁发、废除和修订那些管理其工作方式的规章制度和实施法律赋予它的权力。

（2）官员、雇员的任命。

（3）关于财产管理。

（4）与联邦各部门、其他部门（无论是私人部门还是公共部门）的协调。经这些部门同意，航空航天局可以有偿或无偿雇用这些部门的设施、设备、服务和人员。各部门有协作的义务，即使有关这些部门的法律授权中没有规定相关的义务。NASA 内部设立能最大限度地协调该局根据本法进行的一些活动与由其他公共和私人机构进行的有关科研和其他活动的办公室。

（5）设置顾问委员会

（7）代表国家研究、调查、决定、赔偿和支付向美国提出的 2.5 万美元以下的索赔。

（8）根据总统的外事政策开展关于和平利用外空的国际合作。

（10）向国会汇报。

（11）处理多余土地，不动产的租赁使用。

3. NASA 的一般性管理条款

（1）信息保密。

（2）国家安全，NASA 局长应提出国家安全利益所必须的安全要求、限制条件和安全措施。与人事管理办公室主任和联邦调查局（FBI）合作。

（3）还规定了武器携带和实施逮捕权的条件。

（5）发明权，规定了属于美国专有财产的情形、用户的及时报告制度、专利委员会授予航空航天方面专利的限制及相关纠纷的解决、专利的放弃和专利的保护。

（6）激励措施，包括科研激励措施：设置贡献奖，局长有权规定奖励的条件和数额，对小项目和个人的激励。此外，从 2007 财年开始拨款建立了 3 个账户：科学、航空和教育。还包括员工激励措施：NASA 为所述医疗人员的医疗不当和疏忽大意提供辩护。

（7）保险和补偿，一是为遭受航天器损害用户提供第三方责任险。在航天飞行器发射、运营或回收等有关活动中，航天器损害用户对第三方造成的人身或财产损失首先要通过其责任保险进行赔偿，对于超过这个保险范围的索赔，由 NASA 提供全部或部分的补偿。第三方如果存在实际疏忽或明知故犯的情形，则 NASA 不负责赔偿。“用户”包括与 NASA 签订使用全部或部分航天器协议的签订者、拥有或提供将在航天飞行器上搭载飞行的物品的拥有者或提供者以及雇用将在航天器上工作的人员的雇用者。二是为试验型航空航天飞行器的开发提供责任保险或补偿，包括第三方责任险。三是交叉免责条款。NASA 局长可以代表美国及其部委等部门与开发或合作方以及开发的相关各方或合作方相互放弃索赔权。弃权各方都将同意对因在与协议和试验型航空航天器的使用有关的活动中各自负责财产受到的损失的负责人，同意保证各自所属相关实体的负责人，或者各自的雇员或代理遭受伤害或死亡而造成的损失负责。关于交叉免责条款的限制，相互弃权的内容可以不包括人身伤亡的内容。相互弃权不能免除一方的过失责任和明知故犯导致的责任。相互弃权的双方，如果一方已经对受损的自然人提供赔偿，不能以相互弃权为理由要求另一方提供补偿。

4. NASA 的具体管理条款，包括拨款、预算和审计；合同和采购；管理和回顾（定期评估）；国际合作和竞争（明确对中国的限制和国家利益）；奖励；安全，设立9人制航天安全咨询小组，由局长任命；健康保护项目（宇航员）；其他杂项的规定，涉及空间碎片，设施维护，实验室管理，以及与商务部海洋大气管理局进行无人飞行器活动的协作等。

5. NASA关于空间商业活动（包括陆地遥感项目）的管理职能。NASA从其他联邦机构或者通过合同从私人实体获得空间数据、地球数据，NASA管理空间商业项目，实施与私人之间的商业空间技术转让项目。

（二）运输部与空间商业发射管理

空间商业运输局主要的职能是“鼓励、推动和促进美国私人企业参与商业空间发射”，主要的职责是颁发空间商业发射和发射场运营的许可证。由运输部部长委任的局长领导，执行部长对许可证的批准和其他规范商业空间发射活动。具体管理机制包括：

1. 运输部对空间商业发射的管辖范围

运输部无权管辖任何美国以美国名义进行的运载火箭的发射或经营、发射场的经营和其他航天活动。

2. 许可证管理机制

凡从美国发射运载器或在美国境内运营发射场的任何人必须获得许可证；美国公民或根据美国法律或州法律组成的实体，必须获得在美国境外发射运载器的许可证或在美国境外运营发射的许可证；美国公民拥有控制利益的外国实体，如果在美国拥有管辖权的外国发射场或者是公共领域的发射场上发射运载器，也必须获得许可证。空间商业运输局局长有权颁发或转让、更改、废止和吊销发射一个或多个运载火箭、运营一个或多个发射场、或上述两者的许可证。

3. 发射监督管理机制

空间商业运输局局长可以在持证人使用的任何发射场，在持证人的承包商在运载火箭生产或组装期间使用的任何生产设施，或在运载火箭与有效载荷拼装的任何现场，安排人员作为观察员，对持证人活动进行监督。

4. 责任保险机制

持证人应承担责任险，具体金额由运输部部长与司法部长及其他相关机构协商后确定。

5. 登记机制

运输部负责空间物体登记

（三）商务部与空间商业活动（特别是陆地遥感）管理

美国商务部国家海洋和大气管理局负责批准许可证和规管私营遥感系统。第一个管理规则于 2000 年通过并于 2006 年修订。这些规则很全面，包括许可证的条款和条件、年度的业务审计和记录、检测和程序的遵守，以及通知外商协议。商业化法案规定，遥感数据的非歧视性的使用的政策被适用于公共和私人公司。非歧视性的使用，以及美国的遥感法，有一个长期而复杂的历史。这源于美国的外交政策，目的是解决怕其领土可能被进行成像的国家的经济和军事间谍的恐惧。具体的管理主体和机制如下：

1. 空间商业办公室

美国法典第五十一编设立了空间商业办公室，隶属商务部。负责商务部内部与航天有关的事项的协调。办公室主任的职责：通过搜集、分析和传播空间市场的信息促进空间商业投资，明确空间商业机遇；协助空间商业提供者与美国政府进行交易；指导联邦政府使用空间商业产品和服务；避免本国空间商业提供者与政府之间关于提供空间硬件设置和服务的竞争。

2. 有关美国陆地遥感的管理机制

（1）国家卫星遥感数据档案由国家内务部建立。内务部负责原始数据内容的确定和升级。

（2）商务部关于“陆地卫星”6 的责任将转移给综合计划管理机构。

（3）商务部关于“陆地卫星”7 的空间数据政策。

（4）关于私人遥感系统的许可机制。经与其他相关的美国政府机构磋商后，商务部部长有权向私人实体颁发许可证，允许其运营私有遥感空间系统，并规定了具体的申请条件、期限。商务部部长可以颁发、审查、转让、终止、修改、暂停许可证。

（5）商务部部长可以制定规章以实施本条款。

三、美国军、民、商用航天活动中的协调机制

（一）总统与美国民用、商用航天活动的促进和协调

美国法典第五十一编规定，“国会鼓励总统促进美国全球定位导航系统发展”，包括保障免费提供政策的持续性、签订国际协定、提供保障频谱等方面的政策。在空间遥感的商业利用方面，总统将保护商业数据经销商的利益。确保遥感技术计划不会对“陆地卫星”6收集的未增强数据的商业市场产生不利影响；总统将通过相关的美国政府机构建立一项技术验证计划来实现国家陆地遥感战略。

此外，总统应当是美国军、民、商航天活动的最高协调人。例如，NASA 与国防部的协调机制。包括：

1. 建议咨询

NASA 和国防部应当在其管辖的航空航天活动的范围内，通过总统，互相提出建议咨询，应当互相通知相关的活动。

2. 呈递总统

如果 NASA 和国防部认为对方的请求、行为和提议或不作为危害了自己的权益，并且协调无效，则可以呈递总统来做出终局决定。

（二）以国防部为主的美国民用、商用航天活动的安全保障机制

国防部在民用、商用航天活动管理领域起着重要的作用，外层空间商业运输，由国防部许可。由国防部规定条件与限制、信贷补贴。联邦从私人实体获得空间运输服务也要在国防部不反对的前提下才能进行。NASA 局长和空军司令可以否认联邦政府从私人实体获得空间运输服务的请求。此外，联邦政府不得擅自将洲际导弹改装为航天飞行器或出售，除非经国防部长、参议院武装部队委员会以及众议院科技委员会、参议院商业、科学和运输委员会的同意。

（三）航天科学研究、研发协作机制

1. NASA 科研责任与协作条款

NASA 负责载人航天计划、航空研究和发展，负责以下相关的科研：

第一，探索月球和其他星体的机器人任务；

第二，地球科学，通过卫星等手段研究太阳与地球的关联；

第三，支持大学研究空间科学、地球科学和微重力科学。此外，NASA 有咨询和协作的责任。通过国家科学技术理事会，或直接与其他相关联邦机构进行协调。NASA 局长，国家科学基金会主任、能源部部长、国防部部长和商务部部长应当在关于物理、技术、工程和数学等基础研究领域竭力合作；与私人实体紧密合作；与其他国家协作。

2. 航空航天研究与教育方面的协作机制

NASA 与交通部、国防部、商务部、国土安全部合作，涉及基础研究项目和奖学金设置。将研究教育单独列为一个分编，可见美国对于航天基础研究和教育的重视。

3. 遥感研究研发机制

NASA 和商务部负责遥感研究和开发计划，农业部长和内政部长被授权鼓励实施遥感应用研究和开发计划。

（四）陆地遥感协作

1. 陆地遥感项目管理

NASA 局长和国防部部长应当负责管理陆地遥感项目，这一职责将通过建立一个综合计划管理机构来实施，规定了双方的投资职责。“陆地卫星”计划管理机构负责“陆地卫星”的采购、发射和运行。

2. 部门规章的效力范围

商务部部长可以制定规章以实施相关条款，但不得影响 FCC 的权威。

3. 遥感产业促进

NASA 局长应当和美国商业遥感产业保持稳定的关系，促进空

间商业遥感数据的应用。

4. 无线电频率分配

获得许可的商业遥感空间系统所涉及的任何无线电设备的使用者应该向 FCC 提出申请。任何美国陆地遥感空间系统（或其组件）的开发和建造不需经 FCC 授权。

5. 其他协商机制

商务部长和“陆地卫星”计划管理部门应该就可能影响国家安全的陆地遥感相关事宜与国防部长进行协商，就可能影响国际义务的所有事项与国务卿进行协商。

6. NASA 与国家海洋大气管理局（NOAA）的协调

NASA 和 NOAA 的局长应当设立一个联合工作组，来协调、评审和监督两个机构任务的执行情况。每年共同向众议院科技委员会和参议院商业、科学和运输委员会作报告。

（五）空间商业发射协作

运输部 FAA 颁发和转让许可证中如果涉及国家安全，FAA 局长应与国防部长协商，涉及到外交政策的所有事务应当与国务卿协商。运输部部长应该与国防部长及 NASA 局长合作，并与空间发射及卫星产业代表协商，研究用商业运载器在政府发射场发射政府和商业有效载荷的安排方式和方法。多年来，美国国会已批准加强对 FAA 许可商业太空飞行的管辖。当发射技术只将物体带入空间，美国国会在 1984 年的发射法授予 FAA 授权发射许可。后来，当发射技术发展到使有效载荷送入太空并返回，美国国会在 1988 年授予 FAA 再入许可权限。FAA 因此具有（一次性）发射什么的权力，但还没有许可商业物体（例如航天飞机）在轨道上停留时间的权力。

第五节　美军空间侦察体系

空间侦察体系是侦察装备各个组成部分的有机结合，包括指挥控制系统、天基情报获取系统、情报传输系统、应用支持系统、末端应用系统等多个系统融合。同时，空间侦察体系也是一个人机系统，是一个从指挥部下达支援命令、情报生产再到情报分发的过程，空间侦察体系涉及到各部门的协调与信息交换。

一、美军空间侦察体系的基本结构

依据空间侦察的应用目的和组成功能模块，可把空间侦察体系分为情报信息获取系统、指挥控制系统、信息传输系统和综合保障系统等四个部分。其中，情报信息获取系统是前提，指挥控制系统是核心，信息传输主体，综合保障系统是基础。四个系统互相配合、互为依赖，形成有机的整体。空间侦察体系的发展趋势是能够集信息获取、传输、分析、分发和应用于一体，能与其他的信息系统、武器系统互联互通。最终达到功能一体化、系统集成化、结构网络化、指控分布化、装备信息化。情报信息获取系统主要由装备多种探测手段和相关信息装备的空间传感器量组成，担负发现、识别和定位（跟踪）陆、海、空、天、电各维空间目标，为决策和打击提供各种情报、战场态势等信息，主要包括空间目标监视系统、卫星导航定位系统、卫星海洋监视监测系统、卫星成像侦察系统、卫星电子侦察系统、卫星导弹预警与核爆探测系统和卫星气象监测与预报系统等。

指挥控制系统广泛分步在陆、海、空、天、电多维空间，是实施空间侦察的“神经中枢”，对于发挥空间侦察效能具有关键作用。其主要功能是掌握空间侦察任务和空间对抗作战态势，实施空间侦察指挥，协调、控制各种侦察力量的侦察行动，提供实时、高效的指挥控制手段。保障作战体系决策优势和控制优势等。指挥控制系统主要由卫星通信系统、跟踪与数据中继系统、辅助决策系统、任务规划系统、空间态势分析系统、协同系统和态势评估系统组成。

信息传输系统是实现空间信息应用和控制的最直接手段，是空间侦察体系的纽带和为其他系统服务的关键。通过空间信息传输系统能够与情报信息获取系统、指挥控制系统、综合保障系统形成

“无缝联接”。达到侦察预警、指挥控制、信息攻防、效能评估等作战功能一体化。

综合保障系统是辅助卫星进行侦察的各种保障设施，也有庞大的体系组成。例如航天发射场系统、航天装备维修保障系统、航天器运行控制系统、航天装备维修保障系统、资源综合运用系统和后勤保障系统等组成。主要用于空间系统的发射、运载、维护，各种信息的管理和后勤物资的供应等。空间侦察技术密集、体系结构复杂、装备科技含量高，对综合保障系统提出了更高的要求。

二、美军空间侦察的指挥体系

空间侦察体系中，人的因素是重要的组成部分，包括领导体制。美军的空间侦察体系由总统领导，国防部具体组织和实施，中央情报局局长进行协调补充，国会对其活动立法授权。

（一）总统是美军空间侦察情报体系的最高决策者

美国行政权赋予总统，情报界是国家行政体系的一个组成部分，总统对情报的认知，直接影响到情报界的运转，也直接影响到空间侦察情报体系的运转。《美国国家安全空间管理机构与评估委员会报告》中界定：“当前美国对空间的依赖程度、这种依赖程度的提高以及所产生的薄弱环节，都要求将美国国家安全空间作为美国最高的国家安全重点之一。唯一能体现这种重要性的方法是政府高层颁布具体的指导和指令。首先，只有总统有权确定国家空间政策，而后再向高级官员发布指导和指令，两者的结合对于确保美国作为世界上领先的从事空间活动的国家是必不可少的。只有总统的领导才能确保必需的所有空间部门、商业、民用、防务和情报合作。”

美国总统在航天方面所进行的活动大体可归纳为：

1. 宣布国家航天重大计划、决策和倡议；
2. 以行政命令形式颁布国家航天法律和政策指令；
3. 兼任国家最高航天委员会首脑；
4. 任命长期性、临时性或专业性航天委员会，它们或编制规划，或审议发展战略，或调查重大事故，呈报总统决策；

5. 任命国防部长和国家航空航天局长；

6. 在国情咨文中阐明航天有关政策和指导原则；

7. 在预算咨文中向国会提出航天预算申请；

8. 决定外贸、导弹、航天裁军、国际合作重大契约、条约、协议的原则并予批准和签署；

9. 批准使用航天武器的对外战争。

（二）国防部是美军空间侦察情报体系的组织实施者

首先，国防部长和中央情报主任对空间侦察系统的首领具有重要的影响，国家侦察局的局长由国防部长和中央情报主任提名；国家地理空间情报局隶属国防部，受国防部长和中央情报主任的双重领导；美军联合航天司令部以及各军种航天司令部都是国防部领导下的军事机关。

其次，美国国防部部长办公厅下设相关局业务与军事航天有关；特种司令部是导弹、航天的使用部门；战略司令部既是军用航天的使用者也是操作者；国防部高级研究计划局进行重大前沿新技术研究，保证美军军事技术的全球领先地位；空军器材司令部下辖的航天系统部主抓国防部内的军用航天器研制，而航天系统部分地面设备则多由各军种的研制机构自行研制；美国空军器材司令部及其所辖航天系统部现在都侧重于研制、试验操作与管理；美国战略司令部进行属于使用性和战备性的操作和试验。例如，航天飞机的军用飞行，在轨军用卫星测控，东、西部航天和导弹中心的管理，统一航天操作中心的管理等，都先后从空军器材司令部航天系统部转入美国战略司令部，具体说就是美国战略司令部所辖的空军航天司令部。

（三）中央情报局是美军空间侦察体系的补充协调者

中央情报局是美国情报界的核心机构，中央情报局局长是美国情报界的主管，对美国空间侦察系统的影响也是不可替代的。该局负责管理资源和收集要求以及评估空间计划和政策，还负责同国防部长办公室协调政策和预算。具体而言中央情报局局长需要国防部长的支持来部署和操作情报系统，同时国防部长也需要中央情报局局长为其提供所需的情报，以提高美国军事能力和遂行军事行动。

（四）国会是美军空间侦察情报体系的最高立法者

美国国会拥有立法权和拨款权。在影响美国情报体制运转的诸因素中，国会的影响不容忽视。国会作为全国最高立法机构，也是航天的最高立法者。有关航天法律必须经国会通过才能生效；各项拨款必须经国会批准才予拨付；有关条约、协议必须经国会批准才能执行。国会可以对航天的任何重大事项举行听证会，可以请任何有关首脑和当事人到会作证，对其进行审查。国会可以三分之二票通过否定总统的咨文和建议；总统对有关航天的高级官员的任命必须经国会认可才能生效。美国国会设有军事委员会、预算委员会、科学技术与航天委员会、拨款委员会，由它们审查、通过、批准重大的航天决策、规划、计划和预算；此外还专门设有预算局和技术评价局，协助两院分头或联合做出立法性决策。

三、空间侦察的实施

空间侦察运转包括信息获取、信息传输、信息处理、信息分发四个环节。在信息获取环节，通过精心构建的卫星侦察监视网络；在信息传输环节，充分发挥了中继卫星的巨大功效；在信息处理环节，通过改善各种数据的融合，在战略层次和战术层次的有机协调，最大限度挖掘情报信息；在信息分发环节，通过实时共享，最大化满足情报用户的需求，最大化空间侦察效益。

（一）任务流程

空间侦察情报支援高级概念图（见图 2—3 所示），主要表现信息化条件下，空间侦察情报支援体系的高级概念。联合作战指挥中心、空间侦察指挥中心、空间侦察各情报业务部门、侦察卫星、地面接收与控制站之间依托信息网传递各种信息。联合作战指挥中心通过信息系统下达情报支援命令，空间侦察指挥中心组织制定空间侦察作战行动规划，空间侦察情报支援机构实施空间侦察行动、情报分析并上报支援情报。

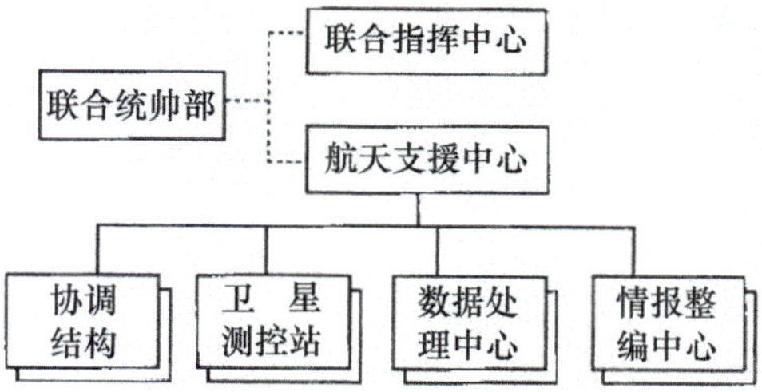

图 2—3 空间侦察情报支援组织关系

空间侦察情报支援任务流程是有效组织情报支援工作的核心，在联合战役指挥体系框架内建立有三级指挥制度，即联合作战指挥中心—空间侦察指挥中心—空间侦察业务机构。其中，空间侦察指挥中心是整个空间体系的核心，受联合作战指挥中心直接领导，负责整个支援体系的任务分配与协调，其职能是收集空间侦察情报支援需求并分发侦察情报结果。空间侦察业务机构包括组织协调机关、卫星测控部门、情报获取与处理部门和情报整编部门等。

（二）情报流转

为了加强天、地、空战场信息网的一体化，加快选择成像目标以及向首脑机关人员和作战人员传送图像的速度，美国三军、国家侦察办公室、国家图像测绘局（MMA）、中央情报局（CIA）及国家安全局（NSA）加强合作，统一工作程序，并由此建立起一种新的战术情报管理体制。作为这种新机制的具体表现，国家侦察办公室新设了作战支援办公室（OSO），以管理时间性极强的有关打击目标的数据。作战支援办公室由美国空军、海军、陆军、中央情报局、国家安全局的人员组成，作战支援办公室与国家图像测绘局合作，为战场部队提供信息。具体由在美国主要攻击计划部门及海军舰船上的国家侦察办公室联络官负责协调图像的分发，行动中国家图像测绘局发挥了重要作用。它是由前国防部图像局、中央情报局、中央图像办公室（CIO）和国家图像解释中心（NPIC）的图像分析能力重组而成的，因此功能强大。此外，由国家侦察办公室、空军及国家图像测绘局联合开发了“快速目标指示系统”，它可与空中打击同步进行毁伤效果评估，该系统包括部署在意大利、国家侦察办公室和其他地域的新型数据接收机组网构成。

四、美军空间侦察体系特点

美国空间侦察系统功能强大，能够完成持续、完备的侦察任务。美国陆地侦察卫星，通常保持 3 颗在空间轨道交替值班运行。工作寿命为 6—24 个月，每颗照相侦察卫星 16—18 天运行轨道重叠一次，即飞经重要目标或导弹阵地上空一次。侦察卫星均衡交替运行，5—6 天飞经阵地上空一次。由于美国照相侦察卫星具有轨道机动的能力，一旦发现引起注意的目标时，可调整卫星的运行轨道，进一步进行侦察核实，一天可飞经地面某一目标上空 1—5 次，卫星运行轨道距地面侦测高度一般为 160—300 千米。目前，美国的“大鸟”型和“锁眼”型照相侦察卫星，还具有多种侦测手段，兼有电子侦察和海洋监视的功能，构成了美国对世界各国战略目标或重要目标的严重威胁，当然对我国也不例外。①

（一）完备的卫星侦察网络

美国精心构建卫星侦察监视网络，针对各种不同的侦察目标，将各种类型的侦察卫星在运行轨道、运行周期上进行科学合理的编配，从而协调控制整个侦察卫星网络的侦察活动，确保侦察效益的最大化和侦察时效的最优化。

1. 空间合理分布

空间合理分布主要目的是提高侦察的时效性。多数侦察卫星都运行在 1000 千米以下的近地轨道，其中，成像侦察卫星一般运行于

---

① 彭汉国：《对航天侦察装备发展及其运用的思考》，《装备学术》，2011 年第 3 期。

太阳同步轨道，其重返周期往往为数天时间。如果有多颗成像侦察卫星，将其构筑为一个过顶时间尽可能均匀分布的网络，将能够有效地提高侦察的时效性。如“沙漠风暴”期间，美军的第六、七、八号“锁眼－11”卫星和一颗“长曲棍球”卫星，在1990年8月1日至10日的十天时间里，总共过顶科威特地区62次，平均每天过顶6.2次，且过顶时间分布基本均匀，保证了较好的侦察时效性。需要指出的是，对于成像侦察卫星而言，针对某一目标的侦察间隔不仅与卫星数量多少及其分布有关，而且还与卫星遥感器是否具有测摆能力、测摆能力的大小、选用的成像幅宽大小、目标地理纬度等因素有关。

2. 性能高低搭配

一方面，对于大小不同的目标，可以灵活选用不同分辨率的侦察卫星。如对于机场、港口等大型面状目标，1.5米分辨率的卫星就可以较为详细地获得其情报；而对于战斗机、导弹阵地等点目标则需要0.15米分辨率的卫星。另一方面，对于同一颗卫星，也可以根据具体任务需要来灵活选择其不同的分辨率。卫星的分辨率与成像幅宽是一对矛盾：分辨率高的时候，成像幅宽小；分辨率低的时候，成像幅宽大。美国对卫星成像的清晰程度与侦察范围的大小进行了精确权衡计算，高低搭配合理。

3. 种类优势互补

不同种类的侦察卫星，侦察机理不同，获取的情报数据样式不同，相互之间具有很强的互补性。光学成像侦察卫星在白天晴好天气条件下对目标进行拍摄，图像直观、生动，易于处理，并且能够获取较为精确的目标地理航天信息；雷达成像侦察卫星能够克服夜暗、云层、雨雪的影响而全天候全天时成像；电子侦察卫星和海洋监视卫星能够捕捉各种雷达、电台以及遥控遥测设备辐射的电磁信号；导弹预警卫星能够捕捉导弹尾焰的强烈红外辐射。空间侦察装备的发展及其运用，需要充分发挥各种侦察卫星的长处，尽可能多地获取目标的各类情报信息，并相互对比、印证，这样就可以极大地提升情报的准确性和情报的价值。如对于某一导弹阵地，通过高分辨率的成像侦察卫星，可以大致掌握导弹数量、位置甚至型号等信息，通过电子侦察卫星或海洋监视卫星，可以捕获其电磁频谱参数。将这些情报信息综合起来之后，就可以为导弹和飞机的突防路线选择、反辐射导弹和反辐射无人机的参数装订、电子干扰机的作战方案制定等打下重要的情报基础。

在伊拉克战争中，美军空间侦察装备的配置就凸显了其侦察体系的优化配置。

表 2—3　伊拉克战争中美国使用卫星的情况

卫星种类	数量	应用
光学侦察与监视卫星	3	美国已发射 5 颗具有可见光和红外遥感器的“锁眼－11”改进型（或称“锁眼－12”）光学成像卫星，现役主要用 3 颗，轨道高度 248 千米×992 千米。轨道倾角 97.90，它们可在不同光照条件下对伊拉克地区重复观测，同时使用可实现立体成像。这些卫星可提供 lm 像元分辨率的图像，红外相机可实现夜间成像，对轰炸效果可进行更为精确的评估。卫星通过对其飞行轨迹东西两侧的成像，使 7×10 千米的观测幅宽有较大扩展。
雷达成像侦察卫星	3	3 颗“长曲棍球”卫星，轨道高度 680 千米，分辨率 lm。不论夜晚还是云雾天气，进行全天候战损评估。这种卫星甚至可穿过树木识别地面部队和移动式地对空导弹系统。
8X 卫星	1	8X 卫星也被称为增强型成像系统。与以前卫星最大的不同是轨道的变化，观测幅宽增加到 150 千米×150 千米，重访周期大大缩短。
商业遥感卫星	2	主要使用了 1 颗“艾科诺斯”卫星和 1 颗“快鸟－2”卫星，用于侦察和制图。

续表

卫星种类	数量	应用
NASA 的地球观测卫星 -1（EO -1）	1	“地球观测 -1”装有 3 台先进的成像仪：先进的陆地成像仪、超谱成像仪和大气校正仪。先进的陆地成像仪共有 10 个波段，波长范围覆盖常用的可见光、近红外与短波红外，其中一个波段为全色波段，用于立体成图，多光谱波段空间分辨率为 30m，全色波段为 10m。超谱成像仪可以对 220 个谱段进行观测，空间分辨率为 30m，超光谱成像仪每张图片可拍摄 7.5 千米 ×100 千米的陆地面积。
电子侦察卫星	12	包括“猎户座”2 颗，第 4 代“水星”2 颗，“军号”3 颗以及 5 颗“白云”卫星。它们用于跟踪萨达姆的行踪，主要技术手段之一是电子窃听，电子侦察卫星是长期值守的主要窃听平台之一。
导航定位卫星系统（GP S）	28	其中 4 颗为备用星。它们为精确武器和飞机提供精确制导和导航，为地面的单兵、单武器平台提供导航支持。
气象卫星	8	包括极轨卫星（“国防气象支持计划”卫星和 NOAH 卫星）2 颗和静止轨道卫星 6 颗。由于伊拉克地区的沙漠气候条件，如果没有气象卫星对战场气候，尤其是沙尘暴的准确预报，整个军事行动都将难以展开。

（二）在信息传输上，充分发挥中继卫星的巨大功效

中继卫星的诞生对于低轨航天器的数据下传和测控工作有着革命性的意义。从技术角度看，侦察卫星数据通过中继卫星下传的技术机理与通过中继卫星对飞船进行测控基本相同。通过中继卫星来下传卫星侦察情报，不仅可以大大提高情报信息量，而且可以大幅改善卫星侦察的时效性。

鉴于中继卫星的巨大功效，美军早在 1983 年 4 月便通过“挑战者”号航天飞机发射了第一颗“跟踪与数据中继卫星”。目前，美军的中继卫星系统主要有两个：同步轨道的“跟踪与数据中继卫星”

和“莫尼亚”轨道的“卫星数据系统”。前者在海湾战争中曾经为“长曲棍球”等卫星的数据中继发挥过重要作用。后者远地点在北半球上方，主要目的是保持对俄罗斯等国家的实时侦察。需要指出的是，“跟踪与数据中继卫星”是由美国国家航空航天局负责的军民两用系统，一些民用项目，如“哈勃”太空望远镜计划，也拥有对该中继卫星的使用权。在1990年的“沙漠盾牌”行动期间，“长曲棍球”的大量军事中继任务曾与“哈勃”的数据中继任务产生冲突。可见，中继卫星的容量在战时不一定能够满足军事需求。因此，一方面，要构建侦察卫星与中继卫星交链的情报数据传输网络；另一方面，在这个网络中还要继续壮大中继卫星的传输容量与传输能力，使之能与侦察卫星系统匹配协调地运行，以保障平时和战时实时侦察的需要。

随着战争信息化程度的提高，侦察的时效性要求变得越来越强，空间侦察在时效性上的固有不足暴露得更加明显。美军战场指挥员常常抱怨，经过层层转发后，到达他们手中的卫星情报早已过时。为此，美军开始发展直接由战场指挥员操控的“战术星”。利用这一系统，用于战场信息支援的卫星情报将绕开国家侦察局等传统的情报机构，直接由战场指挥员来接收和使用。如果这一系统发展成功，将是卫星侦察的一个巨大进步。但是，除了在技术上付出了许多努力之外，美军似乎没有对其“反应迟缓的、关系错综复杂的”情报系统进行较大力度的改革。这不能不说是美军在提升其空间侦察能力过程中的一个很大的疏失。在空间侦察从战略层次向战役、战术层次转化的趋势上，在通过技术发展和机制改革来提升空间侦察能力及运用水平的思路。

（三）在信息处理上，充分体现信息融合

为了提高空间情报的价值，各类空间侦察情报传输到地面后，要分别对其进行深入的技术处理，再综合起来作进一步的信息融合。这种信息融合工作，在战略层次实施是最适合的，如在战役层次实施信息融合，其辐射范围有限，并且有可能形成重复建设。改善战

略层次的信息融合工作，从三个方面体现：

1. 各类空间侦察情报信息之间的融合

各类空间侦察情报涉及不同的技术门类，决定了空间侦察情报往往要由多家单位来协作完成情报处理工作。各类空间侦察情报之间存在的互补性，决定了有必要由一个抓总的机构来统合这些情报。美军用于获取图像情报的光学成像侦察卫星和雷达成像侦察卫星、用于获取信号情报的电子侦察卫星和海洋监视卫星四类卫星，均由国家侦察局牵头，负责其规划、计划和管理。而卫星的工程测控和应用测控，一般是由空军航天司令部第 14 航空队第 50 航天联队来负责，该联队操控着美国“空军卫星控制网”。四类侦察卫星的情报将主要传送给国家侦察局的“任务伙伴”，国家安全局、国家地理空间侦察情报局、国防情报局、中央情报局等情报机构，由这些机构作进一步的分析和处理。国家安全局主要负责电子侦察卫星和海洋监视卫星情报的处理与分发；国家地理空间侦察情报局主要负责光学成像侦察卫星和雷达成像侦察卫星情报的处理与分发。

2. 空间侦察情报与常规情报融合

这里的常规情报是相对于空间侦察情报而言的，主要是指通过空中、地面、水面、水下的各类侦察装备和侦察途径获得的情报，其来源多种多样，包括海军的雷达、侦察船，空军的雷达、侦察机、无人机，互联网上、出版物上的各类公开信息，甚至包括人力情报和特侦情报等。任何一种情报都可能包含着海量的数据，各类情报的总体数据量则更大，而空间侦察情报只是其中一部分。如何在联合作战背景下对数量庞大的情报数据进行快速高效的融合与处理，并得出高价值的情报，是一项艰巨、富有挑战且意义重大的工作，如果对多源情报信息进行印证，无意可以提高情报的可信度。美军在这方面具有丰富的经验。

3. 军用情报与民用情报融合

近年来，美国的商业成像卫星公司迅猛发展，商业卫星的快门控制与图像销售的条件逐渐放宽，商业卫星图像已经成为许多国家和地区重要的军事情报来源。如美军在其“未来成像体系”计划失败之后，开始逐步采用“地球之眼”等高分辨率商业成像卫星来弥补军事成像侦察能力的不足。一方面，商业卫星的分辨率完全能够满足军事需求，如“地球之眼-1”卫星的分辨率达到了0.41米，“worldview”卫星的分辨率设计为0.46米，均已超过其他国家军用卫星的水平。另一方面，这样能够培养出成熟的民用卫星遥感产业，在收获巨大商业利益的同时，还能维持其强大的卫星侦察动员能力。

第三章　美军空间成像侦察能力

成像侦察卫星用于获取目标地区的图像情报，根据传感器的不同又大致可分为照相侦察卫星和雷达成像卫星。美军将成像侦察卫星比喻为美军的眼睛，是美军重要情报来源。空间成像侦察是利用成像侦察卫星携载的光电遥感器使用光学成像技术或雷达遥感器使用合成孔径雷达（SAR）成像技术，对地面摄影以获取军事情报信息的侦察方式。成像侦察卫星所使用的光学成像设备主要有可见光相机、红外相机、电视摄像机、扫描仪、多光谱或超光谱相机等，雷达成像侦察的主要设备是合成孔径雷达。成像侦察卫星把目标信息记录在胶片上或星上记录器中，由地面回收胶片或接收无线电传输的图像信息，经加工处理后，判读和识别目标的性质并确定它的地理位置。

美国成像侦察卫星是当代最先进的太空侦察兵。它们阵容整齐，品种齐全，性能先进、直观，侦察面积大、范围广、速度快、连续性强、直观效果好、安全可靠、不受国界和地理条件限制等一系列优点，已使别国无秘密可言。现在，美国一方面正积极更新照相侦察卫星，另一方面还努力利用小型高分辨率民用遥感卫星为军事服务，成像侦察卫星在近年多次的局部战争中大放异彩。在近年的历次战争和美国重大军事行动中，空间成像侦察卫星系统获取的情报对战争的胜负乃至全球的政治、经济都产生了重要影响。

第一节　空间成像侦察

美国空间成像侦察卫星已有近 60 年的发展历史。自 1959 年发射首颗成像侦察卫星以来，美国总共发射了六代不同性能的成像侦察卫星。从早期的胶片回收型卫星，第四代开始实现同一卫星上既有详查又有普查功能的“大鸟”卫星，到目前使用的第六代“锁眼－12”和“长曲棍球”卫星，共成功发射了300多颗光学和雷达成像侦察卫星，“锁眼－13”也已经开始投入使用。

美国光学成像侦察卫星的“锁眼”（Keyhole）系列，搭载有可见光、红外、多光谱和超光谱传感器等成像侦察设备，最高分辨率达到0.1m，是当今世界最为先进的光学成像侦察卫星。“锁眼－11”“锁眼－12”光学成像侦察卫星在伊拉克战争中发挥了重要作用，从战争开始前一直到结束，美国都在利用它对伊拉克进行侦察，每颗卫星一天飞越同一目标区域两次，强大的侦察能力，基本上达到了战场单项透明。

一、光学成像侦察卫星

在各种卫星侦察方式中，光学成像侦察卫星发展最早、最快，发射数量最多，技术也最成熟。光学成像侦察卫星利用光电遥感器对地面目标，诸如机场、海港、导弹基地、军事部署以及交通枢纽、城市设防、工业布局等战略目标拍照，以获取军事情报。它把目标信息记录在胶片或磁带上，由地面回收胶片或接收无线电传输的图像信息，经加工处理后，判读和识别军事目标的性质并确定它的地理位置。光学成像侦察卫星所能分辨地面物体的最小尺寸，与轨道高度和成像系统的质量有关。

（一）光学成像侦察卫星的分类

侦察卫星从无到有，卫星的性能在不断提升，各种参数也在不断发生着变化。比如卫星的重量从不到1吨增加到10多吨，工作寿命由几天、几个星期，逐步延长至8年以上，成像侦察手段从光学成像发展到雷达成像，地面分辨率从十几米、几米提高到0.10米，信息传输从胶片回收发展到电子成像无线电实时传输，卫星性能得到不断改进。

按照不同的标准可以对成像侦察方式进行分类，按信息传送到地面的方式不同，成像侦察卫星可分为返回型和传输型。返回型成像侦察卫星利用胶片成像的原理进行侦察摄影，将图像信息存储在卫星回收容器中的胶片上，在对地摄影任务完成后，回收容器脱离运行轨道，返回地面。传输型成像侦察卫星利用光电成像的原理进行侦察摄影，先把图像信息记录在星上记录器内，当飞到地面站的接收区时再将图像信息以无线电传输的方式近实时地发送回地面，或直接将图像信息经数据中继卫星实时发送回地面。

按获取图像信息的遥感器不同，成像侦察卫星可分为光学型和雷达型。光学型成像侦察卫星利用星上精密光学遥感器对目标摄影，工作谱段覆盖可见光和红外谱段，它所拍摄的图像分辨率高、直观，便于分析和识别。雷达型成像侦察卫星利用星上雷达遥感器，通常是合成孔径雷达对目标摄影，它具有全天候、全天时能力，能有效识别伪装和穿透掩盖物。

根据获取图像的详细程度、侦察面积的大小，可将光学成像卫星分为普查型和详查型。普查型成像侦察分辨率一般优于 3—5 米，图像覆盖面积大，一幅可达几千至 2 万平方千米以上。普查型的要求是侦察地区要宽，能很快地对大面积地区进行侦察，发现可疑情况后，再由详查型卫星进行详细侦察。普查型对地面景物的分辨率并没有太高的要求，但要求图像能迅速地送回地面。这一类卫星一般采用 200—300 千米高的圆轨道。详查型要求照片的分辨率高，而侦察的地面宽度较窄。为了拍摄清晰，详查卫星在拍摄时离地面高度较低，一般为 130—200 千米。侦察地区窄，就要求卫星能准确通过侦察地区上空，因此详查卫星要求具有轨道机动能力，即能根据需要改变运行轨道。详察卫星地面分辨率优于 2 米，图像覆盖面积相对较小，一幅图像可覆盖几十到几百平方千米。在实际的应用中，为达到较佳的应用效果，通常普查型和详查型成像侦察卫星配合使用，当普查发现可疑目标以后，再由详查型卫星进行确认。

成像侦察卫星轨道高度低，有时为了获取更高的地面分辨率，近地点可降至150千米左右，如有较好的光照条件，非常有利于获取高质量的卫星照片；成像侦察卫星为获得高分辨率图像，对卫星控制精度要求极高；有些卫星还具有轨道机动能力；成像侦察卫星地面分辨率高，最高达到0.1米；返回型成像侦察卫星返回技术难度大，需要解决减速、防热和着陆等关键技术；传输型成像侦察卫星可以实时传送图像信息需要数据中继卫星。

美国1959年2月28日成功发射第一颗成像侦察卫星，至今已经发展了6代成像侦察卫星，目前美国正在使用的最新一代成像侦察卫星是“锁眼-12”卫星，利用星上高精密CCD相机对目标拍摄数字图像，地面分辨率达0.10—0.15米，以无线电传输方式将图像实时发回地面。

也可以按照其他方式分类，比如按接收器分类，可分为摄影侦察相机和传输型相机。以胶片为接收器的相机叫摄影侦察相机（或叫胶片型相机）；以光电器件为接收器的相机叫传输型相机。按波谱段分类，谱段0.5—0.9nm为可见光相机，谱段400—1700nm为红外相机等。

（二）光学成像侦察卫星的星载设备

光学成像侦察卫星使用的主要侦察设备有：可见光相机、多光谱相机、超光谱相机、热红外相机等，有全景式成像和画幅式成像之分。全景扫描相机可以把地面上广大地区的景物拍摄下来，因此适合于执行普查任务；画幅式相机地面分辨率比较高，故多用于执行详查任务；多光谱相机和红外相机能够识别伪装，监视夜间的军事行动。CCD相机特点是信息存储不是在胶片上，而是电荷耦合器件使景物成像，经模/数转换数字信号进行传输，是一种实时图像传输系统。

1. 可见光相机

可见光相机的原理同普通光学相机一样，但在自动化程度和承受低温、真空等恶劣环境影响的能力方面要求高，特别是要能消除卫星高速运动带来的像位移问题，卫星照相机要消除像位移的影响，可以采用缩短曝光时间，使相机镜头和胶片向后运动以抵消卫星向前运动的影响等方法。

照片清晰度用地面景物分辨率来表示，它表示照片上的一个像素所对应地面景物的卫寸，例如地面景物分辨率为 2 米，表示地面上 2 米大小的目标在照片上对应有一个像素，此值越小，表示地面景物分辨率越高。为了获得高分辨率照片，要求卫星拍摄时高度要低、相机的焦距要长。胶片的质量要高。在当前的技术条件，以在 200 千米高度上，采用长焦距镜头和高质量胶片，地面分辨率能达到 1 米或更小。

可见光相机最大缺点是受目标光照条件的限制，当目标处于白天，而且是晴天才能工作，所以可见光相机工作时间受到光照条件的限制。

2. 红外相机

因为不同物体具有不同的温度，其辐射红外线能力不一样。如人因身体有一定体温，其红外辐射能力明显高于背景物体。工厂、汽车，即使隐蔽起来，它的红外辐射也同样会在背景上显示出来。红外相机就是利用这样的原理，用红外传感器探测物体的红外辐射，然后以成像方式显示出来。因此，此类相机不受光照条件的限制，在黑夜或光照较弱的隐蔽处，它都能显示出物体的红外图像，所以它有一定的识别伪装能力。目前，此类相机有很高的温度分辨率，即使目标采取一定的隐蔽措施，它也能将目标识别出来。但它也有不足之处，在地面天气条件恶劣的情况下，目标的红外辐射能量就会淹没于背景温度之中，即使红外相机的分辨率很高，也难以识别目标。所以，红外相机的显著缺点是受环境条件的影响。

3. 多光谱相机

由于不同目标的光谱特性各不相同，且目标各波段光谱能量也存在着差异，多光谱相机就是根据目标的光谱特性和其辐射能量的不同，拍摄不同波段的同一目标照片来对目标进行识别。目前多光谱照相机通常有如下 3 种类型：第一，多相机型多光谱相机，即一台照相机利用2台以上的相机，且各自采用不同的工作波段同时对物体照相；第二，多镜头型多光谱相机，即1台相机装配有不同工作波段的多个镜头，在同一胶片上分别记录不同波段光谱的图形；第三，单镜头多胶片型多光谱照相机，这种相机采用分光器将光束分离成若干波段，各光束分别记录在不同胶片上。多光谱照片就是分别记录了同一目标不同波段的光线特性的照片，正是因为它是根据光谱性质进行工作，因此，它对目标比较容易识别，有一定的识别伪装能力。

4. CCD摄像机

又称摄像机，其特点是不用胶片，而是用电荷耦合器件使景物成像，经模/数转换数字信号进行传输，是一种实时图像传输系统。目前，此类相机的分辨率够做到与可见光照相机的分辨率相差无几。由于此类设备谱段范围宽、动态范围大、体积小、重量轻、功耗低、寿命长和可靠性高，又因它不用胶片，而是进行图像传输，因此收集情报速度快，所需时间非常短（现在图像数字信号经实时传输到地面中心站，然后还原成照片进行分析和处理，总共只需1.5小时或更短的时间），所以被广泛采用，特别是在普查型成像侦察卫星中，光电成像遥感有取代光学成像遥感的势头。

二、雷达成像侦察卫星

雷达成像侦察是成像侦察卫星发展的一个重要方向。在这一领域中，合成孔径雷达（SAR）卫星既可穿云破雾侦察弥补可见光侦察的不足，又可提高时间分辨率。SAR卫星具有不受云、雾、烟影响的侦察能力，因而成为军事成像侦察不可缺少的组成部分，然而到目前为止，只有美国发射了真正意义上的SAR军事侦察卫星。合成孔径雷达分辨率高，它一出现就受到了重视，很快装备到侦察卫星上。

世界第1颗雷达照相侦察卫星是美国1988年12月2日发射的“长曲棍球”，“长曲棍球”的几何分辨率为0.3—3米，所获图像数据通过大型抛物面可跟踪天线经“跟踪与数据中继卫星”传至白沙地面站，再经过国内通信卫星传到贝尔沃堡。

该卫星不仅适于跟踪舰船和装甲车辆的活动，监视机动或弹道导弹的动向，还能发现伪装的武器和识别假目标，甚至能穿透干燥的地表，发现藏在地下数米深处的设施，“长曲棍球”载有用于目标识别的光学遥感器，以供“锁眼-11”、“锁眼-12”详细成像之用和核查机动式洲际导弹情况。

1997年10月23日升空的第3颗雷达成像卫星是改进型“长曲棍球”。卫星携带有相控阵馈电系统，采用抛物面雷达天线，成像质量有所改善。该星与另1颗星配对工作，因而可以反复侦察地面目标。

海湾战争和波黑战争中，“长曲棍球”卫星用于跟踪伊拉克装甲部队行踪和监视塞族坦克，它还多次用来评估美国巡航导弹对伊拉克和南联盟的攻击效果，实际应用表现不俗。

表3—1 美国在轨成像侦察卫星情况

卫星型号	类型	发射日期	近地点/千米	远地点/千米	偏心率	倾角/度	周期/秒	寿命/年	最高分辨率/米
锁眼-12/USA-129	光学	1996.12.20	264	1040	5.53×10^{-2}	97.8	97.77	8	0.1
锁眼-12/USA-129	光学	2001.10.05	202	1041	6.00×10^{-2}	97.8	97.13	8	0.1
锁眼-12/USA-129	光学	2005.10.19	264	1050	5.59×10^{-2}	97.9	97	8	0.1
8X/USA 144	光学	1999.5.22	2695	3123	2.31×10^{-2}	63.4	148.47	8	0.1
长曲棍球/USA133	雷达	1997.10.24	671	675	2.84×10^{-4}	57	98.2	8	0.3

续表

卫星型号	类型	发射日期	近地点/千米	远地点/千米	偏心率	倾角/度	周期/秒	寿命/年	最高分辨率/米
长曲棍球/USA152	雷达	2000. 08. 17	574	676	7.29×10^{-3}	68	97. 21	8	0. 3
长曲棍球/USA182	雷达	2005. 4. 30	713	716	2.12×10^{-4}	57. 01	99. 08	8	0. 3

三、成像侦察的组成及要求

（一）空间侦察相机的组成

1. 航空相机的组成

航空相机主要由以下三部分组成：航拍成像部件、相机传动机构和控制电路。航拍成像部件是实现光学成像的执行机构。相机控制电路控制的主要对象是相机传动机构。

2. 航拍工作流程

（1）安装于相机镜头旁的光敏电阻接收目标的综合亮度，经控制电路的采集转换输入单片机，单片机根据曝光量方程计算出快门曝光时间和光圈值大小，并通过曝光传动机构，将快门、光圈调整到合适位置。

（2）相机控制系统接收飞机发送来的飞行高度、飞行速度和记录数据，计算出速高比（H/V），根据速高比和飞行摄影重叠率计算照相间隔时间。

（3）快门曝光时单片机将接收到的记录数据通过驱动电路使数码点阵闪亮，将数据记录于胶片上。

（4）压板抬起，胶片快速运动。当量完一幅底片时，再准备进行下一次曝光。

3. 控制系统

空间侦察相机控制系统主要用于完成卫星在空间高速动态条件下对地面景物进行航拍成像，要求所拍摄出来的画面清晰可辨。该控制系统的控制对象是实现相机机构工作的主直流电机、调节光圈孔径和快门的步进电机等传动部件。用于控制的参数分别来自机载飞控机以串行通信方式提供的飞机状态数据、光敏器件采集模数转换后提供的环境光源数据等参数。

（二）普查和详查卫星的要求

1. 分辨率的要求

（1）美国对20多种目标发现概率进行分析后，提出照相侦察卫星的地面分辨率应具有4个等级，即4.6m，3m，1.0m和0.6m。其中4.6—3m为普查，1.5—0.6m为详查。与此对应联合国建议的标准是，为了完成普查，要求地面分辨率为3—5m；详查则要求为0.5—2m的地面分辨率，有关武器系统的技术分析要求优于lm的地面分辨率。

（2）幅宽的要求

幅宽指垂直飞行方向的摄影覆盖宽度，幅宽愈大，卫星重复观测周期愈短。幅宽与分辨率之间相互制约，相机的分辨率愈高，焦距愈长，视场就小，幅宽则小。通常普查相机的幅宽为几十千米到几百千米，详查相机幅宽为几千米到十几千米。为了减少重复观察周期，详查相机通常采用侧视技术以扩大幅宽；或者多颗卫星联网以满足时间分辨率的要求。

（三）空间照相侦察的要求

1. 普查与详查相结合

美国和苏联在发展普查相机的同时发展详查相机。美国发展了六代，每一代都有相应的普查和详查相机。详查相机的特点是分辨率高，但照相覆盖面积小，适合于战术侦察，多采用画幅式或航线式相机，焦距3—8m，摄影分辨率60—88lp/mm。摄影高度150—180千米，地面分辨率最高可达到0.15—0.3m，幅宽只有几千米或十几千米。普查相机分辨率适中，覆盖面积大，适用于战略侦察和监视，多采用全景式相机，摄影分辨率30—40lp/mm，幅宽几十至几百千米。详查和普查互相取长补短，配合使用。一颗侦察卫星通常装有普查和详查相机，有时装有测绘和多光谱相机等多种遥感仪器。

2. 摄影侦察和传输侦察相机相结合

随着CCD器件的问世，促进了传输侦察相机的发展。传输侦察相机具有寿命长，近实时的获取信息，可靠性高等特点，因此美俄都大力研制传输侦察相机。美国以传输相机为主，辅助航天飞机携带胶片摄影相机为辅；而俄罗斯两种相机配合使用，各发挥其特长，并采用卫星多体回收技术弥补摄影侦察实时性差的缺点，例如俄罗斯CA－119胶片普查相机仍在服役。

3. 重视提高侦察相机的分辨率

地面分辨率是衡量侦察相机的重要技术指标，分辨率愈高，对侦察愈有利。技术分析要求地面分辨率优于lm。每一代卫星的主要技术进步点之一就是不断提高分辨率。如上所述美国详查卫星的地面分辨率0.15—0.3m，达到了大气效应决定侦察卫星的极限分辨率。通常采用增长相机的焦距，提高接收器的性能和降低卫星轨道高度来提高分辨率。美国20世纪90年代后期开发几种TDICCD高分辨率的商用遥感卫星，像元分辨率1m，可军民两用。

4. 可见光和红外侦察相机配套使用

可见光侦察相机不能识别伪装和夜间侦察，因此需要把红外相机和可见光相机配套使用。红外相机主要发现伪装目标。现阶段的红外侦察相机地面分辨率低于可见光侦察，详查时为10—20m，普查时为30—50m。美国研制可见光/红外双谱段相机，采用共用一个光学系统和通道转换技术，进行谱段通道转换，如美国E－250侦察相机是焦距2.54m的双谱段相机。

5. 轻小型化侦察相机

随着相机分辨率的提高，相机的焦距和相对孔径也随之增大，相机尺寸和重量猛增。因此，必须在提高相机分辨率的同时，研究如何减少相机的体积和重量的课题，即相机的轻小型化，能减少相机和卫星的成本，并可装在小卫星上。

侦察相机轻小型化的主要技术途径是，采用 TDICCD 做接收器，小相对孔径和大视场的折反式或全反式光学系统，反射镜轻量化，结构进行轻量化设计并采用碳纤维复合材料，采用电子技术以及大压缩比的图像压缩技术，其中采用 TDICCD 是关键技术措施，也是传输型相机的发展趋势。如 Eyeglass TDICCD 相机，焦距 5.6m，相对孔径 1/11.2，视场角 1.20，幅宽 15 千米，地面像元分辨率 lm，相机重 183 千克。

第二节　美军光学成像侦察的发展

美军光学成像侦察卫星有回收型和传输型两种，而雷达成像侦察卫星则只有传输型。从技术水平来分析，可以把美国光学成像侦察卫星分为 6 代：

（1）第 1 代为“锁眼 -1”—“锁眼 -4”；

（2）第 2 代为“锁眼 -5”—“锁眼 -6”；

（3）第 3 代为“锁眼 -7”—“锁眼 -8”；

（4）第 4 代为“锁眼 -9”；

（5）第 5 代为“锁眼 -11”；

（6）第 6 代为“锁眼 -12”。

美国情报界使用两套术语来称呼其光学成像侦察卫星，一套供计划管理者用，另一套供图像使用者用。计划管理者，即空军和中央情报局，用计划名称即“科罗纳/发现者”（Coronal/Discoverer）、“萨莫斯”（Samos）、“氩”（Argon）、“牵索”（Lanyard）、“策略”（Gambit）、“六角体”（Hexagon）以及“凯南/晶体”（Kennan/Crystal）等来称呼这些卫星，而图像使用者则用被赋予相机系统的“锁眼”（KeyHole）代号来称呼这些侦察卫星及其图像。例如“锁眼 -

1、2、3、4、5、6、7、8、9、11、12”等，“锁眼－9”卫星的成功和后来更先进的“锁眼－11”卫星的研制与成功发射使美国取消了“锁眼－10”卫星计划。“锁眼－10”又名“载人轨道实验”，为有人侦察卫星。研制的目的是为了完成各种在太空难以执行的任务，但因成本过高被取消。

另外，美军“先锋”计划的卫星和“哨兵”计划的卫星没有纳入“锁眼”系列里，新星分别叫“萨莫斯－A”和“萨莫斯－B”。“萨莫斯”采用与胶卷回收型完全不同的方式，即在卫星上使曝光后的胶卷显影，然后对其进行扫描并用无线电将扫描的图像数据传回地面。这种卫星的分辨率低于胶卷回收型，但能胜任普查任务，且可工作较长时间。后来因“科罗纳”计划的卫星从1961年起开始提供有关苏联的图像，所以从1962年起该计划被取消了。

美军1966年开始使用的第三代详查型卫星着重解决了多手段侦察问题，星上除可见光相机外，还装有红外相机、测绘相机和多光谱扫描仪等。外号“大鸟”的第四代卫星还解决了详查和普查功能的结合，星上装有4－6个胶卷舱，约半个月回收一次，普查信息向地面实时发送。第五代“锁眼－11”卫星是数字图像传输型卫星，1976年12月进行了首次发射，至1988年11月共发射了9颗，已全部退役。卫星装有高分辨率CCD相机、红外和多光谱扫描仪及侧视雷达，用电荷耦合器使场景成像，再经星上模/数转换器将模拟信号转为数字信号，经数据中继卫星发送到地面，从卫星拍摄图像到传至地面一般不超过1.5小时，大大提高了情报的时效。分辨率达到极限的“锁眼－12”光学成像侦察卫星始发于1992年，迄今已有多颗卫星入轨。

一、第一代光学成像侦察卫星

“科罗纳”实际上是美国第一个实用型空间侦察计划的名称，是一项隐匿在公开的“发现者”计划之中的绝密间谍卫星计划，其目的是用太空平台获取照相情报。“科罗纳”计划的相机被称为“锁眼－1”、“锁眼－2”、“锁眼－3”、“锁眼－4”“锁眼－4A”和“锁眼－4B”，为美国第一代成像侦察卫星，因为它们都使用差别不大的全景相机或画幅式相机。“科罗纳”计划除了计划名称和“锁眼”代号外，每一相机系统还被赋予一个数字序列，用以作为其任务编号。“锁眼－1”至“锁眼－4”任务用9000序列编号；“锁眼－4A”任务用1000序列编号；“锁眼－4B”任务则用1100序列编号。

从1959年1月21日到1972年5月25日美国总共发射了131颗“科罗纳”卫星，其中试验和其他用途卫星10颗；“锁眼－1”卫星10颗，分辨率12米；“锁眼－2”卫星10颗，分辨率7.5米；“锁眼－3”卫星6颗，分辨率3.6—7.5米；“锁眼－4”卫星26颗，分辨率3.0—7.5米；“锁眼－4A”卫星52颗，分辨率2.7—7.5米；“锁眼－4B”卫星17颗，分辨率1.8米。

大多数“科罗纳”卫星都携带艾特克公司的全景相机，其分辨率由最初的15米提高到1.8米。回收舱内的胶卷则从4－5千克增加到36千克重（相当于胶片长度4800米）。

每颗卫星平均能在空间逗留十多天，送回地面覆盖面积达2880万平方千米的图像。“科罗纳”计划的最初目的是确定苏联在以多快的速度生产远程轰炸机和弹道导弹（包括中程和洲际弹道导弹）数量及其部署情况，另一目的是确定苏联防空体系（包括截击机和低空导弹发射场）的部署情况。

“科罗纳”卫星采用近极轨道，“锁眼－1、2、3”卫星的近地点约200千米、远地点约700千米，倾角80—82度。“锁眼－4、4A、4B”卫星的近地点约180千米、远地点终400千米、倾角65—85度。起初卫星只飞行一天，到该计划终止时，飞行时间延长到16天。在每次飞行任务结束时，从主卫星上弹出一个密封舱（即回收舱），将图像送回地球。回收舱能经受住再入地球大气层时产生的高温，并能在大约18000米的高空打开降落伞，然后由专门设计的飞机在空中对回收舱进行回收。如果空中回收失败，还可在夏威夷附近的太平洋水面进行海上回收。万一回收舱因故落在别的水域而在几天内回收不到，按其设计，它会自动沉入海底，以防落入他国之手。

“科罗纳”卫星最早的图像分辨率约为 12 米，到 1972 年该计划终止时，分辨率高达 1.8 米。不过，具体图像的清晰度因大气效应、光照条件和目标性质的不同而大不相同。

（一）“科罗纳/发现者”的发展

1. “锁眼－1”和“锁眼－2”卫星

“锁眼－1”和“锁眼－2”卫星携带费尔柴尔德相机公司制造的“锁眼－1”和“锁眼－2”相机。这两种相机基本上相同，都是 60 厘米焦距、70 度扫描角、垂直观测、往复摆动式全景相机。它们通过沿垂直于飞行路线方向扫描的方式使胶卷曝光。在“锁眼－1”相机中，像移补偿有恒定的速度；而“锁眼－2”相机的像移补偿在每圈轨道飞行期间则不断地变化。“锁眼－1”的分辨率为 10 米，而“锁眼－2”的分辨率为 7.5 米。在总共 20 次“锁眼－1”和“锁眼－2”卫星飞行任务中（“锁眼－1”和锁眼－2”各发射 10 颗），只有 5 次产生了可用照片，其余全都失败了。失败大都归因系统问题，而不是相机故障。

2. “锁眼－3”卫星

“锁眼－3”卫星上的“锁眼－3”相机是由艾特克公司制造的，“锁眼－3”相机也是一种 60 厘米焦距的全景相机，相对于前期的卫星，它在设计上有 5 大改进：

（1）改进了结构设计，可防止热差对其元件产生的不良影响；

（2）相机的控制机构变得更加可靠；

（3）改进了胶卷计量和实现并保持了相机聚焦的方法；

（4）改进了扫描臂的设计；

（5）安装了速度更快的透镜系统，这样可允许使用速度较慢、颗粒更细的胶卷。

此外，画面宽度由 53 毫米改为 57 毫米，定时脉冲（用来确定画面的扫描速度和像移补偿速度）被标在“影像区”内而不是画面的边缘区内。“锁眼－3”卫星的分辨率为3.6—7.3米，在1961—1962年间，共发射6颗“锁眼－3”卫星。

3.“锁眼－4”卫星

随着“锁眼－4”相机的使用，美国的成像侦察卫星开始进入实用阶段。“锁眼－4”卫星携带的“锁眼－4”相机系统（有时称为“壁画”（Mural）系统）由安装在一公用支架上的两台“锁眼－3”相机组成，一台观测星下点后方15度处，另一台观测星下点前方15度处，这就保证了有30度的会聚角供立体照相用，从而允许测量地球表面目标的水平和垂直尺寸。两台相机是背对背安装的，彼此沿反方向进行扫描，这样有助于抵消任何运转失衡，改善系统总体动态平衡。“锁眼－4”还将飞行时间从3—4天延长到了6—7天。

两台“锁眼－4”相机构成立体观测，前视相机指向星下点前方，其光轴与卫星垂直轴成16.5度；后视相机指向星下点后方，其光轴与卫星垂直轴成13.5度。前视相机自左向右扫描地面，后视相机自右向左扫描地面。地平线相机和俯视分幅相机测量卫星在拍照时刻的姿态，以便日后供判读人员用。

4.“锁眼－4A”卫星

“锁眼－4A”卫星携带的“锁眼－4A”相机（也被称为“J”或“J－1”相机）是与“锁眼－4”基本相同的系统，但是，它增加了胶卷载量，并加装了第2个胶卷回收舱，其中第1个回收舱可在一半胶卷载量被曝光后加以回收。胶卷载量的增加允许卫星飞行更长的时间，这意味着可更频繁地飞临外国目标上空，因而在无云遮挡条件下对目标成像的成功概率也就更高。单次飞行任务的照相覆盖面积从早期的约1165万平方千米单像覆盖扩大到4662万平方千米立体覆盖。“锁眼－4A”卫星在常规情况下获取3米分辨率的图像，有时甚至还能获取分辨率高达2.1米的图像。“锁眼－4A”卫星可与“锁眼－7”卫星配合使用并担任普查任务。

5.“锁眼－4B”卫星

“锁眼－4B”卫星携带的“锁眼－4B”相机是为了进一步提高

相机系统的分辨率及灵活性而研制的。其主要目的是为了获取足够详细的大面积立体覆盖图像，以允许情报分析人员监视和评价情报目标，一个次要目的是以所需几何精度提供摄影测量控制数据，以帮助制图人员利用卫星搜集的图像制作精确的地形图。

“锁眼－4B”相机是一种双60厘米焦距，f/3.5全景相机系统。在卫星内，前面的相机向后看，后面的相机向前看。由于照相灵活性提高了，“锁眼－4B”像机能够适应不同类型的胶卷，并能在不同曝光条件下更好地工作。对相机循环速率指令控制的精心改进允许它在低达148千米的轨道上工作，而且其在轨工作寿命最长可达19天。

两台立体全景相机分别指向地面轨迹的前方和后方，这样指向前方的前视相机和指向后方的后视相机可先后拍摄某一给定地区。全景相机的每幅图像覆盖地面长约216.8千米、最宽处约15.9千米的区域。指示相机提供该地区的大范围概观图像，星相机和地平线相机提供使卫星保持稳定和正确取向所需要的信息。

（二）“科罗纳/发现者”卫星的解密

作为世界上第一个成像侦察卫星系统，“科罗纳”是冷战时代特别重要的一个计划，关于“科罗纳”成像侦察卫星的所有情报都曾是美国的最高机密。它能在空中窥探到了什么，它的能力如何，都是秘而不宣的。

1995年2月，美国时任总统克林顿宣布取消对“科罗纳”成像侦察卫星早期拍摄的数以千计照片的保密，从此揭开了“科罗纳”卫星的神秘面纱。

1960年至1972年间成功地执行了侦察任务的“科罗纳”卫星被证明是非常先进的情报工具，美中央情报局发表的关于“科罗纳”卫星的300页文件表明，“科罗纳”卫星在20世纪60年代初期消除了美国担心自己在建造远程导弹方面远远落后于苏联的疑虑。“科罗纳”卫星给美国带来了丰厚的情报收益，比如在1963年发现莫斯科在建造反导弹武器；1964年发现中国将引爆的第一颗原子弹；1967

年发现以色列在为期6天的战争中至少在埃及、约旦和叙利亚摧毁了245架飞机。

二、第二代光学成像侦察卫星

“氩”和“牵索”是与“科罗纳”计划相关的卫星系统，其相机被分别命名为“锁眼-5”和“锁眼-6”。

（一）“锁眼-5”/“氩”卫星

“氩”是一个与“科罗纳”并行发展的制图系统，是一种设计相对简单的地图测绘卫星，用于陆军测绘局制图。它的任务后来由搭载在“锁眼-4”卫星及其后一些卫星上的一种辅助制图相机来承担。在“氩”计划代号下研制的“锁眼-5”相机具有76毫米的焦距，使用114×114毫米的胶片，其每一画幅覆盖地面555×555千米的面积。“锁眼-5”/“氩”卫星采用与“萨莫斯”卫星相同的数据传输方式。“锁眼-5”/“氩”卫星的主要目的是获取苏联集团的重要制图数据和精密大地测量数据。20世纪60年代，随着战略武器投射系统逐渐向洲际导弹过渡，必须知道目标的经纬度并在发射前夕将其数据装入导弹的惯性制导系统。当苏联开始将其洲际导弹部署到有核防护设施的地下发射井中时，美国导弹需要更加精确的目标定位精度才能将其摧毁。基于“锁眼-5”“氩”卫星的图像，国防测绘局的分析人员得以将目标的定位误差减小到仅300米左右。

（二）“锁眼-6”/“牵索”卫星

“锁眼-6”/“牵索”卫星是一个旨在开发更高分辨率情报搜索能力的尝试，最初用于获取可疑的列宁格勒反弹道导弹发射场的情报数据。实际上是“萨莫斯”计划后的一项临时应急计划，因为其使用的是“萨莫斯”用剩的几台E-5胶卷回收型相机。一共制造了5颗卫星，但只飞行了3颗，这3颗中仅有1颗成功入轨并送回了数据，即使这一次飞行也并不能算是完全成功的，因为相机存在像移补偿不良和散焦模糊问题，导致图像的分辨率大大降低。“锁眼 -6”卫星使用一台焦距为1676毫米的全景相机，其镜头是一个受衍射限制的、6元件、f/5镜头。该相机有一个22度扫描角和一个焦面快门，还有10种可互换的缝隙宽度供1/75—1/1500秒曝光用，其分辨率能达到0.66米。“锁眼 -6”相机使用同一台相机借助一块能前后摆动的可控反射镜拍摄卫星前方15度和后方15度的图像。此外，卫星自身还能向两侧滚转15度和30度，因而能拍摄到地面轨迹两侧远达40度的图像。

“锁眼 -6”相机以每次连拍16帧为一单位进行工作。在以立体方式工作时，先是俯仰摆动镜瞄准前方15度处，相机连拍8帧；然后摆动镜再瞄准后方15度处，相机连拍另外8帧，提供8个立体像对，各像对的地面覆盖范围之间留有一定空隙。

（三）“萨莫斯”（Samos）卫星

“萨莫斯”卫星是美国空军卫星与导弹观测系统（WS 117L）的简称。该系列卫星原来称为“哨兵”（Sentry），是一种试验性的无线电传输型成像侦察卫星。它采用一种与胶卷回收完全不同的方式，在卫星上使已曝光胶卷显影，然后对其进行扫描并用无线电将图像数据传回地面。这种卫星分辨率低于胶卷回收型，但可胜任普查任务，且可工作较长时间。这种方式在1966—1968年被成功地运用到美航宇局的月球轨道器上。

1860千克重的“萨莫斯 -1”于1960年10月11日用“宇宙神/阿金纳 -A”火箭从范登堡空军基地发射，但未能到达轨道。美国防部承认，它载有照相设备。“萨莫斯 -2”于1961年1月31日被发射进入474×557千米、97.4度倾角的轨道。“萨莫斯 -3”于1961年9月9日在发射台上爆炸。“萨莫斯 -4”发射于1961年11月22日，但没有到达轨道。“萨莫斯 -5”于1961年12月22日发射成功。“萨莫斯 -6”于1962年2月21日发射成功。据称，该计划仅送回一批图像，分辨率约为30米。

三、第三代光学成像侦察卫星

（一）“锁眼-7”/“策略”（Gambit）卫星

“锁眼－7”是美国空军第一个真正的详查卫星系统。它可从137千米的近地点拍摄0.5米分辨率的图像，并用回收舱将胶卷送回地面。它往往与同时飞行的“锁眼－4A”相互补充。首次试验是在1962年8月5日进行的，1963年7月12日至1967年6月4日总共发射了38颗卫星，其中36颗进入轨道。这些卫星的主要目的是侦察苏联当时新式SS－7和SS－8洲际弹道导弹的部署情况。像“锁眼－4A”一样，“锁眼－7”也用两个回收舱送回胶卷，平均寿命为5.47天。

2002年8月，美国国家图像与测绘局（NIMA）宣布，将召开图像会议，解密美国侦察卫星计划。接着于当年9月20日召开的图像会议上，公布了“锁眼－7”和“锁眼－9”两种侦察卫星情况。

“锁眼－7”卫星约在1960年夏秋开始启动，是总统艾森豪威尔在与几位高级情报官员于1960年8月25日的一次会议上决定的。就在这次会议前后，国家安全委员会与美空军召开了有关“萨莫斯”侦察卫星的重要会议，会上改组了研制“萨莫斯”卫星的管理机构，修正了几项计划进度，同时批准将“锁眼－7”列为高密级的计划。

1960年5月，中央情报局的飞行员弗朗西斯·鲍尔斯驾驶的u－2侦察飞机，在苏联上空被击落。艾森豪威尔曾公开承诺不再派飞机飞越苏联领空，这意味着运用飞机进行空中战略侦察的阶段性使命的结束，取而代之的将用卫星取代飞机。

“锁眼－7”计划是在高度保密的情况下执行的，不久有了一个代号“策略”（Gambit）。卫星设计工作从1961年前后开始，由空军负责管理。“锁眼－7”成为第一个完全保密的空军侦察卫星计划。

“科罗纳”卫星与“锁眼－7”卫星各有分工。前者的任务是“搜索”，以中分辨率大面积拍摄苏联照片，后者的任务是“识别”，拍摄特定目标的高分辨率照片。“锁眼－7”携带一台大型条幅式相机，由伊斯特曼·柯达公司研制，原拟在飞机上使用。条幅式相机的工作过程如下：卷片机构使胶卷缓慢移动，从一狭缝前经过，胶卷移动速度与卫星运动在相机内生成的图像的移动速度相等。换言之，若卫星不移动，则条幅式相机不工作。由于卫星总是以恒定的速度运动，条幅式相机能在理想状态下工作。

“锁眼-7”卫星与“科罗纳”卫星一样，拍摄好的胶卷收藏在卫星回收舱，然后返送回地面。为了节省时间和费用，设计人员决定不另行设计回收舱，而沿用“科罗纳”卫星的回收舱。

“锁眼-7”相机使用宽22.9厘米的大幅面胶卷，相机由大型聚光主镜、较小的副镜和大型影像反射镜组成。卫星在轨道上水平飞行时，影像反射镜将来自地面的光线反射到相机内，卫星能进行立体摄影。这可能是通过使前端的影像反射镜偏斜，让光线以不同的角度射入相机而实现的。对于长胶卷则不能产生立体图像，因为当影像反射镜移动到第2个位置时，目标就会跑出观察范围。卫星可向任一方向滚转，以提供地面轨道两侧的倾斜成像。

相机中胶卷的通路非常简捷，供片卷轴位于主镜后面，靠近卫星的底部。胶卷从供片卷轴输出，向前转90度，再向上转90度，经过曝光狭缝前，到达主镜的边缘。然后，再向上弯转约80度，使胶卷沿着卫星锥段内部移动，进入回收舱，最后绕到收片卷轴。供片卷轴附近有一转子，带动卷轴来回转动，使胶卷拉紧，展平，铺直，这与“科罗纳”卫星相机和其他相机的工作原理一样。大部分飞行任务中使用的是黑白胶卷，只在后来几次飞行任务中使用过若干彩色胶卷。

“锁眼-7”卫星由通用电气公司研制。该公司还制造卫星稳定用的轨道控制器（OCV），以代替“阿金纳”末级。整个卫星从侧面看，回收舱位于左部；中间是锥形段，装有相机的镜面；右部是圆柱段，装有相机的其余部分和轨道控制器。轨道控制器使用冷气控制，不用动量轮。

起初，“锁眼-7”的地面分辨率为1.2米。1966年，分辨率提高到0.6米。相机可以拍摄宽22.2千米，长度为9—740千米范围内的图像。“科罗纳”的胶片在东西方向上互相连接，而“锁眼－7”的图像是南北连续长条形的。

自1963年7月至1967年6月实用期间，卫星共执行了38次飞行任务，在轨运行时间是1—8天。在38次任务中，成功返回34次，其中30次获得可用的胶卷。

“锁眼－7”用“宇宙神－阿金纳D”运载火箭发射入轨。头3次飞行任务中，“阿金纳”同卫星连接在一起与运载火箭分离。在卫星回收舱分离并返回地面后，轨道控制器与“阿金纳”分离，试验稳定系统的功能，在以后的飞行任务中，“阿金纳”因没有需要，入轨后就与卫星立即分离。“锁眼－7”卫星的任务编号为4000系列，从4001开始。

（二）“锁眼－8”/“策略”（Gambit）卫星

“锁眼－8”是“锁眼－7”的改进型，它除了携带有红外相机和多光谱扫描仪外，还装备了高分辨率主题测绘全景相机。1966年7月29日开始用“大力神－3B/阿金纳D”火箭发射，分辨率高达0.15米，它有机动变轨能力，寿命也较长。它先是与“锁眼－4B”后又与“锁眼－9”相互补充。“阿金纳”的可再起动发动机使近地点可低达135千米，工作寿命在50天以上，因而年发射率可从头几年的9颗减为后来的2－3颗。当“大鸟”卫星在70年代中期投入使用时，“锁眼－8”仍继续发射，这显然是为了填补“大鸟”卫星发射的空档。“锁眼－8”卫星在1980年便停止了生产，53次发射库存耗尽之后，已于1984年4月终止。

四、第四代光学成像侦察卫星

“锁眼－9”/“六角体（Hexagon）”卫星是洛克希德公司制造的第4代照相侦察卫星，俗称“大鸟”（Big Bird），于1971年6月开始发射，兼具普查和详查功能，代表了美国侦察卫星向综合型发展的趋势。“锁眼－9”卫星原来作为“载人轨道实验室”（HOL）

及其“锁眼 -10”相机（1969 年取消）的替补方案，实际上却成了美国空军的主要侦察卫星，这种卫星亦称“低轨道监视平台”（LASP）。

卫星呈圆柱体，长 15.2 米，直径 3.05 米，在轨道上展开两块大型太阳能电池帆板和一副直径 6.1 米的天线。“锁眼 -9”卫星使用无线电传输和胶卷舱回收两种方式，兼有普查和详查两种照相功能。为此“锁眼 -9”卫星带有两套成像系统，一套是珀金·埃尔墨公司研制的大型可见光卡塞格伦详查相机，相机焦距大于 2.45 米，在 160 千米高的轨道上地面分辨率优于 0.3 米，可识别单个行人，胶卷在 4 个可回收的胶卷舱内密封，经曝光后按指令定期送回地面冲洗。另一套是伊斯特曼·柯达公司制造的改进型中分辨率双镜头普查相机，相机焦距为 0.61 米，胶片分辨率为 180 线对/毫米，地面分辨率低于 2 米，其图像信息用一副直径 6.1 米可展开天线以无线电形式传给地面站。星上可能还装有 X 波段侧视雷达，4 谱段或 6 谱段多光谱摄像机，能有效地识别地面伪装物。有些“锁眼 -9”卫星带有 60 千克重的电子情报子卫星（有的甚至带两颗子卫星）、信号情报天线和保密通信中继设备。“大力神 -3D”是专为发射这种卫星而研制的运载火箭。

“锁眼 -9”有 3 种轨道机动方式，即水平机动、垂直机动和规避机动，其中规避机动主要用于躲避敌方卫星的袭击。“锁眼 -9”卫星是胶片回收型侦察卫星向图像传输型侦察卫星的中间过渡。

“锁眼 -9”卫星所采用的实用技术与“陆地卫星”相仿，它们被送入太阳同步轨道，以定期在白天的同一时刻飞过目标上空。这样就能以相同的太阳高度角获取一系列图像，因而容易识别目标所发生的变化，如新导弹基地的施工进展情况，正在安装的导弹型号和数量等。按常规如此大的卫星在低轨道上飞行所遇到的阻力会使它在 7—10 天内再入大气层，但星载“阿金纳”发动机的定期点火使卫星的寿命得以延长，地面控制人员对“锁眼 -9”卫星采取苏联人的做法，即在寿命终了时让它们脱离轨道坠入大海，而不是让它们自然陨落。

美国于 1981 年终止了“锁眼 -9”卫星的生产。“锁眼 -9”卫星在 70 年代中期每年发射两颗，此后随着工作寿命逐渐延长（最长达 275 天），每年仅在必要时发射一颗。1986 年 4 月发射了最后一颗“锁眼 -9”卫星，结果发射失败。

“锁眼 -9 -1”卫星是在 1971 年 6 月 15 日用第一枚“大力神 -3D”运载火箭从范登堡发射的，这颗重 11.4 吨的卫星被送入 114 × 186 千米、倾角 96 度的轨道，在运行了 52 天后再入大气层。到 1973 年底，一种固定的发射模式业已形成，卫星的轨道稍高了些，寿命也延长到了 90 天。在“锁眼 -9 -8”卫星（1974 年 4 月 10 日发射，7 月 28 日再入大气层）与“锁眼 -9 -9”卫星（1974 年 10 月 29 日发射）之间有三个月的间隙，在此期间可能对星载遥感器作了改进，以对付苏联对其导弹发射井和控制中心施工工地所采取的伪装措施。9 号卫星在中东局势日趋紧张时对那里进行了监视，拍摄到 16 艘苏联船只正在卸货的情景。

“锁眼 -9 -16”卫星（1980 年 6 月 18 日发射，进入 169 ×265 千米，倾角 96.5 度的轨道），这颗卫星与“锁眼 -11 -3”相互补充，有效支援了两伊战争，其寿命为 261 天。自“锁眼 -9 -15”起，开始采取一种新的做法，卫星入轨后将一颗 60 千克重的电子情报子卫星弹射到 1331 ×1333 千米、倾角 96.6 度的轨道。

“锁眼 -9 -17”卫星（1982 年 5 月 11 日发射），工作了 208 天。它携带一颗 60 千克重的电子情报子卫星，这颗子卫星被弹射到 701 ×707 千米的轨道。“锁眼 -9 -18”卫星（1983 年 6 月 20 日发射，创造了 275 天的最高寿命纪录），也带有一颗电子情报子卫星，该卫星进入 1289 ×1291 千米、倾角 96.7 度的轨道。这颗“锁眼 -9”卫星能识别了苏联在西伯利亚中部阿巴拉科瓦新建的一部导弹雷达，后来“锁眼 -8”卫星又对该雷达作了更详细的观测，以核查它是否违反了反弹道导弹条约。“锁眼 -9 -20”卫星在 1986 年 4 月 18 日用“大力神”火箭发射时失败。至此，库存的“锁眼 -9”卫星已全部用光。

卫星的解密

“锁眼－9”卫星和“锁眼－7”卫星同一天解密。“锁眼－9”卫星比“锁眼－7”卫星大得多，也复杂得多。“锁眼－9”卫星由洛克希德公司建造，其相机由 Itek 公司设计，Perkin－Elmer 公司制造。洛克希德公司本来建议使用改进的“阿金纳”末级（Agena E），但是后来放弃了，改为装有太阳帆板的飞行器实现在轨稳定。该飞行器经过改进升级后，又被“锁眼－11”／“凯南”（Kennan）实时光电成像卫星所采用，“锁眼－11”卫星及其主相机至今仍严格保密。

“锁眼－9”除主相机外，还携带 1 台测绘相机，焦距 30.5 厘米，由 Itek 公司制造。该相机的非保密型曾于 1984 年在航天飞机上飞行过。该相机需要自带供片卷轴和收片卷轴，“锁眼－9”相机带有供片卷轴和收片卷轴，但由于它们安装在不同的地方，所以不算相机的组成部分。

卫星利用多普勒信标系统获取卫星在轨道上的精确位置数据，供制图人员确定卫星在拍照时所在的精确位置，将照片与制图用的控制格网相配合，确定有关目标的坐标，它可以把测控系统的误差从原来的 100 多米减小到几十米。

“锁眼－9”卫星携带有 5 个卫星回收舱。其测绘任务的编号均用“－5”结尾。在“锁眼 4A”和“锁眼－4B”卫星飞行任务中，任务编号的尾号总表示卫星回收舱的序号。例如“科罗纳”任务 1117－1 表示 1117 号任务回收的第 1 个卫星回收舱，1117－2 表示 1117 号任务回收的第 2 个卫星回收舱。由此可推测，“锁眼－9”的测绘任务代号的结尾“－5”表示卫星至少有 5 个回收舱，其中 1 个回收舱用来回收测绘相机拍摄的成像胶卷，其他 4 个回收舱用来回收主相机的成像胶卷。

“锁眼－9”任务按 1200 系列编号，中央情报局已解密的“锁眼－9”卫星任务的编号为 1201 到 1220，这与已知的“锁眼－9”

任务数目相符。已知“锁眼 -9”一共发射20次，其中失败1次。前4次和最后4次飞行任务未携带测绘相机，所以有测绘任务的飞行共12次。

有测绘任务的卫星在轨运行时间从42—119天不等。根据“锁眼 -9”不同的在轨时间可知，测绘卫星的回收舱并不总在同一时间回收，也就是说，SRV -5并不一定是最后回收的回收舱。

五、第五代光学成像侦察卫星

由于“锁眼 -9”卫星只能装载有限胶片，并受厚云、浓雾等天气影响，有时使相片分析人员无法明确分辨出所摄武器、舰船的种类，故1976年12月19日美国发射了第5代照相侦察卫星“锁眼 -11”。“锁眼 -11”卫星在世界上首先实现高分辩率传输型成像侦察卫星，可以执行详查任务。由于需要数据中继卫星支持，因而使卫星本身和大系统都变得非常复杂。“锁眼 -11”利用大口径和长焦距望远镜（口径3.5米左右，焦距约21米）以及大尺寸、大数量像元的CCD光电装置，卫星拍照时可从250千米降到110千米，使分辨率达到0.15米，但详查的观测幅宽却只有2.8—4千米。

该类卫星是由TRW公司为美国空军制造的，计划代号为1010或5050，中央情报局统俗称为“凯南”（Kennan），后又改称“晶体”（Crystal）。“锁眼 -11”是其光学系统的名称，Kennan是其计划名称，而5500则是专用卫星和任务编号。

“锁眼 -11”卫星过去一直叫战略反应卫星，因为卫星上储备了大量的燃料，能进行机动飞行以便进入可以覆盖新目标的轨道，但大量的机动飞行需要消耗很多的燃料，因而也就缩短了卫星的寿命。

“锁眼 -11”卫星起初由“大力神 -3D”运载火箭发射，重量约为10.3吨，后改由“大力神 -34D”运载火箭发射，重量增至13.5吨。卫星呈圆柱体，长19.5米，直径3米。星上载有一台可机动的发动机，每3个月进行一次轨道定期修正，工作寿命可达2 -3年甚至更长。

迄今为止，美国已经成功地发射了8颗“锁眼－11”卫星，唯一的一次失败发射是1985年8月28日，“大力神－34D”运载火箭在发射第7颗“锁眼－11”卫星时，由于发生故障，在发动机关闭前45分钟箭毁星亡。这次事故后，美国又发射了2颗“锁眼－11”卫星。此后，美国不再发射该类卫星，改而发射“锁眼－12”卫星。

“锁眼－11”侦察星座有3个轨道平面：

第一轨道平面为清晨、傍晚轨道平面，轨道倾角为97.9度。对于中纬度地区每天两次重复侦察。

第二轨道平面为白天、黑夜轨道平面，轨道倾角98.7度，每天亦可两次实现重复观测。利用在这两个轨道平面的卫星及其CCD可见光和红外相机，可在包括黑夜在内的不同光照条件下，一天对相同侦察目标区扫描侦察4次，大大提高了时间分辨率。

第三轨道平面位于这两个轨道平面之间，轨道倾角57度。这个轨道平面配合前两个轨道平面，不但可实现立体成像，还可在给定的天数内扩大侦察目标的数目，也可利用互补性，在每一目标遇到直射光反射时保证目标的成像质量。

通常情况下，“锁眼－11”卫星星座由两颗运行在不同轨道面上的均采用太阳同步轨道的“锁眼－11”卫星组成。两颗卫星轨道面间隔约48.7度，这个角度正好等于卫星两次轨道周期期间地球自转的角度。因此，每颗“锁眼－11”卫星每4天重复一次地面轨迹，也就是东卫星两天后重复西卫星的地面轨迹，或者一颗卫星上午10时左右覆盖目标，另一颗卫星下午3时左右也经过这个目标。

前面5颗“锁眼－11”卫星，运行在250×500千米的轨道。第6颗卫星原先也被置于上述较低轨道，但后来经过机动变轨，进入300×1000千米的较高轨道。最后一颗“锁眼－11”卫星是1996年5月从轨道上消失。

“锁眼－11”卫星是一种数字无线电实时传送图像信息的照相侦察卫星，有时也称电子光学侦察卫星。“锁眼－11”卫星既可进行普查，也可进行详查，卫星携有红外和多光谱探测系统、高分辨率相机和侧视雷达。高分辨率相机可识别出单个士兵，红外和多光谱扫描仪可昼夜侦察，确定导弹和导弹发射架的位置，以及将伪装的、人造的植被与天然的植被区分开；侧视雷达可以发现云层下的目标，并能使其每天有效飞过目标的次数由 2 次增加到 4 次。“锁眼 - 11”卫星能很容易地机动其光学系统，以获得对卫星前方侧面及下方目标的覆盖。在一分钟的飞行中，“锁眼 - 11”卫星可按任何方向顺序拍摄 8—12 张照片。

“锁眼 - 11”卫星的分辨率因目标距离和大气条件而异，一般为 1.5—3 米，最高可达 0.1 米（一般 0.15 米）。这种高分辨率不是通过回收胶片，而是用光电成像方式取得的，其关键技术是使用了固体成像遥感器，即一种 CCD 装置。与胶卷相比它对扩大动态范围很有好处，因而图像不会曝光不足或曝光过分。在能见度较差，太阳高度角较低时，地面分辨率比一般胶片回收型卫星的分辨率还好，甚至在低太阳高度角下，胶片不能成像时，它也能获得较好的成像。

“锁眼 - 11”卫星的光学系统以窄带扫描目标，并把光聚焦在有几千个像元的 CCD 电荷耦合器件阵列上，在短暂固定时间内落在每个 CCD 像元上的光被换成适当量的电荷。电荷被依次读出，并被馈送到一个放大器中，放大器把电流换成从 0 到 256 的一整套数字，这些数字代表着从纯黑到纯白的一系列色调。就这样，每一幅图像都以一连串的数字形式传输，每个数字出自一个像元。更为具体地说，CCD 装置捕获图像单元阵列中的包括可见光在内的能量粒子。像元自动测量粒子的强度，然后依次一排排地将它们定向转移，直到它们受到外界电子的作用积累起来，构成一种镶嵌拼图。在空间望远镜中使用的标准 CCD 装置总计有 64 万个像元，以 800 × 800 的格式排列，所占面积不足 3.2 平方厘米。

第 1 颗“锁眼 - 11”卫星的主反射镜宽为 2.34 米。从第 2 颗卫星开始，反射镜的尺寸又增加了，它按副反射镜直径要大于 0.305 米标准发展，副反射镜使来自主反射镜的图像收缩，急剧地使其聚焦。“锁眼－11”卫星产生高质量图像能力的另一个关键是它的计算机，大小约像光滑的盒式磁带录像机的计算机，是使“锁眼－11”卫星保持稳定状态以及使反射镜定向并获取理想目标图像的关键。

一旦 CCD 装置收集了可见光并转换成电荷，“锁眼－11”卫星就把这些信号传输给 2 颗或 3 颗“卫星数据系统”（SDS）卫星中的一颗，由它中继信号。SDS 卫星把“锁眼－11”卫星信号传送到华盛顿以南约 32 千米的弗吉尼亚州贝尔沃堡地面站进行处理。

“锁眼－11”卫星地面网的另一部分是空军卫星控制设施。空军卫星控制设施（于 1987 年改为联合卫星测试中心）的遥测跟踪站座落在加利福尼亚州范登堡空军基地、新罕布什尔州新波士顿空军站、格陵兰的图勒空军基地、塞舌尔群岛的马赫岛站、关岛的安德森空军基地、夏威夷的凯纳角站。

六、第六代光学成像侦察卫星

“锁眼－12”卫星是美国第 6 代照相侦察卫星，由洛克希德导弹和空间公司制造。目前在轨运行的卫星即是“锁眼－12”，它能以与“哈勃”空间望远镜一样的方式成像，即其光学系统的相机采用了当今最尖端的自适应光学原成像技术制成，可在计算机控制下随视场环境灵活地改变主透镜表面曲率，从而有效地补偿因大气造成的畸变影响，使分辨率达到 0.1 米，这是目前顶级水平。星上的红外相机也有较大改进，它不仅是“夜猫子”，而且可发现地面伪装物、飞机发动机和大烟囱等有热源的目标。星上的高级“水晶”测量系统（ICMS）可使数据以网格标记传输。它还装有雷达高度计和其他用于测量地形高度的传感器。

与先前的“锁眼”系列卫星相比，“锁眼－12”卫星采用新技术进一步提高空间分辨率，组成星座侦察提高时间分辨率。

卫星还采用小像元（7—10μm）和多像元（4069）CCD、长焦距（3.8 米）等新技术和复杂的卫星稳定控制技术，不但使地面分辨率从“锁眼 - 11”的0.15米提高到0.1米，也使瞬时观测幅宽从2.8—4千米提高到40—50千米。

但分辨率的提高并不具有真正的实战意义，只有组成星座才能提高时间分辨率，高空间分辨率和高时间分辨率同时具备才能真正满足实战需要。

“锁眼 - 12”卫星增装了热红外成像仪，改善了红外能力；采取了防核效应加固手段和防激光武器保护手段，增添了防碰撞探测器；增装了约4吨燃料，增强了机动变轨能力，工作寿命由3年增加到8年，但卫星重量却达到了17吨左右，研制和发射费用高达15亿美元左右。

由于详查的大量数据必须靠中继卫星以提高数据率中继，而且中继卫星的支持也使侦察弧度得以扩展，“锁眼 - 12”卫星需装载数据中继转发器和天线。卫星既要保证对地面观测时防止相机抖动和保持稳定性，又要同时保证与数据中继卫星间通信波束的捕获与跟踪，卫星本身和大系统都较为复杂，因此需要较高投资和较长研制周期。

2005年10月19日，由洛克希德—马丁公司为美国国家侦察办公室制造的最后一颗重达19吨的“锁眼 - 12”数字光学成像侦察卫星，用美国用“大力神 - 4B”火箭从加州范登堡空军基地发射到了高175×1020千米、倾斜角98度的初始轨道。数天后，轨道近地点升高到约275千米。

从1976年开始，“大力神”火箭从范登堡空军基地已发射成功13颗数字成像型侦察卫星。其中前8颗为“锁眼 - 11”（已全部退役），后5颗为“锁眼 - 12”。“锁眼 - 11”因不需要胶卷而成为空间侦察的一个里程碑，其0.15米分辨率数字图像通过卫星数据系统和国家侦察办公室的其他通信卫星被近实时地传回国内地面站。

老式“锁眼 - 11”和“锁眼 - 12”卫星通常使用两个标准主轨道面进行秘密成像侦察活动，以拍摄世界各地的军事和政治目标。

根据卫星在轨道运行中穿越赤道的时间，这两个工作轨道面被分别称为“正午/子夜”轨道面和“上午 10 点左右/晚上 10 点左右”轨道面。

“锁眼-12”卫星具有卓越的性能，包括0.1 米分辨率、红外成像、大气补偿和更好的斜距成像能力，目前总共有3 颗“锁眼-12”卫星在轨运行，每颗卫星将连续提供7—10 年的高分辨率情报图像。同时，美国从“锁眼-12”卫星向未来成像结构计划过渡。

“锁眼-12”卫星的光学装置卡塞格伦望远镜的主镜通光孔径比“哈勃空间望远镜”2.4 米直径的主镜稍大一些，在轨道上光从望远镜前端射入，从主镜反射到相距4.5 米的次镜（口径0.3 米），然后由次镜反射通过主镜的中心孔到达主镜的焦面。当光照射到遥感器的探测元上时，它产生的电荷与光的亮度成正比。为了补偿由大气抖动等引起图像畸变的影响，卫星使用由计算机连续控制操作的“自适应光学仪”，以精密地修正其与反射镜镜面形状，而使其具有快速变焦的特性。这样在低轨道高度，其摄影分辨率可与使用卤化银照相胶片一样。理论上可达到的像元分辨率约为：

$$R=\frac{160\text{km}\times 15\mu\text{m}\text{（CCD 像元直径）}}{57.6\text{m}\text{（哈勃望远镜有效焦距）}}=4.17\text{cm}$$

在最高对比度情况下可摄取到宽仅0.127 米的目标物，可探测到横宽为0.23 米的目标。即使最低估计，也认为工作在0.4—0.7μm 可见光范围的相机至少可识别0.3 米大小的目标。这种光学分辨率已足以精细地识别核武器上的部件以及可靠地描述导弹发射场和飞机。如果需要，收到图像后还可使之更接近理论分辨率，办法是对遥感器的已知缺陷进行补偿，或把同一景物的多幅图像予以合成。这种可用各种不同波长拍摄地面图像的多谱段扫描器，还有利于分析人员对比不同波长拍摄到的物体图像，确定这些物体是由什么东西构成的。

由于“锁眼-12”卫星是由“锁眼-11”卫星改进而来，因此它与“锁眼-11”卫星相同，继续依靠光电系统并实时传输数据。

“锁眼－12”卫星与“锁眼－11”卫星的差异，主要表现在以下几个方面：

第一个区别是“锁眼－12”卫星具有红外成像能力。除了能以近红外辐射成像外，“锁眼－12”卫星的光学系统灵敏度扩大到了电磁波谱段的热红外部分。热红外成像是通过传感物体产生的热进行的，因此它使得“锁眼－12”卫星能够识破伪装，探测到飞机发动机和大烟囱等热源，还允许在光线很弱甚至在一片漆黑的夜间拍照，能探测伪装和埋置结构目标，对地下核爆炸或其他地下设施监测，探知导弹和航天器的发射，分辨出目标区内哪些工厂开工，哪些工厂关闭等。尽管较长的红外波长意味着分辨率会降低还会受到大气效应的影响，但卫星使用计算机控制的自适应光学仪，可精密地改变其反射镜的表面，防止由大气引起的畸变。

第二个区别是“锁眼－12”卫星携载改进型晶体测量系统（IC-MS），使得送回去的图像能用于地形测绘目的。改进型晶体测量系统能指示“锁眼－12”星发回测绘者希望的带有十字网格的专用图像，同时又能排除所有其他图像引起的十字交叉。由于“锁眼－12”卫星上装了这种系统，因此美国国防测绘局能利用“锁眼－12”卫星获取的数据为美国巡航导弹研制地形等高线地图。

第三个不同之处是它们各自的重量，“锁眼－12”比“锁眼－11”卫星重得多。“锁眼－12”加满燃料时可达14—18吨，燃料用完后可由航天飞机进行在轨加注，因而该星的机动变轨能力极强，具有无限制的轨道机动能力。卫星重量的增加几乎完全是由于“锁眼－12”卫星携带了更多的推进剂。推进剂能使卫星机动飞行，包括使卫星保持机动飞行，推进剂的增加从以下两个方面加强了卫星的能力。一是它能更加频繁地改变高度，当要拍摄大面积照片时，卫星能升高高度。而在要求详查时则又能降低高度。二是使卫星能更为频繁地进行轨道机动，这样就增加了挫败目标伪装和隐蔽目标的机会。增加的机动飞行能力还可用来在战时避开敌方的反卫星武器。

第四由于使用了更先进的技术，所以锁眼－12的分辨率比“锁眼－11”要高，达0.1m，星上装有1台潜望镜式的旋转透镜，它能把图像反射到主镜上，因而卫星在大倾角的条件下也能成像。它采取了防核效应加固手段和防激光武器攻击的保护措施，并增装了防碰撞探测器。

第四是延长了卫星的工作寿命，预计卫星寿命可达8年。

“锁眼－12”卫星是把先进的光学望远镜及电视摄像机数据记录在磁带上或通过SDS卫星转发到地面站后，配上计算机图像增强技术，它可用来使某些像素变亮，也可减弱和消除某些不感兴趣的噪音背景图像。例如一个目标藏在暗处，计算机能调亮阴暗的部位，同时与周围像素的关系不变，以使人眼更清楚、完整地识别目标。

换言之，照相判读人员把卫星图像分解成许多小点称之为“像素”，尔后对这些像素反复加工处理。每个像素有一个数字表示的光度指数，因而图像每一部分的对比可显示出各种微妙的轮廓和细节。分析人员可把两张或两张以上同一景物的图像像素合在一起，产生新的图像，这样就能看到更多的细节。在多谱段方面把“假色彩”加到图像浅色的颜色和色调上，可以让景物以新的形式显示出来。采用先进的计算机程序在像素之间补充圆点，分析人员可使分辨线更为突出，以至超出拍摄图像所用光学系统的理论极限。“锁眼－12”卫星装有大功率主反射望远镜，先进数字成像照相机（包括CCD可见光、多谱段和红外相机）和能在多种不同波长工作监听微波通信信号和电话交谈的信号情报接收电子装置。

“锁眼－11”和“锁眼－12”是当今世界上技术最先进的光学成像侦察卫星，其原因主要如下：

（1）采用大型CCD多光谱线阵器件和“凝视”成像技术，使卫星在取得高几何分辨率能力的同时还有多光谱成像能力，其先进的红外相机可提供更优秀的夜间侦察能力；采用的大口径光学镜头的CCD相机，灵敏度和精确度很高，可清晰对小目标成像。

（2）星上装有 GPS 接收机、雷达高度计和水平传感器等，对目标定位十分精确；

（3）星上太阳和月亮传感器能实现 CCD 相机的在轨星上辐射定标，确保了地面目标辐射特性的可比性；

（4）其太阳电池板可提供 3 千瓦功率，为卫星提供充足的能源；

（5）卫星采用太阳同步椭圆轨道，地面重复周期为 4 天，但由于卫星是成对飞行，因此实际重复周期为 2 天；

（6）通过“跟踪与数据中继卫星”，实现大容量、高速率的图像数据实时传送，因此能在全球进行实时侦察；

（7）载有大量燃料，使卫星变轨能力很强；

（8）采用镜面曲率可由计算机控制的技术，因而当卫星在高轨道普查或在低轨道详查时，能快速改变镜头焦距，这样就能在低轨道具有优越的分辨率，在高轨道可获得很宽的幅度。

总之，“锁眼 - 12”有 4 个特点：（1）采用大型 CCD 多光谱线阵器件和“凝视”成像技术，使卫星在取得高几何分辨率能力的同时还有多光谱成像能力。其先进的红外相机可提供更优秀的夜间侦察能力。（2）采用镜面曲率可由计算机控制技术，因而当卫星在高轨道普查或在低轨道详查时，能快速改变镜头焦距，这样就能在低轨道具有优越的分辨率，在高轨道可获得宽的幅宽。（3）机动能力强，可满足现代战争的需要。（4）它还可进行电子侦察。

在北约空袭南联盟的行动中，美国动用了 3 颗“锁眼 - 12”，其中 2 颗分别运行在昼夜轨道平面和晨昏轨道平面，轨道倾角 97 度，另 1 颗“锁眼 - 12”运行在这两者之间，它能克服目标光照射对成像侦察的影响。它们每日飞过目标区域上方两次，并能对飞行轨迹东西两侧区域进行斜视成像，使 7—10 千米的观测幅宽有较大扩展。

从“锁眼 - 7”至“锁眼 - 12”成像侦察卫星的技术发展如表 3—2：

表 3—2 “锁眼 -7”—“锁眼 -12”的技术发展

卫星型号	分辨率	设计寿命	技术改进
锁眼 -7	0.5	5 天	携带红外相机和多光谱扫描仪。
锁眼 -8	0.15	30 天	增添了高分辨率主题测绘全景相机，开始具有机动变轨能力。
锁眼 -9	0.3 -0.5	261 天	既能普查，又能详查。兼有回收型和传输型两种工作方式。是胶片返回式侦察卫星向传输型侦察卫星的中间过渡。
锁眼 -11	0.15	3 年	采用了光电数字成像和实时图像传输技术，可不分昼夜地确定导弹、车队和发射架的位置，并能把伪装和人工植被同真实植物和树木区分开来。具有侧视能力和机动变轨能力。
锁眼 -12	0.1	8 年	增加了热红外光谱，可以探测伪装。采用了自适应光学原成像技术，采取了防核效应加固手段和防激光武器攻击的保护措施，增装了防撞探测器。具有电子侦察能力和极强的轨道机动能力。

未来美国成像侦察卫星的主要发展趋势是提高地面分辨率；按照一定的要求组成星座，以利于不同卫星的配合，从而提高时间分辨率和侦察图像幅宽；增强红外和多光谱或超光谱能力；增加移动目标指示能力，减轻重量，降低成本，延长使用寿命，提高卫星防护能力，使任务重点由战略向战术转移，直接支持部队作战。

第三节 美军雷达成像侦察的发展

雷达照相侦察卫星可以弥补光学照相侦察卫星不能全天候、全天时进行侦察的不足，并有一定的穿透能力，从而能识别伪装，发现地下军事设施。其幅宽也比较大，因此时间分辨率较高，这对全面观测战区和侦察全球性军事动态有重要意义。不过，它的分辨率较光学照相侦察卫星低，而且观测不到西伯利亚的某些北纬地区。所以，从目前的技术水平来看，两者结合使用是最佳配制。

一、美军合成孔径雷达卫星的产生背景

20世纪60年代开始，计算机、微处理器件、微波集成电路和大规模数字集成电路等应用在雷达上，使雷达的体积和重量明显减小，技术、战术性能达到了新的高度。70年代，为了解决提高雷达的分辨率和雷达天线不能无限扩大之间的矛盾，美国提出一种利用雷达自身的运动来提高方位向分辨率的方法，这就是后来的合成孔径雷达。80年代初，美国率先研制出带有先进的数据处理系统并能实时成像的合成孔径成像雷达，从而为情报分析人员和指挥人员提供了一种直观、全景式的监视手段。

美国开发和应用合成孔径雷达在用于侦察卫星之前，已经具备扎实的技术基础，积累了丰富的在飞机和其他空间平台上的应用经验。鉴于已出现的机载真实孔径侧视成像雷达分辨率不高，发展潜力有限，合成孔径雷达列入了研究计划，并于1957年获得成功，之后首先应用于机载军用侦察领域，在此后的10年中进一步解决了一些关键技术难点，陆续推出了AN/UPD、AN/APD等军用机载雷达系统，20世纪60年代末分辨率达到3米。之后，机载合成孔径雷达技术日臻成熟，如第三代AN/APD－11的分辨率已优于1米，计算机实时或近实时图像处理也有了突破性进展，应用机种也大为增多。20世纪80年代中期，TR－1侦察飞机装备了被空军列为优先发展的4项技术之一的高级合成孔径雷达系统（ASARS），RF－4C、C－18、OV－1D等飞机也陆续配备了性能先进的合成孔径雷达。

在机载获得成功后，美国立即着手在空间平台上应用合成孔径雷达。20世纪70年代开始在先驱者“金星－1号”（1978年）和“海洋卫星－A”（1978年）上试验或应用此项技术，取得了预期效果。特别是分辨率为25米的“海洋卫星－A”，首次证明了合成孔径雷达能够从空间获取地球表面较高分辨率图像。1981年和1984年

航天飞机分别应用“航天飞机成像雷达－A”（SIR－A）和“航天飞机成像雷达－B”（SIR－B）获取了大量有价值的图像。1994年启用的SIR－C和SIR－D，性能更加完善。具有多波段（SIR－C为L、C，SIR－D为L、C、X）、多种极化方式，具有俯视角可变、波束电扫控制、使用中继卫星传输等，美宇航局确定进一步目标是发射能对地球进行长期观测的合成孔径雷达卫星。在天体研究方面，美国继续把合成孔径雷达作为对其他天体进行探测、成像的基本手段，如1989年4月发射的“麦哲伦”探测金星飞行器就携有此种设备。

在1978年“海洋卫星－A”取得成功前后，美国就下决心研制“长曲棍球”合成孔径雷达侦察卫星。由于这种卫星技术要求高、难度大，历时10年才获成功。美国还制定和执行其他合成孔径雷达侦察卫星计划，如海军20世纪90年代发射合成孔径雷达海洋监视卫星等。

二、美军合成孔径雷达卫星的基本性能

美国始终把空间合成孔径雷达优先用于侦察监视和搜集情报，美国国家侦察办公室从1983年开始研制“长曲棍球/维加”（Lacrosse/vega）合成孔径雷达侦察卫星。它是美国长期以来全面、持续发展合成孔径雷达并优先用于侦察监视和搜集情报的产物，“长曲棍球”雷达成像侦察卫星不仅特别适于跟踪舰船和装甲车辆的活动，监视机动式弹道导弹的动向，还能发现经伪装的武器装备和识别假目标，甚至可以穿透干燥的地表，发现藏在地下数米深处的设施。

（一）“长曲棍球”合成孔径雷达卫星的突出优点

SAR卫星相对CCD成像侦察卫星具有更大的观测幅宽，因而有较高的时间分辨率。如“长曲棍球”卫星，侦察幅宽可在700—1000千米范围变化，高的时间分辨率对战区全面观测和侦察全球性军事动态具有重要意义。

合成孔径雷达是空间（或空中）飞行平台上用途广泛的相干成

像雷达，从侦察监视和情报搜集观点来看，主要有以下特点：

1. 高分辨率

卫星侦察效果的重要指标是分辨率。美国制定了各种目标对合成孔径雷达空间分辨率的等级指标要求，分为发现目标、识别目标、确认目标和详细描述等 4 个等级的分辨率要求。

对目标成像至少需要较精确的二维信息。对于空间（空中）飞行平台上的成像雷达来说，就是要求具有距离向（垂直于平台飞行方向）和方位向（沿平台飞行方向）的高分辨率。常规雷达的方位分辨率极低。例如，波长 3 厘米，天线孔径 4 米，在 500 千米高空对地面目标成像，方位分辨率大约为 5000 米，根本无法成像。加大天线尺寸，可以提高分辨率，但在空间（空中）平台上实现起来难度很大，如在上例条件下，若要求方位分辨率为 10 米，则天线孔径需要 2000 米。合成孔径雷达和常规雷达不同。它采用一个孔径较小的天线，通过对不同时刻雷达回波信号的合成处理而产生一个等效大孔径天线，从而解决了提高方位分辨率与要求大天线尺寸的矛盾，并且这种分辨率与雷达作用距离无关。

2. 全天候、全天时

合成孔径雷达利用的是自身发射的微波波源。它不依赖光照，不受恶劣气象条件影响（云雾、雨水对微波的吸收和散射影响很小），因而具有全天候、全天时成像能力。这是可见光、多光谱、红外等成像手段无法比拟的，对于军事侦察监视至关重要。

3. 多种工作模式

根据合成孔径雷达的成像机制，不同雷达频率、不同极化方式、不同波束入射角、不同多视次（Looks）数和测绘走向，都有不同的成像效果。合理运用多种工作模式，可以获取同一时间同一目标的几种图像，通过比对进一步确定目标性质。

4. 独特的侦察功能

合成孔径雷达具有其他雷达的多种功能，例如，选用较低雷达频率，能穿透植被、森林和干燥地表，测绘被覆盖的目标。运用

“动目标显示”技术可以监视运动目标的态势。“角反射器效应”（即2个或3个相互垂直光滑平面能产生较强雷达回波）非常有利于识别某些军事装备和重要设施。

在空间侦察领域，合成孔径雷达的这些特性显得十分优越。美国虽然拥有多种星载技术侦察手段，但在成像技术方面普遍缺乏全天候、全天时能力。例如，苏联某些重要地区年有70%时间为云层覆盖，有的军事要地如哈尔科夫坦克制造厂甚至终年不见太阳，“锁眼-11”成像侦察卫星、“陆地卫星”很难充分发挥作用，甚至在恶劣气象条件下，需要多年的机遇才能获得同一目标的照片，这就势必造成情报的间断和对重要目标的失察。苏联在克拉斯诺业尔斯克秘密兴建大型相控阵雷达，多年以后（1983年）才被美国发现，其原因就在于此。

所以“长曲棍球”卫星的启用对完善与加强美国的空间侦察监视体系，已经产生重大作用，西方报刊把它比之为空间侦察的新时代。

（二）合成孔径雷达卫星主要的技术突破

“长曲棍球”合成孔径雷达卫星的技术突破大致有以下几点：

1. 分辨率

美国科学家联合会（FAS）有关人士认为“长曲棍球”卫星的分辨率约为1米，这是迄今为止空间平台合成孔径雷达（包括一些计划发射的遥感卫星合成孔径雷达）所达到的最高分辨率。按照著名的麦克·道格拉斯出版的《侦察手册》，这种分辨率可以“识别”绝大部分军事目标，“确认”和“详细描述”部分军事目标。人们通常引用的空间合成孔径雷达分辨率数据（包括未来发展水平估计），都是来自美国“海洋卫星-A”、航天飞机SIR系列以及加拿大、日本、欧空局计划发射的遥感卫星数据或美航宇局的预测。现在看来，不能用这些数据来推算或评估“长曲棍球”卫星的分辨率。因为上述一些卫星和航天飞机的雷达图像数据一般向社会公开，为了防止高技术扩散和限制民用部门涉足情报领域，卡特政府曾规定遥感卫星的分辨率不得高于 10 米。同时遥感的分辨率太高有时反而会降低图像质量。多年前，美国一些人士认为空间合成孔径雷达的分辨率达到 1 米已不成问题。

2. 天线技术

天线是空间合成孔径雷达的关键技术之一。要提高雷达成像的分辨率需增大天线尺寸，合成孔径雷达就是在天线上想办法来提高分辨率。

“海洋卫星 - A”和航天飞机 SIR - A、SIR - B 都是 L 波段、单一极化、尺寸分别为 10.7 ×2.16 米、9.4 ×2.16 米和 10.7 ×2.16 米。航天飞机第三代合成孔径雷达 SIR - C 则有了长足进步，具有 L、C 两个波段，4 种极化方式，采用有冗余结构的分布式天线阵、相控阵波束扫描，尺寸增大约一倍为 12.04 ×4.2 米。“长曲棍球”卫星和 SIR - C 大体是同一时期的产物，考虑到前者的性质和军用技术历来领先的事实，“长曲棍球”卫星的天线系统似应更先进一些。

星上太阳能电池板翼展约 45 米，按比例推算其天线尺寸远比 SIR - C 要大，也是采用相控阵技术的分布式天线阵。

3. 数据处理

合成孔径雷达有很高的数据率。例如，分辨率为 10 米、测绘带宽 30 千米、每个回波信号 8 比特量化、脉冲重复频率 1 千赫，每秒就要产生 8 ×3 ×106 =24 兆比特数据。由于回波的接收是集中在脉冲周期以内很短时间，假若集中在 0.2 毫秒，则实际的雷达数据率至少等于 5 ×24 =120 兆比特/秒。显然，分辨率愈高、测绘带愈宽，数据率就愈高。美国防高级研究计划局前局长库珀（R. Cooper）认为，分辨率 0.3 米时数据率可达几千兆比特/秒，普遍认为高数据率的处理问题已成为合成孔径雷达技术的关键所在。“长曲棍球”卫星的雷达数据率不得而知，但至少应该达到几百兆比特/秒。该卫星采用了高效率的数据压缩技术，如利用星上缓冲存储器对数据“快记慢读”。1989 年 4 月美国发射的“麦哲伦”飞行器已做到把 36 兆比特/秒的合成孔径雷达数据压缩到 0.18 兆比特/秒，这是一个反映美国20世纪80年代水平的实例。

4. 数据传输

“长曲棍球”卫星是第一个采用“跟踪和数据中继卫星”（TDRS）向地面传输雷达数据的空间合成孔径雷达系统。

（三）星体结构和主要性能

“长曲棍球”卫星的大小和外形与“哈勃空间望远镜”相似。卫星呈八棱体，长8米，直经4米，重约14.5吨，卫星上装有长度为27—30米的巨型天线。卫星合成孔径雷达的天线，由3个平面天线阵组成，中间是双极化（水平和垂直极化）的L波段微带平面天线阵，紧靠两边的是水平极化和垂直极化的×波段平面波导天线阵。3种天线采用相同尺度的4个子阵天线，其矩形尺寸为14.4米长，3.6米宽。天线上布满了一排排发射和接收电波的元件。使用频率分别为9.6千兆赫、5.3千兆赫和1.25千兆赫。

“长曲棍球”卫星的最大特点是其大型的雷达天线和太阳能板，微型采用45.7米长的太阳电池阵，双帆板结构，功率不低于10千瓦。为了散发雷达发射机巨大的热耗，卫星上装有一块大平板状热辐射器。卫星捕获图像时与采用条带式（strip）成像的合成孔径雷达有些差别，对后一种雷达而言，当信号目标返回时，雷达能同时显示出来，他们提供的是连续的条带图像。而“长曲棍球”卫星则不同，采用了新的聚光灯式（spot）成像原理。当卫星掠过地球时，摄下的是一张张的快照。由于多普勒效应的影响，每次拍摄信号从目标返回时都会稍微发生失真。为了获得图片，信号必须送回地面控制站，然后，地面计算机把这种拍摄信号数据进行修整以后，再二次合成更加清晰的图像。这种设备和技术称之为聚光灯合成孔径雷达技术，它具有相当高的图像分辨率，可用来接受雷达搜索到的目标的全部图像。

“长曲棍球”卫星主要星载设备是一部高分辨率合成孔径雷达，它克服了可见光照相侦察卫星的固有缺点，能够逾越云层和黑夜的障碍主动拍摄地面目标，并能揭示埋在地下的管道和掩体等地下目标，具有全天候、全天时的侦察能力，其分辨率可达 1 米（标准模式）、3 米（宽扫描模式）和 0.3 米（精扫描模式）。在宽扫描模式中，其地面覆盖面积可达几百平方千米。此外，它还携载雷达高度计、GPS 接收机和卫星中继设备（利用 TDRSS）。

与“锁眼 - 11”卫星不同，“长曲棍球”卫星在轨道上一般不轻易机动，这主要是由于其分辨率较低，且与目标距离无关的缘故，但“长曲棍球”卫星能接收巨大数量的信息并以每秒 10 亿比特的速率产生原始数据。

（四）发射和工作状况

雷达成像侦察卫星星座有两个轨道平面，第一个轨道平面为平均高度 675 千米、倾角 57 度的圆轨道。第二个轨道平面为平均高度 675 千米、倾角 68 度的圆轨道。

“长曲棍球”合成孔径雷达卫星分成两类，一类由卡纳维拉尔角起飞的航天飞机和“大力神 - 4”火箭发射，轨道倾角都是 57 度，属于“国家能力技术开发”（TENCAP）计划的一部分，可为战区指挥部门提供战术情报。另一类则由范登堡空军基地的“大力神 - 4”火箭发射，倾角 68 度，主要执行战略侦察任务。

第 1 颗工作型卫星是 1988 年 12 月 2 日由航天飞机从卡纳维拉尔角施放的，进入 553 × 703 千米、倾角 57 度的轨道。第 2 颗工作型卫星是 1991 年 3 月 8 日用“大力神 - 4A”运载火箭从范登堡发射的，轨道高度 683 千米，倾角 68 度。这 2 颗工作型卫星因轨道倾角有异（分别为 57 度和 68 度），组网不佳，配合欠妥，无法精确协调对同一目标地区的重复覆盖。

第 3 颗工作型卫星是 1997 年 10 月 24 日用“大力神 - 4A”重型火箭从范登堡空军基地发射的。该卫星首先进入一个倾角 57 度、远地点 683.95 千米、近地点 329.9 千米的初始轨道，随后卫星自身携带的推进系统将其送入约 683.95 千米高的圆形轨道。这颗卫星的发射清除了头 2 颗工作型卫星组网不佳的弊端，它和第 2 颗工作型卫星配对飞行，可提供最佳地面覆盖。该星采用相控阵馈源的 30 英尺大型碟形天线，能够全天时、全天候地对地成像，弥补”锁眼－12”卫星可见光、红外成像的不足。这颗新卫星比老卫星有所改进，以“细化图像颗粒”。

第4颗工作型卫星是2000年8月17日用“大力神－4A”运载火箭从范登堡空军基地发射的。该卫星进入674×682千米、68度倾角的轨道。

第5颗工作型卫星是2005年4月29日由“大力神4B”火箭从卡纳维拉尔角送入太空的。这次发射原计划在范登堡空军基地进行，但最终被转移到卡纳维拉尔角，以缓解范登堡日益繁忙的发射任务。第5颗工作型“长曲棍球”合成孔径雷达卫星被送入475×713千米、倾角57度的初始轨道。5天后，它按照位于印度洋迪戈加西亚岛上的美国空军跟踪站发出的地面指令将轨道提升变为716千米的圆形轨道。这条最终轨道比“长曲棍球”合成孔径雷达卫星的常规轨道高了29千米，这有助于延长其使用寿命。

（五）“长曲棍球”合成孔径径雷达卫星的运作机理、工作模式和信号处理

1. 工作模式

SAR有4种工作模式，分辨率分别为1.0米（标准）、3米（宽扫）、0.3米（精扫）及试验方式。

2. 信号处理模式

首先进行SAR雷达信号处理，恢复对地观测图像。然后进行观测图像应用处理提供标准规格图像产品。最后进行军事目标判读作业，编制图像型或数据型情报信息。

3. 信息处理

“长曲棍球”合成孔径雷达卫星在星上处理信息，以部分压缩形式，采用大抛物面可跟踪通信天线，通过“跟踪和数据中继卫星”（TDRS）向白沙地面站传输图像数据，再经国内通信传到贝尔沃堡，一张合成孔径雷达的图像可在30秒钟传输完毕。图像再以近实时方式传输给舰船和野战指挥中心，卫星不但能跟踪敌舰和装甲部队的行动，而且还可以搜索和识别机动导弹重要目标的细节。

第5颗工作型卫星上的改进型昼夜、全天候、中等分辨率成像雷达，将使美国雷达成像星座每天对朝鲜、伊朗和其他重点地区的过顶监视次数增加2—4次。第五颗卫星与先前发射但现在仍在轨工作卫星协同工作，共同确保对重点目标每3小时左右一次的昼夜、全天候成像能力。

“长曲棍球”卫星能够透过云层和黑暗以0.6—0.9米分辨率对地成像，但是卫星必须要与功能强大的地面变化检测软件配合使用，才能完成诸如对“基地”恐怖组织的车辆执行定期跟踪的任务。雷达还能揭露可能会使传统光学成像卫星受骗上当的伪装，寻找隐藏在地下的新设施或早期工事，如伊朗和朝鲜可能涉及核武器研制的地下设施或工事。

美启用和发展“长曲棍球”合成孔径雷达卫星，是美国空间技术侦察领域的一件大事，对于美国情报系统来讲意义重大，影响深远。作为成像侦察卫星的主力军，“长曲棍球”合成孔径雷达卫星对完善与加强美国的空间侦察监视体系，已经产生重大作用。

三、美军合成孔径雷达卫星发展趋势

随着航天遥感技术的发展，星载SAR的技术水平和工作性能在不断提高，并向着小型化、多功能、多模式、多星协作工作的方向发展，不仅提高了SAR卫星系统的观测时效性、遥感数据完备性、观测区域的最大化，还增强了SAR卫星的分辨率以及复杂电磁环境下抗干扰、目标识别等能力。[①]

（一）高分辨率、宽测绘带始终是星载SAR的重要发展目标

SAR卫星的观测性能主要体现在空间分辨率和对地观测宽度2个方面。高分辨率一直是SAR成像追求的重要目标之一，体现了星载SAR分辨2个相邻目标的能力，对于目标的识别和确认十分关键。

① 朱良、郭巍：“合成孔径雷达卫星发展历程及趋势分析”，《现代雷达》，2009年第4期。

宽测绘带有 2 层含义：

1. 有效观测带宽，通常采用 ScanSAR 工作模式，通过距离向天线波束依次扫描合成宽测绘雷达图像，但方位分辨率会有所损失；

2. 一次成像的观测带宽，通常采用多波束（单相位中心多波束和多相位中心多波束）的成像方法，在保证一定空间分辨率的情况下获得宽测绘带。提高星载 SAR 的观测带宽，对满足大面积和宽覆盖的观测需求，尤其在环境及灾害监视、地形测绘、国土测量和军事侦察等领域十分有意义。从星载 SAR 系统性能参数变化趋势来看，越先进的 SAR 卫星，它的分辨率越高、对地观测带宽越宽。例如，美国的“lacrosse－1”、“lacrosse－3”和“lacrosse－5”卫星的 SAR 图像分辨率就分别上了 2 个台阶，分辨率分别达到 1 m、0.5 m 和 0.3m。但是，星载 SAR 的分辨率和观测带宽与星载 SAR 系统的工作带宽、脉冲重复频率、天线尺寸、波束指向及精度、模糊度等参数之间存在复杂的制约关系。

（二）多参数是未来星载 SAR 的主要特征

SAR 成像技术的一个最重要特点就是充分利用地物的电磁散射波对目标进行成像，但是地物的电磁散射特性除与地物本身特性有关外，还与电磁波的频率、极化和入射角有着密切的关系，利用不同频率、不同极化以及不同入射角的电磁波对地物进行观测，能够得到更加丰富的地物信息。

自第 1 颗以单一极化（HH）、固定频率（L 波段）、固定视角的 SeasatA 入轨以来，目前在轨或在研的 SAR 卫星很少再采用单一工作参数，各国争相发展多参数，即多极化、多频段、多视角的高分辨率星载 SAR 系统。其中，多频段是指 SAR 工作的频段，目前星载 SAR 主要使用 L、C、×频段，通过利用目标在不同频率下的散射特性不同，对目标进行分类和识别；多极化是指 SAR 系统的收发极化方式，主要有 HH、VV、HV 和 HV。采用多极化方式可以利用不同极化目标的不同散射特性，丰富了雷达图像的信息，对发现和识别目标发挥着重要的作用；多视角，即天线波束指向可变，它与星载

SAR 系统的分辨率、成像模式、观测带宽有着密切的关系，在满足星载 SAR 系统不同的成像模式条件下，保证其分辨率和观测带宽十分重要，是提高 SAR 卫星的整体性能必要条件。

（三）In SAR 以及 PolIn SAR 将会是 SAR 卫星发展重点

由于普通 SAR 成像存在一个明显问题是对所有地物目标只能产生二维雷达图像，干涉式合成孔径雷达（InSAR）技术解决了 SAR 对地物第三维信息（高程信息或速度信息）的提取。目前 InSAR 有以下 3 种形式：（1）单道干涉，将 2 副天线安装在同一个飞行平台上，在一次飞行中完成干涉测量，又称为空间基线方式；（2）双道干涉，属于单天线结构，分时进行 2 次测量，要求 2 次飞行轨道相互平行，又称为时间基线方式；（3）差分干涉，在航迹正交向安装双天线的单道干涉与第 3 个测量相结合，能够测量微小起伏或位移的干涉。而极化干涉合成孔径雷达（PolInSAR）通过极化和干涉信息的有效组合，可以同时提取观测对象的空间三维结构特征信息和散射信息，为微波定量遥感、高精度数字高程信息和观测对象细微形变信息的提取提供了可能性。1998 年美国 NASA/JPL TOPSAR 和 AIRSAR 机载 C 波段单轨道极化干涉系统分别都得到了几组相干的全极化数据。2000 年 2 月的 SRTM 计划是 1994 年 NASA/JPL 实验室的 × - SAR 任务的延续，首次在航天飞机上实现了 L、C 波段双天线单航迹的全极化干涉。这次任务还对部分地区进行了重复航迹的观测，获取了全球 80% 陆地覆盖的高精度全极化干涉数据，在 30m 的水平网络上，高程测量精度可达 6 m，产生了三维综合地形信息。大量全极化干涉数据的获得，极大地推动了包括 Pou linsar 数据处理算法、图像特征提取和地物分类算法在内的极化 SAR 干涉技术的研究。POLNSAR 的系统研制、数据处理技术和应用研究已成为各国 SAR 技术研究的热点。

（四）以“小型化”为特征的 SAR 卫星星座、卫星编队及卫星编队星座将成为 SAR 卫星的发展趋势

在 SAR 卫星发展过程中，大型卫星逐渐暴露出一些明显的弊端，即造价昂贵、维护不便、应急发射困难、战术保障和快速反应能力有限等。随着航天技术的发展，特别是SAR天线小型化技术、固态电子器件和电路集成化、小型化技术等的发展，大大降低了卫星的重量和体积，使性能高、体积小、重量轻和成本低的小型SAR卫星的研制成为可能。与大型SAR卫星相比，小型SAR卫星具有效费比高、能耗低、战场生存能力和快速反应能力更强等明显的优势。

此外，SAR卫星的小型化改变了天基SAR的工作及使用模式，是产生SAR卫星星座、卫星编队、卫星编队星座等天基SAR系统的关键。SAR卫星星座，由多颗卫星构成，可以提高星载SAR遥感的时效性，缩短卫星的重访周期，提高对地观测和监视能力。SAR卫星编队由若干颗小卫星构成，以“分布”方式构成一颗“虚拟卫星”：（1）采用“一发多收”或“多发多收”的方式不仅实现了更佳地对地观测，还提高了SAR卫星的抗干扰能力；（2）多颗卫星的协同工作，可以实现更多的功能。（3）小卫星编队飞行构成一个立体侦察的虚拟大卫星，可以较低的成本、较高的可靠性和生存能力替代相同功能的单颗卫星，最大限度地发挥微小卫星的特点和优势。SAR卫星编队星座系统，解决了编队卫星密集分布存在其覆盖依然是非连续的问题，将传统卫星星座中构成星座单元的单颗卫星变成在编队卫星星座中构成星座单元为飞行编队，不仅提高了星载SAR的时间分辨率，而且可以实现对某个区域的连续立体成像。

（五）SAR卫星与其他类型卫星的多星组网、信息共享是未来SAR卫星的主要应用形式

SAR卫星采用卫星星座、卫星编队等方式。可以提高对地观测的时间分辨率，多星组网能够提高对地观测的时效性，既提高了时间分辨率，也增大了侦察的覆盖区域，将观测“盲区”降至最小。例如，美国“长曲棍球”2－5卫星组网工作，其“lacrosse－2”和“lacrosse－4”、“lacrosse－3”和“lacrosse－5”卫星分别在2个不同的轨道面上，并可以与“锁眼”可见光侦察卫星构成美国的天基成像侦察网。通过SAR卫星与其他异性卫星组网工作，并实现信息共

享，可以发挥不同卫星的技术特点和优势，提高观测的时效性、观测数据的完备性、目标正确识别率，尤其在增强动态情报的获取和分析能力等方面具有广阔的应用前景。

（六）针对星载 SAR 的干扰与反干扰技术将成为军事应用的重要研究内容

星载 SAR 已经成为现代高技术战争获取军事情报的非常重要手段，对 SAR 卫星的干扰与反干扰问题变成了未来军事应用中一个非常重要的问题。星载合成孔径雷达的干扰与反干扰已成为各国应对未来电子战的重要内容。例如，美国军方早已注意到星载合成孔径雷达在日趋密集和复杂的电磁干扰环境下能否有效工作的问题，已经开始研制能够对付目前和未来威胁的抗干扰技术。对星载 SAR 的干扰，即通过使用电磁干扰使对方的星载合成孔径雷达不能正常工作或者性能降低，星载的抗干扰，即采用一定技术手段保证在电子对抗环境下己方星载合成孔径雷达能正常工作。对星载合成孔径雷达实施干扰，大致可分为对有效载荷的干扰、数传链路的干扰和对卫星平台的干扰。根据星载合成孔径雷达的工作特点，研究星载合成孔径雷达系统可采取的抗干扰措施，可以在 SAR 卫星的工作体制上，如采用“分布式”结构的卫星编队或星库，或 SAR 卫星系统的总体设计上，包括信号、天线和成像技术等方面提高星载 SAR 的抗干扰能力。

第四节　美军成像侦察卫星技术体制

利用卫星实行成像侦察，首先需要选择技术体制。技术体制主要是指为实现要求的侦察任务目标采用的技术支持手段，主要由卫星搭载的有效载荷利用在轨卫星和星载平台获取侦察信息的运作机理来决定。选择的技术体制，将确定由所组织的空间观测体系提供的探测信息的形式和内容，并决定地面应用系统利用这些信息进行信息预处理和情报判读处理的特定模式。

一、美军卫星成像侦察系统的主要技术体制

（一）光学型侦察卫星的技术体制

表 3—3　卫星搭载光学相机侦察①

侦察类型	光学成像侦察
轨道型式	低高度（轨道高度可机动）太阳同步极轨道
卫星名称	高级锁眼系列
运作机理	利用在轨卫星搭载的光学（CCD）相机获取地面推扫可见光和红外谱段图像型侦察信息
信息处理模式	首先进行原始观测图像的光学和几何学校正预处理，然后进行卫星图像的应用处理，继而提供标准规格图像产品，进行战略和战术目标的判读作业，编制图像型或数据型情报信息。

（二）雷达型侦察卫星技术体制

表 3—4　卫星搭载合成孔径雷达侦察

侦察类型	合成孔径雷达侦察
轨道型式	低高度太阳同步轨道
卫星名称	长曲棍球系列卫星
运作机理	利用在轨卫星搭载的徽波合成孔径雷达（SAR）获取观测对象地域的全天时、全天候侦察图像信息。
信息处理模式	首先进行 SAR 雷达信号处理，恢复对地观测图像。然后进行观测图像应用处理。继而提供标准图像产品，进行军事目标判读作业，编制图像型或数据型情报信息。

① 王克、钱桂山：《美国成像侦察卫星技术研究和体系分析》，《卫星通信技术研讨会论文集》，2004 年。

二、美军成像侦察卫星数据处理与传输体系特性

从运作机理来说，美国的成像侦察卫星虽然被分为光学和雷达成像侦察，但是从其数据处理与传输系统而言，基于它们所具有的共同特性，都具有相同的通信技术体系。

（一）卫星成像侦察信息的传输

由卫星获取的侦察和监视信息。不论其内涵可能多么不同。但从信息的形式角度看，基本上可以分成3类，即高数据率遥感图像型信息、低数据率图像型信息及数据型信息。

美国成像侦察卫星在技术上属于高数据率遥感对地观测卫星的技术领域，对于它们获取信息的传输被规定在×频段8.0—9.0GHZ的通道上。同一颗卫星搭载的遥感观测设备可能有几个同时存在，而且它们的数据速率也可能不一样，但通过星上编码器处理都可能纳入到UQPSK调制方式支持的统一信道中传输，数据率可达100—300Mbps。

（二）卫星成像侦察业务的测控管理

在轨运行卫星的测控管理是使卫星始终保持所需运作状态、正常执行赋予的使命任务的重要手段。根据国际上对应用卫星的测控管理，美国成像侦察卫星属于统一S波段测控网系范畴。采用2.2GHz—2.3GHz的传输信道，包括上行遥控信道、下行遥测信道。

三、美军成像侦察卫星地面系统的体系结构

美军侦察卫星采用直接接收地面站以及跟踪和数据中继卫星（TDRSS）接收成像侦察卫星的图像型数据。

（一）利用地面接收站直接接收卫星图像型或数据型信息传输

对于成像侦察卫星而言，利用地面接收站直接接收卫星图像型或数据型数据，无疑是最基本的图像情报信息获取工作模式。

美国成像侦察系统由卫星下传给地面站的情报信息为高速图像

信息，因此选择 x 频段作为高速图像型或数据型数据的数传信道，其具体频率在 8.0GHz 至 9.0GHz 之间。美国用于接收成像侦察卫星图像型或数据型数据信息的直接接收站为低轨高速图像型 x 频段宽带地面跟踪接收站。

（二）利用跟踪和数据中继卫星（TDRSS）的信息传输

利用 TDRSS 建立起同低轨成像侦察卫星的空间跟踪与数据中继通信关系，能够连续地把卫星所获取地侦察信息实时地传送到 TI）RSS 的地面接收站。实现了成像侦察卫星的观察信息面向全球任何地方的实时采集。通过控制管理，TDRSS 可以在任何时候观察到在轨运行的成像侦察卫星。这一特点可以支持 TDRSS 对多种卫星实施中继转发，对成像侦察卫星在军事冲突和局部战争中的作用和地位尤其重要。

四、美军成像侦察卫星数据处理体系

数据处理与传输系统是美国成像侦察卫星的重要有效载荷之一，经历了从低码速率传输到高码速率传输，从直接传输到处理传输，从单一传培器到多种传培器的传输，从分离结构到集中结构的过程，现在已经成为一个复杂的处理传输系统①。

卫星获取的图像资料都是以无线电信号的方式传回地面的。这些图像资料要成为有用的情报就必须经过人工或计算机的判读。卫星情报处理体系有以下两个方面的特点：一是地面系统十分复杂，很多部门都参与了卫星情报的判读；二是由于 C^4ISR 系统的存在，使得航天情报资料的处理和传输高效快捷，可及时满足各部门的需求。美国卫星情报处理体系主要由下述系统和部门组成。

（一）地面系统

卫星数据处理的地面系统主要包括地面控制系统和地面接收系

① 徐俊、姚行中、乔哲：《美国 KH－12 照相侦察卫星及其情报处理体系研究》，《中国水运》，2008 年第 1 期。

统两部分。地面控制系统负责对卫星进行操纵和控制，根据国际上对应用卫星的测控管理，“锁眼－12”属于统一S波段测控网系范畴，采用2.2GHz到2.3GHz的传输信道，包括上行遥控信道和下行遥测信道。“锁眼－12”的控制主要由加利福尼亚州的森尼维尔卫星控制中心实施，同时大西洋阿森松岛、印度洋的迪戈加西亚岛、太平洋的关岛、夏威夷和马绍尔群岛也设有控制卫星的地面站。

地面接收系统主要是指负责接收卫星无线电信号的地面接收站。它有两种数据传送方式，即直接下传和通过卫星中继转发。

其中直接下传时，“锁眼－12”下传给地面站的情报信息为高速数据信息（同一颗卫星搭载的遥感观测设备可能有几个同时存在，而且他们的数据速率也可能不一样，但通过星上编码处理器都可以纳入到统一的信道中传输），因此它选择了X频段作为数据的数传信道，其频率在8.0GHz至9.0GHz之间，数据速率可达100—300Mbps，通过卫星中继时，“锁眼－12”利用“跟踪和数据中转卫星系统”TDRSS建立起同与数据中继星的空间跟踪与数据中继通信关系，能够连续地把卫星所获取地侦察数据实时地传送到TDRSS的地面接收站，实现了成像侦察卫星的观察信息面向全球任何地方的实时采集。通过控制管理，TDRSS卫星可以在任何时候观察到在轨运行的成像侦察卫星。这一特点可以支持TDRSS对多种卫星实施中继转发，对成像侦察卫星在军事冲突和局部战争中的作用和地位尤其重要①。

美国在其本土和海外都建有数量众多的地面接收站，包括华盛顿贝尔沃堡地面站、关岛白沙地面站、挪威韦坦地面站、美国马里兰州米德堡地面站、澳大利亚纳朗格地面站、英国门威兹山地面站和德国巴德艾布林地面站等，这样就能保证系统能随时、随地地获取卫星情报数据。“锁眼－12”卫星地面接收站分为两类：一类地面站不对数据进行更进一步的分析，只将数据传输到其他部门，例如

① 高庆军：《高技术局部战争航天侦察的特点和局限性》，《装备指挥技术学院学报》，第16卷第1期。

澳大利亚纳朗格地面站；另一类地面站不但负责接收数据，而且还能对其迅速进行处理并形成情报，即刻传输给作战部队，例如贝尔沃堡地面站和关岛白沙地面站。

（二）情报分发链路

美国“锁眼－12”卫星情报传输和处理的链路比较复杂，是涉及多个通信系统的协同工作，“锁眼－12”卫星在获取目标数据后，在通信条件允许的情况下可以直接将这些数据传送到华盛顿附近的贝尔沃堡地面站，在经过国防部中央图像办公室等部门的专家判读后形成情报，然后通过各种加密线路分发给美国指挥官。当“锁眼－12”卫星远离本土或经过缺少地面接收站的位置时，可以经由“卫星数据系统”（SDS），MILSTAR 或“跟踪和数据中转卫星系统”（TDRSS）中继后进行传递，这种情况下“锁眼－12”照相侦察卫星将获取的数据图像可先传递给数据中继卫星，然后由数据中继卫星将获得的图像传递给关岛的白沙地面站，白沙地面站可通过通信卫星或固定线路将图像传给贝尔沃堡，并最终形成情报。

（三）国家和部队的卫星情报部门

美国政府和军方拥有许多情报部门，在这些情报部门中有一部分担负空间侦察的任务，他们的主要工作是对卫星影像进行判读，以获取有价值的情报。目前，美国所有的空间侦察计划都由国家侦察办公室制定。国家侦察办公室是在 20 世纪 50 年代末 60 年代初，为了协调情报界的搜集需求，中央情报局和空军联合成立的负责侦察卫星的统一机构。海湾战争后，国家侦察办公室的部分职能被移交给 1992 年 6 月成立的国防部中央图像办公室。该机构负责用户的成像申请，指示地面控制站控制“锁眼－12”卫星瞄准目标。卫星图像被中继到弗吉尼亚州的贝尔沃堡，然后传到中央情报局科学技术处下属的国家图像解译中心，由图像分析专家分析后形成情报的国家图像解译中心是目前美国判读卫星影像最权威的部门。此外，国防部国家图像和测绘局、中央情报局情报处下属的图像分析办公

室等部门也都具备一定的卫星影像判读能力①

美国的空间侦察之所以能发挥巨大的作用，与其情报处理体系的高效率、快速反应是分不开的。美国的空间侦察体系看似复杂，但能够协调一致，最大限度地发挥作用。此外，先进完善的 C^4ISR 指挥自动化系统也为空间侦察的实施和情报的传递提供了极大的便利。

五、美军成像侦察卫星图像判读

（一）图像对于目标的描述

美军成像侦察图像判读与其他手段相比能够获取更多的信息，成像侦察通常从目标的宏观描述、光谱特征、动态变化、物景透视等角度来分析目标的特征。

宏观描述是卫星侦察的优势，图像所覆盖的范围是其他手段无法比拟的，对于研究和掌握侦察区域内的各种战略战役目标以及国防工业设施的位置、性质、组成、生产和作战能力等是理想的宏观手段。因此，通过侦察卫星图像判读可以获得丰富、准确的作战地域地形宏观内容和宏观特征。侦察卫星图像判读宏观性特点的另一个表现，则是能在全球范围内不间断地获取情报信息，判读工作将可以在全球范围内进行。

波谱特征是侦察卫星图像反映出的目标的多光谱信息，不仅能够反映目标的亮度特点，同时还能反映它们的波谱特点，为研判目标性质提供更为可靠的信息和资料。通常，需要判读的内容包括目标要素的亮度特点，又要判读目标的其他波谱特征。通过色调等特征来判读目标要素的形状特征，通过不同波谱段图像来判读要素的波谱特性。即在影像几何形态的基础上，根据要素的波谱性质来判读目标属性。

动态变化是卫星图像长期的、不间断地提供地面图像数据的能

① http：//www. globalsecurity. org/space/systems/kh－12htm

力，可提供动态化的情报信息，即能提供地面目标要素在时间上的演变和变化。例如通过对多时性图像的判读可以了解城市发展、道路变化、水库兴建、洪水消涨、作物生长等与战争有关的情报信息。

透视是侦察卫星图像能够提供某些隐伏信息。图像判读所能获得的透视信息基本上分为两大类：一类是浅水水域的水深和水底地形信息；另一类是云层和地表下面的 某些隐伏信息。卫星图像上的这些透视信息的起因比较复杂，然而图像的波谱特性是其中重要因素。

成像侦察卫星图像上识别与判读目标的描述可分 4 种情况，美军通常作为识别与判读的 4 个等级。第一级为发现，目标影像在侦察图像上可能仅是一个点，但可判断出目标的有无；第二级为识别，能分辨出目标轮廓，从而可判断出目标的大致类型和属性，例如是房屋还是卡车，是坦克还是飞机等；第三级为确认，根据影像可判断出同类物体的不同种类，例如是公共汽车还是卡车，是民房还是营房等；第四级为描述，可辨认出目标的特征和细节，例如能判断出飞机、汽车的型号或舰船或卡车上的装备等细节情况。在侦察卫星图像上判读军事目标所需要的地面分辨率见第一章表 1—1。

图像判读能否达到上述侦察要求，起决定和主要作用的是图像的地面分辨率。各种军事目标要达到在图像上能发现、识别、确认和描述的程度，需要在具有相应的地面分辨率的卫星侦察图像上完成。

（二）卫星图像的识别要素

成像侦察卫星获取的图像主要分为两种类型：一类是普通黑白图像，如低轨道成像侦察卫星图像，通常采用的目视判读识别标志如形状、大小、色调、阴影等对图像进行判读；另一类是分波段图像，如多光谱图像、红外图像、微波图像等这类图像。识别的要素主要包括：

1. 色调

在侦察卫星获取的黑白图像上，摄影色调不仅反映地物的光照条件，也标志着不同波谱段内地物所具有的福射特性。因此，通过影像色调可以识别和判定地物像素，确定它们的属性。通常黑白红外图像影像色调表示的是物体热辐射差异，记录的是地表温度场分布状况；微波雷达图像影像色调表示的则是物体的微波波谱特性，记录的是地物对微波的反射、散射以及极化的程度。

2. 颜色

侦察卫星图像的颜色分自然彩色和假彩色两种，前者是用普通彩色胶卷拍摄的图像，后者包括彩色红外图像和多光谱彩色合成图像。假彩色合成图像的颜色是根据需要赋予或合成的，所以即使同一种目标要素，在不同图像上颜色也往往不同。根据波普段和颜色配赋的规律，及此种情况下各种目标要素应当具有的颜色，进行准确的判读。

3. 形状

由于侦察卫星摄影高度较高、分辨率低，因而图像上除地貌和水体的几何形状能十分清晰而准确地反映外，多数目标难于明确显示。通常只有大中型居民地、铁路和主要公路等的形状尚可判读，其余目视方法很难辨识。侦察卫星图像上，由于目标形状基本不受或可以忽略像片倾斜变形、地物高差中心投影变形以及扫描变形等的影响，因此，能直接在图像上正确判读和准确表示有些地物的形状。

4. 阴影

在高分辨率照相侦察卫星图像上，通过阴影可以获得其他判读标志不能获得的重要信息，但是在普通侦察卫星图像判读中的作用却是很有限的，只能对增强目标立体感和渲染目标立体视觉效果起作用。因为在几百公里的成像高度上，一切目标的阴影都难于明显地显现在卫星图像上。此外，红外图像上，阴影是表示阴影区的温度较低，而不是表示那里光暗；微波图像上，阴影表示微波因受阻而无法直接到达的地段，它与太阳的光照状况没有任何关系，它们与可见光图像阴影的性质根本不同。

5. 波谱特性

一切物体都有自己的波谱特性，可用反映目标对不同波长电磁波反射性能的波谱曲线加以表示，因而可作为侦察卫星图像判读的标志。以“LANDSAT”卫星在0.6—0.7微米和0.7—0.8微米两个波谱段为例，由于沥青和水泥的光谱性能是稳定的，但水泥比沥青的发射系数大得多，因此在两个波谱段的图像上水泥影像均为白色、沥青均为灰色，易于判读。但是，有时目标在一种光谱段的图像上，如0.6—0.7微米波段范围内，水泥和土壤以及沥青和草地等较难区分，然而在另一种光谱段上，如0.7—0.8微米波段内，它们又易于区分。地物的波谱特性和卫星图像的波段特点是判读的重要标志。

6. 间接标志

有一些目标要素往往不能直接从侦察卫星图像上判读出来，但可借助其他条件，特别是借助与其他要素的相互关系，变得易于识别或者能够准确判读，这些非要素本身的判读标志统称间接标志。例如，桥梁在小比例尺的卫星图像上用普通目视方法是难于识别的，但是通过寻找道路与河流的交叉点，则判读就变得比较容易。此外，间接标志对于多光谱图像的判读具有特殊意义，可以利用间接判读标志揭露战略武器和 重要军事设施的伪装，这对军事情报的获取具有十分重要的价值。

（三）影响图像分析的主要因素

尽管成像侦察卫星图像上的信息非常丰富，但是由于多种因素的影响，不能对图像蕴藏的情报信息进行充分挖掘，遗失一些信息。这些影响因素归纳起来，通常有：

1. 图像地面分辨率的影响

卫星图像的地面分辨率是图像可判读的重要指标，一般情况下，判读人员不能从卫星图像上获得小于图像地面分辨率的情报信息。一般地面分辨率3—5米的图像，可用于发现典型军事目标；地面分辨率1米或小于1米的图像，适于监视危机性战场态势；地面分辨率0.5米的图像，能确认和详细侦察军事目标的特征和细节。在实际应用中，由于仪器设备或判读人员技术水平的影响，也会使本来可以从高分辨率图像上获取的情报信息丢失。

2. 摄影比例尺的影响

对于以摄影方式成像的侦察卫星，图像的判读性能与摄影比例尺成正比，即摄影比例尺越大，其在卫星图像上的判读能力越强。对于以扫描方式成像的侦察卫星，图像的比例尺不是摄影比例尺，真正的摄影比例尺概念实际相当于像素的尺寸，所以扫描式侦察卫星图像主要是采用分辨率来表示图像的识别能力。

3. 图像放大倍数的影响

多数侦察卫星图像都需经过放大处理方能实际应用，一般情况下，图像放大倍数越高，判读性能越好。因而，在判读过程中常常把判读有困难的疑难地区，采取图像放大的方法来提高识别性能，从而获得满意的判读效果。但是，用放大图像比例尺的方法增强判读性能是有条件的，必须保证放大后图像影像分辨率不低于51p/mm，否则不但不会提高，反而会因图像影像质量的衰减而降低图像的判读性能，甚至产生误判。

4. 图像类型的影响

侦察卫星图像类型的差异对判读的影响主要表现在3个方面：

一是由于卫星轨道高度和传感器性能不同，造成原始图像在分辨率、比例尺以及记录介质等方面的特点不同，因而各种图像的判读性能差异是很大的。

二是图像颜色性能的影响，一般情况下彩色图像比黑白图像容易判读，而且能识别的内容丰富。

三是图像存介质的不同，也能引起判读的差异，在正常情况下，介质的存储能力是以磁带产品、胶片产品、照片产品为序。卫星图像磁带是判读工作的理想“数据库”，在条件允许的情况下应优先选用，在条件不具备或时间要求紧的情况下，可直接选用胶片产品判读，但胶片上的影像反差通常较小且与人的正常视觉习惯相反，不适宜肉眼直接判读。

5. 外界条件的影响

侦察卫星图像的影像质量除受摄影条件（如地面状况、地影反差、光照条件、天气变化以及成像质觉等）的影响之外，还受到一系列图像处理过程的影响。

6. 季节变化的影响

季节变化也就是自然环境的变化，它有时会给图像判读工作带来很大困难。例如，植被夏天翠绿、秋天卷黄、冬天枯萎，它们的波普特性、颜色特点以及形状变异等都随时间变化。

7. 判读方法的影响

不同的判读方法对于相同图像判读，在判读效果上差异是悬殊的。使用立体镜判读比单纯用肉眼判读能获得更多的信息内容；在同样的情况下改用精密的判读设备，不仅能进一步判读出潜在的图像信息，而且能使判读作业变得容易而准确；同样若采用计算机进行自动识别，则可进一步获得目标的波谱特性。因此，美军重视使用先进的判读仪器，变革常规的判读方法。

第四章 美军空间成像侦察的发展趋势

美国在历次局部战争、重大军事行动、重大事件等卫星侦察保障之后，根据卫星运用和保障中的问题，不断进行检讨。同时注重新技术的探索和运用，在不断改进其现役侦察卫星系统的同时，越来越重视侦察新技术的创新研究。

克林顿政府 1994 年 3 月 10 日解除了对发展民用高分辨率遥感卫星的禁令，促使民用领域加入卫星侦察新技术的探索，加速了新技术的涌现。2000 年以后，多颗分辨率优于 4m 的民用卫星陆续升空，受雇于不同军事单位，加入了军事空间侦察的行列，成为军事侦察重要手段的补充。

小卫星因其成本低、便于开展战术使用等特点而获得全球关注，也成为美国空间侦察的发展趋势。2012 年美国共发射小卫星 15 颗，用于军事、商业领域。2013 年，美国陆军按照计划开展了“红隼眼”（Kestrel Eye）卫星星座的单星演示验证项目，“红隼眼”星座由 30 颗卫星构成，单星质量仅 14 千克，单星成本约 100 万美元，具有近连续覆盖能力，运行在低地球轨道（LEO）上，地面分辨率 1.5m。现代小型侦察卫星、高分辨率商业卫星、下一代新型的空间侦察系统成为了美军空间侦察的发展方向。

第一节 现代战术小型侦察卫星

随着空间技术的发展，美军的军事行动越来越依赖于各种卫星。然而，由于空间系统缺乏必要的灵活性和轨道机动能力，非常容易受到攻击，而且大卫星快速响应能力有限，无法对空间系统进行及时的补充，昂贵的发射成本也在很大程度上制约了向太空发射载荷的质量和数量。为了解决空间系统的快速响应能力，美国提出了作战快速响应太空（ORS）的概念。2000 年，在空军提出“大规模生产”小卫星的概念后，犹他州大学空间动力实验室实现了小卫星生产和设计的流水线化，每颗卫星可节省 100 万美元，并且大大加快了应急发射的响应速度。2003 年，美国国防部转型办公室正式提出“战术卫星”（TacSat）的概念，其基本理念是构建低成本且具备快速反应能力的空间平台，卫星的使用范围由军师级扩展到战区各级指挥员。

为降低卫星项目成本和完成特定的战术任务的需要，美国国防部决定不再寻求成本高昂的“通用”卫星，转而研制不那么复杂、生命周期更短、适合特定任务和区域的卫星系统，将先进的技术尽早转化为可用能力和装备。进入 21 世纪后，随着航天技术的发展，现代小卫星逐渐呈现轻量化、小型化、低成本以及高功能密度和高性价比等优势，小卫星已成为空间系统的重要组成部分。其他各主要空间侦察国家为在小卫星技术领域取得领先优势，均制定了发展计划和项目。美国在过去十几年中，小卫星技术迅猛发展，逐渐从探索、试验阶段转入业务化、装备化运营阶段，在空间侦察领域发挥重要的作用。

一、美军的小型成像侦察卫星

美军通常把质量在 500 千克以下的卫星定义为小卫星。2005 年，美国国防部军力转型办公室（OFT）与海军研究实验室（NRL）创新研制的一种兼有战术侦察与信息分发双重功能的微小型“战术卫星－1”（TACSAT－1），采用新型商用“猎鹰”（Falcon）火箭从范登堡空军基地发射。该卫星原定于 2004 年 1 月发射，后因运载火箭等种种原因几度推迟。这项微小卫星试验计划是美国国防部实施航天装备转型和创新的重要举措，对美军未来战场信息获取与传输手段的转型产生了重要影响，需要时战区或战场指挥官将能在危机中或战前申请快速发射所需卫星，并将从太空获取的信息直接发送到战场。通过实施这项“实战响应空间试验”（ORSE）计划，美空军及参与该计划的其他军兵种采用了一种更快、更省地设计、研制、发射和运作天基资产的创新模式。该计划重在为战场提供联合军事能力，满足战场指挥官的实战需求。此外，该计划还担负着同步发展新概念和新技术，使不断变化中的各种能力需求得到“螺旋式发展”的使命。

小卫星具有很多大卫星所不具备的优点：

第一，小卫星覆盖范围广，可以覆盖包括极地（南极与北极）在内的全球任何地方。而且传输时延短，地面终端简单轻巧，非常适合电子侦察。而传统的侦察卫星是个庞然大物，研制周期长，成本高，发射困难，抗毁能力差，不能实现真正的全球覆盖。

第二，小卫星组网灵活，并且衔接成网，这样即使有少数卫星失灵，整个侦察卫星网络也不大会受到影响；而对于传统的卫星来说，就会影响侦察的效果，甚至使整个侦察卫星网络处于瘫痪状态。

第三，小卫星具有可重组性和再生性，研制周期短，投资少，见效快，可靠性强。

第四，小卫星发射方式灵活，既能由小运载火箭单独发射，也可以“搭车”方式随同别的卫星一起发射，或用一枚火箭发射多颗小卫星，甚至完全可以利用战略轰炸机在高空发射，发射的时间、地点具有极大的灵活性，便于即时发射和补充，能够更好地应付突发军事事件，满足瞬息万变的战争形式。在局部战争和反恐军事行动中，美国都有应急发射小卫星的实践，为战场提供了情报信息侦察保障。

二、战术卫星

（一）“战术卫星 - 1”

1. “战术卫星 - 1”计划的背景

多年来，美军曾耗资近千亿美元研制和发射各种侦察、预警、导航和通信卫星系统，这些军事卫星系统无论在和平时期还是在危机或战争时期都发挥了至关重要的作用，但是每一个军事卫星系统从概念论证到交付使用往往需要经历几年到十几年时间，每颗卫星的研制和发射成本少则几千万，多则十几亿美元。一旦发射失败或发生在轨故障，损失惊人。更重要的是，某些耗费巨资部署的大型侦察卫星，在近期的几场局部战争中却无法为战场指挥官实时提供他们所急需的战场信息。

为此，NRL 在 2002 年下半年的一项研究报告中提出了关于空间资产战术应用的创新设想，即采用创新的微小卫星技术与工艺流程，可承受的研制和发射成本，快速发射响应能力，通过国防部保密 TCP/IP 路由网（SIPRNET）传输卫星信息，从而在实现空间资产的战术应用。美国国防部军事转型办公室对这项研究成果给予高度评价，并决定立即启动了“实战响应空间试验”计划，研制一系列试验卫星。“战术卫星 -1”项目就是 OFT 委托 NRL 具体实施的第 1 项试验计划。这项试验计划从 2003 年 5 月 7 日开始实施，仅用不到 1 年时间就完成了“战术卫星 -1”的设计、组装和测试。

2. “战术卫星 -1”计划的目标

“战术卫星 -1”试验计划的首要目标是，验证一种研制、发射和运作战术应用卫星的创新模式和机制，实现空间资产快速、灵活采集和分发信息的能力，直接为战场指挥员提供急需的战术信息。此外，国防部 OFT 希望通过这一试验项目实现两大目标：一是创新概念和技术的协同发展；二是最终使空间资产成为联合特遣部队（JTF）装备的重要组成部分。

战术卫星试验的具体目标是用不到 1 年时间和少于 1500 万美元的费用研制和发射 1 颗质量为 110 千克的微小型卫星。卫星采集的信息能够通过美国国防部目前正在运行的保密 TCP/IP 路由网分发给作战用户。

此外，这项试验计划在以下 4 个重要领域为空间资产的战术应用探索从概念到技术同步发展的创新模式。

（1）微小卫星设计和研制流程的创新。由于“战术卫星-1”要在很短的研制周期和很有限的经费投入条件下完成预定目标，因此计划管理者和研制者大胆采用现成的产品、创新的研制流程和设计及测试手段。例如采用无人机上的成像仪器，并用整体密封和风扇致冷底座，使其能在太空严酷环境下正常工作。

（2）采用低价商用运载火箭实现按需发射的快速反应能力。

（3）验证空间资产作为联合特遣部队装备的重要组成部分。战场指挥官按需申请有效载荷和发射需求，地面作战部队直接向“战术卫星-1”发送指令，并通过国防部保密 TCP/IP 路由网实现卫星采集信息的快速分发。

（4）培养快速响应航天实战能力所需的航天专业人才和发展模式。政府和产业界强强联合，共同实施“战术卫星-1”计划，使该试验项目所获成果迅速应用到政府和产业部门。通过这种创新模式，培养和保持一支强有力的政企合作团队，扩展快速进入空间的能力，高效实施战术应用试验计划。

参与此项试验的合作伙伴主要有美国海军、空军、陆军、航宇局和产业部门。NRL 负责计划管理、卫星设计、组装和联测；空军航天司令部下属的空间与导弹中心负责运载火箭的监造，空军第 30 航天联队提供发射设施和发射服务；航宇局虚拟任务操作中心（VMOC）负责经由保密 TCP/IP 路由网向“战术卫星-1”指派任务和分发信息的有效载荷接口。航宇局虚拟任务操作中心实施由空军和海军空间战场实验室提出的卫星与非保密 TCP/IP 路由网接口试验；陆军战区作战指挥官负责实施实战演练和协作；私营空间探索技术（SpaceX）公司负责研制“猎鹰”火箭。

3. “战术卫星-1”的有效载荷

“战术卫星-1”质量约 110 千克，发射进入高 500 千米的近地轨道。卫星平台是一个模块化/可缩比的标准化平台。它既是安装各种有效载荷的基板，也是支撑卫星的骨干框架。高度自主的标准化平台、模块化的有效载荷和共同的界面是降低研制成本、缩短周期、鼓励产业界参与和满足实战需求的重要措施。

“战术卫星－1”安装有3种有效载荷：

（1）特种发射机识别（SEI）装置

特种发射机识别装置是一种信号情报侦听装置，能够全天候、远程识别各种地基和海基雷达发射的信号。

（2）红外相机

红外相机采用新的无需低温致冷的热成像技术，从而大大减少了体积、质量和功耗，是美陆军夜视实验室研发的产品，可拍摄波长为7.5—12pm的红外图像，分辨率为850米。

（3）可见光相机

可见光相机分辨率为70米。

4.“战术卫星－1”的能力及特点

“战术卫星－1”实验计划的重点不是要研制一颗独一无二的卫星，或是每次都要按特定需求不断变化的平台，而是发展一种适应战术应用需求和快速反应的管理模式，研究卫星的创新机制和为战场用途提供有效可用的空间资产及其快速灵活多变的能力。按照美国国防部军事转型办公室主任的说法，就是要“发展战术上能快速响应的空间系统”，并在危机或战争时刻能够在“几周和几个月内组装、发射和投入使用，而不是10多年后才能提供服务的那种传统侦察卫星。

“战术卫星－1”仅仅是一颗微小型实验卫星。成像能力有限，分辨率较低，但却具备许多传统侦察卫星所没有的特点，兼备电子侦察、成像侦察和信息分发功能。

（1）成本低廉，研制周期短；

（2）重量轻，采用模块化、标准化设计；

（3）可实现卫星遥感器与空中无人机和其他系统间的机－机互联；

（4）战场用户可通过保密TCP/IP路由网向卫星指派任务，卫星可直接向用户发送侦察信息；

（5）具备通过战场上捕获的雷达电子信号来识别目标的能力；

（6）具备红外成像和可见光成像能力。

“战术卫星 -1”是美国防部正在实施的“实战响应空间实验（ORSE）”创新计划的首次实验。该实验计划从概念到技术，从计划管理到实战应用，处处都充满着创新精神。

该计划的最终目标是在危机或战争前夕，按战场指挥官的实战需求，在几周或几个月内，快速组装、发射一颗能够直接向战场用户传送侦察图像的卫星，使空间资产成为美军联合特遣部队装备的重要组成部分。其特点是充分利用高度自主的微小卫星平台、模块化的有效载荷、共同的接口界面以及通过国防部保密的 TCP/IP 路由网直接向卫星发送指令和分发卫星图像等创新概念与技术，构建快速响应的航天科研生产管理机制与发射模式，获得战术应用的实战响应能力。2007 年 8 月，“战术卫星 -1”的发射被取消，原因是“战术卫星 -2”（已更名为“联合作战空间 -1”）（JWS -1）已于 2006 年 12 月 16 日发射，已经验证了大部分原由“战术卫星 -1”验证的技术。

（二）“战术卫星 - 3”

“战术卫星 -3”装备有先进响应战术应用军事成像光谱仪（AREMIS）监视传感器。ARTEMIS 的作用与天基雷达计划的天基监视类似，不过其功能稍弱，专门为联合战区指挥官搜集特定目标的情报。2008 年 6 月签订研制合同，由雷声公司研制，计划在 15 个月内研制出超光谱成像仪用于演示验证试验。国防部战术卫星计划是应五角大楼军事转型办公室的作战响应航天倡议开展的，重点是通过快速低廉的发射服务和模块化卫星为作战人员提供空间侦察情报支援能力。继“战术卫星 -2”被选定为 2005 财年先期概念演示验证项目后，“战术卫星 -3”列入 2006 财年先期概念演示验证项目，“战术卫星 -3”于 2008 年 6 月发射。

2009 年 5 月，美国空军“战术卫星 -3”进入低地轨道，首次验证在太空分析成像数据的能力，卫星携带的“先进及时响应型战术效果军事成像分光计超光谱成像仪”（ARTEMIS HIS）利用望远镜关注感兴趣的区域，分光计将收集到的电磁图像转换为图表，接着利用存有超光谱识别标志库的星载数字信号处理器，直接在星上对数据进行分析，最后以简短的目标描述信息被手持计算机或便携式计算机接收。从指挥官通知卫星关注某地到接收目标描述与坐标，整个处理过程约 10 分钟。太空分析成像数据能力是一种突破性技术，星载数字信号处理器取代地面处理中心，大大节省了资源与时间。

“战术星 -3”还开展了一项“即插即用”的电子设备试验。即插即用技术为不同的载荷组件提供标准接口，就像笔记本电脑那样，一旦插入新的硬件它立即就可以识别，由此缩短工业界对用户任务需求的响应时间，降低成本，增强卫星的恢复力。2009 年即插即用技术获得了奥巴马政府的大力支持，预算从 1 亿美元增加到了 1.9 亿美元。这项技术的研究已经取得实质性进展。在 2009 年 10 月，先进及时响应型太空办公室主任称他的实验室在不到 4 个小时的时间内就可以组装一颗迷你卫星。

（三）“战术卫星 - 4”

2012 年，美国“战术卫星 -4”（TACSAT -4）正式投入使用，该卫星针对战区通信需求研制，卫星发射质量 450 千克，战区持续通信时间为 4 小时。用于为美军提供特高频（UHF）频段“动中通”业务、蓝军跟踪、海上浮标数据采集等业务，用于验证超视距通信。除了为部队与其视线之外的其他部队提供通信联系外，这颗卫星还能为配置跟踪装置的友军提供数据中继，监控友军的位置，避免发生友军间误伤事件。此外，它还可用于中继海上浮标发出的信息。“战术卫星 -4”实际上相当于一台特高频（UHF）通信转发器，与大型军事卫星“移动用户目标系统”（MUOS）类似。战术卫星 -1—3 成像卫星都运行在 450 千米的近地轨道，而“战术卫星 -4”运行在近地点为 400 千米、远地点为 12000 千米的椭圆轨道上，这样既能对感兴趣的地区进行较长时间的观察，又能提高通信载荷的利用效率。该卫星由美国海军研究实验室主管，海军研究办公室和力量转型办公室也参与其中。

2012 年 10 月，美军以“一箭多星”搭载发射方式部署了 2 颗“太空与导弹防御司令部——作战纳卫星效果”（SMDC—ONE）纳卫星。该纳卫星为“立方体卫星”，单星质量 4 千克，单价 3075 美元。美军将陆续发射多颗“太空与导弹防御司令部——作战纳卫星效果”纳卫星，形成支持战术作战的多星低轨通信卫星星座，提供无人台站数据采集和战场短报文通信能力。

“战术卫星 -5”是一颗军事侦察卫星，质量不足 400 千克，成本不超过 2000 万美元，运行寿命 1—3 年。该项目于 2007 年启动，由空军研究实验室和作战快速响应太空办公室合作进行管理。2009 年 1 月，空军研究实验室发表了发展“战术卫星 -5”的广泛机构公告，“战术卫星 -5”卫星平台符合美国空军实验室即插即用电子标准。

三、F6 系统

2007 年，美国国防高级研究计划局提出了一个创新的航天器结构体系——F6 系统。F6 系统是一种以星群自由飞行方式、利用无线信息和能量交换，将分散的功能和资源有效集成、执行特定任务的异构分布式航天器系统。F6 系统概念一经提出就得到了美国军方的高度关注。之后几年，美国国防高级研究计划局持续推进 F6 项目的研制工作，以寻求空间侦察发展体系结构变革。

2012 年，美国国防高级研究计划局召开两次“投标者会议”，对 F6 系统的在轨演示任务进行了介绍和邀标，计划 2016 年进行在轨演示验证。F6 系统工作重点主要包括“F6 开发者工具包”（F6DK）和“F6 技术载荷包”（F6TP）。“F6 开发者工具包”是一套具有标准设计规范、流程和要求的开放式第三方开发辅助工具，由参与 F6 系统研制的各方使用，用于指导和推动非传统航天企业加入 F6 系统建设，便于模块化设计和系统集成。“F6 技术载荷包”具有星间无线网络通信、实时资源共享等任务功能，是构建星群网络的软硬件平台。

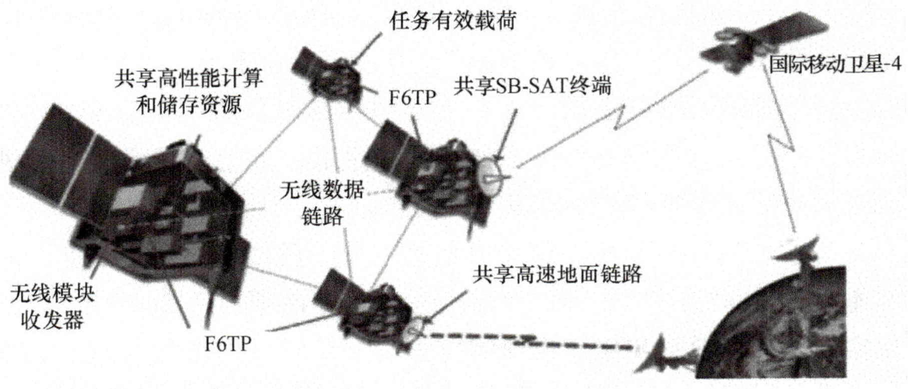

图 4—1　F6 演示验证概念

2013 年 5 月 16 日，美国国防高级研究计划局宣布终止 F6 项目。F6 项目累计投资已超过 2 亿美元，其开发和试验过的技术成果将陆续融入到其他太空项目中去，如美国国防高级研究计划局牵头的“空中发射辅助太空进入”（ALASA）项目，以及海军牵头的“凤凰”项目等。

第二节　高分辨率商业遥感卫星

20 世纪 60 年代末，美国发射了第一颗地球资源遥感卫星，自此遥感卫星进入到前所未有的迅速发展阶段。在随后的 40 多年里，美国相继发射了 10 余个系列 100 多颗遥感卫星，分别用于资源考察、地质勘探、环境观测、地理测绘、天文研究及军事应用等领域，遥感卫星的发展与使用越来越深刻地影响着美国的政治、经济、社会和军事发展。

1994 年 3 月，美国总统克林顿签署了第 13 号总统令，取消对商用遥感器 1 米分辨率的限制，为私营公司拥有和经营高分辨商业遥感卫星系统开了绿灯。目前，世界各国防务机构都在将目光转向商业卫星图像，以力求降低成本并向军事用户快速提供便于有效利用的情报产品。

由于商业卫星提供的图像质量可以满足多方面的军事需求，所以美国政府对其给予大力支持。2002 年 6 月，美国国家图像与测绘局收到了美国中央情报局的一份通知，要求“把美国商用卫星获得的图像作为政府测绘的主要数据来源，……只有在特殊情况下才采用国家级的科技手段（情报卫星）。”美国总统布什在 2003 年 4 月制订的商业遥感政策更使美国政府在军事情报、外交政策和本土安全方面可以像民间使用者一样，从根本上增加对商业图像和地理空间资料的应用。据白宫办公室科技政策高级分析家 Brett Alexander 说，这是一个“从根本上重塑政府和遥感工业之间相互关系的巨大转变”。美国总统决策令中还指出，一旦高分辨率商业遥感卫星图像的传播危害美国的国家安全时，美国政府有随时中断高分辨率商业遥感卫星图像销售的权力。

如今在公开市场上已可买到优于 1 米分辨率的卫星图像，这使许多国家有机会获得以往仅为超级大国所独享的天基情报。对美国来说，这些商业卫星图像弥补了由国家侦察办公室提供的情报图像的不足，商业卫星图像成为美国情报系统的重要补充，成为美国情报能力的重要组成部分。

一、地球之眼（GeoEye）公司的高分辨率商业成像卫星

2006 年 1 月 12 日，美国轨道成像公司完成了对昔日竞争对手太空成像公司的收购工作，将轨道成像公司更名为地球之眼（GeoEye）公司，成为当今世界上规模最大的商业卫星图像公司。这一收购行动使美国的高分辨率商业卫星图像提供商由原来的三家减少为两家，其中另外一家是拥有 0.61 米分辨率“快鸟”卫星的数字地球公司。

地球之眼公司运营一个由 3 颗对地成像卫星——“轨道观测 - 2”、“伊科诺斯 - 2”“GeoEye - 1”组成的星座，并拥有一个全球地面站网和一个大型图像档案库。其图像产品主要应用于国家安全、制图、政府地区规划和国家资源与环境监测。

（一）“伊科诺斯 - 2”高分辨率商业成像卫星

由原太空成像公司在 1999 年 9 月 24 日发射的“伊科诺斯 - 2”（Ikonos - 2）卫星是目前高分辨率遥感卫星的代表，也是首颗分辨率达到 1 米的商用遥感卫星。该卫星携带沿轨迹和与轨迹交叉的观测设备，数据获取具有较大的灵活性。该卫星星体是由洛马商业空间系统公司设计制造，相机系统是由伊士曼柯达公司设计制造。分辨率为 1 米时，重访周期为 3 天（观测角度小于 26 度）；分辨率为 1.5 米时，重访周期为 1.5 天。该卫星虽然无法识别单个人，但是能够识别船只、卡车、公路和单独的树木，在城市规划、教育和经济开发等诸多领域有着广泛的应用价值，其高分辨率图像数据甚至具有特殊的军事应用前景。

卫星数据传输采用 x 波段，以 320 兆比特/秒的速率将宽带图像数据实时下传给位于各地的地面站。“伊科诺斯 - 2”卫星入轨后进行 2 到 3 个月的系统校准和测试，然后才能向用户提供销售图像。由“伊科诺斯 - 2”卫星收集的图像产品的商标为 CARTERRA（TM）。

“伊科诺斯 - 2”卫星的地面接收站有：美国科罗拉多州的桑顿（主站），阿拉斯加州，佐治亚州，俄克拉荷马州的诺曼；印度海得拉巴附近的沙德纳加尔（Shadnagar）；德国的诺伊施特雷利茨；中国台湾的春里（Chung - Li）。用户服务中心位于马里兰州的拉纳姆。未被地面站覆盖的区域的图像数据将被暂存在星载固态磁带记录仪上，然后待机下传。

表 4—1　“伊科诺斯 -2”卫星的主要技术参数

分辨率	全色为 1 米（偏离天底点小于 26 度） 多光谱为 4 米（偏离天底点小于 26 度）
成像谱段范围	全色： 0.45—0.90 微米 多光谱： #1：蓝 0.45—0.52 #2：绿 0.52—0.60 #3：红 0.63—0.69 #4：近红外 0.76—0.90（与“陆地卫星 4、5”TM 谱段 #1 -4 相同）
幅宽和成像尺寸	标称幅宽： 在天底时 13 千米 关注区域： ·13×13 千米的标称单幅图像；11 千米×100 千米的带状区域，最大可达 11 千米×1 000 千米 ·图像镶嵌最大可达 12000 平方千米 在某一地区内一次飞行中最多有两个 10000 平方千米的相邻区域
精度	无地面控制时，12 米水平精度，10 米垂直精度 有地面控制时，2 米水平精度，3 米垂直精度
高度	681 千米，太阳同步
倾角	98.1 度
速度	每秒 7 千米
过降交点时间	上午 10：30
重访频率	1 米分辨率为 2.9 天，1.5 米分辨率为 1.5 天，这些值是针对纬度 40 度的目标。对于更高纬度的地区的重访周期要短，而对于靠近赤道地区的目标重访周期要长。
周期	98 分钟
轨道类型	太阳同步轨道
重量	1600 磅

续表

视场	0.93 度
量化	11bit
图像处理（最大）	600 幅/天
数字传输格式	TIFF、NITF 或其他
星上存贮	64GB
从捕获到交付用户时间	24—48 小时
测轨	GPS
星载设备	数字成像传感器、星载处理机、固态记录器
卫星设计寿命	7 年
卫星平台体积	高度 1.8 米，直径 1.6 米
太阳能电池板展开宽度	4.7 米
卫星重量	8 17 公斤
星上电源功率	1.1 千瓦
主镜孔径	0.7 米
对天底点摄影时保证地面图像幅宽	11 千米
星上记录器容量	固态存储器 80Gb，可对直接扫描地面站接收范围以外的图像数据暂时存放，星上数传系统再对图像数据进行低损压缩后下传
数字相机	由柯达公司提供的全色（1 米）与多光谱（4 米）全反射式卡塞格伦光学传感器。
下行通讯链路	图像与探测元数据信号在高增益的 x 波段（8185，8346MHz）线路上以 320Mbps（WB）宽带码速率下传；通信数据码速率 32Kbps
上行通讯链路	用 S 波段传送任务与指令信号，码速率为 2Kbps，具体频率为 2042，2052MHz
重复观测周期	最短 3 天
卫星经过赤道上空地方时	10：00—14：00

（二）“轨道观测 - 2”卫星

“轨道观测 -2”（Orbview -2）卫星又被称为“海星”（Seastar），1997 年 8 月 1 日发射进入 705 千米的太阳同步圆轨道，国际编号为 1997 -037A。仪器质量为 45. 4 千克，卫星质量为 317 千克，星体 1. 15 ×0. 96 ×1. 6 立方米，太阳翼板展开时宽度为 3. 5 米。

卫星上只携带了 1 种遥感仪器——宽视场海洋遥感器 SeaWiFS（Sea - viewing Wide Field - of - view Sensor），它可以通过监测地球海色，产生陆地和海洋表面的多光谱图像，来分析海色变化对全球环境和大气的影响，以及对全球碳循环和其他生态循环的影响。SeaWiFS 由光学遥感器和电子舱组成，卫星每两天覆盖全球海洋区域一次。

SeaWiFS 的扫描机械系统驱动离轴折叠式望远镜和半角旋转平面镜同步旋转，后者转速是前者的一半。旋转的扫描望远镜和半角扫描平面镜的组合，使 SeaWiFS 在无需视场转动的情况下达到最大扫描角为 58. 3 度的设计要求。因为无需视场转动，所以允许 SeaWiFS 在 8 个谱段采用多路时间延迟积分法得到要求的信噪比，继而 SeaWiFS 可以比其他遥感器体积更小、质量更轻。其成像过程是：首先折叠式望远镜收集地物辐射，反射进入旋转的半角平面镜，分光系统把光分成 4 个光谱区域，然后每个再一分为二，分成 SeaWiFS 的 8 个谱段。

“轨道观测 -2”卫星是世界上第一颗可每天形成地球彩色图像的卫星，其成像仪具有 8 个谱段，6 个可见光谱段和 2 个近红外谱段，空间分辨率为 1. 1 千米，幅宽为 2800 千米，“轨道观测 -2”卫星的用户可向 Orbimage 公司购买下传许可证用自己的地面站接收下传图像或直接向 Orbimage 公司购买图像。“轨道观测 -2”卫星可用于渔业、农业、科学考察和环境监测。

表 4—2 “轨道观测 -2”卫星参数

成像模式	多光谱成像
空间分辨率	1.1 千米
成像谱段数	8
光谱范围	402—422nm 433—453nm 480—500nm 500 — 520nm 660—680nm 7450—785nm 845—885nm
幅宽	2800 千米
成像区域	连续
最大数据率	2Mbps
重访周期	小于 2 天
轨道高度	705 千米
设计寿命	7.5 年

（三）“轨道观测 - 3”高分辨率商业成像卫星

2003 年 6 月 26 日，“轨道观测 -3”（OrbView -3）卫星发射成功。“轨道观测 -3”卫星可产生 1 米分辨率全色图像和 4 米分辨率的多光谱图像。1 米分辨率的全色图像可以分辨出房屋、车辆和飞机，形成高精度的数字图像和卫星飞过区域的三维图像。4 米分辨率的多光谱图像可以产生城市、乡村和未开发区域的彩色和红外信息。“轨道观测 -3”卫星已于 2007 年初停止工作。

“轨道观测 -3”卫星图像的幅宽为 8 千米，卫星的重访周期为 3 天，观测角度为正负 45 度。“轨道观测 -3”卫星图像的用户可向 Orbimage 公司购买下传许可证，用自己的地面站接收下传图像或直接向 Orbimage 公司购买图像。

（四）“GeoEye－1”高分辨率商业成像卫星

地球之眼公司的“GeoEye－1”于2008年第一季度发射，运行在距地面660千米高的太阳同步轨道上，搜集0.41米分辨率全色（黑白）图像和1.64米分辨率多光谱（彩色）图像，并将图像下传给遍布世界各地的地面站。

二、数字地球公司的高分辨率商业成像卫星

数字地球公司（DigitalGlobe）是全球商业卫星图像与信息产品提供商。

（一）“快鸟－2”（QuickBird－2）卫星

2001年发射的“快鸟－2”（QuickBird－2）卫星使该公司成为世界上最高分辨率商业卫星图像的提供商。

表4—3　“快鸟－2”卫星的主要技术参数

项目	参　数
发射信息	发射时间：2001年10月18日 发射窗：格林尼治标准时间18：51—19：06 运载火箭：德尔它－2 发射场：加利福尼亚范登堡空军基地2号发射场
轨道	太阳同步倾斜轨道 轨道高度：450千米 轨道倾角：98度 重访频率：在分辨率为0.70米时为1.3.5天，视成像地点所处的纬度而定 视角：灵活卫星——沿轨迹和偏离轨迹指向 周期：93.4分钟
每圈收集的数据量	大约128Gbits（大约相当于57幅单幅图像）

续表

项目	参　数
幅宽和区域大小	标称幅宽：在天底点处为16.5千米 可到达地球幅宽：卫星地面轨迹中心544千米（偏离天底点—30度） 感兴趣的地区： 单幅成像——16.5千米×16.5千米 区域成像——30千米×30千米（典型情况下） 条带成像——16.5千米×165千米 立体成像——15千米×15千米（典型情况下）
测量精度	23米圆误差，17米线误差（无地面控制点）
传感器分辨率与光谱带宽	全色： 天底点下为61厘米地面采样距离（GSD） 黑白：455.900毫微米 多谱段： 天底点下为2.44米地面采样距离（GSD） 蓝：450—520毫微米 绿：520—600毫微米 红：630—690毫微米 近红外：760—900毫微米
通信	有效载荷数据： 320Mbps，x波段 勤务管理： x波段，4，16和256Kbps 2Kbps，S波段上行链路
	3轴稳定，恒星跟踪仪/惯性参照装置/反作用轮，全球定位系统

“快鸟-2”卫星能在全球范围内搜集0.61米分辨率全色图像和2.44米分辨率多谱段图像，是一颗能提供亚米级分辨率图像的商业

卫星。该卫星每年可有效地搜集 7500 万平方千米以上的图像数据，使数字地球公司能快速充实和更新其图像档案库。由于注重图像分辨率和用户服务并对质量、公平和用户满意作出明确承诺，数字地球公司认为，全球民用用户和军事单位用户会更愿意选用其地理空间信息产品。

“快鸟 -2”卫星的主要特点是分辨率高，处于行业领先地位的地理定位精度，强大的星上存储能力以及比其他高分辨率商业遥感卫星大 2 至 10 倍的成像覆盖区。此外，数字地球公司将以前所未有的速度增加和更新图像文档，“快鸟 -2”卫星每年可拍摄超过 7500 万平方千米地区的图像。

该卫星能使其相机快速地从一个目标转向瞄准另一个目标，以拍摄用户想要的那些地区图像，这种敏捷性使得它特别适合于商业图像市场的需要。

“快鸟 -2”卫星的光学系统即使在最低光照条件下，也能够获取到图像而又不牺牲图像质量，这就扩展了目标拍摄的范围。“快鸟 -2”卫星望远镜的离轴不遮蔽设计，使其与其他竞争性系统相比具有视场大，对比度（MTF）高和信噪比高等优点。

“快鸟 -2”卫星的独特之处在于空间分辨高、地理定位精确、成像面积大、成像搜集时间可变。它能向用户提供以前在商业市场上根本买不到的、分辨率堪与航空照片相媲美的卫星图像。在这种图像上，房屋、汽车甚至单棵大树均清晰可辨。有了 0.61 米分辨率图像，人们就能更准确、更可靠地识别物体的细节。由“快鸟 -2”卫星上的恒星跟踪仪和星载全球定位系统接收机搜集的定位数据，将使数字全球公司及其用户不用控制点就能够制作优质、精确的大比例尺地图。这种能力对于那些进行地面测量代价太高甚至根本不可能的地区特别有用。

表4—4 "快鸟－2"卫星的特点与优点

特点	优点
天底点的全色分辨率为61厘米（2英尺） 天底点的多谱段分辨率为2.44米（8英尺）	获得高质量的卫星图像，可用于制图、变化探测和图像分析。
处于行业领先地位的图像精度 稳定的平台以用于精确定位测量 3轴稳定，恒星跟踪仪/惯性参照装置/反作用轮，全球定位系统	地理定位精确在23米以内（75.5英尺），无需地面控制点就可以绘制遥远地区的图像
最快的大地区数据收集 16.5千米的成像幅宽 128Gbits的星上图像存储能力	有关全球各地区的卫星图像的供应量和更新速度都更强于其他竞争对手
高图像质量 "快鸟－2"卫星望远镜的离轴不遮蔽设计 宽视域 高对比度（MTF） 高信噪比	增大了适合成像目标的范围，并增强了图像的可判读性，因为卫星甚至可在最低的光照条件下拍摄图像而不牺牲图像的质量

（二）"世界观测"高分辨率商业成像卫星

数字地球公司的下一代商业成像卫星系统由两颗"世界观测"（WorldView）卫星组成。其中"世界观测－1"于2007年9月18日发射，"世界观测－2"2008年发射。由鲍尔航空航天公司、柯达公司和波音公司分别承担制造卫星平台、星载遥感器和"德尔它－2"运载火箭。

"世界观测－1"卫星目前成为全球分辨率最高、动作最敏捷的商业成像卫星。该卫星运行在高度450千米、倾角97.2度、周期93.4分钟的太阳同步轨道上，平均重访周期1.7天，星载大容量全色成像系统每天将能够搜集多达50万平方千米的0.5米分辨率图像。

卫星还将具备现代化的地理定位精度和极佳的敏捷性，能够快速瞄准要拍摄的目标和有效地进行同轨立体成像。

“世界观测－2”卫星运行在770千米高的太阳同步轨道上，能够提供0.5米分辨率全色图像和1.8米分辨率多谱段图像。该卫星将使得数字地球公司能够为国内外商业用户提供满足其需要的高性能图像产品。星载多谱段遥感器不仅具有4个业内标准谱段（红、蓝、绿和近红外），还包括4个额外的新谱段（海岸、黄、红外和近红外2）。多样性的谱段将为用户提供进行精确变化检测和制图的能力。

“世界观测”卫星的主要特点：

1. 优于0.5米的分辨率；
2. 大大改进的敏捷性；
3. 分辨率为1米或优于1米时的每日重访能力；
4. 改进了的地理定位精度；
5. 由于星上存储容量更大和数据下传速率更高而大大增强的图像搜集能力；

“世界观测”卫星的其他能力包括：

1. 短暂的成像任务下达最后期限；
2. 更有效的图像处理系统和多卫星图像搜集计划制定；
3. 分布范围更广泛的地面站网；
4. 谱段的多样性便于进行精确变化检测和制图。

由于数字地球公司的卫星控制人员能够更快地向卫星下达成像指令，因而图像的周转时间（从下达成像指令到接收到图像所需的时间）仅为几小时。

目前，商业遥感卫星技术已经达到相当高的水平，由可见光、红外和微波成像卫星组成的商业遥感卫星群，可昼夜不停地对全球实施全天时、全天候的侦察，在军事上具有广阔的应用前景。它们可用于情报搜集、国防监视、变化检测、精确制图和目标引导等方面，可监视机场跑道、导弹发射井、武器试验场和防御设施等目标的施工进展情况以及部队集结和武器部署等军事活动准备情况。

美国家侦察办公室的成像侦察卫星拍摄了许多有关朝鲜“劳动”导弹基地的照片，都是从未公开过。现在，私营公司也可以拍摄到同样的照片了。在未被轨道成像公司收购前，太空成像公司就公布了“伊科诺斯－2”卫星拍摄的一批有关该秘密导弹基地的照片。

第三节　新一代成像侦察卫星系统

虽然美国拥有地球上最先进的军事侦察卫星，但五角大楼却觉得远远不够。美国认为其空间情报系统必须处于绝对领先地位，一个重要的指标就是在其他国家之前建造出更先进却更便宜的间谍卫星。为此，美国推动了其在情报、监视和侦察（ISR）系统中的转型。美国防部对其 ISR 系统转型的标准是，以足够的细节提供全球威胁的感知，融合各种类型的情报，具有对特定目标进行长期监控的能力，而这些能力的取得关键在于提高空间情报能力。为此，美国非常注重天基系统的战术应用能力，在发展规划下一代军事成像侦察卫星系统时，综合了多种方案，最终采取战略系统与战术系统分别发展的思路。

一、“未来成像体系结构”计划

新一代成像侦察卫星战略侦察系统由美国国家侦察办公室（NRO）负责研制和管理，以光学系统为主，称为“未来成像体系结构”（FIA）。而战术系统则由美空军航天司令部负责研制和管理，以雷达成像系统为主，称为“天基雷达”（SBR）。战略系统在设计时也着重考虑了战术应用问题，而战术系统也可以服务于战略任务，这两种卫星系统之间以及与地基和空基 ISR 系统的信息，都可以融合处理。

“FIA”卫星系统集可见光、红外和合成孔径雷达成像手段于一身，采用重量和体积相对较小的多颗卫星组成星座进行侦察监视，而“SBR”卫星将具有地面动目标指示功能，这两种侦察卫星部署将极大地提高美军成像侦察能力。但由于经费等原因，“FIA”项目中雷达成像部分在执行计划过程中可能会并入天基雷达项目之中。

（一）“未来成像体系结构”计划的背景

随着军事战略、应用领域和战争形态的转变，美国整个军事战略逐渐转向应对全球范围内突发事件和高技术局部战争，而成像侦察卫星暴露了许多不足之处，例如卫星成本过高、质量过大、在轨卫星少、重访周期长、侦察幅宽窄及姿态敏捷性差等。为了应对未来所需，美国在积极探索新一代成像侦察卫星系统。同时，美国还在对一些新概念和新技术进行预研，如虚拟卫星、可展开光学系统、稀疏孔径成像系统等，以期进一步提高其军事侦察卫星的全球覆盖、高分辨率和持久监视能力。

为满足美军方和情报界对21世纪的情报要求，美国国家侦察办公室（NRO）提出了“未来成像体系结构”计划，1997年向国会提交的1998财年预算中正式提出实施，其目标是发展由体积小、重量轻、功能强、成本低的10—12颗卫星组成的侦察卫星星座，用以取代在轨的“锁眼-12”和“长曲棍球”卫星。

（二）“未来成像体系结构”计划的内容

它拟由体积小、重量轻、功能强、数量多的较小型成像侦察卫星组成星座，卫星将在高轨道、或太阳同步轨道上运行。“FIA”系统包括可见光/近红外传输型详查卫星和合成孔径雷达（SAR）成像侦察卫星两部分，能够在任何时间对全球任何一个地区进行高精密度的侦察和拍照，并且将在未来几十年内对美国的情报搜集工作起着至关重要的作用。“FIA”星座每天可重访同一目标两次以上，在某一地区的停留时间将比现役卫星延长一倍，达到20分钟左右，拍摄的图像数量也将增加8-20倍。其空间段和地面系统的研制合同分别授予了波音公司和雷声公司。设计寿命6.8年，重量约6500千克，提供可见光/近红外光学成像和合成孔径雷达成像能力。FIA卫星星座将使卫星在目标区域上空驻留时间更长、视场更广，不仅极大缩短重访周期，还将使单位时间内生成的图像数据达到现役系统的8—20倍。

与其他卫星系统相比，“未来成像体系”系统用光学成像侦察卫星和雷达成像侦察卫星组成混合星座，降低卫星质量，增加卫星数量，提高卫星轨道，光学设计独特，具备抖动自动补偿能力及快速姿态机动能力，大大提高定位精度，大幅提升雷达信号功率。

（三）“未来成像体系结构”计划的实施

正是由于需要满足美国政府、军方及多个情报部门的不同需求，导致该系统不堪重负，影响了卫星的设计方案。如美国众议院情报委员会委员希瑟·威尔逊（Heather A. Wilson）所说，“像这样的项目有一个很准确的规则：只能期望每个项目产生一个奇迹。”“FIA”项目于2002年初通过初步设计评审（PDR），但过多的需求和过高的技术风险造成“未来成像体系”项目的中止。美国国防部与国家情报局于2008年9月联合提出了“广域天基图像收集系统”（BASIC）计划，但随后国会即取消对其投资；到了2009年4月，奥巴马总统又批准了“下一代光电卫星系统”计划，即“2+2”计划，但是该计划未得到国会最终的批准。

虽然计划名义上终止，但是美军关于下一代成像侦察卫星“未来成像体系结构”计划中的对于未来侦察更快、更好、更廉价的理念设想没有改变，美军仍以其他的方式在不断推进。

二、“天基雷达”系统计划

“天基雷达”（Space Based Radar，SBR）计划，是美军联合作战转型的重点项目，也是美国军队转型中的一项关键计划，由美国空军“空间雷达”计划更名而来。“空间雷达”（Space Radar，SR）计划旨在为美国提供经济可承受的雷达成像卫星星座，作为整个空间作战系统中的一部分，为美国国家情报部门和联合作战司令部提供全天候、全天时的监视与侦察能力。

SR项目由美国空军和NRO联合管理，旨在为美国分布在全球的武装部队提供实时或准实时的战术和战场信息。该计划将建造一个由多颗雷达成像卫星组成的星座，首颗卫星原定于2015年左右发射。它可与E-8C、联合监视目标攻击雷达系统（JSTARS）和RQ-4A全球鹰无人机等协同工作，成为空、天、地一体化情报、监视与侦察（ISR）系统的重要组成部分。可通过多种工作模式为军方和情报部门完成4项任务：

（1）SAR成像，利用SAR技术提供近连续的全球雷达图像；

（2）表面移动目标指示（SMTI），利用特殊的雷达技术侦察地球表面的移动目标；

（3）高分辨率地形情报（HRTI），进行精确的地球表面高程测量；

（4）公海监测，观测广阔的海洋区域以监视海洋船只的移动。

不过，SR计划自实施起一直面临着高额成本的巨大压力，美国会预算办公室（CBO）在2007年初的《军事太空雷达的替代方案》研究报告中指出，为实现分辨率0.1米的目标，SR系统将需要一副40平方米的主动电扫描阵列天线，而且即便如此，以经济可承受的星座规模——最少由9颗卫星组成，估计费用为350—500亿美元——仍不能跟踪地面移动目标。此外，SR计划一直与FIA计划的雷达部分之间的需求定义区别不明确，SR计划最终于2008年被取消。

（一）“天基雷达”系统计划概况

由“空间雷达”更名而来的“天基雷达”（SBR）由美国空军主管，是美国国防部为满足监视与威胁报警任务的需要而实现其“全球警戒”战略思想而计划提出的。它计划使用高分辨率、三维的雷达图像，提供昼夜、持续的监视能力，以补充甚至最终取代机载预警与控制系统（AWACS）所进行的航空监视，以及空间联合监视目标攻击雷达系统（Joint-STARS）所进行的地面监视，从而把这些原来在空中执行的任务移到太空去完成。“SBR”系统增加了移动目标指示器（MTI）功能，直接面向战术应用，还用于弹道导弹防御。“SBR”是未来美军作战转型的关键，可提供连续的全球收集情报、侦察和监视设备，并将成为未来美国综合情报监视和侦察（ISR）网络的组成部分。

“SBR”将具有地面移动目标指示、合成孔径雷达成像和高清晰度地形信息数据的能力。“SBR”的任务是为战区空间提供及时、近连续的侦察和监视信息。不论运动、位置或环境状况如何，都能为战区和全球用户提供灵活的、多目标能力，以探测、确认和跟踪地面目标。

按照最初的设想，“SBR”系统由低地球轨道（LEO）和中地球轨道（MEO）卫星星座组成，在LEO轨道上，设置星座处于地球上空1000千米的轨道上，由18—24颗卫星组成；在中轨道上，MEO星座处于地球上空10000千米的轨道上，由8—12颗卫星组成。轨道高度和星座规模最终根据用户需求以及对项目的经济可承受性和技术风险进行权衡后确定。按原计划美国国防部从2012年开始向低地轨道发射“SBR”卫星，从2015年以后开始发射一批改进的“SBR”卫星，增加低地轨道卫星的数目，或在中低轨道布署一些卫星，以扩大观察范围，缩小覆盖空白点，“SBR”网最终将由24颗或更多的卫星组成，全部“SBR”系统将在2020年前形成作战能力。

（二）“天基雷达”系统计划的背景及演变

美国从20世纪50年代开始发展航天技术侦察手段，这种技术手段对固定目标的侦察已经达到相当高的水平，但对移动目标的侦察依然不能满足现代战争对情报及时性和准确性的要求。更为重要的是，迄今的空间侦察系统主要为情报部门服务，战场指挥官不能对其实施必要的指挥，使之直接为战术行动服务。美军方认为，美国已拥有可以打击地球上任何一个角落的武器，但是缺少全球打击目标及其准确位置的信息，因此迫切需要一种先进的集情报、监视与侦察于一身的平台。这种平台不仅能提供战略目标的信息，而且能提供战术和战场目标的信息；不仅能提供静止目标的信息，而且能提供地面和空中移动目标的信息。

美国防高级研究计划局一直对此进行研究，并认为研制、部署和使用相对廉价的雷达卫星星座，为战区作战人员提供近连续、全天时、全天候的合成孔径雷达（SAR）图像是可行的。1997 年美国国防高级研究计划局提出小型雷达成像卫星星座——“监视、目标瞄准与侦察卫星”（Starlite）方案。1998 年，美国国防高级研究计划局、空军和国家侦察办公室成立了联合计划办公室，并将该计划命名为“发现者 -2”，其任务是在 2010 年对两颗“天基雷达”成像演示卫星进行验证，然后再考虑下一步的应用，部署由 24 颗卫星组成的实用型星座。星上主要装备合成孔径雷达和地面移动目标指示器（GMTI），卫星可提供高精度的三维数据和高清晰度雷达图像。

“发现者 -2”计划是由美国空军、国防高级研究计划局和国家侦察办公室共同提出的。该计划基于国防高级研究计划局的一项称作“Starlite”的小卫星研究计划。在 1998 年 2 月底国防高级研究计划局、美国空军和国家侦察办公室签署了一份备忘录，并成立一个联合计划办公室（JPO）负责实施该计划。

“发现者 -2”卫星星座由 24 颗低成本卫星组成，分布在 8 个轨道平面内，每个轨道面布设3 颗卫星，整个系统采用 Walker 型星座，相位值为 4，轨道倾角 53 度，高度 770 千米。基于此种轨道设计，战区指挥官向“发现者 -2”卫星发送成像任务 15 分钟后，就能收到侦察图像。在南北纬 65 度范围内可用时间为 90%。星座可由部署在战区的部队直接制定卫星的侦察任务，并对其加以控制。星座在全球的大部分地区，具有非常高的重访率（约 15 分钟）。“发现者 -2”系统能获得高分辨率雷达图像和高精确数字化立体测绘数据（1 米点距）。

星上遥感器为合成孔径雷达。之所以选择合成孔径雷达，是因为要为作战部队提供全天候的侦察监视能力，充分发挥系统重访周期短的特点。合成孔径雷达的掠入角（grazing angle）为 12 度（地面移动目标指示器的掠入角为 6 度），倾斜角（slope angle）为 70 度，斜视角度为 45 度（地面移动目标指示器不能斜视）。合成孔径雷达一次仅能观测一侧的目标，如果要对另一侧进行成像，要将天线转至该侧。

"发现者 -2" 卫星有 4 种成像模式：

合成孔径雷达带模式

以 700000 千米^2/小时的采集速率提供 3 米分辨率的图像，这种模式典型的是用于目标探测，以提示卫星用其他模式或其他侦察手段进一步观测、分类和识别。

合成孔径雷达扫描模式

以大于 100000 千米^2/小时的采集速率提供 1 米分辨率的图像，这种模式典型的是用于目标分类。

合成孔径雷达点模式

以每小时拍摄 160 幅图像的速率提供 0.3 米分辨率的图像，图像幅宽为 4 千米 ×4 千米，这种模式典型的是用于目标识别。

地面移动目标指示器模式

以 2000000 千米^2/小时的采集速率提供 3 米目标定位误差，探测以 2.4—107.4 千米/s 速度移动的目标。

"发现者 -2" 卫星对同一目标区域的合成孔径雷达图像，可以以几小时或几天为周期进行连续改变探测处理（Coherent Change Detection Processing），也称为时域相关，以发现该区域内部队的变化。卫星的地面移动目标指示器通过观测敌方军队出入已知或可疑地区的次数和规模，也能辨认出相关的军事活动。这些数据还可用于提示无人机或其他空基或天基遥感器（如 E -3、E -8、"锁眼 -12"、"长曲棍球" 卫星、电子侦察卫星等），对目标或车辆进行分类和识别，帮助战区指挥员确定敌方部队的作战意图。"发现者 -2" 卫星的高重访周期、宽覆盖和根据地面部队要求实施侦察的能力可有效减轻其他大型天基侦察系统支持战场作战的压力，为它们进行战略侦察创造条件。

信号情报卫星能侦收来自地面或空中的电磁辐射信号，可以发现敌方部队或军事设施。"发现者 -2" 卫星能利用这种信息做进一步侦察，判断目标是否是移动目标，并对目标进行分类和识别。

美军正在开发一种分布式通用地面系统（DCGS），用于接收、处理、开发和分发来自多种传感器系统的情报数据。分布式通用地面系统支持联合特遣部队和/或海军、陆军和空军的分队，通过改变地面系统的分派任务优先权，在卫星每次过顶时分派任务和接收数据，以观测各自的作战负责地域。在战争中，对于以 24 小时划分的作战周期内，联合特遣部队能按照各部队的实际需求动态地分配"发现者 -2"卫星系统的情报获取能力。例如，在海湾战争早期的空中战役阶段，联合特遣部队可以分配卫星过顶次数的 35%（59 次）给空军的分队，35%（59 次）给海军的分队，20%（34 次）给陆军的分队，联合特遣部队自己保留 10% 的过顶次数。在海湾战争后期进行地面战争时，可分配过顶次数的 20%（34 次）给空军，20%（34 次）给海军，50%（84 次）给地面部队，10% 保留。24 颗卫星组成的星座每天可飞过伊拉克战区上空 168 次实施侦察任务。在一天内，联合特遣部队则根据各部队的实际作战要求，分配单独的过顶给具体部队。对于同一次过顶有多个部队用户申请时，联合特谴部队 J2 数据采集管理部门将根据预先设定的任务优先级，将使用权分配给优先级别最高的部队，或者数据采集管理部门要求获得使用权的部队的分布式通用地面系统，将接收到的图像发送给其他部队的分布式通用地面系统。

分布式通用地面系统还能够接收来自其他系统的情报信息，补充"发现者 -2"卫星系统的信息。这样可以充分发挥其他系统的特长，确保美军整个情报收集大系统真正协同工作，使联合特遣部队反应迅速、及时，获得战场信息全面，最大化地提高情报收集系统的部署效率。"发现者 -2"卫星系统的雷达图像信息还可被用于提示其他空基遥感器进行驻留监视，或提示其他空基和天基遥感器对目标进行分类和识别。反之亦然，其他空基和天基遥感器也可以提示"发现者 -2"卫星以高分辨率监视和侦察移动或静止的目标。这种传感器间的相互提示和指引功能在许多情况下具有非常高的实用价值。如在目标处于其他空基侦察系统的视野之外或雷达阴影区时；或是气象条件限制时；或是由于政治和外交原因；或是没取得目标空域制空权，不允许其他侦察系统飞行时。

但是，2000 年美国国会在审查国防部 2001 财年预算时认为，“发现者 -2”计划的需求不清，与国家侦察办公室的“未来成像体系结构”（FIA）卫星的任务分工不明，而且耗资大，尚未开始研制，经费预算就从起初设想的 35 亿美元上升到 65—120 亿美元；另外，该计划缺乏如何从演示验证过渡到实际应用的方案或设想，因此，美国会取消了“发现者 -2”计划，但仍向国家侦察办公室拨款 3000 万美元，用于开发天基雷达卫星所需的关键技术。

为继续发展天基雷达成像侦察卫星，美空军于 2001 年提出了“天基雷达”计划。“天基雷达”计划与“发现者 -2”计划两者最重要的区别在于，天基雷达计划不需要经过演示验证，可以一步到位，直接建立实用型星座。美空军认为，在天基雷达卫星的关键技术上已取得了长足的进展。因此，整个天基雷达系统的全寿命费用将大幅度下降。

为了恢复国会对天基雷达计划继续投资的信心，美国空军在 2005 年对“天基雷达”计划进行了修改和重组，并重新制定了详细的空间雷达计划发展框图，其中包括众多关键技术和概念开发工作以及一系列降低技术风险的地面试验、机载试验和空间验证试验，其中新增的在轨演示试验在 2008 和 2009 年发射了 2 颗试验卫星，主要验证了关键技术的成熟度、项目的费用估算以及系统操作概念验证等。同时在空军关于“天基雷达”技术指标的论述中将“天基雷达”计划为国防部情报、侦察、监视（ISR）网络的组成部分之一，不再强调系统可以实现全球范围的连续覆盖，而是满足局部地区的侦察、监视需求。

（三）“天基雷达”卫星系统的发展状况

“天基雷达”计划是美空军为实施其转型空间力量增强战略的一项具体内容。“天基雷达”卫星从 2012 年开始发射，2014 年具备初始作战能力。目前，空军尚未确定星座的规模以及所处的轨道。当前星上主要有效载荷为合成孔径雷达（SAR）和地面移动目标指示器（GMTI），旨在为美国分布在全球的武装部队提供实时或准实时的战术和战场信息。星座将与 E－8 联合监视与目标攻击雷达系统（JSTARS）飞机和无人机（UAV）协同工作，成为空、天、地一体化情报、监视与侦察（ISR）系统的重要组成部分。

“天基雷达”卫星系统将比目前最先进的成像侦察卫星技高一筹。它具有全天时、全天候侦察的特点，可连续监视全球关注的任何地区，同时具有较高的分辨率，能实时获取静态和动态两种目标信息。获取的目标信息既可为国家侦察办公室和国家安全部等部门服务，也可直接发给战场上的飞机、舰船和作战指挥官。该系统可提供目标地区或战场地形的三维地图，还能探测地下军事设施。“天基雷达”卫星提供的目标图像信息还可用于区分地面的敌军和友军，以避免战场误伤。

“天基雷达”卫星系统部署初期存在少量覆盖空白点。据参与该计划的雷声公司负责人称，美国国防部计划从 2012 年开始发射的“天基雷达”星座最初由 8—10 颗卫星组成，由于研制能跟踪地面移动目标的中、高轨道卫星所需的技术目前尚不成熟，因此这些卫星很可能为低轨道卫星，这将导致出现持续 5 分钟的覆盖空白点。这种空白在跟踪沙漠、荒野等人烟稀少地区的移动目标时可能并不算问题，但如果在跟踪城区或拥挤的高速公路上行驶的移动目标信息，则可能会漏掉，因此还需要指挥官动用空中侦察设备进行补充。

为实现无缝覆盖，必须增加低轨道卫星的数目，或发射中高轨道雷达卫星，以扩大单颗卫星的覆盖面。美国防部计划从 2015 年后开始发射一批改进型“天基雷达”卫星，以缩小覆盖空白点。

（四）“天基雷达”计划发展的技术难题

美国国防部的官员称，“天基雷达”计划是美国国防部所建设的空间系统中技术挑战最多、软件集成度最高、最复杂的一个，而其关键技术的成熟度和可用性却也正是导致计划进展缓慢、资金预算猛增的直接原因。

国防部“天基雷达”计划关键技术的备用方案是采用已有的较为成熟的技术，但这会降低“天基雷达”的性能，如降低访问地面区域的速率，单个卫星每天可收集目标的数量等。

1. “天基雷达”卫星轨道的选择问题

“天基雷达”计划中主要的问题之一就是卫星轨道高度的选择问题，至今，天基雷达卫星轨道设计的方案仍未最终确定。尽管空军在2003年已经制定了“天基雷达”初期采用9颗低地球轨道卫星和1颗备份星组成星座的方案，但是有关的官员仍在鼓励工业部门考虑低轨和中轨混合的系统设计。据JPO的主任称，低轨卫星设计可能的轨道高度为770—1200千米，运行周期为90—112分钟，而中轨卫星轨道高度约为10000千米，运行周期为6小时。根据设想，初期部署的9颗卫星能保证每天13—14小时至少有一颗卫星保持对朝鲜的监视。而要满足全球范围的覆盖度至少需要21颗低轨卫星的星座。

低地球轨道（LEO）的卫星星座设计虽然可以提供充足的目标覆盖率、较小的卫星尺寸及卫星功率设计，但需要数量较多的卫星组成星座，而且单个卫星对目标探测跟踪时间有限（8—12分钟），同时由于覆盖的缺陷可能会定期地丢失对目标的探测跟踪，需要任务交替至下一颗卫星以实现持续跟踪。

中地球轨道（MEO）星座设计能以较少数量的卫星提供较高的地面覆盖率，只需要8颗卫星就能提供全球范围的覆盖率，采用12颗卫星组成星座就可以实现多颗卫星对地面的长期的持续监视。

另外，雷达孔径设计也限制卫星轨道高度。由于卫星的星载电源功率较低，从而需要较大的雷达孔径，预计每颗卫星上收发模块的数量超过10万个，而星上功率有限，当功率孔径增大时，每个收发模块的平均功率则会大大降低。

由此可见，低轨卫星能更高效的进行合成孔径雷达高分辨率的成像，但是单颗卫星的覆盖率较低。中轨卫星能以较少的卫星提供全球范围的覆盖，但卫星重量大、耗资高、发射成本高，同时所需的大孔径雷达天线、电子扫描阵列等关键技术目前尚不成熟。因此，假如在天线和电子扫描阵列等关键技术上没有突破的话，美国空军部署的第一批“天基雷达”卫星还只能采用低轨设计。

2. “天基雷达”卫星星载处理器问题

国防部和空军要求“天基雷达”卫星的星载处理器在轨处理所有数据，因此星载处理器必须具备大容量数据处理和快速传输能力，同时还需具有在轨修改数据处理算法的能力。按照星载处理器开发协议必须确定许多关键接口参数，如数据传输速率、功率需求、字长、速率、存储容量、缓存需求、接口（通道）数量、冗余度、可交换性等；处理器和大容量数据存储（MDS）的大小、重量功率、费用和辐射容限都是关键的参数，将会决定最终的研发合同执行情况。

3. “天基雷达”卫星大孔径雷达天线问题

由于卫星星载电源功率的限制，为了使得卫星能够在中轨工作，必须开发新的雷达天线技术，实现在轨的大孔径雷达天线。美国国防部2004年4月授予波音公司卫星系统部、诺斯罗普·格鲁曼公司空间技术部和洛克希德·马丁公司价值985万美元的“创新天基雷达天线技术”（ISAT）研制合同，继续研制轻质量、大孔径的专用雷达天线。其中两家公司研制中的天线设计都是在发射时，将天线打包压缩于火箭内，入轨后再展开，诺斯罗普公司采用的是充气式的设计，洛克希德公司采用的是折叠展开的设计。

要保证“天基雷达”卫星系统的监视能力及高分辨率性能，就需要采用大型天线，而如何将这种天线以较为低廉的成本可靠地送入空间将是一项挑战。为此，DARPA和美空军研究实验室等机构正在研究解决这个问题的方案。目前主要有两个方案：

一是创新性“天基雷达”天线技术。DARPA在2002年提出了“创新性天基雷达天线技术”（ISAT）概念研究计划，目的是设计一种轻型战术级超大规模地面移动目标指示器天线，该天线集“天基雷达”和移动目标指示器的功能于一体，具有较好的发射孔径质量比。

将发射质量和体积减少到最小的最有效方法就是采用膨胀型材料，美空军喷气推进实验室已在地面试验中对一些膨胀式设计进行了演示。此外ISAT还可采用高度模块化和冗余设计，以减少制造的复杂性，并能提高在空间部署的可靠性。ISAT计划已确定了三个基本的雷达体系，分别为：空间馈电透镜、空间馈电圆柱式透镜和主动透镜（即主动电扫描阵列）。如果ISAT研究任务获得成功，它将提供一种非常先进的空间监视及侦察能力。目前，诺斯罗普·格鲁曼、哈里斯和雷声三家公司正在进行ISAT技术方案可行性研究。

二是“虚拟天线阵列”方案。研究人员指出，为解决天基雷达系统大型空间天线的问题，还可采用“虚拟天线阵列”方案。该阵列由多颗编队飞行的微卫星组成。美国乔治亚州技术研究所（GTRI）的工程人员用3年时间对该技术进行了研究，最后确认该方案是可行的。这些由微卫星构成的编队将实现一颗“虚拟卫星”的功能，相当于一个大孔径雷达天线。微卫星编队的优点还包括孔径尺寸不受限制，发射方式更加灵活，系统的可靠性更高，系统更易于升级，大规模生产成本低等。

研制天基雷达系统的技术难点还包括在发现和跟踪移动目标时，必须克服地面背景杂波和自然干扰的影响，清晰地分辨出目标信息。这是星载移动目标指示器的关键技术，也是数据处理的技术关键所在。目前，哈里斯公司正在研制先进的星载处理技术和大型电子扫描阵列，使卫星能近实时地采集和处理大量数据和图像。

4. 天基雷达卫星数据传输问题

由于“天基雷达”系统数据传输量大，美国空军计划依靠新一代的卫星通信系统——转型通信体系（TCA）负责“天基雷达”卫星的数据传输工作，但是TCA本身仍处于概念研究阶段，因此“天基雷达”系统数据传输问题就无法确定最终解决方案。

5. “天基雷达”系统计划的关键技术。“天基雷达”计划最终设计方案的不确定性很大程度上是由于关键技术的不成熟。电子扫描阵列和星载处理器等一些决定“天基雷达”性能的关键技术尚处在研发的初期，还远未达到实际应用的程度，相关的关键技术的可获取性影响了最终设计方案的确定，从而影响“天基雷达”计划的发展。这两个方面相互制约，相互影响，影响着天基雷达计划未来的发展。

三、“8x”大型成像卫星计划

在1991年海湾战争期间，美军前线指挥官反映“锁眼－12”光学成像侦察卫星存在明显缺点：一是驻留时间短；二是扫幅窄。要彻底解决上述问题，采用两种办法：一是发射小卫星群代替“锁眼－12”；二是将卫星运行在高轨道，用几颗卫星组网工作来解决上述问题。美国国家侦察局（NRO）提出了代号为“8x”的计划，旨在改进广域成像能力，并具有8倍现有系统的传输速率。8x卫星载有光学遥感器和合成孔径雷达组成的双重有效载荷，覆盖区也提高了8倍，拍摄的图像与“锁眼－12”卫星拍摄的一样清晰。

美国国家侦察办公室成像侦察卫星的初始设计目的并不是为了支持各军兵种联合作战行动，而是为了搜集高分辨率图像资料供提取情报用。直接应用于战争，照相侦察卫星系统也存在诸多局限，比如以广角方式工作，这些卫星也只能对较小的地面区域成像；再就是驻留时间短，成像侦察卫星运行在太阳同步极地轨道上，随着地球在其轨道下方自转，它们在每一圈轨道上都以不同的经度穿过赤道。在中纬度地区，相邻两条地面轨迹间隔2100千米。卫星能以可接受的分辨率看到其地面轨迹两侧各500千米宽的范围，因此需要3颗卫星才能保证每天把全球每一点都观测一遍，除非卫星主管者命令它们进行改变轨道平面的机动（即横向机动），而这会消耗其有限的燃料储备。为了彻底解决上述问题，采取两种办法，一是发射小卫星，另一种办法就是将卫星运行在高轨道，用几颗卫星组网的方式工作。“8x”计划的提出就是为了解决上述弊端。

（一）“8x”卫星系统组成与功能

卫星重 20 吨，成像分辨率为 0.1—0.15 米，观测幅宽 150 千米×150 千米，远远超过“锁眼－12”卫星视场，相应的传输速率也提高了 8 倍。特别是类似于“长曲棍球”卫星的合成孔径雷达安装在这种光学卫星上，使其成像能力大为增强。卫星运行于太阳同步极轨道，每圈均以不同的速度穿越赤道。卫星还具有以可接受分辨率观测轨道带两侧 500 千米的能力，从而保证地球上任意地区每天能重复观测一次。在可见光成像卫星上增加雷达，不但保证卫星每运行一圈在任何气象条件下都不丢失信息，每圈也能覆盖更大范围，这些正是战场指挥员所要求的。“8x”对外公开的正式名称是“增强型成像系统”。卫星携带由现有“长曲棍球”卫星的合成孔径雷达和“锁眼”卫星的光学遥感器组成的双重有效载荷，可兼而执行“长曲棍球”卫星和“锁眼－12”卫星两者的任务。这种改进型卫星的分辨能力仍会较高，例如足以确定参战坦克的具体型号。但对卫星和地面系统进行改进的主要重点，将是使其能以更快的速度覆盖面更大的图像信息。“8x”侦察卫星将由国家侦察办公室的主要卫星供应商洛克希德·马丁公司成制。

“8x”侦察卫星系统重要的特点包括：

1. 系统由星载 CCD 光学成像相机和合成孔径雷达成像遥感器、跟踪与数据中继卫星以及美国国内外地面站、控制中心等组成。

2. 卫星由 CCD 可见光/近红外光学成像相机和合成孔径雷达成像两种遥感器相结合的侦察卫星系统，因而兼有“锁眼－12”和“长曲棍球”两种卫星的功能。

3. 卫星上的 CCD 光学相机可在不同光照条件下对某一地区重复观测，提供 1m 分辨率图像，红外相机可实现夜间成像；“8x”通过对其飞行轨迹两侧的成像，把观测幅宽增加到 150 千米×150 千米。

4. 卫星上的合成孔径雷达成像传感器，不论白天还是夜晚或云雾天气，都能够进行全天候成像和战损评估，甚至可穿过树林识别地面部队和移动式地—空导弹系统。

5. 卫星所获图像数据通过“跟踪与数据中继卫星”传至白沙地面站，再经过美国国内通信卫星传到贝尔沃堡。

6. 卫星的遥感器不仅在可见光和近红外光波段工作，而且还在热红外波段工作以探测热源。这些遥感器装有微光影像增强器，以提供夜间成像能力。在红外成像能力方面，红外能力的优势主要是用来揭露伪装、观察掩埋在地下的建筑、观察目标区内的热差惯性、以及力图确定哪些工厂在运转，哪些工厂没有运转。因此，“8x”侦察卫星既可以进行大范围的普查，又可以对小范围进行详查。既能在白天进行可见光照相，又能在夜间进行红外照相。

7. 该星的合成孔径雷达不仅适于跟踪舰船和装甲车辆的活动，监视机动或弹道导弹的动向，还能发现伪装的武器和识别假目标，甚至能穿透干燥的地表，发现藏在地下数米深处的设施。

8. 卫星不仅可以透视云层侦察，而且利用合成孔径雷达技术有可能以接近于光学照相侦察卫星的分辨率提供图像。因此，可以利用装有这种雷达的侦察卫星，来全天候地监视和核查军事目标。“8x”侦察卫星也可以执行导弹预警和电子侦察等任务。

（二）“8x”侦察卫星技术性能参数

“8x”侦察卫星运行在高度为2689—3132 千米、倾角为63.4^{0}的太阳同步轨道上，每天绕地球飞行 9.7 圈，每圈均以不同的经度穿越赤道。在中纬度区观测轨迹长度为2100 千米。卫星还具有 500 千米的侧视观测能力观测轨道带两侧，从而可保证对地球上任意地区每天能重复观测一次。

美国“8x”侦察卫星及轨道参数表

卫星尺寸	19m（长）×4.4m（外径）
卫星重量	20 t
轨道类型	太阳同步轨道
轨道高度	2689—3132 千米
轨道倾角	63.4^0
轨道周期	9.7 圈/天

运载工具	“大力神 4B”火箭
有效载荷	CCD 光学成像相机和 SAR 雷达成像遥感器
分辨率	1 m（CCD 光学相机）
	0.3—3m（成像雷达）
观测幅宽	150 千米
设计寿命	8 年

合成孔径雷达天线：呈矩形，长 14.4m，宽 3.6m，由 3 个平面天线阵组成，每个天线阵含 4 个长度相等的子阵

雷达的几何分辨率　0.3—3m

第五章　美军空间信号侦察能力

如果成像侦察卫星是依靠“看”来获得情报信息，那么信号情报是看不见的，对于这种类型的情报信息需要通过“听”来获取，主要依靠信号侦察卫星。信号情报侦察主要是对雷达信号、通信信号和导弹发射遥测信号等信息的获取、传输和分析，对于信号情报的捕获主要依赖电子侦察卫星。电子侦察卫星也叫信号情报卫星，它依靠星上的电磁信号接收机和天线，把目标方辐射的各种频率的电磁信号记录并储存起来，在飞经自己国家上空时回放给地面。也可在侦收到对方电磁信号的同时，通过中继卫星或其他手段，迅速把所获信息转发给自己的地面站。电子侦察卫星可以不受地域或天气条件的限制，可大范围、连续性地长期监视和跟踪敌方雷达、通信等系统的传输信号，从而及时获得目标电子系统的性质、位置和活动情况以及新武器试验和装备信息，了解敌方军队的调动、部署及战略意图等情报信息。所以电子侦察卫星无论是在冷战中，还是在冷战后的几次局部冲突中，它都是获取情报的重要手段。

在美国的军用卫星中，电子侦察卫星是最神秘、保密级别最高的一类，这类卫星也是获取电子情报的重要手段，尤其在快速作战决策方面，更是有其独特的作用，在近几场局部战争中表现出色，发挥了重要的作用，被誉为美军的耳朵。在反恐、突发性军事行动中，电子情报侦察更是大显身手，比如美军在阿富汗实施的“持久行动”中，电子侦察卫星不但用于确定打击目标，检验打击效果，而且通过截获“基地”组织的电话和电子邮件来搜寻恐怖头目本·拉登。

美国是世界上最早研制、发射并使用电子侦察卫星的国家，在卫星的数量、类型、技术性能以及应用等诸方面均代表着当今世界的最高水平。美国的电子侦察卫星发展至今已经发展到了第5代，目前拥有并操纵着位于同步轨道、准同步轨道、大椭圆轨道和低轨道上的四种电子侦察卫星星座，可获得主要包括测量与特征情报、通信情报、电子情报、信号情报、遥测情报等类型的情报信息。

第一节　空间信号侦察卫星

信号侦察卫星（电子侦察卫星），其任务主要有三个：一是确定敌方地面防空雷达和反导预警雷达的精确位置、信号特性和作用距离，以便使轰炸机或弹道导弹在突防时能够规避对方雷达的发现和跟踪，并在必要时将其摧毁；二是确定目标方军用电台的位置和信号特性，依此进一步对其技术指标和战术指标进行分析，并且在战时或必要时可将其摧毁掉，平时用来窃听对方军事与政府的通信，以获取重要情报；三是窃听、拦截、遥测通信等机密信息信号。

一、信号侦察卫星的分类

信号侦察卫星利用星载电子侦察设备侦收敌方电子设备的电磁辐射信号以获取情报，按照不同的分类标准可以分为不同类别。

（一）普查型和详查型

信号侦察卫星按照侦察方式、任务的不同可分为普查型和详查型，普查型的扫描范用可达方圆2000千米左右。1962年5月至1971年7月，美国曾发射过17颗详查型信号侦察卫星，这种卫星星载设备较为复杂，重约1500千克—2000千克。20世纪70年代初期，当美国已掌握了重要目标电磁辐射源基本部署以后，不再发射详查型信号侦察卫星。1963年8月，美国发射第一颗普查型信号侦察卫星，该卫星重60千克，作为照相侦察卫星的子卫星一起发射，随着卫星寿命的延长和电子侦察技术的进步，普查型卫星的发射数量也大为减少。海湾战争期间，美军2颗普查型信号侦察卫星每天经过作战地域上空2次，对伊军通信、雷达信号进行普查。

（二）单星定位制和多星定位制

按照定位方法，分为单星定位制信号侦察卫星和多星定位制信号侦察卫星，为了保证较高的定位精度，单星定位时，要求对卫星进行精确控制；多星定位制，则需采用轨道控制系统，严格保持卫星之间的相对位置。

单星定位制信号侦察卫星就是专门针对某一地区或某一事件发射的战术卫星。多星定位制信号侦察卫星是根据总体战略而部署的多颗卫星组成的星座或卫星系统。美国1971年始发射多星定位制信号侦察卫星，常以4颗信号侦察卫星在地球静止轨道、低地球轨道、高椭圆轨道组成星座，常以3颗或4颗卫星组成通信情报侦察卫星星座。

（三）电子情报型和通信情报型

按侦察对象，可分为侦察雷达和遥控、遥测信号的电子情报型卫星和窃听通信的通信情报型卫星，电子情报型卫星主要用于精确测定对方雷达的位置，尤其是防空雷达和反导雷达的位置及其性质，侦察和接收对方导弹试验的遥控、遥测信号；通信情报型卫星则用于侦察对方军用电台的位置及其无线电信号特征并截获有价值的军事情报和实战情报。信号侦察卫星根据需要可时时监听可疑的或感兴趣的飞机、军舰、潜艇、坦克、雷达的通信信息，甚至窃听别国总统、总理等高官以及特殊对象的谈话和军方秘密通信内容。随着小卫星技术的发展，可以根据需要随时发射卫星，执行具体目的的情报侦察任务。

信号侦察卫星最大的缺陷就是不能拦截地面、地下的有线通信，如海底光缆的传输信号。如果采用一定的技术，信号侦察卫星也可以检测电子通信，如语音通话。

（四）低轨道信号侦察卫星、静止轨道信号侦察卫星和高椭圆轨道信号侦察卫星

低轨道信号侦察卫星通常运行在距地面500千米左右的极地轨道，能侦听全球或特定区域的信息。静止轨道信号侦察卫星定位于35800千米的赤道上空，监听的范围广大，同步侦察地球上的特定区域。高椭圆轨道的轨迹很特别，近地点时间短，远地点的时间长，可覆盖特殊需要的重点地区，比如美国要获取原苏联及远北地区情报，需用大酒瓶信号侦察卫星。静止轨道信号侦察卫星所接收的地面信号比较微弱，是低轨卫星的1/5100左右，所以必须采用高灵敏度的大型接收天线，故又称其为“大天线伞”。

信号侦察卫星的轨道为圆形或近圆形，卫星轨道高度的选择主要取决于其所担负的特定任务和星上设备的性能，信号侦察卫星的轨道一般比照相侦察卫星高，大都在300千米至600千米，有的高达1400千米，有的部署在地球同步轨道上。为了增大对地球的监视区域、减少阻力、延长寿命并兼顾定位精度的需要，其轨道平面的倾角都较大。

二、信号侦察卫星的主要任务

信号侦察卫星通过截获无线电信号确定对方的位置和性能等，通过侦收雷达、通信和武器遥测系统所辐射的电磁信号，并测定辐射源地理位置。

（一）收集电子信号情报（ELINT）

信号侦察卫星收集的电子信号的主要任务包括侦察导弹辐射信号，监视对象目标新型武器的研制，了解新式武器装备技术战术性能参数等；雷达信号的侦察主要是用来精确测定敌方雷达位置以及性能参数，如工作频率、信号强度、脉冲宽度、脉冲重复频率、扫描方式、极化方式等，为己方发展反制武器和制定作战计划提供情报支持。

1. 侦察截获敌方雷达辐射源信号，分析信号特征和其他性能参数，测定其部署的地理位置信息并掌握其活动规律，为战时实施电子干扰和反雷达导弹精确打击提供情报。

2. 侦察截获敌方导弹发射基地、卫星发射场所使用的各种遥控遥测信号和指令控制信号等，通过对信号的分析处理，了解并掌握敌方导弹和卫星的性能参数，为干扰和破坏其工作提供依据。

3. 侦收和记录敌方 C^4ISR 指挥控制中心与军事指挥作战部门的通信信号，分析信号特征，窃听其通信内容，并测定出通信电台和指挥部门的地理位置，从而掌握敌军部署、军事行动与作战企图等重要情报。

4. 侦察截获海洋中的各种舰艇和潜艇发射的各种无线电信号，监视海洋上舰船和潜艇的活动，及时了解敌军事调动和意图。

（二）收集通信信号情报（COMINT）

主要用于收集通信信号，测绘外军的“电子战斗序列”（EOB），即战时外军电子技术设备的作战编组（性能和配置地点等）以及指挥关系，也用来侦听通信内容，待回地面后进行破译，由于破译计算量和处理难度较大，一般在地面进行。

美国的信号侦察卫星可截获从 100MHZ—25GHZ 的无线电信号，卫星截获到的数据通过工作在窄波束下行天线发回到地面接受站。

美国的信号侦察卫星通常在以下方式发挥作用：

1. 通过无线电传输的政府、军方以及民用通信信号的截获、解码；

2. 标示外国高层政府机构工作模式、防空系统配置、ABM 和导弹部队以及某国军队进入战时状态等的信号截获；

3. 导弹试验中遥测数据的截获；

4. 美国驻外中央情报局分支机构无线电信息中继。

过去几十年内美国卫星侦察到的信息受到严格保密控制，只有很少部分公开发表过。但从公开媒体反馈出的信息来看，信号侦察卫星为美国的军事行动提供了众多重要的情报。

1968—1969 年，美国利用两颗“峡谷”卫星监视 60 年代末中苏关系恶化（珍宝岛冲突）后苏联军队在远东的集结。美国情报部门利用这些卫星截获了苏联轰炸机飞行员的无线电通信信号，确定了那一阶段苏联轰炸机飞行员进行了频繁的飞行训练。

70 年代早期，美国的信号侦察卫星用来侦察在越南的局部冲突以及印度与巴基斯坦之间的局部战争。

1974 年，美国的信号侦察卫星在阿以战争中第一次用作战场支持。信号情报系统用来监视阿拉伯国家的防空雷达、指挥官发布的命令、无线电通信甚至阿拉伯飞行员之间的谈话。

80 年代，苏联部署了铁路移动导弹发射设施，这些导弹发射设施是在破译了信号侦察卫星截获的发射场与导弹力量指挥中心之间的加密通信后被发现的。

苏联在西伯利亚的 Abalakovo 建造雷达站的消息也是通过信号侦察卫星监听无线电通信而被首次发现的，后来美国的“锁眼 -9”照相侦察卫星证实了该雷达站的建造。

由于截获了苏联导弹试验中的遥测数据，美国中央情报局能够及时跟踪苏联新导弹的试验情况并提供给美国政府高级官员，使美国在美苏削减战略核武器谈判中占据了主动。例如，从监听到的 SS -20 导弹试验的遥测数据，美国专家知道其试验的模拟弹头重量为 900 千克，实际的能力还要更高一些。又例如苏联的重型 ICBM 导弹 SS -19 的情况，也是因为美国窃听了发射人员和设计师之间通过汽车上的移动电话进行的谈话而泄露出来的。1973—1974 年美国的信号侦察卫星还发现了在 Sary Shagan 靶场进行试验的苏联 SA -5 反洲际弹道导弹的情况。

1986 年切尔诺贝利核电站失事的消息也是首先通过监听基辅和莫斯科之间的无线电谈话被公之于众的。消息是随后在分析了美国导弹预警卫星 IMEWS 发回的地球背景红外照片和军用及民用气象卫星 DMSP 和 NOAA 发回的气象图片后得到证实的。只是到了事故发生后的第三天，一颗“锁眼 -11”照相侦察卫星才拍到了被毁坏的反应堆的照片。

1990—1991 年的海湾战争是美国参加的大规模战争中第一次得到信号侦察卫星支持的战争。尽管美国当时的信号侦察卫星已经运行了相当长的时间了（“小屋”卫星已在轨运行了 11 或 12 年），战争期间还是进行了全负荷运转，为美国传回了重要的情报。从空间截获伊拉克的无线电通信是比较容易的事情，因为伊拉克通信系统大多采用苏联的设备，而美国的信号侦察卫星正是针对这些设备研制的。

在美国的信号侦察卫星以伊拉克的无线电通信网为侦察目标后，截获到的信息量大大超过了国家安全局的处理能力，为此国家安全局随后增加了不少阿拉伯语翻译人员。

除了监视伊拉克军方的无线电通信网外，美国还投入了巨大精力收集伊拉克的战术通信信息（例如通过监听飞行员的谈话监视飞机的起飞、通过监听驾驶员的谈话监视坦克的运动等），并快速分发给战场用户。

“9·11”事件后，美国全球通缉恐怖袭击的主谋、“基地”组织三号人物哈立德·穆罕默德，在销声匿迹的一年里，美军在阿富汗几乎搜遍了每块石头、每棵小草，但一无所获。2002 年 10 月，穆罕默德在巴基斯坦某地与同伙通话时，立即被美军的信号侦察卫星侦听系统截获。美军根据音频声纹分析，确定是“‘基地’老三”穆罕默德。美军动用导航卫星定位、照相侦察卫星热成像仪跟踪等高科技手段，精确确定他所在地点的经纬度，并实施抓捕行动。

2003 年初，以美国、英国为首的联军准备对伊拉克使用武力。美国指责伊拉克拥有大规模杀伤性武器，但显然证据不足，而一直为伊拉克提供巨额贷款的法国坚决反对开战。这场战争该不该打，由谁说了算，联合国内部吵得不可开交。怎样在联合国说服那些反对者呢？美国总统布什曾非常明确地表示，“我想听听他们都在想些什么、说些什么”。2003 年，布什与法国总统希拉克在联合国就伊拉克问题进行会晤，希拉克刚吞吞吐吐地要表达观点，布什就强硬地对希拉克说“你在伊拉克问题上的所有观点，我都反对。”这句话惊得希拉克半天说不出话来。事后获悉，布什早已通过电子侦察，对希拉克的电话进行了窃听，完全知道希拉克要表达的意思。

2013 年出现的“斯诺登事件”也暴露出除了对于别国政府、政要的监听是情报部门的一项基本任务，电子情报一直是美国掌握情报的核心手段，被美国国防部称为“第五使命”。

（三）信号侦察卫星的作战使用

信号侦察卫星在发展的最初阶段，就是美、苏之间空间侦察斗争的利器。随着军事需求的变化以及技术的进步，信号侦察卫星也获得了长足的发展，其作战支援作用也日益明显，从平时的战略普查到战时的战场详查，从局部战争到反恐战争，都可以看到信号侦察卫星的身影，并在其中发挥了独特的重要作用。信号侦察卫星的战场支援作用主要体现在以下方面①：

1. 用于为决策当局提供预警时间

武器装备中的电子设备会在战争前夕出现异常活动，其启动次数及工作时间、工作方式都会发生改变。海湾战争前夕，美国信号侦察卫星侦察到伊拉克电子设备的异常活动，从而推断伊军有可能入侵科威特。

2. 用于支援打击重要的军事或政治首脑

通过对重要目标任务所使用的通信设备等进行侦察定位，为精确打击提供目标位置情报。美军曾通过此方法突袭过萨达姆的车队，萨达姆侥幸没有受伤。而在车臣战争中，俄军的信号侦察卫星捕获到了车臣叛乱分子头目杜达耶夫的通信信号，并引导精确制导导弹将其击毙。

3. 用于掌握雷达等电子装备的布防情况

战时，许多部署隐蔽的雷达都会开机工作，这些布防情况在平时是很难侦察到的，在战时也是其他类型侦察卫星不易侦察到的。

---

① 武云、张磊：《美电子侦察卫星发展概述》，《舰船电子对抗》，2007 年第 8 期。

通过信号侦察卫星情报绘制战时雷达分布图，可为干扰及摧毁雷达目标和空军突防提供情报。

4. 用于辅助弹道导弹预警工作

通过对用于辅助导弹发射的特定雷达信号的侦察，以及指令信号的侦察，配合红外侦察等手段提高导弹预警能力。美国家侦察局最新发射的导弹预警卫星 NROL－28 即携带电子侦察载荷。

5. 用于评估打击效果

信号侦察卫星还能够弥补成像侦察卫星在打击效果评估方面的不足，例如可通过比较打击前后同一部雷达的工作情况，判定该雷达及其相关系统的受损程度。此外，通过对通信活动的情报侦察，可以判断敌通信网络的受损情况。

三、信号侦察卫星具备的能力

信号侦察卫星由于其应用的特定要求，具有相应的能力：

（一）电子侦察针对性应用能力

一般来讲，信号侦察卫星执行的侦察任务都具有一定的针对性，对有些国家和地区需要进行重点侦察，卫星的飞行轨道将影响其侦察的针对性。在重点侦察地区，一般卫星在其上空位置相对较高，飞行时间较长，能够获得更多的信息。而在非重点地区飞行高度相对较低，越过其上空的时间较短①。

（二）大天线、高精度、高侦收率的电子侦察能力

信号侦察卫星的核心部件就是其接收天线，它的性能直接决定了卫星侦察截获信号的能力，卫星上的信号处理能力也是十分重要的指标。信号侦察卫星一方面要求能够同时接收和处理成千上万个信号，另一方向要求能够识别出弱小信号，这对卫星上的接收处理单元提出了很高的要求。当信号流的密度很高时，如果仍要求保持

① 孙洋、邱乐德：《电子侦察卫星初探》，《2008 年中国西部青年通信学术会议集》，2008 年 12 月。

较高的侦收概率，则需要采用服务时间较短的高速侦察处理系统。

（三）多信号形式的适应能力

空间电子侦察任务的困难之处，除了信号流的密度很高以外，还在于信号形式的复杂多变性。如何在密集的信号流中进行准确的信号识别，是侦察卫星的基本能力要求，信号侦察卫星上的接收机要能够识别和分析不同形式的信号。

（四）全天候、全天时长期连续的侦察能力

信号侦察卫星的侦察不能因为天气的好坏而受到很大影响。此外，侦察的连续性也是一个很重要的性能指标。为了保持侦察的连续性，避免或减少“侦察盲点”，信号侦察卫星常常采用星座或者编队飞行的方式实行侦察。

（五）实时侦察信息的能力

侦察信息的实时性是信息发挥作用的重要影响因素，特别是在现代战争对抗中，信息瞬时万变，实效就显得尤为重要，侦察信息能否实时地传到地面直接影响到信息的利用价值，要想做到实时转发，通常采用星际链路和中继星来达到目的；

（六）抗干扰能力

信号侦察卫星工作时，各种人为的和非人为的干扰因素大量存在，有针对性的电子对抗通常对侦察起着非常大的破坏作用，如何有效规避各种干扰，提高卫星的抗干扰能力是提高卫星效能的重要指标。信号侦察卫星的抗干扰能力的强弱直接影响了其侦察能力的大小，一个很容易被干扰的侦察卫星在遇到干扰时，就不能有效地执行侦察任务。

（七）精确定位能力

发现是信号侦察卫星的必备能力，发现以后精确定位也是卫星必须具备的能力。决定目标定位精度的误差有下列 3 种类型：一是决定卫星空间位置的误差；二是决定敏感轴（天线电轴）方向的误差；三是其他误差。信号侦察卫星减小这 3 个方向的误差，提高定位精度也是性能的一个重要的方向。

四、信号侦察卫星的特点

（一）轨道特点

信号侦察卫星的轨道为圆形或近圆形。为了兼顾定位精度和卫星长期工作的要求，单星定位制信号侦察卫星的轨道高度一般在400—500 千米。多星定位制信号侦察卫星的轨道高度一般在 1000 千米以上，有利于长期监视大面积地区。

（二）控制特点

信号侦察卫星采用单星定位时，为了达到较高的定位精度，要求卫星姿态的控制精度达到 0. 1—0. 2 度。采用多星定位时，卫星姿态的控制精度可以降低一些，但是卫星需要增设轨道控制系统，以严格保持两颗卫星之间的距离。

（三）电子侦察设备特性

卫星上的电子侦察设备由天线、接收机和终端设备组成，工作频段在 80MHz 至 37GHz 范围内。单星定位时，天线可以选用窄波束扫描天线、多波束天线或比幅比相天线。多星定位时对天线的要求较低，侦察接收机在大量密集的电磁信号环境中工作，必须对复杂信号有很高的分选能力，可选用扫频接收机或多路接收机，一般多用后者。终端设备需要处理大量的信号，它的设计有两种方案：一种是把收到的信号实时转发，这要求在侦察区域附近设置地面接收站；另一种是把侦收到的信号经预处理后存贮起来，待卫星飞经预定的地面接收站时再转发，这要求在卫星上装有大容量存贮器。

（四）信号侦察卫星的有效载荷

信号侦察卫星有效载荷主要包括用于接收电子信号的大型天线，用于转发信号的小型天线，通信、电子侦收和定位设备，数据处理以及传输转发设备。大型接收天线和电子侦收设备是信号侦察卫星的接收部分，负责截获各种类型的信号。数据处理设备和定位设备是信号侦察卫星上的信号处理部分，主要用来对截获到的信号进行分析、处理，从而得出相关的信息。传输转发设备以及转发信号的小型天线是信号侦察卫星的信号转发部分，负责将星上的处理结果传回地面或传给其他相应的接收装置，以便对分析所得到的信息进行进一步的利用。

五、信号侦察卫星的关键技术

信号侦察卫星的关键技术主要有超大型天线技术、综合化集成化技术、星上信号处理技术以及定位技术等。

（一）超大型天线技术

信号侦察卫星又称大天线卫星，轨道的不同对天线的要求不同，大椭圆轨道卫星一般采用伞状天线，技术难度在于肋条的展开精度。静止轨道卫星采用网格天线，在网格节点上装微型电机，保证天线的机械均匀性和微波特性。高性能侦察卫星天线要求直径高达100m左右，携带这样大型天线的卫星的发射难度较大，当天线折叠起来仍不能收藏于运载工具之内时，则需将天线分成若干部分，分批送入轨道后再在卫星上利用空间机器人装配成完整的天线，这类天线称为空间组装型天线。大型天线的收拢、展开、变形处理等技术难度很大，通常利用小卫星群组成分布式天线来解决以上问题。

表5—1　美国几种信号侦察卫星的天线尺寸（米）

卫星名称	电子侦察天线尺寸	数据传输天线尺寸
雪貂	9.2（卷助式）	——
流纹岩	18.3（折叠式碟形）	——
漩涡（小屋）	38.4（卷助式）	3.05
大酒瓶	152.5（卷助式）	9.8

（二）综合化、集成化思路

早期的信号侦察卫星大多采用单星模式，这对于侦收移动部队的微弱通信信号以及为移动式导弹配置的雷达信号有一定困难，为此提出“集成化过顶信号侦察结构设施（IOSA）”，目标是消除电子侦察盲区。之后，比较热门的综合化、集成化技术是卫星编队飞行技术，它能够加强信号侦察卫星的综合化、集成化程度。“入侵者”是美国“集成化过顶信号侦察体系”（IOSA）的组成部分，是利用天基网的发展思路和新的设计理念研制的，目的是提高电子侦察质量，降低系统成本。它具有多轨道能力，可代替静止轨道和大椭圆轨道的卫星并集通信、情报和电子侦察于一身。

（三）星上信号处理技术

信号侦察卫星的发展趋势是越来越重视星上处理能力。为了实现卫星传输的信息能够直接到达利用的目标，对星上信号的分析和处理能力提出了很高的要求。由于卫星上有效载荷的高可靠性要求，以及对大量侦收到信号海量数据处理的工作量和复杂度，有效的星上信号处理技术仍是目前信号侦察卫星的一个难点。星上信号处理主要有两个方向：一方面是对截获的信号分析其通信体制和信号特征，并对信号源进行定位，以便指导下一步的监听、干扰和精确打击；另一方面对截获的信号进行内容破译和筛选，以便获得有用的通信情报。

（四）定位技术

信号侦察卫星的定位方法有两种：一种是单星定位法；另一种是多星定位法。单星定位有两种方法：一种称为测角定位法，通过测定卫星——辐射源联线与卫星——地心连线的夹角来定位；另一种称为测向交叉定位法，利用卫星在两个不同位置上测定辐射源的方向，然后交叉定位。

交叉定位的过程是由于卫星飞经每个侦察覆盖区的时间是准确已知的，利用侦察卫星接收到目标信号的到达时间、卫星的姿态数据和接收到目标信号的辐射方向，推算出侦察对象雷达等电子设备的方位。单星定位要求卫星姿控达到0.1—0.2度的精度。美国信号侦察卫星基本上都是采用的单星测向交叉定位法。

多星定位也称时差（距离差）定位。一般使用3—4颗卫星定位，先测定电磁信号到达两颗卫星的时差，也就是测定辐射源至两颗卫星的距离差，这样就可以建立一个以两颗卫星所在位置为焦点的双曲面。同样可以建立另一个以两颗卫星所在位置为焦点的双曲面，然后根据这两个双曲面与地球表面的交线来确定目标位置。多星定位比较适合于大面积地区的监视。单星定位和多星定位已经达到几千米的定位精度。定位方法不同，对卫星设计提出的技术要求也不相同。

六、信号侦察卫星的发展趋势

信号侦察卫星向多功能、长寿命、实时性强和适应范围广等方向发展。信号侦察卫星的信号处理能力与速度、抗干扰能力、变轨能力、抗摧毁能力、星座化和侦听有线通信能力、决定着信号侦察卫星的发展趋势①。信号侦察卫星的发展有以下几个趋势：

（一）信号侦察卫星部署从低高度向中高度以及静止轨道发展，由单星工作向多星组网发展

卫星部署得越高，地面覆盖面就越广。信号侦察卫星特别是具有对遥测信号和通信信号监听任务的卫星，向静止轨道发展，这样只要使用3颗卫星即可覆盖全球，如能与中继卫星配合，可以大大提高监视电子目标的实时性；随着星上信息处理能力的不断加强，如果信息传输量大大减少，多星组网工作体制就会失去意义，信号侦察卫星的工作体制还会由多星向单星发展。

（二）信息处理从地面向星上发展

若想取得战争的主动权，必须对来自空间的信息准确及时地吸收和利用，尽量减少观察、判断、决策和行动回路的时间，对卫星的自主性和星上处理提出了要求。随着大规模集成和微处理技术的

---

① 娄自森等：《小卫星在电子侦察中的应用及关键技术》，《军事通信技术》，2007年第3期。

发展和应用，星上终端设备将担负起愈来愈多的信息处理任务，卫星只需把处理结果发送回地面。星上处理能力的加强，尤其是智能处理技术的应用，将为今后战场直接使用卫星传输的信息打下基础；

（三）卫星任务从单一型向综合型方向发展，生存能力从无抗毁能力向自卫防御发展

随着科学技术的发展，多源信息数据融合智能技术的开发应用，发展综合型侦察卫星更有利于提高情报的质量，减少空间费用的投入。在现代电子对抗中，只提高卫星的工作能力是远不够的，还须有一套自我防卫措施，具有主动的攻击和自卫能力；

（四）空间侦察由支持战略任务向战术任务应用转变

前苏联解体，冷战结束，美国的军事战略由原来的“核威慑”转变为“打赢局部战争”，电子信号侦察由支持战略任务向战术任务应用转变，把卫星信息的运用范围从高层指挥机关、司令部，普及到一般的战场指挥员、武器装备和单个士兵；

（五）信号侦察卫星发展呈现出多极化趋势

多年来，卫星军事侦察领域一直被美俄两个空间大国所垄断。冷战结束后，许多国家的军事航天战略都有所调整，多极化政治格局的形成已使许多国家认识到控制空间的重要性。电子侦察优势使美国在海湾战争中掌握主动并占据优势，这激励了不少国家（如法国、英国、日本）努力发展和建立自己独立的空间电子侦察能力，希望拥有电子侦察能力以实现综合侦察能力的提高。

（六）多功能长寿命化发展趋势

信号侦察卫星现正向多功能、长寿命、实时性强和适应范围广等方向发展。

七、信号侦察卫星的弱点

信号侦察卫星存在明显的弱点，其一其侦察或监视要依赖于对方的电磁辐射，如果目标电磁信号不能进入接收系统或者不在接收系统覆盖范围内，侦察将失效，其中典型的情况是对猝发通信和扩频通信信号侦察。其二是卫星在被侦察或监视目标上空的空间位置相对较高，截获的电磁信号较弱。同时，侦察效果还受到波束方向限制和大气层特性影响，使得信号提取困难；对于低轨道卫星，容易受到敌方反卫星武器的直接攻击，而且更重要的是其侦察覆盖区域有限，工作寿命短。其三是由于卫星载荷质量的局限性，使得星上的信号处理能力有限（容量和反应速度等）。因此对于电磁辐射源数量较大、信号密集的情况，难以从中分选和识别出有用的信号，从某种意义上说，就是信号侦察卫星容易受到干扰信号和假信号的欺骗。

第二节　美国空间信号情报侦察的发展

2013 年美国的“斯诺登事件”，暴露了美国政府监听的丑闻，也反映出美国对于信号情报的重视。其实，美国一直比较重视从电磁信号中收集别国政治、经济、军事等方面的情报工作，早在二次世界大战期间就为此研制的专用设备进行广泛的应用。美国海军上将尼米兹在评价这些专用设备在太平洋战争中所起作用时曾经说过，拥有这些设备等于拥有了另外一支舰队。二次大战后，世界进入冷战状态，美苏之间的军备竞赛愈演愈烈。为了及时掌握苏联及其他社会主义阵营国家的政治、军事特别是防空雷达系统配置、导弹发射阵地配置、新式导弹试验情况等方面的情报，美国于 1952 年成立了国家安全局（NSA，National Security Agency），负责集中管理全美信号情报收集工作和所需设备的开发，同时还负责美国国内通信的保密工作。

关于 NSA 预算和人员方面的官方资料很少，据估计，美国政府每年拨给 NSA 的经费约在 100 亿美元左右，总共约有 5 万到 10 万名雇员（其中 80% 来自民用部门）为 NSA 工作。NSA 收集的情报被广泛地用于美国政府的政策决策，以及对军事、经济问题的政策制定等方面。及时地组建像 NSA 这样拥有巨大权限以及充足财力支持的机构，使得美国能够在全球建立一套完整的信号情报收集系统（SIGlNT）。

一、美国空间信号情报侦察系统的构成

美国的信号情报侦察系统成体系配置，空间段有为美国空军和海军服务的低轨道信号侦察卫星（LEO ELINT），从 1960 年开始先后发展了“掠夺”（Grab）、“侦探”（Ferret）等、“海军海洋监测系统”（NOSS）、“星基大范围监测系统”（SB－WASS）等卫星系列；有为美国空军服务的大椭圆轨道信号侦察卫星（HEO ElINT），从 1970 年末开始发展了“折叠椅”（Jumpseat）、“小号”（Trumpet）等系列卫星；有为中央情报局服务的地球同步轨道信号侦察卫星（GEO ELINT），从 1970 年代开始发展了“流纹岩”（Rhyolite/Aquacade）、“大酒瓶”（Magnum/Orion）、“导师”（Mentor）以及“入侵者”（Intruder）等卫星；还有为美国空军服务的准同步轨道通信情报卫星（GEO COMlNT），从 1970 年开始发展了“峡谷”（Canyon）、“小屋/旋涡”（Chalet/Vortex）、“水星”（Mercury）等系列卫星。

地面段又可分为两部分，对于高轨道信号侦察系统，其地面段主要由 3 个大型地面站组成：位于澳大利亚 Alice springs 的 Pine Gap 站、位于英国威斯山（Menwith Hill 的 Harrowgate 站和位于美国马里兰州 NSA 总部的 Fort Meade 站。这些地面站用来控制信号侦察卫星并负责接收、处理所收到的数据。三大地面站之间用保密通信卫星连接，但机密资料通常用军用飞机直接从澳大利亚运往美国。高轨道信号情报系统中最大的地面站是松树峡（Pine Gap）站，1960 年底建成。目前该地面站有 8 个置于天线罩下的天线，口径从 2 米到 33 米不等。松树峡站的设施由美国和澳大利亚官方共同维护、使用（松树峡站的对外名称为“空间研究联合防务设施”（Joint Defense Establishment for Space Research））。主要的信息处理任务由中央情报局专家完成，澳方人员大多只做一些辅助工作，不会接触到所有被

截获的数据。技术大楼内分布的设备用来控制星上仪器，截获到的无线电数据首先进行预处理，更详细的数据处理工作则在国家安全局和中央情报局中心进行。例如，加密通信数据的解密就在“信号情报城”（Fort Meade）利用超级计算机进行细致分析。对于低轨道信号情报系统，其地面段主要由分布在美国马里兰州的 Blossom Point 和缅因州的 Winter Harbor，苏格兰的 Edzell Guam 岛，Diego Garcia 岛，Adak 岛和其他地方的地面站组成。卫星的控制由海军空间指挥部（Navy Space Command）执行，信号处理由位于马里兰州 Suitland 的海军信息中心和位于西班牙、英国、日本以及夏威夷的海军情报中心进行。

二、美国空间信号情报侦察的发展

美国为了收集苏联及其他社会主义国家境内的无线电信号，在 20 世纪 50 年代曾主要利用高空侦察机，然而这种方式并不可靠。美国的高空侦察机屡屡被苏联、中国、东德和古巴的防空武器击落。据统计，1950—1969 年的 19 年间，先后约有 15 架美国和北约的高空侦察机被击落。高空侦察机被击落后往往造成飞行员的丧生或被俘，并造成政府间关系的恶化，这些缺陷迫使美国政府转而研究利用卫星的可能性。1954 年艾森豪威尔总统批准了 WS－117L 计划，该计划主要为美国空军和中央情报局开发侦察卫星。首颗研制的卫星称为“侦探先锋”（Pioneer Ferret），其上装有信号拦截设备。第一台电子侦察设备“斯格特普”（Scotop）于 1960 年 8 月搭载在试验型照相侦察卫星“发现者－13”（Discoverer－13）上升空，其目的是记录苏联用于跟踪美国空间飞行物体的雷达信号。至此，美军开始使用空间信号侦察卫星作为主要的空间信号侦察平台，来获取信号情报。

（一）第一代信号侦察卫星

美国第一代信号侦察卫星“侦探”（Ferret）于 1962 年开始发射升空。早期的“侦探”卫星分为两类：一类为用于收集防空雷达信号（发现其位置、操作模式和信号特征）的小型信号侦察卫星，这类卫星首先与照相侦察卫星一起发射到初始的低轨道。然后用卫星自带的发动机提升到300—800 千米的极轨工作轨道。另一类为针对通信系统的重型信号侦察卫星（1—2 吨），发射到大约 500 千米的轨道上。改进型“侦探”卫星直到现在仍为美国空军所使用。重型信号侦察卫星共进行了 16 次发射，其中一发发射失败，到 1971 年时美国停止发射这类卫星。

信号侦察卫星前 10 年的使用经验表明，为了更有效地截获通信信号，卫星必须升高到地球同步轨道以进行每天 24 小时不间断地监听，或者升高到较高的大椭圆轨道以进行每天 12 小时的连续监听。高轨道信号侦察卫星需要解决诸如大型天线、高灵敏度接受机以及将接收到的信号传回地面站等一系列难题，60 年代由中央情报局科学技术部和 TRW 公司（美国侦察卫星的主要承包商）联合开展的研究表明，对于高轨道信号侦察卫星的研究非常必要，之后，有了更新一代的卫星。

（二）第二代信号侦察卫星

从 20 世纪 60 年代末至 80 年代初，美国发射了多颗第二代信号侦察卫星。工作于准同步轨道的第二代信号侦察卫星为“幽灵鸟”（Spook Bird）系列，后改称“峡谷”（Canyon），于 1968 年首次发射，1977 年进行了最后一颗的发射，其间共进行了 7 次发射，1 次失败。工作于同步轨道的“流纹岩”（Rhyolite）于 1970 年和 1973 年进行了两次改进，改进的“流纹岩”更名为“水技表演”（Aquacade），于 1977 年和 1978 年进行了两次发射。

由 TRW 公司为美国空军研制的“幽灵鸟”卫星主要用来监视苏联军方的无线电通信信号，特别是苏军高级指挥官与战略火箭部队的无线电通信，因为苏联战略火箭部队拥有的大威力导弹一直是美国人的心腹大患。早期“幽灵鸟”卫星的天线口径约 3 米，后来的“峡谷”卫星天线口径增大到约 9 米，卫星由 Atlas - Agena 火箭从佛罗里达的卡纳维拉尔角发射入轨。

与大多数通信卫星和气象卫星所使用的同步轨道不同，“幽灵鸟”使用的准同步轨道具有3—10度的倾角，远地点39000—43000千米，近地点30000—33000千米。准同步轨道上的卫星相对于地球并不是静止不动的，而是沿着一条复杂二次曲线运动。这一特性使得卫星能够在一天内对较广的区域进行观察并且可以从轨道上不同的位置测量被监视的无线电信号的传输方向。从地面上观察，卫星的轨迹呈∞型，沿地平线方向较长，方位向张角30度，俯仰向张角5—6度。毫无疑问，对于执行侦察任务，准同步轨道具有许多优点，比如大的监视区域、多点测向能力以及大的地面接收范围等。

工作于同步轨道的“流纹岩”由TRw公司在60年代中期为中央情报局和国家安全局研制。“流纹岩”与“峡谷”相比，主要的改进在于星上天线口径的加大。由于利用了当时最先进的制造轻型、大尺寸结构的技术，天线的尺寸增大到了15—20米。从发射的频度以及那个年代卫星的平均寿命估计，当时美国的同步轨道信号侦察卫星系统由3—5颗卫星组成，1颗或2颗置于印度洋上空，2颗或3颗置于非洲和大西洋上空。

（三）第三代信号侦察卫星

进入70年代后，由于大型复合材料空间结构技术的发展，美国着手研制第三代信号侦察卫星。工作于准同步轨道的第三代信号侦察卫星称为“小屋”，后改名为“旋涡”。“小屋”重约1.2吨，于1978年用Tian 3C火箭发射，其主要任务是截获利用同步轨道卫星的UHF天线传输的通信信号和利用宽主瓣天线传输的通信信号。“小屋”卫星的天线口径达30—45米。“旋涡”与“小屋”的主要区别在于星上设备的工作频段向厘米波段进行了扩展，从而进一步增加了卫星的重量（1.4—1.6吨）。1978年到1989年间，用Titan 34D火箭共发射了7颗“旋涡”，其中一颗由于转移轨道发动机故障没有进入工作轨道，1989年5月4日发射的一颗还被称为“Zircon”。

工作于同步轨道的第三代信号侦察卫星称为“大酒瓶”，也称为

“导师”或“Orion”。这类卫星显然是为了替换“流纹岩”型卫星。“大酒瓶”于1985年第一次发射，星上天线的口径约78米，1990年发射的第二颗已改名为“导师”。

工作于大椭圆轨道的第三代信号侦察卫星称为“折叠椅”，由TRW和休斯公司制造，具有约18米的星上天线，1971年到1981年之间用Titan 3B和Ascent Agena - D成功地进行了6次发射。“折叠椅”工作在Molniya轨道，主要用来截获原苏联工作在Molniya轨道上的通信卫星Raduga和Gorizont的通信信号。

（四）第四代信号侦察卫星

冷战结束后，美国在其信号侦察卫星方面进行了较大的调整，由原来集中监听苏联转到收集世界各地的经济情报和局部冲突上。在第四代准同步轨道信号侦察卫星方面，美国研制的有“高级旋涡”(Advanced Vortex)，后改名为“水星”。“水星”由休斯公司制造，安装一付与民用卫星APMT类似，但尺寸要大得多的天线，天线口径接近100米。“水星”除了完成对通信信号的监听功能外，还增加了其他一些使命，如电子情报（ELINT）类中的非通信类电子信号，遥测情报（TELINT）中的导弹试验的遥测数据以及雷达情报(RADINT)类中的雷达发射的信号，导弹试验时的遥测遥控信号等非通信电子信号。该星由休斯公司承造，采用长约100米的新型特种天线。2颗“水星”分别于1994年8月和1996年4月发射。

美国20世纪90年代发射的“门特”同步轨道信号侦察卫星也属于现役的第4代信号侦察卫星，是“大酒瓶”卫星的后继型，最初的“大酒瓶”卫星的侦察天线直径大约为76米，天线像雨伞一样可先折叠起来，当卫星进入轨道后再用气体压力将其展开，最新发射的卫星其天线直径已经增加到152米，这种大型伞状天线，可截获、监听从100MHz—20GHz波段范围的所有信号，包括微弱信号。该卫星的首要任务是截收前苏联、俄罗斯和中国等导弹试验的遥测数据信息。其次是监听雷达信号以及微波通信，无线电通信甚至步话机的信号等，星上携带的6米通信天线，可将侦察截获的各种情报信息，及时发送给设在澳大利亚松树峡的地面接收站或英国威尔斯地面站，然后再由这些站通过通信卫星转发给美国中央情报局和国家安全局。新型的“门特”卫星也改用了网状的相控阵侦察天线，目前美国已经有3颗“门特”卫星在轨工作，据说该卫星还具有很强的星上信号处理能力和轨道机动能力。

第四代大椭圆轨道信号侦察卫星称为“高级折叠椅”（Advanced Jumpseat)，也称为“小号”（Trumpet)，同样与“水星”程相似，只是天线的口径增大到约150米。该卫星于20世纪90年代开始研制，从1994年至今已经至少发射了3颗，“小号”卫星重5－6吨，天线直径达100m，运行在大椭圆轨道上，近地点为360千米，远地点为36800千米。美国发射“小号”系列信号侦察卫星，主要目的是把电子侦察范围扩大到纬度较高的俄罗斯和中国北部地区。这种卫星吸收了当今航天领域最先进的电子、天线和数字传输技术，它装有复杂而精细的“宽频带相控阵窃听天线”，天线展开后的面积相当于一个足球场那么大，采用大量网格设计，用滑轮和徽电机驱动展开。该卫星能提供近连续的信号侦察，可同时监听地面上千个信号源，甚至连俄罗斯潜艇基地与其核潜艇舰队之间的通信都能窃听。此外，“小号”还装载了极高频中继系统。该星的入轨，使美军具备了获得近似连续信号情报的能力，极大地增强了美军的信号侦察能力。

目前，美国在轨使用的信号侦察卫星主要是90年代发射的2颗“水星”（Mecury）准同步轨道信号侦察卫星、3颗“门特”（Mentor）同步轨道信号侦察卫星（原“大酒瓶”系列卫星的后继型，也有人将其算作“大酒瓶”系列中）和3颗“小号”大椭圆轨道信号情报侦察卫星。此外，还有第五代的“入侵者”（Intruder）同步轨道信号侦察卫星和具备一定隐身性能的“暗巡者”（Prowler）大椭圆轨道信号侦察卫星。

（五）第五代信号侦察卫星

2000年后使用的第五代信号侦察卫星是“入侵者”（Intruder），为同步轨道类，美国前在轨道上工作的主要是第四代和第五代卫星。

第五代信号侦察卫星“入侵者”是美国“集成化过顶信号侦察体系”（IOSA）的组成部分，是利用天基网的发展思路和新的设计理念研制的，目的是提高电子侦察质量，降低系统成本。它具有变轨道能力，可代替当今静止轨道和大椭圆轨道的卫星，并集通信情报和电子情报侦察于一身，“入侵者”采用了相控阵多波束技术，能够监听包括手机在内的微弱信号。

“暗巡者”（Prowler）信号侦察卫星的设计初衷主要是用来协助对可重部署的战略目标进行侦察定位。“暗巡者”被认为是精确信号情报目标群（PSTS）先进概念技术演示的先驱，PSTS 向战术用户提供的目标定位精度将比任何单一的系统独自工作时的性能要改善一个数量级以上。

美国的信号侦察卫星星座配置完整，具有强大的信号侦收能力、星上信号处理能力和轨道机动能力，能提供近连续的信号情报侦察，可同时监听地面上千个信号源，包括导弹试验的遥测数据信息、雷达信号及微波通信、无线电通信信号，甚至连俄罗斯潜艇基地与其核潜艇舰队之间的通信都能窃听，历次的局部战争、反恐怖战争中以及其他军事行动中，美国的信号情报侦察卫星都起到了非常重要的情报支持作用。

表 5—2　美国信号侦察卫星一览表

任务区分	雷达定位	峡谷（Canyon）
		漩涡/小屋（Vortex/Chalet）
		水星（Mercury）
	舰船定位	罂粟（Poppy）
		命运三女神/白云（PARCAE/White cloud）

续表

轨道区分	静止轨道	流纹岩/水技表演（Rhyolite/ Aquacade ）
		大酒瓶/猎户座 Magnum/Orion
		导师/顾问（Mentor）
		入侵者（Intruder）
	高椭圆轨道	弹射座椅（Jumpseat）
		小号（Trumpet）
	低轨道	雪貂（Samos - F）
		掠取（Grab）
		罂粟（Poppy）

第三节　美国信号侦察卫星轨道分布

卫星轨道的不同对于任务执行有较大的影响，美国信号侦察卫星成体系配置，形成了高中低和静止轨道等合理梯次配置的架构。

一、美国低轨道信号侦察卫星

美国在低轨道部署了详查型、特殊型、普查型等多种类型的信号侦察卫星，目前大多退役。低轨信号侦察卫星通常采用多星组网方式，定位快、精度好，且卫星数目较多，过地面重点区域上空非常频繁①，比较容易捕捉地面电子设备信息。

美国第一颗信号侦察卫星称为“掠取”（GRAB）。该星在经艾森豪威尔总统批准的 WS - 117L 计划名义下，从 1958 年开始由美国海军研究所进行秘密研制，首颗卫星于 1960 年 7 月发射升空，轨道高度为 500 千米，主要用来获取苏联的地面防空雷达和舰载雷达情报。

① 万安民：《国外电子侦察卫星的探测威胁分析》，《电子靶场》，2014 年第 3 期。

"侦探先锋"（Pioneer Ferret）是美国空军和中央情报局发射的信号侦察卫星，星上装有用来进行信号拦截的电子侦察设备，第一台星载电子侦察设备"斯格特普"（Scotop）曾于1960年8月搭载在照相侦察卫星"发现者-13"（Discoverer-13）上进行试验，并成功地记录了苏联用于跟踪美国空间飞行物体的雷达信号①，这也是信号侦察卫星的雏形，为信号侦察卫星的进一步发展提振了信心。

正式的工作型"侦探"（Ferret）系列卫星于1962年5月开始发射。早期的"侦探"卫星分为两类：一类为详查型的重型信号侦察卫星（1.5—2吨），轨道高度大约500千米，倾角在84—94.5度之间，这样的轨道使卫星可以飞经大部分原苏联和中国的领空，该卫星的任务是对已发现的目标进行详细侦察，精确地核实辐射源的位置，获取对方电台和雷达信号的特性参数与防御部署情况，以提高己方导弹和轰炸机的突防能力。其工作过程是：卫星捕获到无线电信号后，暂存在星载记录仪上，待飞经指定地面站上空时，以快速通信方式向下发送，最后由地面站计算机和情报分析人员对截获信号进行处理和分析。这种重型信号侦察卫星是美国最早研制并发射的信号侦察卫星，总共发射了17颗，当美国掌握了对方电磁辐射源的基本部署以后，就不再发射这种详查型侦察卫星，其部分侦察任务则由后来的"流纹岩"——同步轨道侦察卫星接替。另一类是用于收集普查侦察对象防空雷达信号（发现其位置、操作模式和信号特征）的小型信号侦察卫星。普查型信号侦察卫星的任务是进行大面积广域侦察，其侦察范围可达方圆2000千米。该卫星能对各种无线电信号（其中包括原苏联的洲际弹道导弹的遥测信号）和雷达脉冲信号作大面积侦察，对辐射源进行大体定位，并确定它们的工作频段和扫描方式，这类卫星先随同KH系列照相侦察卫星一起发射升空，然后利用卫星自带的小型固体发动机提升到轨道高度约700千米的极地轨道上。这种卫星体积较小，重约59—158千克，倾角

---

① 曾锦祥、张金生：《美国电子侦察卫星的发展与应用》，中国雷达行业协会航空电子分会暨四川省电子学会航空航天专委会学术交流会论文集，2005年。

为 96 度，周期约 98.7 分钟，工作寿命 4—5 年。卫星采用太阳能电池和一个小蓄电池供电，星上装有 VHF、UHF 和 SHF 等多种侦察天线，星载一台磁带记录仪。可记录长达 3 小时、874.8 千比特数据，其回放速度可变，最快能在 15 分钟内将所存储的数据放完。

改进型“侦探”系列卫星。又称“孤独者”（Singleton），也是为美国空军服务的一种新型信号侦察卫星，美国于 80 年代中、后期开始研制并部署这种卫星，卫星被部署在高倾角的极地轨道上，原苏联/俄罗斯将其称为“雪貂 - D”（Ferret - D）。“雪貂 - A”系列指美国在 60—70 年代初发射的重型信号侦察卫星，“雪貂 - B”是指随 KH 系列卫星一起发射入轨的普查型信号侦察卫星。“雪貂 - C”则是指“弹射座椅 - 大椭圆轨道信号侦察卫星”。第一颗“孤独者”卫星于 1988 年 9 月由大力神 -2 运载火箭从西靶场即范登堡空军基地发射入轨，代号为 USA - 32。卫星进入到倾角 85 度、近地点 185 千米、远地点 292 千米的极地轨道，这种卫星除了星载电子侦察接收机外，卫星还携带一种红外传感器作为辅助侦察载荷。美国在 90 年代已经完成这种新型极地轨道侦察卫星星座的部署，整个星座由 6 颗卫星组网工作，每颗卫星轨道面间隔 60 度，这种新型信号侦察卫星直到现在仍为美国空军所使用。

美国海军的海洋监视卫星是另一种类型的低轨信号侦察卫星，美国于 1968 年开始研究海洋监视卫星，当时的代号为“749 计划”，其重点放在星载雷达的研制上，也试图搞出一种全天候工作的系统。1971 年进行了首次发射，试验 1 组 3 星的侦察方案，即由“阿金娜”（Agena）可多次点火的发动机将 3 个各重约 123 千克的 SSU 小卫星分散布置在轨道上。这次试验用的卫星由海军研究实验室制造，验证了从轨道上对舰载无线电发射机进行多点测向技术、重力梯度卫星稳定技术、信号截获和下行传输技术以及轨道参数的选取等技术。由于当时的技术局限，美国于 1973 年对海洋监视卫星计划进行了调整，并制定出称为“白云”和“快船”的两个独立的卫星发展计划。后者由于费用太高和星载雷达的性能当时未能达到要求，以及无法探测并跟踪高速飞行的飞机等原因，美国海军于80年代初被迫终止了“快船”计划。

二、美国高轨道信号侦察卫星

为了能最大限度地接收距离较远的地面目标信号，高轨道信号侦察卫星需要解决诸如大型天线，高灵敏度接收机以及将接收到的信号传回地面站等一系列难题。美国的第一颗高轨道信号侦察卫星最初叫“幽灵鸟”。首颗“峡谷”卫星于1968年8月，由Atlas－Agena火箭从佛罗里达的卡纳维拉尔角发射入轨，并由位于德国的巴德艾布林地面站进行操控。由于苏联的主要通信线路连绵数千英里，而且大部分是在西伯利亚，那里的冰冻层限制了其可靠地使用地下电缆。这种地理环境使美国的侦察卫星能够轻而易举地窃听苏联的内陆通信，“峡谷”卫星的工作效果比预期的还要好，因此这项工程也比预期得到了延长，“峡谷”卫星的成功带动了一种新型通信情报卫星——“瑞士山中的牧人小屋（Chalet）”的设计与研制。美国发射这种卫星的原因之一，是1978—1979年伊朗发生了伊斯兰革命，美国被迫关闭了设在伊朗的以原苏联作为主要对象的通信侦察基地。“小屋”正是为了弥补这一空缺而发射的小型通信情报侦察卫星，但后来卫星上因搭载了电子情报载荷而成了信号侦察卫星。“小屋”系列卫星的地面控制站被选在英国的门韦斯山，头两颗“小屋”卫星分别于1978年6月和1979年10月用Titan 3C火箭发射。当“小屋”卫星的名字首次出现在美国新闻媒体上之后，这些卫星便被改名为“旋涡”（Vortex）。“小屋”卫星重约1.2吨，其主要任务是截获利用同步轨道卫星的UHF天线传输的通信信号和利用宽主瓣天线传输的通信信号，“小屋”卫星的天线口径达30—45米。“旋涡”与“小屋”的主要区别在于星上设备的工作频段向厘米波段进行了扩展，从1978—1989年间，美国共发射了8颗“旋涡”系列卫星，其中1颗由于转移轨道发动机故障没有进入工作轨道。“小屋/旋涡”卫星主要用于侦察原苏联和中国的外交、军事通信以及雷达和导弹遥测信号等。

美国从90年代开始启用了称为“高级旋涡”（Advanced Vortex）的新一代卫星，后来改名为“水星”（Mercury），头两颗“水星”分别于1994年8月和1996年4月发射。

1998年8月12日，美国在卡纳维拉尔角空军基地用大力神－4A/半人马座火箭发射了第3颗“水星”，这是美国空军从70年代开始的准同步轨道信号侦察卫星计划系列中的第15颗卫星，也是该计划的最后一颗卫星。由于火箭失控，它在升空42秒后由地面注入指令将卫星及火箭引爆，这次事故造成的损失额达10亿美元。

美国中央情报局于1967—1985年间开发了工作在同步轨道的第二类高轨道信号情报侦察卫星“流纹岩/水技表演”，第一颗工作型“流纹岩”卫星于1973年3月发射，至1978年4月共发射了4颗。该卫星由TRW公司研制生产，星上装有一副直径约20米的大型天线和各种信号情报侦察设备，能侦察截获导弹遥测信号和从超短波到微波的各类通信信号。这种卫星由位于澳大利亚中部松树峡的远程地面站进行操控，该站也是美国全球信号情报监听网中装备最先进、最大的侦察基地之一。

“流纹岩”卫星通常以两颗为一组（一颗备用），一组定位于非洲之角上空，主要用于监听原苏联从普列谢茨克试验发射固体洲际导弹以及从白海试验发射潜射导弹的遥测信号；另一组定位于太平洋西南的婆罗洲上空，主要用于监听原苏联、中国的军事通信和雷达信号，探测并截获原苏联从丘拉坦试验发射液体洲际导弹和从萨雷沙甘试验发射反弹道导弹的遥测信号，以及弹头在勘察加上空再入大气层的信息，此外，这些卫星还能窃听欧洲、非洲和亚洲大部分国家和地区的军事和外交情报。

从1985年开始，美国用航天飞机发射了称为“大酒瓶”（Magnum）的新一代同步轨道信号侦察卫星，以取代“流纹岩”。首颗“大酒瓶”卫星定位于印度洋迪戈加西亚岛和新加坡之间上空的同步轨道上，“大酒瓶”系列卫星的设计寿命为10年。90年代发射的

“大酒瓶”系列卫星已改名为“猎户座”（Orion）或“门特”（Mentor）。最初的“大酒瓶”卫星的侦察天线直径大约为76米。天线像雨伞一样可先折叠起来，当卫星进入轨道后再用气体压力将其展开，最新发射的卫星其天线直径已经增加到152米，这种大型伞状天线，可截获、监听从100MHz—20GHz频段范围的所有信号，包括微弱信号。该卫星的首要任务是截收原苏联/俄罗斯和中国等导弹试验的遥测数据信息，其次是监听雷达信号以及微波通信、无线电通信甚至步话机的信号等，星上携带的6米通信天线，可将侦察截获的各种情报信息，及时发送给设在澳大利亚松树峡的地面接收站或英国威思尔地面站，然后再由这些站通过通信卫星转发给美国中央情报局和国家安全局。

三、美国大椭圆轨道信号侦察卫星

大椭圆轨道信号侦察卫星，当卫星经过远地点的过程中能够长时间观测地面重点区域，侦察范围广，同时监听的信号数量多。

在大椭圆轨道工作的信号侦察卫星是美国3颗“小号”系列电子情报侦察卫星Trumpet3、Trumpet4、Trumpet5，国际编号分别为1997—068A、2006—027A、2008—010A，都运行于典型大椭圆“闪电”轨道。“小号”系列卫星利用了当时军事航天系统中最先进的电子技术和数传技术。配备了极高频中继系统，装有复杂而精细、展开后有一个足球场大的宽频相控阵窃听天线，天线直径约100米。主要窃听范围包括俄罗斯和中国北部在内的高北纬地区，可以连续地进行信号情报侦察。

另一类工作在大椭圆轨道上的信号情报侦察卫星称为“弹射座椅”（Jumpseat），头两颗“弹射座椅”卫星分别于1985年和1987年发射，这种能够长时间地在北部高纬度上方“盘旋”，从而使美国能够搜集到北方高纬度地区的无线电辐射信号和该地区向俄国通信卫星发送的上行通信信号，这对于“漩涡”或“猎户座”侦察卫星是很难覆盖的。

“弹射座椅”卫星也是由美国空军负责控制的通信情报侦察卫星，它原来是专门为窃听原苏联“闪电”通信卫星的上行线路信号而设计的。因此卫星被放置于同“闪电”卫星大致相同的大椭圆轨道上，而且与“闪电”卫星十分接近。该卫星被放置在近地点约400千米，远地点38720千米，倾角63.4度的大椭圆轨道上，运行周期12小时。远地点位于西伯利亚上空，对该地区的侦察时间可长达8小时之久。

“弹射座椅”卫星的首次发射是在1971年5月，由于它的轨道同转发美国照相侦察卫星图像数据的“卫星数据系统”（SDS）卫星一样，而且两者的开发时间相近，再加上美空军曾把它宣称为“高级通信卫星”，致使情报界局外人士长期以来都错把这种卫星当成SDS卫星，其真相隐匿了近20年，直到1990年4月有关事实才被披露。

“弹射座椅”卫星通常采用2－3颗星组网工作，它除了用于窃听俄罗斯和中国的无线电通信外，还可用来探测、截获该地区的反导雷达和空间跟踪雷达信号。卫星所截获的信号，能以不同频率及时转发给设在澳大利亚松树峡、英国门威斯山和挪威北部韦坦等地的卫星数据接收站，或存储在星载磁带记录仪上，等卫星飞越美国上空时再转发给有关地面接收站。

“小号”（Trumpet）卫星是美国用来更替“弹射座椅”的一种新型大椭圆轨道信号侦察卫星。美国国家侦察局于1997年11月用大力神－4A/半人马座火箭发射了一颗名为“小号”的特大型信号侦察卫星，这种新型“小号”卫星采用了最先进的星载电子设备、天线和数据传输技术。有关“小号”卫星的计划属于高度机密，鲜为人知。据专门研究本国保密计划的美国科学家协会分析，1997年11月发射的这颗“小号”卫星是该系列中的第三颗。前两次卫星的秘密发射分别在1994年5月和1995年7月进行。这种卫星重约5—6吨，由休斯空间与通信公司制造，造价估计为7.5—10亿美元，卫星运行的轨道与“弹射座椅”类似，其远地点为36800千米，近地点为300—400千米，轨道倾角约为63度，因而有人称其为“高级弹射座椅”。这次发射后，美国则有3颗“小号”卫星在轨组网工作，可以实现对俄罗斯和中国北部较高纬度地区接近连续的信号情报侦察。

在以往的“大酒瓶”、“弹射座椅”等大型信号侦察卫星上，通常是采用一种类似于哈里斯公司为“数据跟踪与中继卫星”（TDRSS）开发的折叠伞形结构的天线，而“小号”这种新型信号侦察卫星的天线，则更多地采用了带有滑轮组和微型马达的网状设计。使用滑轮和微型马达的目的是为了将这种巨型天线在太空中顺利展开，“小号”卫星上使用的这种天线技术，在某些先进的商业卫星上广泛采用。

四、地球静止轨道

美国地球静止轨道信号侦察卫星，属于常年值守的空间电子侦察装备，轨道高度高，侦察范围广，时效性好，能够时刻监视固定地面区域。目前在地球静止轨道（GEO）工作的信号侦察卫星主要是美国的8颗卫星。

“水星”是美国空军的静止轨道信号侦察卫星，主要用于截获通信情报。它的任务是侦听低功率手机的通信信号，收集导弹试验时的遥测、遥控信号，以及雷达信号。“水星”系列卫星2颗，Mereury1和Mercury2，国际编号1994—054A和1996—026A。该卫星上搭载长约100米的新型特种天线。2颗星的星下点经度为西经27.95度、西经23.51度。

“大酒瓶”信号侦察卫星（第三代Magnum）目前超期服役，时刻侦察着俄罗斯和中国大部分区域，用于侦收导弹遥测信号（150MHz—2.2GHz）、雷达信号（100MHz—10GHz）、微波通信、无线电话信号，甚至能侦收保密信号。“大酒瓶”对于高频信号、超高频信号具有较强的信号处理能力，用于截获导弹遥测信号、雷达信号、微波通信和无线电话等。

“顾问”系列卫星5颗，Orion/Mentor1、Orion/Mentor2、Orion/Mentor3，Orion/Mentor4、Orion/Mentor5，国际编号是1995—022A、1998—029A、2003—041A、2009—001 A和2010—063A。该系列卫星采用大型接收天线，可接收的最小地面信号的强度是低轨卫星的1/5000。“顾问”卫星是美国中央情报局的地球静止轨道信号侦察卫星，用于截获电子情报。信号侦察卫星现正从低轨道向高轨道和地球静止轨道发展，这得益于星上侦收机灵敏度的提高。静止轨道信号侦察卫星有较多的优势：卫星轨道越高，地面覆盖面就越宽，时效性也越好。所以，美国很重视发展这类卫星。

表5—3　美国典型的信号侦察卫星的轨道、主管单位

<table>
<tr><th>运行轨道</th><th>20世纪
60年代</th><th>20世纪
70年代</th><th>20世纪
80年代</th><th>20世纪
90年代</th><th>21世纪</th></tr>
<tr><td>地球静止轨道（空军，用于截获通信情报）</td><td rowspan="3">这一代均为低轨道卫星。
圣徒（又称侦探、雪貂）
掠取</td><td>幽灵鸟、峡谷</td><td>小屋</td><td>水星</td><td>入侵者</td></tr>
<tr><td>地球静止轨道（中央情报局，用于截获电子情报）</td><td>流纹岩
水技表演</td><td>大酒瓶</td><td>顾问</td><td>徘徊者</td></tr>
<tr><td>大椭圆轨道（空军，用于截获电子情报）</td><td>弹射座椅</td><td>军号</td><td></td><td></td></tr>
<tr><td>极地轨道</td><td></td><td></td><td></td><td>雪貂</td><td></td></tr>
</table>

考虑到资金等问题，美国国家安全局和国家侦察局已决定暂时不再投资建造新一代信号侦察卫星，而主要以“入侵者”地球同步轨道卫星为基本型进行改进，国家侦察局在一项称为“先进电子情报体系结构”的研究中，继续研究改进信号侦察卫星的方法，在改造这种新型信号侦察卫星的过程中，重点是要不断发展超大型天线技术，因为这种卫星天线很大，所以其收拢、展开和变形等处理技术很复杂。新系统将会在更大程度上满足前线作战的需要，信号侦察卫星正向多功能、长寿命、实时性强和适应范围广等方向发展，

进一步增强星上电子侦察设备的信号处理能力与处理速度，提高信号侦察卫星的抗干扰能力、变轨能力及抗摧毁能力，是美军信号侦察卫星的发展趋势。

第四节　美国典型的信号侦察卫星

美军的空间信号情报侦察系统为美军提供了大量的决策情报，是重要的情报来源，在发现目标的动向、提供预警时间、支援打击目标、掌握雷达布防情况、辅助导弹预警、评估打击效果等方面均发挥了重要作用。在不同的阶段，均有代表同时代的典型的信号侦察卫星①。

一、“雪貂”电子信号侦察卫星

一提到美国信号侦察卫星就能想到“雪貂”卫星，美国国家侦察局的第1代“雪貂”信号侦察卫星为低轨道卫星，第2代—第4代主要为地球静止轨道和大椭圆轨道卫星。

美国早在发射第一颗卫星之前，就已经部署计划了信号侦察卫星的发展。美国最早的信号侦察卫星是由“哨兵”卫星发展而来的，“哨兵”侦察卫星为美国的太空侦察打开了大门。尽管它是一种很原始的照相侦察卫星，但由此提高了侦察卫星研究水平和制造技术，卫星的发射技术也同步提高。卫星和导弹观测系统的两项概念最终发展成为卫星有效载荷和卫星平台，为后来的侦察卫星和其他各类卫星的研发指明了方向。美国空军将“哨兵”侦察卫星分为2个系列：“可视系列照相侦察卫星”和“雪貂”系列信号侦察卫星，这两种侦察卫星一个成为了美军的眼睛，一个是美军的耳朵。

1960年，美国空军和美国国家侦察局提出了“哨兵－F”或“空军－102”计划，构成了信号侦察卫星系列。这种卫星被称为

① 刘进军：《掐住蓝色的心灵：电子侦察卫星》，《卫星与网络》，2012年第1期。

“雪貂”或“大白鼬”信号侦察卫星。负责在太空窃听情报和信息，成了信号侦察卫星的主要工作，所有这些卫星几乎都是严格保密的。

“雪貂”系列作为信号侦察卫星的雏形，受到美国军方极大重视。这类系列的卫星携带了宇宙射线探测器、电场等离子探测器和声电微流探测器。最初，“雪貂”信号侦察卫星优先级监测 S 频段 2.5—3.2GHz、x 频段 9—10GHz 和 59—650MHz 频带的雷达信号，截获数据后存储在磁带上，当卫星飞经地面站时，将数据传送到各地跟踪与采集信息的地面站。

为接收卫星传输的情报信息，美国空军在美国大陆设立了多个跟踪地面站，包括位于东北地区的是新罕布什尔州希尔斯伯勒县新波士顿小镇的新波士顿地面站，位于美国大陆中央的爱荷华州瓦佩洛县的奥塔姆瓦地面站，位于西北方向的俄勒图州哥伦比亚河军事基地的史蒂文斯地面站。另外，在加利福尼亚州范登堡空军基地和夏威夷州夏威夷群岛中的第 3 大岛瓦胡岛建立了测试站。

美国最早将“雪貂”卫星装备的电子侦察设备安装到电子侦察飞机上进行测试。测试阶段，为了迫使苏联防空操作人员开启雷达收录雷达信号，飞机必须冒险飞近，有时甚至飞入苏联领空、刺激诱骗苏联雷达开机、暴露雷达的布防和技术秘密。这些任务俗称为“雪貂”（Ferret）任务。“雪貂”卫星最早应用于越南战争，当第一次侦察电波传来的时候，清晰连贯，就好像是越共与苏联、中国的作战会议现场。在极短的时间内，“雪貂”卫星发展了 3 个系列、其中“雪貂 - F2”系列共 4 颗，从 1962 年 2 月 21 日—1963 年 6 月 29 日密集发射，每颗都发射成功。通过卫星，美国人第一次偷听到了苏联领导人赫鲁晓夫与元帅们的谈话，谈话的内容非常清晰，比如中间夹杂的“狗屎”、“美国佬”之类的脏话都可以清晰分辨。赫鲁晓夫下台的消息，也是美国空军的监听人员首先监听到。

“雪貂 - F3”系列共 12 颗，从 1964 年 2 月 28 日—1971 年 7 月 16 日，“雪貂”从范登堡空军基地搭乘“雷神”运载火箭相继发射，之后一直运行在低地球轨道。

美国空军共发射16颗“雪貂”系列卫星，并列为最高机密，至今有关卫星的基本功能和具体参数仍不为外界所知，但可以说是“雪貂”拉开了太空电子侦察的大幕。

二、“告密者”信号侦察卫星

1958年春天，美国海军研究实验室研发成功了一种能在太空进行电子侦察的卫星系统，探索发展海军和海军情报局的太空侦察，之后美国海军研究实验室从美国政府的行政和立法部门取得“告密者”信号侦察卫星项目。

当时，美国外交部、国防部和中央情报局积极建议建造信号侦察卫星等侦察卫星和军事卫星，1959年8月24日，艾森豪威尔总统批准全面发展“告密者”等侦察卫星和军事卫星。之后，“告密者”项目就被放置在一个严密的保安监控系统下，在华盛顿和华盛顿地区不少于200名官员参与该项目建设。美国海军的报告是“银河辐射与背景实验”卫星的缩写。这些卫星有双重功能：名义上这是一个科学的“银河辐射与背景实验”卫星，实际上是第一个在太空进行电子侦察的卫星。

美国海军空间技术中心负责研究建造“告密者”卫星，美国国家软件技术中心负责设计和建造海外网络数据采集设备和系统。1960年4月28日，艾森豪威尔批准于5月第一次发射“告密者”卫星，仅4天之后的5月1日，中情局的“U－2”飞机在苏联领土执行侦察任务时被导弹击落。

1960年，“U－2”战略侦察机事件结束后不久，冷战时期的美国海军研究实验室宣布要发射“银河辐射与背景”的科学卫星。“银河辐射与背景”卫星的英文缩写Grab、又意为“抓斗”。在“银河辐射与背景”科学卫星的光辉影子下隐藏着2颗秘密卫星——海军的“运输导航－2A”卫星和“告密者”信号侦察卫星。

“运输导航”（Solrad）卫星其实是美国海军早期研发的导航卫星，它呈球形、使用太阳能电池。卫星沿平行于赤道平面方向飞行，用于海军舰艇导航和科学研究。

“告密者”（Tattletale）电子情报侦察卫星也呈球形、使用太阳能电池，运行在低轨道，属于详查型信号侦察卫星，该计划后来被称为“码字手杖”计划。作为美国海军电子情报侦察卫星系统，“告密者”于1960年7月开始运作，直到1962年8月为止。

1960年6月22日、美国海军第3颗海军早期的“运输导航－2A”卫星发射，“告密者－1”卫星得到了“免费乘车”的机会。这次“一箭双星”发射，由一枚“雷神”运载火箭从卡纳维拉尔角空军基地发射。世界上第一颗侦察卫星“告密者－1”卫星也成功进入轨道，飞行在地球上空800千米，轨道倾角70度，可以拦截6650千米的大片面积的雷达信号。1960年7月5日，“告密者－1”信号侦察卫星首次成功地向地面发回情报数据。“告密者”信号侦察卫星在三个月的电子情报信息收集工作中，共收集22种数据，平均每40分钟飞临苏联、中国及盟友国家一次。

“告密者”信号侦察卫星能轻易获取美国空军和海军飞机飞行无法观察到的苏联防空雷达信息。它的侦察任务是飞越苏联边界沿线，并访问欧洲和西太平洋。“告密者”卫星可以安全地飞行，不必顾忌苏联的防空导弹。

“告密者”信号侦察卫星能够从卫星获得雷达侦察情报信息，使用晶体视频接收器产生S频段信源，获得雷达覆盖图。这种技术源自二战时德国的阿托斯（ATHOS）系统。卫星在圆形轨道上发射扫描脉冲，脉冲信号到达地面站，并应答脉冲。美国国家安全局的数据表明，情报侦察信息可通过卫星下行信号处理。

“告密者”卫星飞行在简单的圆形轨道，从太空从遥远的地平线上，通过能量波束获得苏联雷达的脉冲。美国国防部的新闻稿，仅公开“银河辐射与背景”卫星，隐藏了“告密者－1”卫星，苏联的空间监测站看见的确实是一颗行动诡秘的卫星。

“告密者”卫星在一定的带宽接收每一个雷达脉冲信号。它微小的天线感觉到雷达脉冲信号，并采集转发一个相应的信号到称为

“小屋”的地面接收站。地面接收站记录“告密者”卫星转发信息的磁带。磁带通过美国国防快递局快递到美国海军研究实验室评价。美国海军研究实验室经重复评估后，转交给位于马里兰州米德堡空军基地的美国国家安全局和位于内布拉斯加州奥马哈欧福特空军基地的美国战略空军司令部分析和处理。

美国国家安全局和战略空军司令部利用“告密者”卫星的数据，研究苏联雷达的技术情报，然后开发制定有效的战争计划。美国战略空军司令部精准处理情报信息，针对确定的特点和防空设备的位置，支持单一的综合行动计划；在欧福特空军基地，一些军事战略工作人员专门研究联合战略目标。在寻找新的和不寻常的磁带信号中，美国国家安全局发现，苏联已经研发了一种雷达，有能力发现美国的洲际弹道导弹。

“告密者”信号侦察卫星共成功发射5颗，其中3颗失败。1961年6月29日，“告密者-3”信号侦察卫星与爱荷华大学研制的一颗地球物理科学卫星，“一箭双星”升空，在轨道运行14个月，不久“告密者”计划在《纽约时报》被公开披露，是美国故意泄露机密震慑东方国家，还是无意泄密，至今不得而知。人们很难相信，“告密者-3”虽然已经失效，但50多年来一直运行在轨道上。据美国官方消息：2007年3月，“告密者-1”和“告密者-3”仍然在轨道上，没有坠落。

“告密者-3”信号侦察卫星发射，尝试从一个射频频段扩大到多个频段的情报侦察能力，主要任务是绘制苏联防空雷达的部署地图。1962年4月26日、美国海军在加利福尼亚州阿奎罗导弹发射基地进行“告密者-5”卫星发射，结果失败。海军情报主任实行“告密者”卫星数据的总量控制。1962年6月14日、美国国防部长罗伯特·麦克纳马拉正式确立了美国顶级秘密指令，“告密者”卫星和技术被转移到美国国家侦察局。1962年8月，新建立的美国国家侦察局接管“告密者”计划，继续发展为“罂粟”信号侦察卫星计划，直到1977年8月30日终止。1998年6月、在美国海军研究实验室第 75 周年庆祝活动时，“告密者”信号侦察卫星正式解密。

三、“罂粟”信号侦察卫星

“罂粟”（Poppy）信号侦察卫星是美国国家侦察局一个系列情报卫星的代码。1962 年，美国海军研究实验室提出和发展“罂粟”电子情报侦察卫星系统。“罂粟”信号侦察卫星计划是美国第一颗信号侦察卫星“告密者”信号侦察卫星计划后的连续计划。

“罂粟”信号侦察卫星计划主要由美国海军研究实验室负责，主要组织和支持者包括：美国国家安全局、海军部、海军安全局、空军安全局、陆军安全局和海军情报局。美国国家安全局的责任是收集、解释、报告信号拦截。海军安全局、空军安全局和其他安全机构，协调“罂粟”卫星的现场操作和维护，负责“罂粟”卫星的地面站的安全。

“罂粟”卫星像其他美国信号侦察卫星系统一样，利用信号到达的时间差，精确定位对象，可以检测苏联的陆基雷达发射器，支持海洋监视。“罂粟”卫星装载目标数据记录装置，能够侦察苏联海下海上舰艇的雷达等。最初，“罂粟”信号侦察卫星计划由美国海军研究实验室负责。1962 年，美国国家侦察局成立，接管“罂粟”信号侦察卫星计划。不久，“罂粟”卫星首次发射。“罂粟”卫星计划持续到 1977 年 8 月，共发射 7 颗卫星。从 1962 年 12 月—1971 年 8 月，7 颗“罂粟”是从范登堡空军基地发射成功，一直在低地球轨道运行。发射日期如下：1962 年 12 月 13 日、1963 年 6 月 15 日、1964 年 1 月 11 日、1965 年 3 月 9 日、1967 年 5 月 31 日、1969 年 9 月 30 日和 1971 年 12 月 14 日。

“罂粟”卫星无推进系统，电源为太阳能电池，运行在低轨道，属于详查型信号侦察卫星，轨道上的平均寿命为 34 个月。长期以来，“罂粟”卫星大多数的细节不为外界所知，功能和操作也很机密。2005 年 9 月，美国国家侦察局、国家安全局和美国海军研究实验室在弗吉尼亚州尚蒂伊市宣布了“罂粟”信号侦察卫星的存在，解密了冷战时期的“罂粟”电子情报侦察卫星。美国国家侦察局副局长丹尼斯·菲茨杰拉德承认，在那个特别危险的冷战时代，“罂粟”信号侦察卫星为美国国家安全作出了巨大贡献，“罂粟”卫星的主要贡献者和参与者值得称赞。美国国家安全局设计了一个“罂粟”卫星模型，陈列在位于马里兰州米德堡空军基地的美国国家密码博物馆。

四、“峡谷”信号侦察卫星

“峡谷”（Canyon）信号侦察卫星是美国海军军事侦察卫星系列。1968 年 8 月 6 日—1977 年 5 月 23 日，共发射 7 颗。“峡谷”信号侦察卫星也被称为“AFP－827”卫星，由美国空军参与和发展。“峡谷”信号侦察卫星项目被誉为美国第一个卫星通信对抗系统，也是第一个近地球静止轨道信号情报侦察卫星系列。

“峡谷”信号侦察卫星一直是美军的秘密。卫星质量 700 千克，采用三轴稳定，“峡谷”系列能准确确定雷达位置，通常部署到一个 24 小时的轨道，但不同步。这颗卫星可以从不同的点监测目标，该卫星典型轨道近地点 30200 千米，远地点 40800 千米，轨道倾角 9 度，携带大型抛物面反射天线，直径 10 米左右。“峡谷”信号侦察卫星都是从位于佛罗里达州卡纳维拉尔角空军基地第 13 号发射台发射，由“宇宙神—阿根纳”运载火箭发送至轨道①，“宇宙神”运载火箭，最初作为美国首枚洲际弹道导弹开发，是美国早期太空探索最成功的中型商业运载火箭。它曾将美国第一名宇航员送入轨道，是第一代间谍卫星，第一颗月球轨道器和着陆器，第一颗金星、水星、火星、木星和土星行星探测器。“宇宙神”运载火箭还发射过许多美国最成功的商业通信卫星。1958—1978 年，共服役了 47 年，进

---

① 美国空军、美国海军、美国国家侦察局和美国宇航局都使用第 13 号发射台发射各种有效载荷，国家侦察局从第 13 号发射台的有效载荷，包括“峡谷”和“流纹岩”卫星。

行了57次航天发射，于2004年退役。

五、“水技表演”信号侦察卫星

“流纹岩/水技表演”（Rhyolite/Aquacade）信号侦察卫星，是美国国家侦察办公室为美国中央情报局和国家安全局研制的信号情报间谍卫星。该计划也被称为“AFP－720”和“AFP－472”，保密级别相当高，至今仍然对外保密。

1970年6月19日—1978年4月7日，4颗“水技表演”信号侦察卫星在卡纳维拉尔角空军基地搭乘“宇宙神－阿根纳”运载火箭发射。“水技表演”信号侦察卫星，由美国麦克唐奈－道格拉斯公司研制。它有一个伞形反射天线，直径20米。卫星质量约700千克、运行在地球同步轨道。“水技表演”信号侦察卫星十分成功，并发展进化成“大酒瓶/猎户座”和“导师”系列信号侦察卫星。

“水技表演”信号侦察卫星能进行微波中继拦截，如果卫星在空间位于合适位置，就可以搜集、拦截地面微波链路的杂散信号，“水技表演”卫星主要目的是拦截苏联微波中继通信信号。冷战期间，美国政府通过信号侦察卫星能够拦截苏联的微波传输。

“水技表演”信号侦察卫星的名字，先前指定为“流纹岩”，后改名为“水中花”。“水技表演”信号侦察卫星由当时美国天合公司研究制造。美国天合公司是一家国防承包商，专为美国研制新式武器，许多信号侦察卫星就是出自它之手。美国天合公司的保密工作做得很好，至今人们仍不知那些信号侦察卫星的相关技术，只能从片言只语中稍微了解一点信息。

“水技表演”信号侦察卫星发射后相当长时间，人们只知道美国发射了卫星，但不知道用途与功能，军事专家和卫星专家也不知道“流纹岩”信号侦察卫星。这颗卫星工作了多年以后，直到1977年，在审判苏联间谍克里斯托弗·博伊斯和安得烈·道尔顿·李时，美国才披露了“流纹岩”信号侦察卫星。

六、“折叠椅”信号侦察卫星

“折叠椅”（jumpseat）信号侦察卫星，又称为“弹射座椅”，也被称为“AFP－711”。它是1970—1980年代一种信号侦察卫星的名字，属美国国家侦察局。“折叠椅”卫星作为信号侦察卫星，保密级别被列为绝密级。

1971年3月21日—1983年7月31日，曾有7颗“折叠椅”信号侦察卫星从范登堡空军基地搭乘“大力神－3D”运载火箭发射。1972年2月16日，“折叠椅－24号卫星发射失败；1981年4月24日，“折叠椅－6”号卫星发射部分成功。“折叠椅”系列信号侦察卫星的接班人是“小号”信号侦察卫星。

“折叠椅”卫星由美国休斯公司制造，重700千克，有一个直径20米的碟形天线，三轴稳定。卫星每12小时重访一次，运行在倾角63度的大椭圆轨道。开始，人们对卫星的高度不详，据美军的解释是“闪电轨道”。

“闪电轨道”是一种倾角为63.4度的高椭圆轨道，近地点幅角90度，轨道周期为0.5个恒星日。闪电轨道的优点是：卫星运行在一个高椭圆轨道，大部分时间停留在远地点附近时速度较慢，时间长达9小时；停留在近地点附近时速度较快，时间较短仅3小时。卫星运行在闪电轨道时，在越过近地点后的2—10小时均位于北半球的上空。

当运行在闪电轨道，卫星的远地点最高可达4万千米，远地点的星下点可达北纬63.4度的北半球。因此，卫星在相当长的时间在远地点运行，对北半球的欧洲北部、俄罗斯、格陵兰岛和加拿大提供很好的覆盖。如果要得到一个远地点连续覆盖北半球，至少需三颗卫星组成星座，闪电轨道的星下点地面轨迹呈U形。因为苏联大部分国土处于高纬度地区，高椭圆轨道卫星与地球静止轨道卫星相比，地球静止轨道卫星入射角大，发射功率大；高椭圆轨道卫星停留在高纬度地区时间长、入射角度小，发射功率也小，因此可对苏联形成有效的侦测。

这种轨道的优越性很快被苏联所了解，由于闪电轨道的优点和特点显著，苏联的一些间谍卫星只要轻微调整闪电轨道，将远地点的星下点调整到美国大陆，就可实现对美国的监测。虽然，苏联间谍卫星在地球静止轨道也能长期观测美国大陆，但当时苏联传感器技术有时需要高对比度的观测角度，在高纬度才能实现。如苏联"US－KS"导弹预警卫星，成功监测到了美国的洲际导弹和导弹发射。后来，苏联改进了这些系统，卫星轨道也从高椭圆轨道转为地球静止轨道。以其人之道还治其人之身，美国利用苏联发现的闪电轨道，发射了闪电轨道侦察卫星——"折叠椅"信号侦察卫星。"折叠椅"会沿着高椭圆轨道，非常缓慢地飞越北半球的大部分地区，通过微波探测器截取通信信号。由于移动缓慢，卫星星座可以全天监测苏联通信。卫星侦察的信息由美国的中继卫星转发到弗吉尼亚州贝尔沃堡地面站，供美国国防部、美国国家侦察局和美国空军使用。

"折叠椅"信号侦察卫星主要用于截获苏联通信信号，也可用于侦收反弹道导弹相控阵雷达和空间跟踪雷达的信号，还能侦收地面苏军、苏联其他信号和通信情报，能同时侦听一万多路电话和步话机。"折叠椅"卫星还装载了导弹预警系统，具有导弹预警功能。

七、"小号"（Trumpet）信号侦察卫星

"小号"（Trumpet）信号侦察卫星，又名"军号""号角"，由美国休斯公司研制，属美国国家侦察局和中央情报局。1990年代，美国"小号"系列电子情报侦察卫星取代了"折叠椅"卫星。一些观察家又称它为"先进折叠椅"。

"小号"信号侦察卫星质量一般为5.2—6吨，装载三轴稳定系统。该卫星使用了最先进的电子技术和数字技术。高灵敏度的监听天线打开后直径约150米，能听见特种频率的声音，可同时监听上千个地面信号，包括地面、空中与核潜艇舰队之间的通信。

“小号”系列卫星一共有三颗。美国空军分别于 1994 年 5 月 3 日、1995 年 7 月 10 日、1997 年 11 月 8 日在卡纳维拉尔角空军基地用“大力神 -4”运载火箭，将三颗“小号”信号侦察卫星发射到高椭圆轨道。“小号”信号侦察卫星运行在近地点 1000 千米，远地点 39000 千米，轨道倾角 64 度的闪电轨道。“军号”低飞可缩小窃听范围，听得更清，高飞可将窃听范围扩大到地球的一半。

“小号”信号侦察卫星确切的任务是侦察监听通信情报，能集成电子情报和其他信号情报功能，可从苏联“闪电”战略通信卫星截获下行链路，并装载了一个导弹预警有效载荷。“小号”信号侦察卫星参加过 2003 年的伊拉克战争，它的超级“电子耳”相当灵敏，从战场监听到秘密后，马上将信息转发给附近的中继通信卫星，再发送到美国马里兰州米德堡的美国国家安全局进行破译，整个过程大约需要 10 分钟时间。该卫星在 2003 年的伊拉克战争中发挥了重要的作用，萨达姆发出的每一项命令都被监听，联军用拟音器模仿萨达姆的声音下达错误的命令。

2006 年 6 月 28 日，一颗没有名字的卫星从范登堡空军基地第 6 号发射台搭乘“德尔塔 -4”运载火箭发射升空，运行在一个闪电轨道。美国国防部编号为“USA - 184”，美国国家侦察局编号为“NROL -22”。因为没有名字，它被暂时称为“小号后续 -1”，它不像“SDS -3”系列中继卫星，发射升空后，首先被放置在一个较低的临时转移轨道，然后进入闪电轨道。

“小号后续 -1”是双胞胎卫星中的主卫星，装载了美国宇航局的 TWINS 有效载荷。TWINS 是“两台广角成像中性原子光谱仪”的缩写。这种光谱仪的任务是提供新的立体成像的磁层的能力。在广泛分布的高海拔、高倾角的航天器上使用相同的两台广角成像中性原子光谱仪，可在一个范围广泛的地区，影像交换中性原子。TWINS 将使三维可视化、解决大尺度结构和内磁层动态问题。

2008 年 3 月 13 日，又一颗没有名字的卫星从范登堡空军基地搭乘“宇宙神 -5”运载火箭发射升空，也运行在闪电轨道上。美国国防部编号为“USA－2000”，美国国家侦察局编号为“NROL－28”，人们将它暂时命名为“小号后续－2”。“小号后续－2”，被认为是双胞胎卫星中的第二颗卫星，也装载了广角成像中性原子光谱仪。“小号后续”卫星使用大型的碟型天线，展开后能采集信号。

八、“漩涡”信号侦察卫星

“漩涡”是由美国国家侦察局为美国空军研制的信号侦察卫星，监听来自地球和空间的无线电传输。“漩涡”信号侦察卫星截获的数据被送入美国国家安全局的“梯队”信号情报分析系统进行分析、归类和管理。

“漩涡”信号侦察卫星质量约1800千克、安装有一个直径为38米的伞状反射天线，主要任务是在准静止轨道拦截超高频无线电通信，收集无线电信号。“漩涡/小屋”信号侦察卫星取代老一代“峡谷”卫星，也取代了更大、更强大的“水星”信号侦察卫星，它的设计寿命为5—7年。

1978—1989年，美国国家侦察局发射了6颗“漩涡/小屋”信号侦察卫星，部署在近地点32940千米，远地点38330千米，倾角5.5度的非平稳的准地球静止轨道。

1978年6月10日，以“小屋”命名的“小屋－1”号信号侦察卫星从卡纳维拉尔角空军基地搭乘“大力神－3”运载火箭升空。1979年10月1日—1989年5月10日，以“漩涡”命名的五颗“漩涡”号信号侦察卫星也都从卡纳维拉尔角空军基地第40号发射台发射。

1984年1月31日—1989年5月10日，第二批3颗“漩涡”信号侦察卫星发射，装载有增强传感器。

九、“水星”信号侦察卫星

最初，“漩涡”信号侦察卫星由美国空军、美国国家安全局支持、收集和截获通信情报消息。1970年代后期，“漩涡”改名后的第一颗“小屋”信号侦察卫星首次环绕地球。它有一个直径数十米的天线。最新的“先进漩涡”，并更名为“水星”信号侦察卫星。

“水星”信号侦察卫星，也被称为“先进漩涡”，是美国20世纪90年代发射的第3代信号侦察卫星系列。这些卫星由美国国家侦察局和美国空军参与和发射。“水星”信号侦察卫星确切的使命和功能高度机密、但广泛认为是“漩涡/小屋”信号侦察卫星的接班人，从地球静止轨道附近收集信号情报。“水星”信号侦察卫星的质量为4—5吨，装载三轴稳定系统。

“水星”是美国空军的静止轨道信号侦察卫星，主要用于截获通信情报。它不但能侦听到低功率手机的通信信号，还可以收集导弹试验时的遥测、遥控信号，以及雷达信号等通信电子信号。为信号情报而设计的“水星”信号侦察卫星，可拦截广播通信系统传输、雷达和其他电子系统信号。即使截取低功率的发射机的信号传输后，如手提收音机，“水星”也可以提供信息的类型和位置。“水星”除了能够对通信广播信号进行监听外，还增加了收集非通信类电子信号的电子情报有效载荷。“水星”信号侦察卫星是由美国休斯公司研制，并利用一个类似用于商业卫星移动通信系统和一个更大的军事版本的特殊天线—信号监听天线收集信息。

“水星”信号侦察卫星有一个非常大、可展开的圆形天线，直径约100米，可通过天线收集非通信电子传输，包括导弹试验遥测情报、雷达发射情报。

1994年8月27日和1996年4月24日，美国空军太空司令部第45太空联队从卡纳维拉尔角空军基地第41号发射台发射两颗卫星成功。进入远地点35790千米，近地点35780千米，倾角0度，周期1436.1分钟的轨道。

1998年8月12日，美国在卡纳维拉尔角空军基地用大力神-4A/半人马座火箭发射了国家侦察局的一颗“水星”信号侦察卫星。由于“大力神-4”运载火箭制导系统短路，它在升空42秒后由地面注入指令将卫星及火箭引爆。在失败之后，安全军官命令火箭自毁，运载火箭在大西洋上空爆炸。这颗“水星”信号侦察卫星原计划发射到非洲上空的地球静止轨道，用于侦收中东、俄罗斯、印度、巴基斯坦和波斯尼亚等热点地区的各种电磁信号。

十、“大酒瓶”信号侦察卫星

“大酒瓶”（Magnum）系列信号情报侦察卫星是美国从1985年开始发射用以取代“流纹岩”信号侦察卫星的新一代同步轨道信号情报侦察卫星。首颗“大酒瓶”卫星定位于印度洋迪戈加西亚岛和新加坡之间上空的同步轨道上。“大酒瓶”系列卫星的设计寿命为1年。在近几次的局部战争中，美军都有使用“大酒瓶”系列侦察卫星实施对无线电信号的监测和侦察。

“大酒瓶”卫星是第三代信号侦察卫星，取代“流纹岩”系列。“大酒瓶”（Magnum）信号侦察卫星，又称为“万能”“猎户座”信号侦察卫星，是典型的信号情报间谍卫星。卫星重量约2.2—2.7吨，运行在近地球同步静止轨道，一颗卫星监听的范围几乎是地球的三分之一。它的灵敏度极高，可以侦听到所有无线电话、卫星通信，并准确定位。它侦听截获很宽的无线电频率范围内的信号，同时将截获的信号实时转发给地面站。“大酒瓶”卫星可以对信号发射地点定位，立即精确地确定信号发射的经纬度。卫星的体重接近5.2吨，卫星平台采用三轴稳定系统，有非常大的无线电波反射监测天线，直径超过100米，能截获更多更微弱的信号。

1985年1月24日，“大酒瓶-1”号搭乘“发现”号航天飞机第“STS-51C”航班送入太空，1989年11月23日，“大酒瓶-2”号搭载“发现”号航天飞机第“STS-33”航班升空。“大酒瓶”信号侦察卫星从航天飞机利用惯性获得更高的轨道，经过四年多的轨道运行和机动，“大酒瓶”号卫星上的燃料仍然能让它保持在印度洋上空。“大酒瓶”卫星的任务是从苏联、中国和邻近国家监听军事和外交通信。最初的“大酒瓶”卫星的侦察天线直径大约为76米，天线像雨伞一样可先折叠起来，当卫星进入轨道后再用气体压力将其展开。最新发射的卫星其天线直径已经增加到152米，这种大型伞状天线，可截获、监听100MHz－20GHz频段范围的所有信号，包括微弱信号。据说该卫星的首要任务是截收原苏联/俄罗斯和中国等导弹试验的遥测数据信息，其次是监听雷达信号以及微波通信、无线电通信甚至步话机的信号等。星上携带的6米通信天线，可将侦察截获的各种情报信息，及时发送给设在澳大利亚松树峡的地面接收站或英国威思尔地面站，然后再由这些站通过通信卫星转发给美国中央情报局和国家安全局。

1990年11月15日，美国“亚特兰蒂斯”号航天飞机第“STS－38”航班升空。这次，“亚特兰蒂斯”号航天飞机施放了一颗“USA－67”号通信卫星。这颗卫星是一颗真名为“SDS－2”卫星数据系统（Satellite Data System）中继通信卫星，在太空执行星际通信与地面通信，协助“大酒瓶”信号侦察卫星执行监听任务。

“大酒瓶”信号侦察卫星从地球收集射频信号，取代老一代的“流纹岩/水技表演”系列信号侦察卫星，并将先进的技术成功地遗传给后来的“导师/先进猎户座”信号侦察卫星。“大酒瓶”卫星由美国天合公司建造。

十一、“导师”信号侦察卫星

“导师”又称“门特”、“顾问”、“猎户座”。美国分别于1995年5月14日、1998年5月9日、2003年9月9日、2009年1月18日和2010年11月21日，共发射了5颗“导师”卫星。2010年11月21日，美国国家侦察局代号“NROL－32”卫星，从肯尼迪航天中心第37B号发射场发射。这已经是自1995年5月14日开始以来，第五颗“导师”信号侦察卫星从卡纳维拉尔角空军基地搭乘“大力神－4”和“德尔塔－4”运载火箭发射升空。“导师”进入地球静止轨道，轨道倾角0度，轨道周期约1436分钟。2009年1月，第四颗“导师”信号侦察卫星“导师－4”号部署后，第二颗“导师”信号侦察卫星“导师－2”号即从东经44度转移到西经14.5度，扼守西方世界大门。

“导师”卫星采用大型网状的相控阵天线，可截获、监听 100 MHz－20 GHz 频段范围的所有信号，包括微弱信号。美国国家侦察局局长布鲁斯说：“它是世界最大的卫星”。这里的“最大的卫星”指天线的直径可能远远超过 100 米。这些卫星高度机密，包括使命和能力。根据五颗“导师”信号侦察卫星运行参数，可以看出“导师”信号侦察卫星的目的很明确，就是拦截俄罗斯和中国的通信传输，特别是拦截视距微波链路和导弹遥测信号。其次是监听雷达信号以及微波通信、无线电通信甚至步话机的信号等。卫星还具有很强的星上信号处理能力和轨道机动能力。卫星是美国国家侦察局“集成化过顶信号侦察体系－1”（IOSA－1）计划的一部分。

美国于 1998 年 5 月 8 日发射的一颗国家侦察局的“导师”信号侦察卫星，成功定点在西太平洋上空。卫星主要的用户是中央情报局。这颗卫星运行在西太平洋上空的地球静止轨道上，主要用于 24 小时不间断地侦收印度、巴基斯坦、中国、中东、朝鲜、韩国和日本等国家的通信信号，以作为成像侦察的补充手段，提供政治、军事等信息，其数据比侦察图片潜在价值更高。

信号侦察卫星已经成为美国和美军的杀手锏。2003 年 3 月，伊拉克战争开始前到战争整个过程中，美国一直利用各种侦察卫星等手段，侦察、监视伊拉克总统萨达姆的行踪、部队的调动和导弹的发射等。“导师”信号侦察卫星，每天飞经海湾地区数次，每次侦察时间可持续数小时，负责监听伊拉克军事基地、萨达姆车队、总统官邸的无线电通话内容，为多国部队提供通信、电子情报。这些卫星在飞临海湾地区上空时，截获和监听伊拉克的通信情报、侦察伊军通信和雷达设施的性能数据并定位，从而较全面地掌握了伊拉克的军事部署。

表 5—4　五颗“导师”信号侦察卫星运行参数

USA 编号	USA－110	USA－139	USA－171	USA－202	USA－223
NROL 代号	N/A	NROL－6	NROL－19	NROL－26	NROL－32
发射时间	1995. 5. 14	1998. 5. 9	2003. 9. 9	2009. 1. 18	2010. 11 21
运载火箭	大力神－4A	大力神－4B	大力神－4B	德尔塔－4H	德尔塔－4H
运行经度	127^0E	44^0E（1998—2009） 14.5^0W（2009—）	95.5^0E	44^0E	100.9^0E
近地点	35787	35787	3578	38077	35800
远地点	35800	35787	3578	35943	35800
轨道倾角	0^0	0^0	0^0	3^0	0^0

十二、“入侵者”电子卫星

目前，美国的信号侦察卫星的主力之一是“入侵者”。“入侵者”（Intrude）信号侦察卫星，是美国正在建设的第 5 代信号侦察卫星。“入侵者”侦察设备十分先进，由于美国严格保密，至今没有准确描述“入侵者”功能的资料。

“入侵者”信号侦察卫星，是“集成化过顶信号情报体系”（Integrated Overhead SIGINT Architecture）的组成部分，是美国国家侦察局的间谍卫星系统，将完全取代“导师”和“水星”信号侦察卫星系统。

1995 年末，美国国会提出新卫星发展的五年计划，包括“入侵者”信号侦察卫星，费用估计约 10 多亿美元。“集成信号情报架构”将巩固、提高卫星系统性能，避免成本过高，在可能的情况下利用中型运载火箭发射，采用新的卫星和数据处理技术。美国国家侦察局为“入侵者”信号侦察卫星的用户，美国休斯公司负责研发。卫星重量轻，有一个 12. 25 米可展开天线，卫星采用数字信号处理和波束形成。卫星采用休斯公司的稳定、高功率的“HS－601”卫星平台。两个砷化镓太阳能电池板能发电约七千瓦功率，六千瓦的负载功率。

“入侵者”信号侦察卫星的系统设计比较特别，是一种运行在静止轨道的信号侦察卫星，它组合原先不同优势功能的“流纹岩”和“漩涡”信号侦察卫星系列。“入侵者”信号侦察卫星将以前离散的通信情报和信号情报集成到一个单一的侦察收集平台，即是将电子信号情报和通信情报的结合侦察的信号侦察卫星。

2009年1月17日，第一颗“入侵者”信号侦察卫星“入侵者-1”推出，随后被指定为“USA-202”。在美国国会的敦促下，美国开始研究后续阶段的“入侵者-2”。这些系统的目的越来越多地响应业务需求，作为军队的不可分割的伙伴，参与美国的太空任务。

一般的信号侦察卫星只能飞行在静止轨道或高椭圆轨道，搜集通信情报和电子信号情报侦察。“入侵者”信号侦察卫星会隐形，有随时变轨的特技，具有多轨道能力。美军太空司令部常把它称为应召女郎，哪里需要就到哪里去。

“入侵者”信号侦察卫星能听到微弱信号。无线通信、移动通信和卫星通信都是开放的电子通信系统。信号侦察卫星能够截获任何时间、任何地点、任何人的通话、短信和电子邮件的信息。现在，许多国家的政府、军事、情报等重要部门，都禁止在办公场所使用移动电话，即使关闭的手机也不允许带入，它仍能被“入侵者”窃听。

美国最先进的信号侦察卫星是“徘徊者”（Plowler）。“徘徊者”运行在静止轨道，也会随时“变脸”，甚至将自己隐藏在黑暗中，闪烁在群星里，在茫茫太空中好像根本没有它的存在。“徘徊者”主要用于侦察、定位战略目标，是最阴险、危险性最大的太空间谍。“徘徊者”已经进入试验阶段。

由于信号侦察卫星应用的特殊性，如侦察信息不直观、数据处理时间长且技术复杂等，因此，该类卫星在战术应用方面不像其他卫星那样迅速。美国未来的信号侦察卫星将向两极化发展，即发展功能强大的高轨道大型卫星和时间分辨率非常高的、灵活的低轨道小卫星星座。

第五节　美军海洋监视卫星

海洋监视卫星的作用在于探测、监视海上舰船和潜艇的活动。它要求能在全天候条件下监测海面，有效鉴别敌舰队形、航向和航速，准确确定其位置，能探测水下潜航中的各种潜艇，跟踪低空飞行的巡航导弹，为作战指挥提供海上目标的动态情报，为武器系统提供超视距目标指示，为本国航船的安全航行提供海面状况和海洋特性等重要数据。此外，它具有探测海洋各种特性的能力，例如海浪的高度、海流的强度和方向、海面风速及海岸的性质等，海洋的这些特性具有战略意义，同时可利用这些特性为国民经济建设服务。为了掌握全球海域各国舰船和潜艇的活动情况，探测沿海雷达的部署，控制海上通道，确保本国海上军事力量安全和作用的发挥，美国从 1976 年开始发射用于监视舰船活动的海洋监视卫星，40 年间，经过三个阶段的发展，共发射了 18 组近百颗卫星，其侦察技术已从电子侦察逐步发展到红外扫描和雷达探测。近年来，整个系统一直保持 4 组卫星组网的工作态势，卫星性能稳定，系统组网完善，密切监视全球舰船和潜艇活动，已成为美国向海军武器系统提供超视距目标指引的一种主要手段。

一、海洋监视卫星的分类、现状与发展

按所携带的侦察、监视设备的不同和采用侦察手段的不同，海洋监视卫星大体可分为成像型和电子型，成像型可分为可见光成像、红外成像和微波成像等；电子型可分为被动无源的电子型侦察和主动有源的雷达型侦察。其中，电子型主要用于测定海洋目标的位置、航向和航速，成像型则可更加详细地获得目标的外观、用途等信息。二者结合，则使由海洋监视卫星组成的目标监视系统成为可对动态目标快速定位，具有可见光、红外、微波等多种侦察手段的复杂系

统，大大增强其对情报的侦收、处理和传输能力。

一般来说，需要进行监视的海洋目标具有以下特点：

（1）几何尺寸较大，对探测的空间分辨率要求不高；

（2）通常是金属结构，辐射、散射特性及对可见光的反照率有明显特征，特别对无线电波具有较强反射能力，使无线电探测成为对海洋目标进行探测的有效途径；

（3）大都是低速运动目标，不需要采用对高速运动目标进行监视的凝视手段，但是，要求有较高时间分辨率和较高定位精度对航速和航向进行测定；

（4）时刻在辐射无线电信号。

海洋目标的特点要求海洋监视卫星应该具有宽阔的覆盖范围，以便于发现稀疏的海洋目标；从武器的性能和实战的需要考虑，海洋目标的定位精度必须优于5千米；由于海洋军事目标总是动态的，对海洋目标进行跟踪监视、测量位置、航速和航向，要求海洋目标监视系统时间分辨率至少在2—4小时。综合这些方面考虑，卫星由于其本身所具有的覆盖范围大，定位精度高，重访时间短，探测手段多的特点，使它成为对海洋目标进行监视的有效途径。通常，把由海洋监视卫星组成的系统，称为卫星海洋目标监视系统。

美国从1971年12月开始发射“一箭四星”的试验电子侦察型海洋监视卫星。1976年4月发射正式使用的第一组“白云”号电子侦察型海洋监视卫星，1977年和1980年又各发射第二、三组。目前，美国正在执行“联合天基广域监视系统”（SBWASS - Consolidated）计划，该计划由“海军天基广域监视系统”（SBWASS - Navy）和“空军与陆军天基广域监视系统”（SB - WASS - Air Army）合并而成，兼顾了空军的战略防空和海军海洋监视的需求。美国在发展“白云”系列的同时，也开展了代号为“飞弓”的雷达型海洋监视卫星的研制工作，并曾执行了“海军海洋遥感卫星”（NROSS）计划，试图使用一种重量更重、倾角更大的卫星，以同时满足国防和民用需要。海洋监视卫星的结构复杂，科技含量高，到目前为止，只有美国和俄罗斯这两个军事强国利用海洋监视卫星组成了实用型的卫星海洋目标监视系统。印度、法国、日本等国虽然也有海洋监视卫星，但是与美国和俄罗斯相比，卫星功能和实用程度还有较大差距。

二、白云卫星系统

电子侦察型海洋监视卫星侦收船只，潜艇的雷达信号、通信信号和武器遥测信号；利用多颗卫星以时差定位法测定船只的位置、航向和航速；为探测潜艇，还装备有侦测潜艇航速的微波辐射仪和红外扫描仪。美国最重要的海洋监视卫星为白云卫星系统。

美国“白云”（White Cloud）计划的正式名称是“海军海洋监视系统”（NOSS），它实际是一种电子情报侦察系统（ELINT），主要用于对雷达信号的侦察。首颗“白云”卫星于 1976 年 4 月 30 日发射，轨道高度大约为 1100 千米，倾角 63. 4 度，卫星工作寿命为 7—8 年。“白云”卫星通常是采用 1 箭 4 星的方式发射升空，其中一颗是母卫星（NOSS 卫星），其余 3 颗为子卫星（SSU），子卫星是由母卫星发射入轨后弹射出去的，子卫星重量只有母卫星的 1/10。子卫星围绕母卫星运行，彼此相距几十千米。原理是子卫星在母卫星周围成直角三角形排列，利用星载无源雷达干涉仪，同时对辐射源作三角测量和计算，进而分析判明对方舰队的地理位置、航向和航速等。系统工作过程是，子卫星将收集的信号先中继给母卫星，由母卫星进行预处理后再将数据发送给地面接收站.

NOSS 系统的发展可大致分为 2 个阶段，1976—1987 年间发射的卫星被称为第一代系统，先后共发射了 8 组 32 颗卫星。在第一次海湾战争期间，共有 4 组 NOSS 卫星在轨运行。每组卫星每天至少飞经海湾地区 1 次，最多可达 3 次，构成了对北纬 19—35 度、东经 40—62 度地域的严密侦察与监视，有效地为美军提供了海上及部分陆上目标的可靠情报保障。比如，1990 年 7 月 29 日 NOSS 报告：伊拉克苏制雷达“大帝号”在关闭几个月后突然在某日上午开启使用，这是伊拉克进攻科威特的迹象之一。1990 年 10 月下旬，NOSS 首次侦察到伊拉克的飞鹰号（Hawk）雷达的信号特征，在海湾战争期间，NOSS 还侦察到伊拉克使用小型雷达监视气球网（防空袭工具）的举动。

白云卫星系统的显著特征是一般由 3—4 颗卫星组成空间侦察系统，由一颗火箭同时发射，当卫星进入轨道后，卫星在分离器的帮助下分离，各自飞到预定轨道定位，几颗卫星相互依存。如果是三颗卫星，则一起形成一个三角形星座，所以，美国海军称这种卫星为“命运三女神”信号侦察卫星。

“命运三女神”信号侦察卫星由美国海军开发，主要侦察目的是确定苏联舰队的战术地理位置。“命运三女神”信号侦察卫星运行在低地球轨道，根据检测到的海上苏联舰队的无线电信号，利用“到达时间差法”确定舰队的方位信息，并可通过信号源找到舰艇和舰艇编队，进而确定舰艇的坐标、速度和方向等参数。

美国海军研究实验室共研发了 3 代“诺斯”信号侦察卫星，均采用多卫星制。第一代“诺斯 - 1”卫星称为“命运三女神/白云”信号侦察卫星。卫星由美国海军研究实验室、马丁 - 玛丽埃塔公司研制，配置了重力梯度稳定系统，部署了 4 个太阳能电池阵列，典型轨道在近地点 1050 千米，远地点 1150 千米，轨道倾角 63 度。

因为“命运三女神”信号侦察卫星采用多卫星制，3 颗卫星组成一个星座，所以，每次发射都是“一箭三星”。1976 年 4 月 30 日—1987 年 5 月 15 日，共有 9 组 27 颗“命运三女神”卫星在范登堡空军基地搭乘“宇宙神 - F”运载火箭发射。1980 年 12 月 9 日，第 4 次发射 3 颗“命运三女神 - 4”号卫星因运载火箭发动机故障失去控制，爆炸失败。

第 2 代海军海洋监视卫星由洛克希德公司、马丁 - 玛丽埃塔公司研制。它没有正式命名，内部称为“骑兵巡警”（Ranger）。因为这些卫星使用推力更大的“大力神—4”运载火箭发射，所以，“骑兵巡警”卫星与早期的卫星相比更大更重。1990 年 6 月 8 日—1996

年5月12日，共有4组12颗“骑兵巡警”卫星在范登堡空军基地搭乘“大力神-4A”运载火箭发射。

1993年8月2日，第3组“骑兵巡警”卫星发射失败。由于“大力神-4”运载火箭发射失败，3颗“骑兵巡警”卫星信号侦察卫星被摧毁。“骑兵巡警”信号侦察卫星成本很昂贵，不包括运载火箭的费用，当时达到8亿美元；接通货膨胀率计算，相当于2012年的13亿美元。

当“大力神-4A”运载火箭发射升空，卫星分配器帮助卫星空间分离。“骑兵巡警”卫星发射后先进入1100千米，倾角63.4度的圆形转移轨道，然后机动运行在近地点1100千米，远地点9000千米，倾角64.3度的大椭圆形轨道上。“骑兵巡警”卫星通过检测无线电传输的信号源。侦察确定舰船、飞机等运输设备的坐标。每次发射3颗卫星，在同一轨道上组成星座。3颗卫星相对机动，彼此保持三角形星座队列，能进行灵活的功能应用。卫星的战术装备，包括一些专门使用跟踪天线和应用程序，通常足以进行射频处理。卫星转发器的任务包括：数据广播、通信广播和图像传播，并防止通信陷阱。

在海湾战争期间，“沙漠风暴”和“沙漠盾牌”行动中，美国陆军第18空降军使用“骑兵巡警”卫星，获得极大支持。美国陆军第18空降军司令部位于北卡罗来纳州的布拉格堡，各部队分散部署在世界各地。第18空降军下辖第3机步师、第101山地师、第24机步师、第82空降师、第101空降师5个师、独立作战旅，以及快速反应部队。第18空降军拥有空降兵、炮兵、装甲兵、步兵、航空兵、工程兵、宪兵、防空兵、通信兵、情报兵、医务兵等兵种，以及几万坦克、装甲车、运兵车、飞机、武装直升机、攻击直升机、反坦克导弹、大炮等重武器。

当打响“伊拉克自由”行动战争时，第18空降军要在最短时间内将各部队按战略战术部署到伊拉克。位于华盛顿的美国指挥中心与位于沙特阿拉伯的达兰的第18空降军作战司令部利用“骑兵巡警”信号侦察卫星提供伊拉克军队的信息，同时广播发送即时命令和信息，部署各个作战部队。在这次作战行动中，第 18 空降军声东击西、神出鬼没、真假难辨，将萨达姆打得彻底失去了方向，伊军迅速瓦解失败。实战中，信号侦察卫星获得较多赞誉。

“骑兵巡警”还装载了全向天线，为各种无人机中继数据，成为一种既能进行空间电子侦察，又能进行空间通信的的双重间谍卫星。

三、第三代海洋监视卫星

美国海军第 3 代海军海洋监视卫星，由美国洛克希德 - 马丁公司研制。它也没有正式命名，属第 3 代“诺斯”卫星。第 3 代“诺斯”卫星与前 2 代相比，它只有 2 颗卫星组成星座。值得注意的是，它没有装载“卫星发射机通信系统”。第 2 代“诺斯”卫星具有像前 2 代相同的轨道，每一对卫星共重 6500 千克。

2001 年 9 月 8 日至 2011 年 4 月 5 日，共有 5 组 10 颗第 3 代“诺斯”卫星在范登堡空军基地和卡纳维拉尔角空军基地搭乘“宇宙神”运载火箭发射。2007 年 6 月 15 日第 4 组 2 颗卫星准备在卡纳维拉尔角空军基地升空，“宇宙神 - 5”运载火箭由于点火关机过早，卫星被留在稍低轨道，发射失败，最后卫星通过自身的推进系统才达到预定轨道。

海洋监视卫星至今仍然是美国海军海洋监视的主力军，2012 年美国国家侦察局代号“NROL - 36”的第 6 组第 3 代“诺斯”卫星发射，为海洋监视增添了新的空间力量和灵敏的耳朵。

第三代“白云”系统卫星比前两代在功能密度和技术性能上有了很大的提高，主要体现在：

（1）主卫星用高级“锁眼 - 11”卫星和“长曲棍球”成像侦察卫星替换了红外扫描仪和毫米波辐射仪，使海洋监视卫星成为可对动态目标快速定位，具有可见光、红外、微波等多种侦察手段的复杂系统；

（2）采用了新的设计基线（定位基线长度缩短了约 1/2）和经

过改进的侦察与数据转发设备，在卫星上取消了对射电天文台造成干扰的转发器；

（3）除携带被动射频传感器外，还携带了电光/红外成像传感器。从而使卫星能够探测到潜艇为冷却反应堆排放的热水余迹，达到跟踪水下潜艇的目的；

（4）卫星系统对海洋目标进行监视的范围更大，达到每组卫星7000 平方千米的侦察区域，在一定条件下还可在 108 分钟后监视同一目标。由 4 组卫星组成的系统能够对地球上 40°—60°纬度的任何地区每天监视 30 次以上。由此可见，在布局结构、侦收设备和数据处理设备等方面经过改进的第三代“白云”系统，对海洋目标进行监视的动态范围、实时性和准确性都有了显著的提高，同时，也很容易满足前面提到的时间分辨率要求。“白云”系列海洋监视卫星的主要技术参数如表 5—5 所示。

表 5—5　美国“白云”系列的主要参数①

技术指标	第一代基本型（SSU－1）	第一代改进型（SSU－1A）	第二代（SSU－2）
发射时间	1976. 4. 30—1980. 3. 3	1983. 2. 9—1987. 5. 15	1990. 6. 8—1996. 5. 12
发射的组数（颗数）	3（9）	5（15）	2（6）
入轨方法	直接	直接	多次脉冲点火机动
轨道高度（千米）	1090×1130	1060×1180	1050×1165
卫星重量（千克）			
NOSS＋SSU	1000—1500	1000—1500	4000—8000
单颗 SSU 卫星	196	200	>200
NOSS 卫星平台	548	600	3000—7000
运载火箭类型	宇宙神－F	宇宙神－F	大力神－4

① 美军情报、监视、侦察系统装备现状和重点平台建设项目。

续表

轨道倾角（o）	63.5	63.4	63.4
轨道周期（min）	107.5	107.5	107.5
卫星间距保持手段	星载低推力发动机	星载低推力发动机	星载低推力发动机
组内星间平均距离（千米）	50—240	50—240	30—110
发射场	范登堡	范登堡	范登堡，卡角
入轨方法	直接	直接	多次脉冲点火机动
入轨后开始工作所需天数(天)	20—25	15—25	30—40
卫星平均工作寿命（年）	6—7	7—9	大于7
可侦听频率范围（GHz）	0.5—4	0.5—4	0.5—10
稳定系统	重力梯度	重力梯度	重力梯度
定位精度（千米）	6.1	3.0	3.0
子卫星壳体尺寸（米）	0.3×0.9×0.4	0.3×0.9×0.4	1—3

各种设备的改进和增加在带来系统性能提升的同时，也使得三代“白云”系统卫星在重量和体积上有了较大的增加。其中，第三代“白云”系统主卫星重达7000千克，前两代的主卫星重量仅600千克；第三代系统的子卫星重量达到了300千克，远超过前两代子卫星的重量45千克。但是，虽然重量和体积增加了，但第三代“白云”系统卫星的功能密度更高，技术性能更强，使海洋目标监视系统的整体性能也大大增强了。

四、美国海军空间监视系统的发展

自1990年起，美国开始发展天基广域监视系统（SB－WASS），其卫星称为“奥林匹克”。该系统或使用星载雷达（空军的建议），或使用红外遥感器（海军的建议）。由于在这个问题上空军和海军分歧很大，互不相让，最后只好针对空军和海军的不同需要分解为海军天基广域监视系统（SBWASS－Navy）和空军天基广域监视系统（SBWASS－Air Force）两个部分。

美国海军海洋监视系统（NOSS）计划，是天基电子情报系统（ELINT）计划，用于雷达信号的侦察。它是通过卫星上的雷达信号接收机收集目标的雷达波，经分析后判明对方舰队的地点、方向和速度。该计划于20世纪60年代末开始启动，到1995年发射了最后一组卫星。此后，接替它的是“海军天基广域监视系统”（SBWASS - Navy）。

SBWASS - Navy不是信号侦察卫星系统，而是红外成像侦察系统。它通过卫星上的高灵敏度红外CCD相机获取目标的红外图像，经处理后判明对方水面舰艇和潜艇的位置、方向与速度。该计划于80年代末启动，但只发射了一组卫星此计划就终止了。该计划后来由“海军天基广域监视系统”（SBWASS - Navy）和“空军与陆军天基广域监视系统”（SB - WASS - Air Army）合并，形成“联合天基广域监视系统”（SBWASS - Consolidated）计划，兼顾了空军的战略防空和海军海洋监视的需求。

（一）SBWASS计划的执行情况

SBWASS - Navy系统又称为NOSS -2或第二代“白云”计划，其卫星的名字叫“三胞胎”（Triplet）或“命运三女神”。首颗“三胞胎”卫星于1990年6月由Titan 4发射入轨，卫星先进入5度倾角的轨道，然后机动到高度454千米，倾角61度的圆轨道，最终将倾角增加到63.4度并释放了三颗子卫星。目前，美国海军已完成了4组16颗NOSS -2卫星星座的部署。每组卫星的轨道面夹角为120度，组内各子卫星间距为30—110千米，其定位精度为2—3千米，灵敏度为 -45—97dbm。采用这种侦察星座，使NOSS -2系统可以对中纬度地区的外国船只每天扫描30多次，新老两代NOSS卫星系统的主要区别是，新一代卫星的无线电发射机不再采用天文射电望远镜所使用的频率，星上除了携带无线电侦察接收机外，还增加了毫米波辐射仪和红外光电传感器。卫星上的高灵敏度CCD红外相机精度达0.1K，除了能够探测发现水面舰艇外，还可以通过探测核动力潜艇为冷却反应堆而排放的热水余迹，从而实现对水下潜艇的探测和跟踪。

SBWASS—Air Force 系统的目的是战略空中防御，其要求则主要集中在加强和延伸北冰洋上方的战略防空预警网。主要侦察对象是对方的飞机，同时也可对水面舰艇进行侦察。SBWASS—Air Force 的天基部分仍然称为“孤独者”（Singleton）卫星。卫星上装有一部大型 SAR 扫描雷达和一台电子侦察信号接收机，星载雷达天线口径为 15.2 米，具有全天候侦察够力。该计划于 80 年代后期启动后，发射了 3 颗“单星”卫星，发射时间分别为 1988 年 9 月 5 日、1989 年 9 月 6 日和 1992 年 4 月 25 日，其中 1 颗因故障失效。该计划于 1992 年结束。

SBWASS 不同于 NOSS，它是成像侦察卫星系统。SBWASS - Navv 由 3 颗卫星组成星座，每颗卫星上装载高灵敏度红外相机，主要侦察对象是水面舰艇和潜艇。此外，它也对飞机进行侦察。该计划于 80 年代末启动，并分别于 1990 年 6 月 7 日、1991 年 12 月 8 日、1993 年 8 月 4 日发射了 3 颗称为 TRIPLE T 的卫星。1993 年 8 月 4 日第 4 颗卫星发射失败。1996 年 5 月 12 日又补发了 1 颗。此后，SBWASS - Navv 计划宣告结束。

SBWASS 系统要实现全球有效覆盖，系统所需卫星较多，投资也很大，海军计划要 8—10 颗卫星，空军计划则要 8—24 颗。总投资估计至少要 80—200 亿美元。由于投资太大，美国国防部已研究决定将海军和空军的上述两个计划合并成一个系统，即“联合天基广域监视系统”（SBWASS - Consolidated），这项新计划从 2000 年开始逐步实施，已于 2001 年 9 月发射了 1 组两颗技术验证卫星，同时还关闭了 NOSS 的 6 个地面站，以节省费用。2004 年将开始正式发射工作型卫星，此后每隔 2 年补充发射一次，新计划强化了卫星侦察监视的总体功能，综合利用和发挥地面站系统的能力，能兼顾空军的战略防空和海军海洋监视的需求。

（二）“联合天基广域监视系统”海洋监视卫星

“联合天基广域监视系统”是美国现役最先进的海洋监视卫星，美国分别于 2001 年 9 月 8 日、2003 年 12 月 2 日、2005 年 2 月 3 日、2007 年 6 月 15 日和 2011 年 4 月 21 日，共发射了 5 组 10 颗卫星。卫星采用双星组网方式工作，轨道倾角 63.4 度，高度约 1000 千米，集成了海军海洋监视和空军战略防空的侦察需求，具有全天候的全球监视能力。

五、美军海洋监视系统的技术特征

海洋目标监视系统的一个重要功能就是对海洋目标进行定位。卫星海洋目标监视系统已采用的定位方式主要有单星多基线定位和三星时差定位。“白云”系统采用的就是三星时差定位方式。类似“白云”系统这样“一主三副”型的海洋目标监视系统主要通过 SSU 子卫星来实现定位，而主卫星则大多用于其他侦察方式，如成像侦察。因此，三星定位主要是基于电子型卫星的定位方案。这种方案技术简单，有效载荷技术成熟，信号的分选、脉冲配对容易解决，星座的数据处理可以在地面进行，只用较少的卫星即可满足目标监视时间分辨率的要求，是卫星海洋目标监视系统对目标实施定位监视的一种高效解决方案。

（一）海洋监视卫星的基本原理

其基本原理是：测出 2 颗卫星收到海面某信号源的时间差（两卫星到信号源的距离差），即可获得以这 2 颗卫星为焦点的双曲面，再用另外 2 颗卫星又可获得另一双曲面，两双曲面之交线与地面的交点就是海面信号源的位置。采用三星时差定位方案，卫星本身的姿态控制精度要求可以降到 0.5°—0.7°，定位基线也可根据需要拉长，定位精度较高。但是，它对卫星的轨道控制要求很高，同时还必须有严格的时间同步系统。因此，要实现三星时差定位，不但要有极高的轨道控制技术，高精度时钟技术，而且要有星间链路。

（二）海洋监视卫星的关键技术

1. 多星组网技术

采用多星组网技术并在世界不同地区配置地面站，可以连续而实时地对特定目标与指定地区进行侦察监视，实现全球侦察区域的无缝连接。通过最佳选择卫星间的轨道间隔，可获得满意的辐射目标定位精度并且使其具有侦听密集信号的能力。通过灵活的空间布置，卫星海洋目标监视系统能够通过监视空间的广域换取较长时间段的连续对地观测，提高单次侦察情报的准确性和时效性；

2. 元器件集成化技术

元器件集成化技术是卫星小型化的基础，元器件集成水平越高，在相同的体积内就能携带越多种类和数量的探测器和遥感器，使卫星的功能密度更高，技术性能更强；

3. 卫星遥感器技术

采用大动态快速自适应遥感器技术，增加嵌入保护措施，软、硬一体的冗余设计和备份，以及增加可适应不同作战需求背景的多种工作模式，可以提高有效载荷部分的整体效能。利用卫星上的遥感器对海洋环境进行监测，可以进一步提高侦察目标的精度。

第六章　美军空间侦察的运用

冷战时期，为获得对苏联集团的情报优势，美国积极发展军用卫星系统，特别重视卫星的战略应用。冷战后，两极对立格局结束，为满足现代高技术局部战争的需要，以及应对新型作战对手的需要，美军的空间侦察能力，从重视战略应用向重视战术应用方向转变，并初步建成由各种军用卫星系统综合集成的空间侦察网络。在 C^4ISR 技术的推动下，美军的空间侦察网络已成为作战力量的重要组成部分，直接为作战部队提供侦察、预警、通信、导航和气象等方面的情报支援，在近几场局部战争中得到了全面运用。经过60余年的发展，如今的美军空间侦察支援已表现出了一系列鲜明的运用特点。

第一节　美军空间侦察的运用特点

基于空间侦察能力在军事领域的聚合作用，美军广泛运用空间侦察，打破各作战单元间的界限，形成一个“作战网”，为突破各个作战系统之间的“烟囱”打下坚实的基础。[①] 这种“网”与美军大力提倡的网络中心战密切相关。为适应作战方式向“网络中心战”的转型，美军一直在不遗余力地发展空间侦察能力，以实现“在正确的时间给正确的人发送正确的信息”，从而促进作战行动有效实施的目标。[②] 虽然美军空间侦察仍面临诸多问题，但是，正是这些问题

---

① ［加拿大］威尔森、弗格森：《军事航天力量——相关问题导读》，尹志忠等翻译，国防工业出版社，2012年版，第48页。

② http：//www. mitre. org/work/tech_ papers/tech_ papers_ 05/05. . . /05_ 0800. pdf.

也成为美军空间侦察能力不断向前发展的动力之一。

一、空间侦察系统协同式运用

由于单颗侦察卫星的覆盖范围、分辨率有限，因此在执行任务过程中，需要在空间侦察装备体系内部进行有效的交互①，或同类卫星组网使用，或与其他类型的情报侦察能力综合使用，从而充分发挥空间侦察体系的作用，满足作战需求。

（一）不同类型侦察卫星交互使用

空间侦察系统内部进行交互，能够充分发挥侦察卫星的个体优势，同时形成集约优势，提高侦察效能，即从数量和种类方面实现侦察卫星的交互使用。“多数情况下，卫星的云集可以提高对地球的覆盖度。”② 因此，侦察卫星在实施情报搜集阶段，多颗侦察卫星互相配合使用，能够扩大卫星群的覆盖范围，提高对重点地区和目标侦察覆盖的频率。而且，多种技术类型的侦察卫星互相协作，能够合理高效地使用各自的侦察能力，实现对目标的全时段、全天候侦察，还能识破伪装、探测到一定深度的地下和水下情况。比如，伊拉克战争期间，美军侦察卫星中至少有 1 颗能每 2 –3 小时给战场照一次相，它们每天不分昼夜地对伊实施侦察 16 次，形成光学成像与雷达成像相配套的全天候、全天时、宽频谱的综合侦察能力，为美军掌握战场态势、实施空中精确打击等提供了有力的空间侦察支援。比如，1973 年的中东战争期间，美军就联合使用成像侦察卫星和信号侦察卫星监控战场态势，用“大鸟”号侦察卫星对战场交战场面实施拍摄，用信号侦察卫星窃听埃及飞行员的通话内容。此外，美军注重将成像侦察卫星和信号侦察卫星、海洋监视卫星、导弹预警卫星以及各种保障卫星结合使用，充分发挥它们的优点，并与地面

---

① 所谓交互就是互相、替换以及交替的意思。http：//bike. baidu. com/view/383268. htm.

② M. V. Smith，“Space Power and Warfare”，*JFQ*，1st Quarter，2011，p. 45. http：//www. ndu. edu/press/spacepower – and – warfare. html.

情报应用系统相互充分整合，形成了完整的空间侦察体系，以获得最大的情报效益。

（二）侦察卫星的组网运用

近几场局部战争表明，现代战争对空间侦察的时效性和准确性的要求越来越高。而提高空间侦察的时效性和准确性，网络化是其中比较理想的解决途径，因为从系统论的观点来看，网络化能够提高情报侦察系统的集成化水平，获得“1 +1 >2”的效果。从空间侦察系统的构成来看，空间侦察方式的网络化，主要表现形式是位于太空的侦察卫星通过组网遂行任务。根据中国人民解放军国防大学联合战役数据库对卫星组网的定义，卫星组网（satellite networking）就是根据一定宗旨和任务，将多个以单星模式工作的卫星或以星座模式工作的卫星组织起来，建立一个完整的获取信息的网络。也就是说，通过组网，“不断监视战场的卫星，即使比今天的侦察卫星分辨率低，也能在飞越上空时监视动向，打破伪装，从而为战术目的服务。已规划的国防部空间红外线卫星组合，将把 4 个地球同步卫星合在一起，外加一个负责精确标记和跟踪的近地轨道卫星，进行大范围侦察。”[①] 比如，2013 年，为改变当时空间侦察能力无法按需及时地向最低层次作战人员提供卫星图像的局面，美国防高级研究计划局开始研发“看我”（SEE ME）[②] 低轨道光学侦察卫星星座。[③] 该卫星星座将由 24 颗小卫星组成，轨道高度为 200 千米，每颗卫星工作寿命为 60—90 天左右。[④] 该项目将使用非传统的射频和光学孔

---

① ［美］马丁・C・里比基：《把明天的战场照亮》，《以军事力量谋求绝对安全：美国新军事革命与国防转型文献选编》，国防大学出版社，2003 年版，第 104 页。

② See me：Space Effects for Military Engagement. “看我”是空间效果保障军事交战的英文缩略语。

③ Bethesda, *DARP's SeeMe Program has Arrived*, May 17, 2012. www. spacewar. com/reports/DARPA_ SeeMe_ Program_ Has_ Arrived_ 999. html.

④ www. capfalcon. net/2012/03/14/leo – payload – darpa – looking – for – on – demand – field – satellite – imagery.

径，成像处理技术以及快速发射系统，满足美军作战行动的需求。①

（三）空间侦察与航空侦察的综合使用

目前，航空、空间侦察平台都是美军侦察平台中的重中之重，虽然空间侦察平台占据极大的优势，但也存在一些弱点，需要与航空侦察平台的协作才能弥补不足。侦察卫星的侦察覆盖面广，可在短时间内侦察大面积地域，并可长期监视某一地区，侦察的精确度高，且不受国界限制。但在支援战场作战方面，侦察卫星对目标区域的重访时间过长，时间分辨率低，空间分辨率也已经达到了极限的0.1米，且机动性差，生存能力差，易受敌方伪装措施的影响，或遭到反卫星武器的攻击。② 而侦察机的机动性强，随时可以根据需要进行调整部署，对目标进行长时间轮换侦察，弥补了侦察卫星在这方面的不足。③ 在实战中，空间侦察的反应性与其他情报侦察比较，尤其是航空侦察的反应性对比，速度比较慢，造成情报失效的可能性较大。冷战后，美军面临的打击目标大多是时间敏感目标。这就在一定程度上迫切需要提高情报的时效性。所以，美国空军探索出了这样的协同方式：先由侦察卫星进行普查，确定目标在某一个大的范围内。而后通过航空侦察，尤其是使用无人机实施侦察，或者是使用特种部队实施抵近侦察。这些手段的交互式使用，能够提高情报的实效性和准确性。比如，2001 年美国在阿富汗进行的反恐战争中，为了寻找“基地”组织的目标，除了动用曾在“科索沃战争”中使用过的侦察卫星外，还发射了“高级锁眼－11”侦察卫星，并买断了“伊克诺斯”卫星飞经阿富汗上空的图像，另外还使用了多种型号的无人侦察机。这些卫星和飞机搜集了一系列侦察图像，其中包括辐射和热发射信息，以便寻找山洞、隧道和“基地”

---

① http：//www. capfalcon. net/2012/03/14/leo－payload－darpa－looking－for－on－demand－field－satellite－imagery.

② DOD，*the Aerospace Force Defending America in the 21st Century*，August 2008，p. 8. http：//www. 379aew. afcent. af. mil/shared/media/document/AFD－060726－029. pdf.

③ Ibid.

组织的士兵，使美军部队可以查明打击目标和可能面临的抵抗。这种多系统的联合，从海湾战争以来的几场局部战争中已成为常态。因此，“美国空军将覆盖面广的卫星和覆盖面集中的空中设备结合起来，可向作战人员提供更准确和及时的情报。”①

（四）借助外力，空间侦察能力军民融合式运用

空间侦察技术的属性使其本身具有军民通用的性质。② 因此，民用卫星技术性能的不断提高，为军事需求提供了更多的选择。③ 美军 2013 版联合出版物《空间行动》认为，国家和美国政府民用空间图像系统为联合作战行动提供大多数图像支援。④ 非军事空间监视系统（包括商业和盟国空间力量）也可加强国防部空间侦察系统，提高对地球的侦察和监视的覆盖面。⑤

一是国际合作，购买其他国家的商业卫星服务。2006 年的《美国国家空间政策》认为，“美国政府将在符合美国国家安全利益的前提下，适时与其他国家和/或组织就空间活动展开国际合作。这些空间活动需使合作双方共同受益，增进空间和平探索和利用，促进国家安全、国土安全，以及实现外交目标。其中潜在的国际合作之一就是提供空间监视信息以满足国家安全需求及外交政策利益。”⑥ 比如，科索沃战争期间，当时的国家图像与测绘局就从法国和以色列购买成像侦察卫星照片，以弥补军用卫星的不足。

---

① DOD, *the Aerospace Force Defending America in the 21st Century*, August 2008, p. 8. http: //www. 379aew. afcent. af. mil/shared/media/document/AFD - 060726 - 029. pdf.

② Martti Lehto, *Space as a New Sphere of Future Information Warfare*, Australian Information Warfare and Security Conference, Edith Cowan University, p. 24. http: //ro. ecu. edu. au/isw.

③ Petrie, *Monitoring Iraq - Imagery Options for Monitoring and Gathering Intelligence*, I News, Jan 2003, pp. 28 - 33. http: //www. web2. ges. gla. ac. uk/ - gpetrie/28 - 23_ monitoring. pdf.

④ JCS, *JP3 - 14*: *Space Operations*, May 29, 2013, p. 78. www. fas. org/irp/dodder/dod/jp3_ 14. pdf.

⑤ JCS, *JP3 - 14*: *Space Operations*, May 29, 2013, p. 78. www. fas. org/irp/dodder/dod/jp3_ 14. pdf.

⑥ The White House, *the National Space Policy*, Oct, 2006, p. 7. www. fas. org/irp/offdocs/nspd/space. pdf.

二是本国的军民合作，以补充军用卫星能力的不足。2006 年的《美国国家空间政策》明确指出，美国将通过民用开发、科学探索和环境监测等空间活动增加收益。[①] 一方面，民用卫星技术不断发展，有些民用卫星完全能够满足作战的需求。比如 2008 年发射的美国“地球眼 -1”（GEOEYE -1）低轨光学成像侦察卫星，分辨率达到了 0.41 米，接近美国最先进的军事成像侦察卫星。另一方面，随着情报侦察技术的发展，军用侦察卫星的研发费用相对昂贵。通过购买民用卫星提供的产品和服务，可以弥补军费的不足。比如，美军已把军事气象卫星系统和极轨环境卫星（POES）系统合并为美国国家海洋和大气管理局负责的国家极地轨道环境卫星系统（NPOESS），不再发展专用的军用静止气象卫星。[②] 基于民用卫星的这些优点，一方面，美军制定了三项利用民用高分辨率卫星实施情报支援的计划：“清晰图像”（Clear View）、“下一代图像”（Next View）、“增强图像”（Enhance View）。[③] 另一方面，美军在内部设置了专门的商业利用小组（CET），维护其商业卫星图像数据库，商业利用小组根据请求把图像提供给作战部队。[④]

二、平战转换灵活

自海湾战争以来，美军的空间侦察在应对突发事件以及局部战争方面，表现出比较灵活的平战转换能力。从空间侦察系统的角度看，其原因主要是由于卫星具有一定的机动能力，以及美军的战前卫星应急发射能力。

在卫星的机动变轨方面，美军现役的许多卫星都具有很强的变

① The White House, *the National Space Policy*, Oct, 2006, p. 6. www. fas. org/irp/offdocs/nspd/space. pdf.

② 赵辉：《美军天基信息系统与网络中心战》，《航天制造技术》，2010 年第 3 期，第 16 页。

③ Dennis Jones, *NGA's Enhanced View*, 2011. http: //www. imagingnotes. com/go/articleJ. php?mp_ id =252.

④ 夏亚茜：《国外光学成像侦察卫星发展研究》，《国际太空》，2012 年第 9 期，第 43 页。

轨能力。如美军在1976年发射的首颗光学数字成像实时传输型“锁眼－11”侦察卫星，具有机动变轨能力，能够改变轨道高度和轨道平面，对关注地区和重要目标进行详查，为侦察图像的战场利用奠定了基础。[①]“战术星－2”（Tacsat－2），可机动转移，且有备用星，抗干扰能力、抗毁伤和生存能力强。美军还提高了第三代“国防支援计划”卫星的变轨机动能力。美军最先进的“锁眼－12”侦察卫星，具有极强的机动变轨能力，可在需要时迅速降低轨道，对热点或可疑地区进行仔细侦察，在变轨燃料用完后，可以由航天飞机补充。[②] 未来卫星变轨运行能力仍将是美军提高卫星战时保障能力的重要手段。随着美军卫星在轨维修保障能力的提高，将降低卫星变轨需要消耗大量推进剂从而减少卫星工作寿命的影响。美军还在探索新的卫星变轨方式，如正在发展轨道转移飞行器，以能够调整在轨的空间资源，并进行重新定位。美军在海湾危机和海湾战争期间，共使用了33颗侦察卫星，其中临时发射的只有少数几颗，多数是原来部署的。随着海湾战争形势逐渐紧张，美军将原来侦察监视前苏联、东欧、中国等国的侦察卫星集中起来并致力于对海湾地区的侦察，以保障海湾战争情报的需求。为使侦察卫星更好地覆盖海湾战场，美军利用其侦察卫星的变轨能力，不断转移侦察卫星的轨道位置和角度，使卫星过境的频数增加，以便集中覆盖伊拉克等中东国家。平时监视洲际导弹的预警卫星，被用来侦察监视伊拉克的“飞毛腿”导弹的发射情况，并为地面部队提供2分钟的早期预警。科索沃战争、阿富汗战争及伊拉克战争中，美军也是尽可能地调用早就在轨运行的侦察卫星，临时发射的卫星只占极少数。

在战前应急发射方面，战前应急发射是美军提高卫星系统战时支援保障能力，以满足作战需求的重要手段。海湾战争期间，美国

---

① 中国国防科技信息中心：《美国军事空间政策和军事航天技术发展研究（分报告）》，2009年3月，第26页。

② 总装备部科技信息研究中心：《美国卫星系统发展及战时保障运用研究》，2005年版，第25页。

还没有战前应急发射能力，美国国防部在致国会的最后报告里曾指出："美国没有应急空间发射能力。当一些重要的卫星故障或出现危机时，美国无法进行卫星的替换或补充。"① 而到了伊拉克战争，美国国防部为了满足作战需要，战前和战争期间补充发射了通信卫星、使在轨运行的"国防卫星通信系统"卫星达到10颗、"军事星"达到5颗。另外，由于伊拉克复杂的地形和恶劣的气候条件，使美军对导航卫星的依赖不断增加，因此美军在战争期间频繁发射GPS卫星。从2003年初到2004年底，短短2年时间就发射了6颗GPS卫星，不仅保证了GPS及时达到24颗星的组网要求，提高了导航覆盖率，还使其有足够的备份。②

三、卫星应用系统数据流转迅速

为接收空间侦察系统获取的信息，并处理加工成为有用的情报，最后分发到相关部门与作战单位，需要由地面应用系统来完成卫星跟踪和数据的接收、处理等工作。卫星应用系统由下列单元组成：任务控制中心、卫星跟踪和数据的接收站、数据处理系统和情报处理系统以及相应的综合通信网。美军十分注重卫星应用系统的建设，建立了与军用卫星相配套、较完善的卫星应用系统。

一是建设了各种共用和专用的卫星地面站，可完成卫星获取信息的处理、融合和分发任务。为支援卫星星座，国家侦察办公室依靠地面站网络处理通过空间侦察获得的图像和数据。③ 当前美国国家侦察办公室解密的侦察卫星数据地面站有5个，其中美国国内3个，国外2个。国内的任务地面站位于：科罗拉多州巴克利空军基地，

① ［美］美国国防部：《海湾战争（中）—美国国防部致国会的最后报告附录》，军事科学院外国军事研究部译，军事科学出版社，1992年版，第391页。

② 关于卫星数据，参见"忧思科学家联盟卫星数据库"，http：//www. ucsusa. org. nuclear_ weapons_ and_ global_ securityspace_ weaponstechnical_ issuesucs – satellite – database. html

③ Center for the Study of National Reconnaissance, *the National Reconnaissance Office at 50 Years: A Brief History*, Sept 2011. www. nro. gov/history/csnr/programs/NRO_ Brief_ History. pdf.

弗吉尼亚的贝尔沃堡，以及新墨西哥州的白沙导弹基地。美军在国外的卫星地面站位于澳大利亚松树谷的联合防务设施，以及在英国的曼威斯希尔。[①] 这些航空航天数据机构（AFD）都是多任务地面站，负责支援全球作战行动，以及各个机构情报信息的搜集、分析、报知和分发。这三个航空航天数据机构负责侦察卫星的指挥控制。他们提供数据给国防的、情报界的以及政府的机构，支援美国政府及其盟国。比如，这将清除国家侦察办公室任务地面站与情报界融合之间，或与国防部的系统融合，比如与全球信息栅格之间的障碍，确保任务地面站的专家能够与情报界的其他部门协作，全面参与发展和应用横向一体化项目。

表6—1 2008年公布的国家侦察办公室的地面站位置[②]

地面站	位置	下行链接
航空航天数据站—东部	弗吉尼亚的贝尔沃堡	光电图像
航空航天数据站—科罗拉多	科罗拉多州巴克利空军基地	高纬度信号情报
航空航天数据站—西南	新墨西哥州的白沙导弹基地	雷达图像
联合防务站—松树谷	澳大利亚松树谷	地球同步信号情报
英国的曼威斯希尔站	英国的曼威斯希尔	地球同步信号情报

二是装备了各种机动地面终端系统，以便为充分发挥军用卫星系统的应用效能、为作战人员和各种武器装备充分利用空间信息提供有效保障。一类是地面系统。比较典型的是联合战术地面系统（JTGS）。美军装备的联合战术地面系统是一种部署在前沿，用于接收、处理和分发天基传感器数据的装备。其任务是使用实时的卫星数据，为战区指挥官提供弹道导弹攻击方面的早期预警等等。作为

① NRO, *Mission Ground Station Declassification, Question and Answers*, Oct 15, 2008. www. fas. org/irp/nro/declass101508. pdf.

② Jeffrey T. Richelson, *Lifting the Veil on NRO Satellite Systems and Ground Stations*, Oct 4, 2012. www2. gwu. edu/ – nsarchiv/NSAEBB/NSAEBB392.

美国战略司令部的“战术事件系统”的一部分，美军在全球部署了5套联合战术地面系统。[①]另一类是便携式小型接收终端。比较典型的是GPS接收机PLGR，主要供陆军的单兵或班组作战使用。[②]

四、空间侦察机构的密切协同

从协同关系来看，空间侦察机构的协同运用，主要是空间侦察机构与作战单元的协同运用，以及空间侦察机构之间的协同运用。[③]

（一）空间侦察机构与作战单元的协同

美军认为，空间侦察行动超越战略、战役和战术等传统的战争层次，保障部队抢先敌人看到、听到、知道并实施行动。[④] 空间侦察机构运用这种情报优势，与作战单元整合，促进实现作战行动的预期目的。一是空间侦察机构前沿部署支援分队。根据冷战后的国际形势特点以及作战需求，战时美军各个国家层级的机构靠前部署派出支援机构，联合组建国家情报支援小组[⑤]，为作战部队提供及时、准确的情报。[⑥] 比如，战时，国家地理空间情报局派出国家地理空间情报局支援小组，直接支援各个战区司令部的联合情报行动中心。国家地理空间情报局的国家情报支援小组，由一些专家构成，包括

---

① US Army, *Joint Tactical Ground Station*, p. 196. www. fas. org/man/dod - 101/sys/land/wsh2013/196. pdf.

② SPMAGTF (X), Marine Corps Combat Development Command, *the PLGR Primer*, *A step - by - step introduction to the AN/PSN - 11 PLGR*, April 1995. www. 2ndbn5thmar. com/CoTTP/PLGR1. pdf.

③ US Army, *Joint Tactical Ground Station*, p. 197. www. fas. org/man/dod - 101/sys/land/wsh2013/196. pdf.

④ Gary L. North Lt Gen, etc. , “the Role of Space in Military Operations: Integrating and Synchronizing Space in Today's Fight”, *High Frontier*, Volume 4, Number 2, Feb, 2008, p. 4. www. afspc. af. mil/shared/media/documents/AFD - 080226 - 050. pdf.

⑤ 该机构由国防情报局的国防联合情报行动中心管理。

⑥ DIA, *Concept of Operations for the National Intelligence Support Team*, March 22, 1995, p. 1. www. dtic. mil.

地理空间情报分析人员，图像分析员，以及参谋军官。[①] 国家地理空间情报局正是通过向前线派遣情报支援小组，使得空间侦察机构对作战行动的支援更为直接，更为及时。二是空间侦察机构直接参与筹划与实施作战行动。这种方式最大的优点就是能够确保作战单元不断地向空间侦察机构提出新的战场情报需求，同时，空间侦察机构能够及时满足这些需求。比如，伊拉克战争和持久自由行动期间，空间侦察机构与作战单元整合，极大地促进作战行动的有效实施。美军中央总部司令将空间协调权授权给联合空中部队指挥官。中央总部空军司令作为联合空中部队指挥官，通过司令部的航空航天作战中心实施空中作战。中央总部空军司令从整个战区搜集并满足联合空中部队对空间侦察的需求，并将其发送到联合航空航天作战中心参谋机构予以解决。中央总部空军空间力量主任和一名空间侦察人员，协同满足空间情报支援需求。其中，中央总部空军空间力量主任，负责将每天的空间行动整合、筹划以及同步，融合进每日空中任务指令。而联合航空航天作战中心作战行动处空间小组，运用战区空间侦察力量，提供所需要的空间效果。再比如，美国陆军在整个战区的空间支援小组当中也嵌入空间侦察人员。这些小组全面参与筹划陆军的战术作战行动，负责提出空间侦察支援请求。[②] 美军中央总部空军空间小组与陆军空间专家密切协作，确保全谱空间侦察效果与作战行动筹划流程实现整合，以获得最佳的作战效果。[③]

（二）空间侦察机构之间的协同

美军联合作战条令认为，作战胜利要通过多个要素之间的整合

---

① JCS, *JP2 – 03: Geospatial Intelligence Support to Joint Operations*, March 2007, p. 25. www. fas. org/irp/dodder/dod/jp2 – 03. pdf.

② Gary L. North Lt Gen, etc. , "the Role of Space in Military Operations: Integrating and Synchronizing Space in Today's Fight", *High Frontier*, Volume 4, Number 2, Feb, 2008, p. 4. www. afspc. af. mil/shared/media/documents/AFD – 080226 – 050. pdf.

③ Gary L. North Lt Gen, etc. , "the Role of Space in Military Operations: Integrating and Synchronizing Space in Today's Fight", *High Frontier*, Volume 4, Number 2, Feb, 2008, p. 4. http: //www. afspc. af. mil/shared/media/documents/AFD – 080226 – 050. pdf.

才能实现，而空间侦察指挥控制与实施机构也不例外。这些机构在整个网络中心战体系中，相互支援、相互融合，确保空间侦察行动的顺利实施。

美国情报界的16个成员中，国家安全局、国家侦察办公室、国家地理空间情报局、国防情报局、中央情报局这5个成员在空间侦察能力的发展过程中，发挥着重要作用。由于空间侦察能力发展之初就是服务于战略目的，因此，美国国家情报界的一些国家层级的情报机构深入参与其中，比如，中央情报局和国家侦察办公室在20世纪50年代就已着手研究、发展空间侦察能力等。但是，在这些深入参与的背后，所呈现的态势是军方和国家层机构共享空间侦察信息，所隐藏的矛盾是国家情报和战场情报之间的内生性矛盾。因为，战略情报时效性不是很强，而军队对战场情报的时效性要求很高。为此，美军为适应现代战争需求，努力改变现状，国家层级机构和军队携手发展战略性空间侦察、军方独自发展战术性空间侦察的新型“二元”空间侦察机构。① 如果各个机构之间实现跨机构协作，那么国家侦察办公室、国家安全局、国家地理空间情报局以及国家航空航天局等机构，就可以实现信息共享，从而为决策者提供各种作战方案。

“9·11”恐怖袭击后，美国国会成立专门委员会，检讨情报失误问题。为解决各情报机构之间协同能力差，甚至互相扯皮的问题，美国国会批准撤销中央情报主任，设置国家情报主任一职。② 其首要任务就是加强美国情报界各个情报机构之间的合作。正如美国空军部前副部长赛格于2007年在国会作证时所说：“我们继续强调国家安全空间领域、跨职能领域的，比如情报监视侦察，跨国防部部门，其他的政府机构、行业、学术界以及国会之间的整合与协作。在空

① Gary L. North Lt Gen, etc., “the Role of Space in Military Operations: Integrating and Synchronizing Space in Today's Fight”, *High Frontier*, Volume 4, Number 2, Feb, 2008, p. 4. http://www.afspc.af.mil/shared/media/documents/AFD-080226-050.pdf.

② Senate, *Intelligence Reform and Terrorism Prevention Act of 2004*, Dec 2004. www.intelligence.senate.gov/laws/pl108-458.pdf.

间侦察系统有能力担负动态任务，以及保护空间资产日益显得重要的时候，对机构的整合十分必要。”① 2009 年版的《美国国家情报战略》提出：“通过法律和行政命令，国家情报主任是唯一可以领导整个情报界以及管理国家情报计划的人。”② 据此，空间侦察也属于国家情报主任的职责范围。国家地理空间情报局、各军种的航天司令部等机构则各负其责。比如，国家安全局的主要任务是通过侦察卫星截收世界各国的通信信号，掌握他国动向以及确保美国的信息安全。③ 国家侦察办公室协调、搜集和分析从中央情报局以及军事机构的卫星搜集到的情报。④ 美国国家地理空间情报局是美国国家情报与战争的支援机构，其主要任务是适时、精准地提供地理空间情报，保护国家安全目标。⑤ 但是，实际上，这些空间侦察机构彼此之间并不是孤立的，他们之间能够互相支援、互相协作，最佳发挥空间侦察的效益。比如，一般情况下，国家安全局和海军网络与空间对抗司令部相互提供信号情报支援，国家侦察办公室获取的信号情报给国家安全局，图像情报给国家地理空间情报局，测量与特征情报供国家地理空间情报局和其他相关机构使用。此外，空军和国家侦察办公室曾达成协议，建立培养和管理空间专家的机制，从而支援军队和国家的目标。国家侦察办公室任务支援副主任兼任“空间联合功能分司令部”的副司令。并且国家侦察办公室在空军航天司令部还设立了一个新的职务，即航空、航天以及信息作战副主任。这种机构的设置与调整有助于空间侦察相关机构的协作。在人员配置方

---

① Ronald M. Sega, Under Secretary of the Air Force, *Statement*, *National Security Space Posture*, Department of the Air Force to the House Armed Services Committee Subcommittee on Strategic Forces, March 23, 2007, pp. 6 – 7. http://armedservices. house. gov/pdfs/Strat032307/Sega_ Testimony032307. pdf.

② 付瑞红：《美国国家情报战略的特征与演变趋势》，《南京政治学院学报》，2010 年第 2 期，第 56—59 页。

③ NSA, *Transition 2001*, Dec 2000, p. 1. www2. gwu. edu/—nsarchiv/NSAEBB/NSAEBB24/nsa25. pdf.

④ http://www. fas. org/irp/news/1998/04/prs_ rel18. html.

⑤ http://www. nga. mil/MediaRoom/press%20kit/documents/web_ nga_ fact_ sheet. pdf.

面，国家安全局和国家地理空间情报局的人员通常被配属到国家侦察办公室的设施当中。[①] 同样地，由于美军要作为联军的一部分实施联合作战，国家侦察办公室还包括来自英国、澳大利亚等盟国的人员。[②]

第二节　美军空间侦察运用面临的挑战

从战争历史看，战争的根本原则是“保存自己，消灭敌人”。要保存自己，关键是要提高生存能力[③]，因为，任何“现代武器系统的坚固防护力量，最终取决于它的制导和控制系统在战争中的生存能力。”[④]具体到空间侦察，各种反侦察措施，特别是反卫星武器的出现，使其生存能力和机动能力出现问题。[⑤] 同时，由于作战环境的原因和技术水平问题，卫星自身也存在一些局限性。这些问题和局限性对美军空间侦察能力的运用和发展构成了挑战。

一、卫星系统面临的挑战

（一）卫星面临外界的物理威胁和干扰

外界对卫星的物理威胁和干扰主要有以下几种：一是对卫星实施物理摧毁。反卫星武器的发展，为摧毁卫星实体提供了可能。比如，1975 年 10 月，美军一颗在苏联摩尔曼斯克执行侦察任务的预警卫星遭到苏军反卫星武器攻击，该卫星迅速失去自我控制能力。但

---

① Center for the Study of National Reconnaissance, National Reconnaissance Office, *the National Reconnaissance Office At 50 years: A Brief History*, 2011, p. 28. www. nro. gov/history/csnr/programs/NRO_ Brief_ History. pdf.

② Sapp, B. , *Statement for the Record before the House Armed Services Committee Subcommittee on Strategic Forces*, 21 April 2010. www. nro. gov/news/testimony/2013/2013 - 01. pdf.

③ 所谓生存能力，指的是武器装备在战争环境中保存自己不被破坏或者保持其战斗力的能力。李瑞晨等：《星球大战与美苏太空争夺》，世界知识出版社，1989 年版，第 55 页。

④ 李瑞晨等：《星球大战与美苏太空争夺》，世界知识出版社，1989 年版，第 55 页。

⑤ 曾华锋等：《现代侦察监视技术》，国防工业出版社，1999 年版，第 18 页。

是，物理摧毁卫星实体的费用较高，而且对于卫星星座群来说，摧毁单个卫星意义不大。因此，较常用的方法是使用常规的和非常规的手段，打击地面节点和支援性基础设施，对地面系统实施攻击和破坏。二是对卫星实施非摧毁性干扰。运用电子和光电反制措施干扰卫星的正常运行，作用突出。诸如干扰之类的“主动”光电反制措施（比如，使用强信号覆盖敌接收器）和发送欺骗信号等，用于干扰卫星功能的正常发挥。此类主动的光电反制措施能够暂时致盲或欺骗卫星。比如，用无线电频率干扰装备对通信卫星进行干扰，将导致通信卫星面临两种威胁：干扰和信号探测（通过接收电磁信号“看到”敌人的能力），但是，这些威胁作用的方式不同。“干扰”指向接收器，它指的是由转发适当的波形阻止或干预接收器接收预期通信的能力。① 与之相对的是，信号探测指向转发器，它指的是敌信号情报接收器试图“看到”和获得我方通信信号，定位我方卫星转发器。② 由于它们仅仅接收信号，所以这些威胁是“安静的”。③ 三是运用被动措施，不干扰卫星的功能发挥，而是削弱其功能的价值。此类措施适用于情报搜集类卫星。比如，地面部队可能运用机动能力躲避敌成像侦察卫星的观察，运用伪装和隐藏防止被识别。假目标可能被错误地识别，并可用于阻扰图像判读，即用假目标模拟设施的数量和位置来制造混淆。④ 比如，2000 年，由于美

① Elham Ghashghai, Communications Networks to Support Integrated Intelligence, Surveillance, Reconnaissance, and Strike Operations, RAND, 2004. http://www.rand.org/pubs/technical_reports/2004/RAND_TR159.pdf.

② Elham Ghashghai, Communications Networks to Support Integrated Intelligence, Surveillance, Reconnaissance, and Strike Operations, RAND, 2004. http://www.rand.org/pubs/technical_reports/2004/RAND_TR159.pdf.

③ Elham Ghashghai, Communications Networks to Support Integrated Intelligence, Surveillance, Reconnaissance, and Strike Operations, RAND, 2004. http://www.rand.org/pubs/technical_reports/2004/RAND_TR159.pdf.

④ US Congress, Office of Technology Assessment, Anti-Satellite Weapons, Countermeasures and Arms Control, US Government Printing Office, Sept 1985, p. 33. http://www.princeton.edu/-ota/disk2/1985/8502/850205.pdf.

国侦察卫星被朝鲜成立于1968年的战略伪装局所欺骗，美国空间侦察部门据此把朝鲜民众在平壤周边所挖的一个大坑误判为正在建设的核设施，在国际社会造成很大的被动。此外，还可利用对卫星系统实施信息作战来削弱其功能。比如，瘫痪天基和地基计算机系统，而这些系统通常都是用于控制卫星功能，搜集、处理、分发任务数据。

（二）卫星自身的局限性

卫星自身的局限性主要表现在三个方面：一是卫星的分辨率。以当前的技术发展水平来看，空间侦察卫星的分辨率几乎已达到0.1米的极限，分辨率的提高几乎不大可能。二是卫星的运行轨道和运行规律。空间侦察装备，特别是侦察卫星，其轨道相对固定。尽管卫星的很多参数是保密的，但是，侦察卫星运行的轨道基本是固定不变的，而且其运行也是有规律可遵循的。因此，从侦察卫星的运行轨道和运行规律，可推算出卫星的过顶时间。这就为被侦察方实施反侦察提供了机会。1998年，印度就是利用美国侦察卫星过顶时间的规律，躲避了侦察，从而成功地实施核试验。三是卫星的探测范围有限。侦察卫星自身有一个无解的矛盾：看的越清楚，看到的范围越窄。比如，2014年3月的马航失联事件中，世界主要大国调集了多颗侦察卫星，都没有发现马航失联客机的下落。这主要是因为大部分飞机的碎片都比较小，需要运用高分辨率才能拍到。在高分辨率的模式下，卫星的幅宽会很小，这就造成其覆盖地面的宽度有限，需要多次重访。据哈佛－史密松天体物理中心的美国天体物理专家麦克道尔说，目前美国、俄罗斯以及欧洲具备高清摄像能力的卫星加起来不超过10颗左右，它们每1.5小时绕地球一圈，每颗卫星每天覆盖地表面积有限。[1]

---

① http://www.wantinews.com/news－7030328－covering－every－corner－of－the－planet－known－as－the－united－states－spy－satellites－so－why－not－find－the－aircraft－lost－contact.html.

（三）空间侦察的快速反应能力不足

制约空间侦察快速反应的因素除侦察卫星自身缺乏灵活机动性之外，主要原因还有情报数据量过大，处理速度较慢以及通信能力不足，无法做到快速传输情报。

在通信容量方面，海湾战争爆发之前，美军空间通信的骨干力量超高频卫星通信系统，通过其在大西洋和印度洋上空的 2 颗卫星，提供覆盖中东地区的通信服务。战争期间，当美军的通信量即将达到顶峰的时候，美军不得已动用了一颗在印度洋上空的国防通信卫星系统（DSCS）备用通信卫星。英国的“天网”军用通信卫星和法国军用通信卫星也参与了保障。[①]

在传输速度方面，海湾战争以来的近几场局部战争的实践，暴露出空间侦察系统情报传输能力的不足。这种飞越领空的军事空间系统，主要用于向国家决策层传输和提供信息，但却无法为战场上的作战指挥官提供战术支援。此外，其卫星系统不具备应急发射能力，不能满足情报准确性和及时性的要求。[②] 为适应 21 世纪信息化战争的需要，实现空间侦察系统对战场作战的实时支援，海湾战争后，美军把建立战术应用层的军用卫星系统作为未来空间侦察系统发展的重要方向。但是，直到科索沃战争和阿富汗战争，美军还不同程度存在空间侦察情报处理速度慢、传输链路不畅、应用不到位等问题。伊拉克战争中美军广泛使用宽带卫星通信链路和各种战术数据链路，信息传输系统的带宽比海湾战争提高了 10 倍，中心数据交换速率提高了 100 倍。尽管如此，美军现有的反应能力难以全面满足完全意义上的“网络中心战”的战场需求。在今后相当长一段时期内，空间侦察数据的快速处理及分发仍是需要重点解决的问题。

---

① Anson P. Cummings D, “the First Space War: the contribution of satellites to the gulf war. Campen AD”, *the First Information War*, New Delhi: Boo 千米 ark Publishers, 1992. pp. 121 – 133.

② 凌云翔等：《航天装备军事应用》，国防科技大学出版社，2005 年版，第 288 页。

二、空间侦察机构的内生性矛盾

一是空间侦察系统之间互联互通的协议、标准和格式比较少，即使有，很多都是不同的组织在不同的时间制定的。这种情况决定了空间侦察机构之间，空间侦察机构与其他情报机构，尤其是与国家情报机构之间的互联互通性比较差。其后果是造成空间侦察能力建设横向上不成体系，纵向上不成系统，纵横双向上不成网络，情报共享困难。①

二是空间侦察机构，如何满足国家层级的情报需求与战术层级的情报需求，始终存在矛盾。空间侦察系统诞生于冷战之初，为国家和军队提供战略情报。空间侦察这种明确的任务导向，使得冷空间侦察信息严格保密，加上当时的信息传输手段落后，导致战场指挥官难以及时获得空间侦察信息。但是，冷战结束后，各个主要军事强国都把军队建设的方向转向应对局部战争方面。为此，主要军事强国的军事情报需求也发生了变化。相应地，诸如空间侦察系统之类的国家级战略侦察资源，其服务重点开始向战场倾斜。② 比如，近几场局部战争表明，以获取动态和静态目标信息为目的的测量特征情报，已从20世纪80年代的单纯战略情报手段发展成为支持军事行动为主要目的的战场情报手段。③ 这就容易造成国家层面的战略情报和战术情报需求之间的界限日益模糊。但是，在美国情报界，采购和开发国家层级的情报侦察平台和战术层级情报侦察平台，其决策权分散在不同的机构内。历史上，美军的情报体系内就曾有过战略情报和战场情报控制权之争。④ 比如，美国空军和中央情报局就曾争夺过对国家侦察办公室的主导权。而且，美国的情报监督体制

① 姚鑫：《影响航天侦察情报保障作用的因素分析》，《解放军国际关系学院》，2009年第3期，第48页。

② 孙建民：《战后情报侦察技术发展史研究》，军事科学出版社，2008年版，第197页。

③ 孙建民：《战后情报侦察技术发展史研究》，军事科学出版社，2008年版，第198页。

④ 孙建民：《战后情报侦察技术发展史研究》，军事科学出版社，2008年版，第198页。

又可能造成国家层用户和战术层用户的需求发生矛盾，因为美国参众两院都有专门的情报委员会对各类情报需求进行监督。如果参众两院的情报委员会之间协调不到位，很可能造成前论现象。

第三节　美国空间侦察的典型应用

在阿富汗反恐怖战争中，美国的军用侦察卫星和商用卫星为美军搜集了大量军事情报。这些情报对美军监视阿富汗、制定作战计划、实施精确打击等都起到了极为重要的作用。

一、反恐战争中的空间侦察

“9·11”事件以后，美国在全球范围加大了反恐力度，对恐怖分子进行全球范围内的打击和根除恐怖组织网络是美国政府反恐战争的基本目标。美国的照相侦察卫星和信号侦察卫星作为其武器系统重要的补充，成为攻击力量不可或缺的组成部分，在搜索和侦察恐怖组织的行踪和活动中起到不可替代的作用，比如在阿富汗战争中就看到美军空间侦察系统的运用特点。

（一）及时补充战时所需卫星

美国国家侦察局从2001 年8 月18 日到10 月11 日共发射了3 颗侦察卫星和1 颗通信卫星，这些卫星与美国军用空间系统的其他卫星一起，在美军对阿富汗的反恐怖战争中发挥着重要的作用。

1. “长曲棍球”雷达成像侦察卫星

北京时间2001 年8 月18 日，一枚“大力神4B”型火箭从加利福尼亚州范登堡空军基地升空，为美国国家侦察局发射了一颗“长曲棍球”雷达成像侦察卫星。该卫星重15 吨，大小如同一辆大客车，在地球上方640 千米的轨道上运行。“长曲棍球”雷达成像侦察卫星每天两次通过南亚上空，成为打击情报的重要来源，它传送的图像为指挥官确定打击目标及毁损评估提供了有效依据。

2. 海洋监视卫星

北京时间2001年9月8日，一枚“宇宙神”运载火箭，在范登堡空军基地的SLC－3E发射坪上点火升空，箭上携带着一颗美国国家侦察局的机密侦察卫星，卫星被送入高倾角地球轨道，该卫星重6吨，这次发射海洋监视卫星用来监听广阔海面上敌方舰船的往来信息。

3. “锁眼－11”型侦察卫星

北京时间2001年10月6日，一枚“大力神4B”型火箭从范登堡空军基地升空，随之进入轨道的就是这颗型号为“锁眼－11”的侦察卫星。它的标号是“USA－116”。该卫星重15吨，可与以前发射的两颗“锁眼－11”卫星（分别于1995年和1996年发射）构成星座，能每日覆盖与恐怖组织相关的地域，并能与三颗分辨率稍小的“长曲棍球”雷达成像卫星相连，在320千米的高空轨道上，监视塔利班政权的据点、车辆和火炮的动向，同时也跟踪战争爆发后阿富汗难民的状况，用以区分武装人员和平民。

4. 通信中继卫星

北京时间2001年10月11日，在卡纳维拉尔角空军基地发射的“宇宙神－2AS”运载火箭将一颗秘密通信中继卫星送入预定轨道。它工作在地球同步轨道上，将不同卫星上的图像或数据中继到国家图像与测绘局和国家安全局等机构。这进一步增强了美国在反恐怖战争中的情报搜集能力，尤其是保持“信息优势”的能力。

（二）发挥商用卫星的作用

为了最大限度地拥有信息优势，补充战时军事侦察卫星的不足，美国军方出巨资购买商用卫星拍摄到的阿富汗战区卫星图像专卖权。在阿富汗反恐战争中，其不仅购买“伊科诺斯”阿富汗战区卫星图像的专卖权，而且还将支付“伊科诺斯”卫星飞经该目标区上空所有时间的费用。“伊科诺斯”卫星是1999年9月24日发射的，运行轨道高度为680千米，其黑白图像的地面分辨率为1米，彩色图像的地面分辨率为4米，是目前商用卫星图像中最好的。这种分辨率可以分辨停车场中哪些是货车、哪些是轿车，以及它们的颜色。

在阿富汗反恐战争中，有近50颗美国和欧洲的军事成像侦察卫星、电子监听、通信、导航和气象卫星支援这场反恐军事行动。这表明，军用卫星在美国对阿富汗的反恐战争中发挥着极为重要的作用，显示了其在21世纪“信息战争”中的重要作用与地位。而且也预示着军用卫星在新的世纪必将出现前所未有的发展势头。

二、高技术局部战争中的运用

进入20世纪80年代以来，美国军用卫星不仅在种类、规模上得到较大的发展，而且在战术、技术性能上也得到较大的提高，具备了较强的战场信息支援与保障能力，并在几场战争中得到较大规模的实战运用。如在马岛战争中，美国动用了24颗各种侦察卫星向“朋友”通风报信。①

在90年代爆发的海湾战争和科索沃战争中，太空各种卫星的运用达到更大的规模和更高的层次，以美国为首的多国部队动用了70多颗、近20种不同类型的卫星，对其作战进行通信、情报、预警、导航等各种信息支援与保障，为多国部队和北约赢得这两场战争发挥了极为关键的作用。

海湾战争使美军深切感受到太空力量对战役、战术行动支援与保障的重要性。但美军方人士认为，虽然海湾战争可以称为是第一次空间战争，但只是一次没有准备的空间战争。因为当时美军所使用的所有空间系统都是为冷战时期执行战略任务而设计的，不能完全适应局部战争和地区冲突中的战役、战术任务的需要。为提高卫星侦察能力，美国队为，航天装备的小型化、简便化、通用化是提高诸军兵种太空作战能力的重要技术条件。

海湾战争结束后，美军为了有效利用太空信息，大力发展各种小型化、集成化、可视化的便携式卫星终端设备，以便让作战人员

① 陈万强、邹振宁：《美军卫星侦察能力评析》，《飞航导弹》，2004年第4期。

和各种武器装备都能充分利用太空信息，美国空军空间司令部于1993年12月成立了空间作战中心（SWC）。目前该中心的研究工作重点是把现有卫星系统与最新信息处理技术结合起来，以提高部队战斗力。为此，该中心正在实施国家能力战术应用计划（TEN-CAP），该计划包括几项工程：（1）爪指令（Talon Command）计划，研究向战区连续实时地提供卫星及其他平台获得的信息；（2）爪备（Talon Ready）计划，研究利用军用侦察卫星以及民用遥感卫星等手段获取信息以支持精确制导武器确定目标：（3）爪射手（Talon Shooter）计划，研究与演示战斗机驾驶员利用卫星实时数据与图像，打击地面目标；（4）爪视（Talon Vision）计划，研制接收、处理、综合与显示包括来自太空的数据和图像的装备，为战场指挥员提供综合战场图像；（5）多源战术系统（MSTS）可装在飞机上，能接收来自卫星的多光谱数据、数字图、空中与地面威胁的信息和实时卫星定位数据，以提高战场侦察的感知态势。

美国近年主导的战争中，大量使用卫星进行侦察监视和情报支援，使用卫星的数量不断增加。海湾战争中美军动用了50余颗卫星，科索沃战争中动用了70多颗卫星。而到了伊拉克战争，美军使用卫星的总数超过了100颗，利用在轨的10多颗侦察卫星以及“伊诺克斯－2”商用遥感卫星对伊拉克军事行动进行了严密监视，利用3颗锁眼－12光学成像卫星、2颗“长曲棍球”雷达成像卫星、1颗“成像增强系统”卫星等组成的空间成像侦察系统进行不间断侦察，每两小时对伊拉克全境获取一次空间成像情报。综合利用可见光、红外与微波成像能力，弥补侦察的盲区，突破伪装。利用“大酒瓶”信号侦察卫星对伊军各种无线电信号进行侦察、监测，寻找萨达姆等伊高层官员的藏身之处和伊军重要的指挥控制中心。

（一）卫星及早介入侦察

1990年8月8日布什总统宣布军事介入之前，美国的卫星已将侦察重点放在了海湾地区，为即将进行的军事行动搜集情报。1990年10月29日，即伊拉克入侵科威特的前4天，美国的航天电子侦察系统探测到伊南部的一部苏制“高王”雷达开机，这部雷达以前是用来监视伊朗的空中活动的，但早已于1989年停止工作。这份情报引起了美国的警觉，随后，美国的成像侦察卫星拍下了伊军在伊科边境大规模集结的照片。伊拉克战争前，为满足“倒萨”的情报需求，从2002年9月开始，美国国家侦察办公室即使用6颗高分辨率卫星，每日12次监视伊拉克重点地区。后来，其他卫星也陆续调整到位，为战备提供支持。2003年3月19日，美国防部召开关于“基于效果作战”的报告会，透露已对伊境内的数万多个目标进行了排查。在这样的作战规划中，侦察卫星立下了汗马功劳。

（二）多数量、多种类侦察卫星协同保障

多颗卫星对战区实施侦察，可有效提高时间分辨率，增强快速反应能力；多种类侦察卫星协同工作，能够实现优势互补。伊拉克战争中，美军投入了包括6颗成像侦察卫星在内的90多颗各类军用卫星，另外还租用了IKONOS和QuickBird2颗商用成像卫星，形成了侦察卫星与商用卫星相结合、光学成像与雷达成像相配套的全天候、全天时、宽频谱的综合侦察能力。美军利用侦察卫星及时准确地查明了伊军坦克、导弹和炮兵等部队的布防情况，为美军掌握战场态势、实施空中精确打击、选择攻击路线、兵力火力机动、打击效果评估等提供了有力的情报保障。此外，美军注重将成像侦察卫星和信号侦察卫星、海洋监视卫星、导弹预警卫星及各种保障卫星结合使用，充分发挥它们的优长，并与地面情报应用系统相贯通，形成了集侦察监视、信息传输、情报处理、作战使用、打击效果评估于一体的完整的空间侦察体系。

（三）商用卫星发挥了较大作用

战时征用商用卫星可有效弥补军用侦察卫星的不足。海湾战争期间，五角大楼花费了600万美元购买Landsat和SOPT卫星数据，用于快速制图、制定飞行计划以及对大型基础设施的定位。Landsat和SOPT卫星共提供了185千米2地域的影像。1996年3月，美国政府发布了题为《为21世纪准备着——美国情报评估》的长篇报告，

其中指出："发展商用卫星产业前景广阔，商用系统将影响今后美国情报界开发的系统的规模和性能，但为了可以预见的将来，商用系统必须为诸多情报系统的运行做出保障。情报机构应该继续评估商用系统的效用，并在可能的情况下依靠它们"，这实际上为商用卫星用于军事目的开了绿灯。美国空间成像公司分别于 1999 年 9 月和 2001 年 10 月发射商用 IKONOS 和 QuickBird 卫星，这 2 颗卫星的影像在阿富汗战争和伊拉克战争中均被用于地形分析、目标打击和毁伤评估等军事目的。

（四）情报传输高度依赖战场通信系统

空间通信系统位于整个战场信息网络的顶层，对于保证战场"信息流"的畅通无阻具有决定意义。海湾战争中，美军的成像侦察卫星在获取数字图像数据后，数据经由"卫星数据系统"中继卫星实时传送到华盛顿附近的贝尔沃堡地面站，卫星图像经国家判读中心的专家分析后，通过通信卫星的专用加密线路传给海湾战区的美军高级指挥官。阿富汗战争和伊拉克战争中，美军都发射了数据中继卫星，用以支持空间侦察数据的传输。美军的宽带卫星通信链路和 Link－16 等战术数据链，使各种侦察装备获取的信息直接为打击平台服务。伊战中美军广泛使用的"21 世纪旅和旅以下部队作战指挥系统"是一种基于战术互联网的通信系统，它综合了卫星、无人机和特种部队的信息源，实现了坦克之间、直升机之间的信息共享。

三、卫星支援战术级作战的要求

不同层级战术行动对卫星情报支援的要求不同，师级战术用户的情报需求主要包括战场环境和敌情两大部分。战场环境包括气候、潮汐、地形、地貌、道路、桥梁、登陆场等等。战场环境相对比较稳定，变化没有敌情迅速，情报准备和获取的时间比较充足。因而对侦察传感器的要求相对可以降低[①]。

敌情主要包括兵力、工事、火力配系、障碍物四个部分。其目标种类繁多、而且尺度差别很大，变化很快，对空间侦察的要求比较高。对应不同样式的作战，需求的情报类型不同。比如对于登陆作战，师级作战单位在作战中要掌握敌方防御阵地全纵深内所有战术目标情报。概括起来，空间侦察系统必须获取如下几方面的情报信息：保障地带的主要障碍物；前沿阵地主要工事、中间阵地主要工事、主阵地主要工事、登陆场、道路、桥梁通达情况、敌前线机场、海军舰船及编队、岸舰导弹情报、敌我态势及变化；部队机动情况；轰炸效果。

（一）战术情报支援对空间侦察的要求

空间侦察实现战术情报支援的可行性主要决定于传感器的性能。传感器包括可见光、侧视雷达、红外、多光谱等多种。

1. 可见光传感器

可见光传感器的分辨率较高，可以达到0.10米。师级作战单位需求的情报中，尺度最小的目标都在几米至十几米，因此，理论上可见光传感器基本可以满足要求，在历次战争实践中，可见光照相侦察对战争的结局发挥了重要的作用。

2. 侧视雷达传感器

侧视雷达传感器的分辨率比较低，通常在1米以上，有的可以达到0.3米。从空间分辨率来看，要低于可见光传感器。由于雷达成像的特殊性，雷达图像的形状和大小并不完全是真实目标的轮廓。同样分辨率的雷达和可见光图像，雷达的可判性要低很多。因此，雷达图像还不能独立担负为战术用户提供战场情报的任务。目前，雷达主要是和可见光配合，实现对战场的全天候、全天时侦察。如果未来雷达图像的分辨率达到厘米级，有可能独立承担对战场情报

---

① 赵文杰、李德军、徐忠林：《航天侦察战术情报支援可行性分析》，《空军航空大学学报》，2009年第6期。

的侦察任务。

3. 红外传感器和多光谱传感器

红外和多光谱传感器的分辨率在 10 米以上，很难准确区分出小的战场目标。近红外传感器主要应用在夜间侦察和揭露植被的伪装。热红外成像可以侦察目标的状态细节：例如油罐的容量以及飞机是否在发动机运转待飞状态等等。但是红外照片的分辨率限制了它的应用，使之不能独立担负战术情报侦察任务。

多光谱和超光谱传感器频段多，光谱分辨率高，空间分辨率在 10 米左右，比较低。超光谱卫星传感器可分辨不同树种的反射特性，可辨识伪装网与树木的不同等。随着未来超光谱系统分辨率的提高，可以探测近期埋藏的地雷。多光谱传感器在军事上的应用一方面受限于其较低的空间分辨率，同时超光谱需要通过专门的计算机技术处理后才可以区别其光谱特征的差别。但利用多光谱波段图像的融合处理，可突出某种目标图像，有利于识别与判定。

（二）战术情报支援空间侦察空间分辨率的需求

空间分辨率是决定目标可判性的最基本因素。一般来说，空间分辨率高，目标的可判性就好。对战场目标进行情报分析包括发现、识别（定种类）、确认（定型号）、描述（定量）等几个不同深度和层次的内容。发现是指出具有军事意义的各类单位、物体或活动等的所在位置；识别是确定目标所属的类别；确认是辨别目标在已知类别中所属的具体本性；描述是详细说明目标的尺寸大小、构型布局、组成结构和装备数量；技术分析指对具体武器装备进行详细分析。发现目标需要的分辨率比较低；定种类、定型号以及进行定量的分析则难度加大，需要的卫星分辨率也依次在增加。也就是说发现所需要的分辨率、识别 < 确认 < 描述 < 技术分析。通常，战场情报保障的空间分辨率应该可以满足描述层次的需要。

战场目标具有尺度性，不同的目标需要不同的分辨率进行定性和定量分析。市区最容易发现，60 米的分辨率就可以发现。水面舰艇、潜艇以及海岸和登陆码头尺度也比较大，发现容易，需要 30 米的分辨率。而火炮、车辆最不容易发现，需要 1.0 米—1.5 米的分辨率。如果要实现战场 90%—95% 以上的目标能够进行准确的描述，空间分辨率就要满足战场上最小尺度目标的需要。

不同分辨率的图像对目标细节的反映程度明显不同，比如分辨率为 6 米时，只能看到阵地的模糊轮廓；分辨率为 3—2 米时，阵地轮廓基本清楚；分辨率为 1—0.6 米时，阵地的各个部分才可以完整的区分出来。因此，为了满足战场情报保障的要求，卫星的空间分辨率应该达到 0.6—1 米。

（四）基于战术情报支援需求的空间侦察时间分辨率

空间侦察时间分辨率的确定要根据作战用户的情报需求以及作战进程的实际情况。一般应该在两个小时以下。

一般的低轨卫星速度为 7.6 千米/秒，如果地面成像带宽为 10 千米，那么重复周期为 90 分钟左右。如果卫星的空间分辨率在 1 米以下，则周期还要延长。分辨率高，则带宽相对小，数据量大，重访周期长。也就是说，就单颗卫星而言，空间分辨率和时间分辨率无法同时达到最优化。例如美国的 IKONOS，全色分辨率为 1 米，带宽是 11—13 千米，周期是 3 天。QUICKBIRD 全色分辨率为 0.61 米，带宽是 16.5 千米，周期为 1—3.5 天。“锁眼 -11” 普查型地面分辨率为 1—3 米，详查型为 0.15 米，重复访问时间为 4 天。

由于卫星的运行速度，成像带宽等因素的影响，单颗侦察卫星的时间分辨率有限，大多在几天左右。拍摄过程中的固有误差还可能使某些图像无法使用，天气和云层也对可见光侦察有很大的影响，所以单颗卫星基本无法满足战场目标情报保障的需求。

为了满足战场情报保障时间分辨率的要求，可以通过卫星星座或者组队方式提高卫星的时间分辨率。一般的，组队的卫星数目越多，时间分辨率就越高，相应的对其中单一卫星的空间分辨率要求也就会降低。通常 24 颗星可以保障 15 分钟传送一次目标图像，如果是 48 颗星则可以每 5 分钟内传送一次目标图像。

（五）空间侦察定位精度的需求

战场目标尺度、作战武器的定位精度和有效杀伤半径都影响着空间侦察的定位精度。空间侦察定位精度存在一个最小尺度规律：如果定位精度可以满足战场上最小尺度目标要求，那么该精度也就完全符合大尺度目标的要求。战场上尺度最小的在米级，基于目标尺度考虑下，如果空间侦察定位精度在米级，基本可以满足需要。通常来说，作战武器的定位精度值远远小于其火力半径，所以这里只考虑作战武器定位精度和目标尺度。为了实现对目标50%以上的毁伤率，武器定位精度应该小于目标尺度的1/2。

（六）情报判读时效性

判读时效性受交战双方战斗进程和速度、侦察目标运动状态、情报的整编要求以及卫星情报的下传形式等几方面影响。

如果作战进展速度很快，情报时效性也要相应提高，即情报判读时间要小于最小的作战时间单元。如果是固定目标如工事、堡垒，情报时效性可以适当降低，而机动目标如自行火炮、装甲车辆等由于其机动能力强，相应的情报时效性要求就高。侦察卫星情报下传方式也影响情报时效性。传输型卫星由于情报传输速度快，时效性要优于回收型卫星。

对于战场情报支援来说，影响最大的是：

（1）在未来较长一段时间内，可见光传感器和侧视雷达传感器仍然是战场情报侦察的主力，红外和多光谱只起辅助作用。

（2）制约空间侦察战场应用的主要因子不是空间分辨率，主要是时间分辨率。

（3）卫星的空间分辨率和时间分辨率具有一定的矛盾性。空间分辨率高，一般的地面成像带宽就会受到影响，卫星的周期就会延长。也就是说根难达到空间和时间分辨率同时最优化。因此，在时间和空间分辨率之间可以寻求一个相对优化的位置，或者通过其他手段如组成星座或者星队来协调两者之间的矛盾。

（4）通过小卫星和卫星组网等方式，提高空间侦察的时间分辨率，空间侦察就可以实现战场情报支援。

第四节　美军空间侦察应用原则与流程

美参联会2013年5月29日发布的JP3－14联合出版物《太空作战》条令规定了太空作战（Space Operations）的基本原则①，同时对空间侦察的基本原则进行了阐释。在未来信息化战争中，太空作战作为联合作战不可或缺的组成部分，既要遵守战争行动的几大普遍原则，还需严格遵循联合作战所具有的几条独特原则。“实施太空作战是基于国家安全目标和作战指挥官的强烈需要。太空力量使用联合作战原则，并与其他联合作战力量一起确保这些原则的实现”。②

一、美军空间侦察的原则

依据美军发布的最新版的《太空作战》条令，空间侦察作为太空力量③的组成部分，其军事应用主要是围绕空间力量增强这一任务领域进行的，它主要依据和遵循以下原则：

（一）制定目标明确，执行可行性强

根据美军《太空作战》联合条令的解释和说明，“目标”（Objective）的作用就是指导空间侦察的军事应用朝着一个清晰界定的、明确的和可达成的目标发展。负责太空作战的战略司令部司令（CDRUSSTRATCOM）要确保空间侦察的军事应用目标与受援指挥官（Supported Commander）的目标相互一致，且该目标包含在计划工作

---

① U. S. Joint Chiefs of Staff, Joint Publication 3－14, Space Operations, 29 May 2013, pp. I－3－6.

② U. S. Joint Chiefs of Staff, Joint Publication 3－14, Space Operations, 29 May 2013, pp. I－3.

③ 根据美参联会2013年5月29日发布的JP3－14联合出版物《太空作战》条令，美太空力量包括空间态势感知、空间力量增强、空间力量运用、空间支援和空间控制五大领域，其中空间力量增强领域又由情报监视和侦察（ISR）、导弹预警、环境监控、卫星通信、定位导航与授时（PNT）等能力组成。

中。空间侦察不仅需要帮助指挥官加深对作战环境（OE）的了解，包括敌方的行动和能力状况，还要能够持续、不间断地为受援指挥官提供战场指导。

（二）夺取主动权，确立己方优势

简而言之，进攻（Offensive）的目的就是为了夺取和利用战争的主动权。美军战略司令部司令必须尽量确保空间侦察情报可持续应用于联合作战部队，并在必要时候阻止敌方具备同样的太空优势，确保和维护己方太空行动自由。

美军空间侦察可为联合作战部队及其他相关机构提供导弹预警、情报监视和侦察等诸多服务。在其他力量手段的协助下，空间侦察可为美军指挥官指挥和调度部队提供有效地支援，从而保护和巩固国家利益，实现美国的战略目标，并在最有利于美国国家利益的情况下终止作战行动。

（三）集中凝聚力量，提高整合和协调力度

集中（Mass）的目的是在最合理和最有利的时间、地域合并兵力，凝聚战斗力，以便形成具有决定性和关键性意义的战果。在某个时间和地点合成凝聚战斗力时，美军战略司令部司令要整合和协调空间侦察力量，以更好地实施支援，最大限度地提高作战效能。

集中这一原则可使空间侦察力量最大限度地提供情报、监视和侦察服务，以同步作战行动，引导精确制导武器，从而为联合部队在正确的时间和合适的地点集中战斗力提供支援。

（四）配置力量合理，确保方向重点

节约力量（Economy of Force）的目的是在次要方向配置最少而又必要的作战力量，并在主要方向配置最强大的作战力量。美军战略司令部司令按照优先级来分派和确定重点，通过与受援指挥官保持有效沟通，战略司令部司令可以更加科学地调配空间侦察力量，采取合适的行动来达成目的。

美国空间侦察对联合部队指挥官进行支援和保障，确保其获得

战场空间的信息优势，因而可减少和消除战争的不确定性，并大大减少次要方向所需的作战力量。这样可以让战斗指挥员在其他重要的地域集结兵力和战斗力。空间侦察还可使联合部队运用精确制导武器，从而减少所需的武器数量与规模，并最大程度地减小附带毁伤。

（五）灵活运用力量，抓住可行时机

机动（Maneuver）的目的就是通过对作战力量的灵活运用，将敌方置于不利的位置与处境。在必要可行的时机，战略司令部司令指挥和管理美军空间侦察力量，以实现对敌方的信息优势。此外，在多种不同的轨道中运用美国空间侦察力量，也可以提供持久稳定的优势，包括不受限制地飞越他国领空。

空间侦察力量可以向美军作战部队提供包括情报、监视和侦察等在内的多项服务，实现对己方部队的精确跟踪（FFT）和掌握，提高部队在作战地域内的战场态势感知能力、灵活机动能力以及高效的指挥控制能力，使得部队在无突出特征地形、遭遇恶劣气候或能见度有限的战场环境下，也可执行精确、统一协调的机动行为。

（六）最大限度整合资源，确保统一行动指挥

统一指挥（Unity of Command）的主要目的是在作战指挥员的领导下，对每一项作战任务以及需达成的目标都能确保统一行动。

战略司令部担负着指导、计划和开展太空作战的职责，并对管辖的太空作战部队行使指挥权。一般情况下，战略司令部司令会将下辖部队的作战（OPCON）或战术控制权（TACON）指派给下属指挥员。但是在没有国防部长或总统的格外要求和指示下，即使相关的太空部队已经依照命令分派部署至战区作战指挥员（GCC）的责任区域，战略司令部司令实际上仍会一直拥有对所属太空部队及力量的最终控制和调配权，以便需要时确保统一指挥，最大限度整合资源。太空作战部队通常以“直接”或“全面”的方式向联合作战指挥员提供支援，同时联合作战部队也不拥有对太空部队的指挥权，这样可以确保战略司令部司令统一行动：一方面可最大程度地整合

太空力量；另一方面还可协调其掌控的所有战略力量和资源。

提供太空支援如空间侦察情报的相关机构管理人或指挥员，必须对作战部队的需求重点有着清晰明确的了解，确保把空间侦察力量纳入到支援计划和侦察行动之中。此外，太空部队指挥员还必须考虑到空间侦察力量不可用时可能产生的后果及影响，并提供如何实现支援重点的行动步骤和具体细节。

（七）客观评估威胁，确保可用性及安全性

确保安全（Security）主要是为了避免敌方获取意外优势。战略司令部司令要采取各种措施，以建立和保持强大的太空态势感知能力，对潜在敌人或实际对手的能力状况与企图进行评估和分析，更好地支援作战计划的制定，及时利用现有防御措施来确保太空力量如空间侦察力量的可用性和安全性。

在高效的指挥控制下，空间侦察可为联合作战部队提供情报、监视和侦察能力，显著增强联合作战部队对“关注区域”（AOI）的战场态势感知能力。而联合部队指挥员则要了解其“责任区域”内有无对空间侦察力量构成现实或潜在威胁的各类情况，并采取措施消除相关威胁，确保美军进入太空以及在太空实施空间侦察行动的安全和自由。

（八）快速决策与部署，达成突然性

突然（Surprise）的目的就是在敌方未能预料的时间、地点和方式上，对其实施打击和突袭。突然性与安全性这两大原则之间联系紧密。

战略司令部司令通过整合太空控制能力以及强大的空间侦察能力，辅助其对敌方实力进行整体评估，加快决策进程，先于对手进行部署和进攻，从而实现和达成“突然性”这一原则。空间侦察可以提供及时的情报信息和数据，增强和提高信息的共享程度和目标的精确性，从帮助作战部队消除威胁，同时阻止敌方干扰和攻击美国太空系统的企图。

（九）计划简明扼要，同步执行行动

简明（Simplicity）的目的是通过简洁、明确的计划和命令，进一步确保按照战略司令部的意图执行计划与行动。为符合“简明性”这一原则，战略司令部司令可通过发布明确的命令和下发简明扼要的作战计划等方式为空间侦察系统提供指导，这样可使空间侦察系统节省力量，并同步执行行动。

战略司令部司令可以将联合作战指挥员的计划和行动意图纳入其指导建议中，以更好地达成对所需空间侦察力量的一致共识。

（十）有效使用力量，提高应用效果

约束（Restraint）的目的在于减少附带毁伤，以及避免武力和资源的滥用。一次简单的行动也可能消耗巨大的军事资源，并由此带来各种严重后果。为遵循“约束性”原则，在空间侦察的军事应用中，合理、有效地使用空间侦察力量是十分必要的。

在空间侦察的军事应用过程中，战略司令部司令要关注太空力量的使用规则。在符合“约束性”这一原则的基础上，空间侦察情报有助于美军作战部队了解、掌握战场环境和武器打击效果。

（十一）确保力量投入持久，增强威慑力

持久性（Perseverance）这一原则的目的是为了确保在保障国家利益，实现国家战略目标时所必需的力量投入。空间侦察卫星在部署后可以长期驻留在设定的轨道上空，但同时也需要持续的维护，以确保卫星的可用性。在遵循“持久性”这一原则的基础上，空间侦察力量可以持续侦察和了解敌方的行动和部署，增强美军的战场空间感知能力，威慑和阻止潜在敌人进行直接军事对抗。

二、美军空间侦察的应用流程

美空军部长多雷（Mr. Michael B. Donley）2010 年 11 月曾称，“气象、情报、通信、精确导航与授时……这都是我们从太空赋予作

战的能力，并且实质上每一次军事行动都依赖于这些能力”。[①] “为了推动有效的作战一体化，联合部队指挥官（JFC）及其参谋人员应清楚了解太空部队如何有助于联合作战，以及如何将太空军事作战与其他军事行动整合在一起，从而实现美国的国家安全目标”。[②] 现代信息化战争的独特之处，就是空间侦察的应用贯穿于作战的全过程。美军的基本作战形式是一体化联合作战，美军空间侦察主要向联合作战部队提供情报遂行支援保障。因此，研究空间侦察在联合作战中的应用流程具有十分重要的意义。笔者将从任务规划、计划拟制、信息获取、融合与处理，以及情报分发等多个方面对美军空间侦察的作战应用流程进行详细分析。

（一）制定任务规划，提高系统效率

美军空间侦察的任务规划是指对空间侦察系统的工作程序[③]进行规划，以提高空间侦察系统整体工作效率。由于美军空间侦察卫星类型[④]较多，任务规划需要根据作战区域、任务、对象、自然环境以及可用空间侦察力量的情况，从多个方面统筹规划整个卫星系统，最大限度地确保美军作战指挥机构及人员能实时不间断地得到空间侦察情报支援。

1. 提出情报需求

由于美军不同军种所需空间侦察情报的具体内容并不相同，因此需各自向相关情报部门（如情报作战中心）提出需求计划，以便管理机构调度空间侦察力量进行有针对性的重点侦察搜集。

美空军所需要的空间侦察情报一般包括目标（侦察机、战斗机、加油机等）数量、坐标、运动参数、电磁特征以及所携带武器的类型和数量等。美海军所需要的空间侦察情报一般包括岛屿数量、坐

---

① U. S. Joint Chiefs of Staff, Joint Publication 3 – 14, Space Operations, 29 May 2013, pp. II – 1.

② U. S. Joint Chiefs of Staff, Joint Publication 3 – 14, Space Operations, 29 May 2013, pp. I – 1.

③ 如卫星的机动、定点、组网、信息采集、接受指令和传输信息等。

④ 美军航天侦察卫星主要包括四类：成像侦察卫星、电子侦察卫星、海洋监视卫星和导弹预警卫星。

标及地理特征，码头分布，潮汐、浪高等数据和图像信息等，舰船位置、运动参数和电磁特征，舰载武器类型和数量等。美陆军所需要的空间侦察情报主要包括目标区域地理特征，地物分布图及其相应的几何信息，敌方人员数量、位置坐标及其所在地的地理特征，武器类型、电磁特征等。①

美军联合作战司令部所需要的空间侦察情报包含整个战区的侦察、预警等，能够随时了解海上作战、空中突击、导弹攻防作战等各军种部队的战役战术行动。此外，美军作战部队还需要目标的打击毁伤情况，敌方反导系统的部署等信息。

2. 确定优先等级

由于美军战时对空间侦察情报的需求很大，而空间侦察力量相对有限，一般无法在有限时间内满足作战指挥部及战斗人员的所有信息需求。因此需明确任务（信息需求）的优先级别，即主要与非主要、优先与暂缓、计划内与计划外、重点与非重点之分。② 按照任务优先等级搜集情报信息，这是美军空间侦察系统制定情报搜集计划遵循的基本原则。

情报的优先级体现了情报的重要性，要保证优先搜集和分发优先级高的情报信息。优先级可以按照用户的需求来划分，也可以按照任务性质来划分，还可以按照信息的性质来进行划分，如战术级信息的优先级低，而战略级信息的优先级则高。

3. 明确搜集要点

明确情报搜集要点是对情报搜集需求的具体细化。美军作战指挥官在制定计划或下定作战决心的过程中，要依据可靠、详细的敌情做出决定。空泛、片面和模糊的情报信息会加大作战指挥官制定作战方案以及作出决策的难度，影响决策的正确性。

---

① 靳敬纯：《一体化联合作战空间信息支援保障研究》，国防大学出版社，2008 年版，第 70—71 页。

② 靳敬纯：《一体化联合作战空间信息支援保障研究》，国防大学出版社，2008 年版，第 71 页。

确定情报搜集要点是依据和建立在分析判断战场态势的基础上进行的。美军作战指挥官通过对战场态势的掌握和分析判断，确定“责任区域”[①]（AOR，area of responsibility）和“关注区域”[②]（AOI，area of interest），明确主战场与次战场，从而确定了空间侦察系统搜集情报的要点。美军作战指挥官最关注的是其“责任区域”和“关注区域”内敌方的情况。因此，在确定情报搜集要点时，要根据“五环目标论”[③] 来搜集敌情。“五环目标论”内容包括：指挥中心处于中心环内，属于最重要的目标，其他四个环由内向外依次是关键系统、基础设施（如车站、桥梁等）、民众和作战部队。

美军在组织情报搜集任务时，对不同层面的情报信息也有区分对待。在决策中发挥决定作用的情报信息，如敌方主要行动方向、作战企图、重要武器的配置等信息，予以“高度关注”；对关注地域内的其他敌情、气候、地形等情况，则予以“非常关注”；对于关注地域之外，对作战行动有影响的地区情况，则予以“较为关注”。[④]

（二）拟制严密计划，确保信息获取

美军空间侦察应用的效果，取决于作战指挥官的正确指挥、战场各要素的合理协调以及空间侦察情报搜集计划的合理制定。严密有效的计划是美军空间侦察力量获取情报信息任务成功的基础。

1. 拟制依据

情报搜集计划不仅指导情报信息的获取行动，而且包含了具体而条理的实施步骤。因此在制定计划时必须基于以下三点依据：

---

① 根据美军联合作战条令的解释，“责任区域”是指作战指挥官能够掌握并监视可能影响当前作战的敌方部队、地形、气象等，并使用建制的支援兵力与敌交战的地域。

② “关注区域”由负责某个“责任区域”的指挥官确定，根据任务、敌情、地形、后备及可资利用的时间等因素确定的。

③ 1986 年，美空军上校沃顿首次提出了“五环目标论”理论，经过多年实战验证。2001 年 1 月，美空军在颁布的第 2 - 1 号《空中作战》条令中正式提出了“五环目标论”打击理论。

④ 靳敬纯：《一体化联合作战空间信息支援保障研究》，国防大学出版社，2008 年版，第 73 页。

（1）作战任务

美军作战指挥官在接受和分析任务的过程中，要将作战任务分解为多个由下级执行的子任务，并将其纳入情报搜集计划之中。因此制定空间侦察情报搜集计划实质上是对作战任务的领会、分解与落实，制定计划时要深入细致地分析作战任务，对情报信息需求趋势做出必要预测与判断，尽可能获取关于作战任务的空间侦察情报，支援作战行动。

（2）作战指挥员意图

作战任务明确了空间侦察情报搜集计划的方向，作战指挥员的意图则是对作战任务的理解及完成任务的具体思路。因此在拟制空间侦察情报搜集计划时，必须根据指挥官的想法意图，围绕中心任务展开。

（3）自身力量

“为顺利实现由太空能力提供的优势，联合部队指挥官必须与美国战略司令部和国家级情报机构进行合作，清晰了解太空赋能的军事效用、脆弱性和可用性，以实现最佳的效能。”① 空间侦察力量的大小，也是美军情报搜集计划拟制者必须纳入考虑的因素。不顾空间侦察力量的实际情况，盲目制定超出空间侦察能力的情报搜集目标，不仅难以完成，也会限制作战指挥官的发挥，影响作战行动的实施。

2. 计划内容

美军空间侦察情报搜集计划主要包括侦察区域、任务、空间侦察力量使用、完成时限等。

（1）侦察区域

通常情况下，美军侦察区域一般由上级军事部门规定。但美军也可根据实际作战任务需要来确定侦察区域，通常分为“责任区域”和“关注区域”。

---

① U. S. Joint Chiefs of Staff, Joint Publication 3 – 14, Space Operations, 29 May 2013, pp. I – 3.

（2）侦察任务

侦察任务主要包括搜集整理军事和地理两个方面的情报信息内容。

军事情报信息主要包括：一是指挥机构、通信枢纽、高价值政治和经济目标、兵力部署情况等，主要通过成像侦察卫星和信号侦察卫星进行战场侦察监视来获取；二是敌方反导防空雷达及电台位置、作用距离和信号特征等，主要通过信号侦察卫星跟踪搜集敌方电子设备、无线电参数及雷达来获取；三是海面舰艇、海岸地势、海面温度、海面升降变化、海流和海冰分布等情况，主要通过海洋监视卫星和成像侦察卫星来获取；四是导弹来袭警报以及其弹道和落点预测，主要通过导弹预警卫星探测、发现、跟踪弹道导弹的发射与飞行来获取相关情况。①

地理情报信息主要包括作战区域的地理环境状况，以及敌占区的地形、水文情报资料等。

（3）空间侦察力量的调度

空间侦察力量的调度是指对整个空间侦察系统，包括成像侦察、导弹预警、海洋监视和电子侦察等卫星系统的合理使用。在整个战场上，不仅有主战场和非主战场，还有主要和次要作战区域、作战方向等。因此需要根据实际情况灵活配置，对于主要战场、作战区域和方向等投入大部分的空间侦察力量予以关注，对于其他则少用或不用空间侦察力量。②

（4）完成时限

完成时限是指空间侦察力量必须在规定时间内获取情报信息，并传送至作战指挥官。否则将对作战带来不良影响。

---

① 靳敬纯：《一体化联合作战空间信息支援保障研究》，国防大学出版社，2008年版，第76页。

② 靳敬纯：《一体化联合作战空间信息支援保障研究》，国防大学出版社，2008年版，第77页。

（三）有效整合信息，形成作战情报

空间侦察信息的获取、融合与处理是美军空间侦察情报应用流程的中心环节。在美军联合作战中，成像侦察卫星、信号侦察卫星、导弹预警卫星、海洋监视卫星等获取的信息，其表现形式多种多样（文字、数据、图形等），数据之间关系复杂，无法在作战中直接应用，必须对这些信息进行整合，以形成有效的作战情报。

1. 信息获取

按照任务和设备不同，美军不同类型的侦察卫星所获取的情报信息也各不相同。

成像侦察卫星可及时获取敌方指挥机构、军用机场、核设施、军用港口、导弹基地、交通枢纽、军事基地等各种地面目标信息，其信息表现形式主要为图像。信号侦察卫星信息获取任务包括：一是侦察敌方雷达的位置、功率、频率等，为干扰和摧毁敌方雷达提供相关信息；二是捕获、截收敌方来袭导弹的遥测信号，为己方有效拦截敌方导弹及时提供相关弹道和落点坐标；① 三是对敌方区域进行例行性扫描侦察，了解掌握敌方重要指挥控制所、通信站、网络节点站等的位置和工作规律，以截收有用的电磁辐射信息，了解敌方企图；四是截获敌方信号侦察卫星与地面设施之间的上行和下行信号，掌握、了解敌方侦察方向和目的。海洋监视卫星信息获取任务包括：一是监视和掌握舰艇类型、数量、活动规律和意图；二是探测常规潜艇与核潜艇的类型和数量，对其活动规律、航行路线和企图进行分析。导弹预警卫星则主要负责探测和发现敌方来袭的各型弹道导弹，提前发出警报，并向拦截系统传送相关信息。

美军空间侦察卫星获取信息后，再通过数字传输设备实时或延时传输至地面接收站。

---

① 靳敬纯：《一体化联合作战空间信息支援保障研究》，国防大学出版社，2008 年版，第 82 页。

2. 信息融合和处理

通过分布在不同侦察卫星的不同类型的传感器及组合，对空间侦察信息进行融合，以获得目标的状态和属性。经过融合后，侦察卫星原始信息转化成初级空间侦察情报产品。

情报人员根据作战需要，对获取的初级空间侦察情报产品进行整理、筛选、分析和综合等一系列处理步骤，最终形成有价值的情报产品，为作战方案的制定，协调控制美军联合部队行动提供有效依据。“美军信息处理主要由整理、筛选、分析和综合四个步骤组成，其中整理主要是为了使得情报信息具有逻辑性、条理性和可读性；筛选则是鉴别情报信息的真伪，区分质量好坏的过程；分析是深入透彻的对情报信息所包含的内在关联和未来趋势等进行挖掘；综合则是基于分析的结果，通过合理科学的推断，得出有意义的结论。”①

（四）根据服务对象，确定分发方式

经过上述步骤后，信息就转化成了可用于作战支援的情报。然而，要使空间侦察情报在美军联合作战的决策和指挥中发挥作用，还需要通过分发系统将情报发送至作战部队。

1. 分发方式

在联合作战中，美军一般需要向分布于不同地域的分散部队和运动部队快速提供空间侦察情报。情报信息一般根据实际情况确定优先级进行发送。根据获取的情报属性以及各种不同的需求，美军一般通过三种方式进行分发：即点播、广播及组播方式。其中点播属于点到点的单向通信模式，一般适用于美军数据量较少的情报信息传输；广播属于点到多点的单向通信模式，一般应用于情报信息向美军所有需求部队的发送和传达；组播属于点到特定受信点的单向通信模式，一般适用于只需传达到美军特定作战人员或部队的情

① 靳敬纯：《一体化联合作战空间信息支援保障研究》，国防大学出版社，2008 年版，第 86 页。

报信息传输（实质上属于一种特定范围内的广播）。

2. 信息传输

在美军空间侦察系统中，一般采用数字无线通信作为其主要的传输方式。由于目前美军各个军种之间采用的通信频段、协议和体制互不相同，目前美军主要通过软件无线电技术解决终端之间互联互通的问题。

此外，美军在情报分发中还十分关注信息传输的安全性，采取了认证、数据加密及不可否认性等手段措施来保障空间侦察情报信息的传输安全。

第七章　美军空间侦察发展需求

20世纪90年代中期，美军在《2010年联合构想》中明确了空间信息优势的军事价值，将其确定为“实现其他联合作战能力的支撑要素”，并开展了大量有关空间信息优势对未来战争、作战样式、新军事变革、军事转型影响的理论和实践研究，取得了众多理论和装备建设成果。近年来，空间情报获取能力的优势已成为牵引美军武器装备和国防科技发展的核心要素之一。随着空间技术、传感器技术、电子技术等的发展，美国空间侦察能力不断增强，空间侦察能力正成为美军新的军事高地，对国家战略的影响日益突出。其他国家对空间侦察情报的重视和空间争夺日趋激烈，对空间侦察能力提出了更高的要求，美国也把提升空间侦察能力、空间目标监视技术、空间态势感知能力，作为增强本国国防实力和综合国力的重要途径，不断推动其向更高层次发展。

第一节　美军空间侦察的作战需求

美军的空间侦察系统，打破了各个作战单元之间形成的界限，形成了一个“作战网”，为突破各个作战系统之间的“烟囱”打下了坚实的基础。[①] 这种网与美军大力提倡的网络中心战密切相关。为此，为了适应作战方式向“网络中心战”的转型，美军一直不遗余力地在进行一体化空间侦察能力建设，以实现“在正确的时间给正

---

① ［加拿大］威尔森、弗格森：《军事航天力量——相关问题导读》，尹志忠等翻译，国防工业出版社，2012年版，第48页。

确的人发送正确的信息”。①

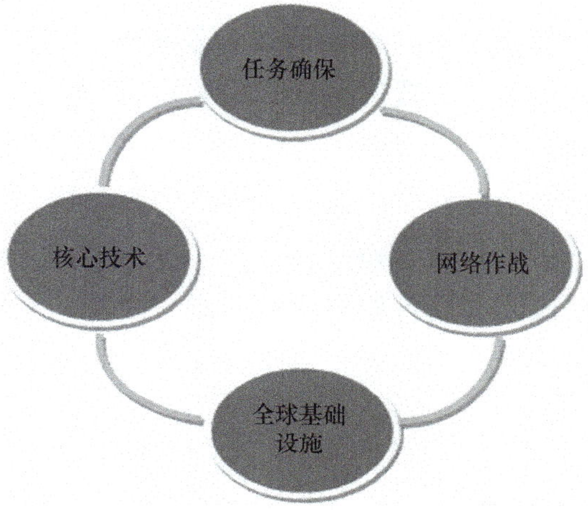

图7—1　新型作战环境对一体化空间侦察能力的需求

一、新型作战环境对一体化空间侦察能力的需求

有效支援作战人员的关键是利用空间侦察能力的优势，为军事行动的各个阶段提供相关的情报制品和服务。满足这些作战需求，需要空间侦察系统提供支援，比如卫星通信、持续的ISR以及导弹预警等等。确认相关的作战需求是一个持续的过程，而目前美军已经总结出作战情报支援需求：一是支援必须灵活，快速发展的战斗形势需要快速反应性的和灵活性的解决方法；二是在联合背景下提供支援；三是不对称环境下，在运动中为作战人员提供支援；四是为作战人员提供的支援必须及时。②

（一）作战样式的变化提出新的需求

美军认为，空间侦察系统是获取信息优势的核心。空间侦察系

① http：//www.mitre.org/work/tech_ papers/tech_ papers_ 05/05.../05_ 0800.pdf.

② Larry J. Dodgen，“Leveraging Space to Support the Changing Paradigm”，*High Frontier*，No.4，2007. http：//www.afspc.af.mil/shared/media/document/AFD－070622－058.pdf.

统之间互联互通的协议、标准和格式比较少，即使有，很多都是不同的组织在不同的时间制定的。典型的空间侦察架构由地面传感器、通信网络、空间作战中心、地面天线、发射车以及卫星组成。目前的空间架构灵活性不强，费用昂贵。① 而且，赛博的弱点在整个空间架构中一直存在。所以，美军一直在寻求一种新的空间侦察架构，美军认为未来的架构应该是，在一个网络中心架构内，有效地监视、预测、探测、分析、归因以及作用于所有的空间风险。它需要考虑各种空间侦察手段，利用各种空间传感器。因此，全球地基传感器、发射场数据以及作战中心数据必须整合成一个完整的体系。

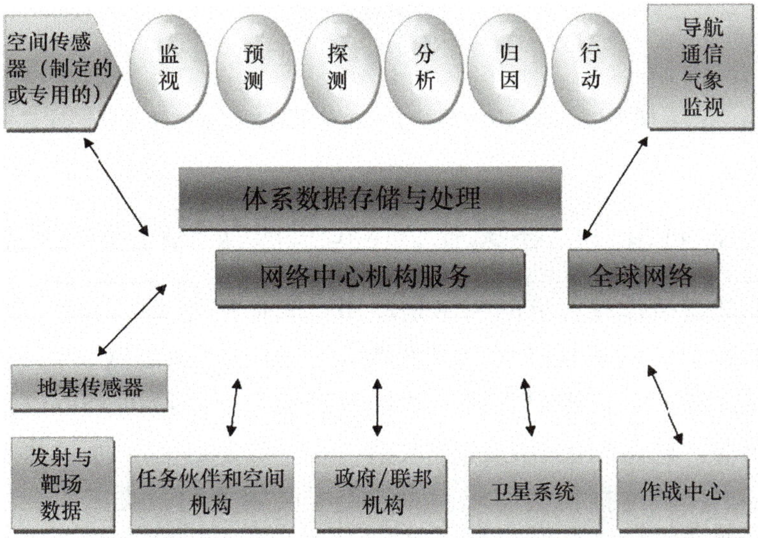

图 7—2　未来的数据架构图

1991 年的海湾战争见证了空间力量在战争形态、作战方式转变中所发挥的重要作用。此后，美军在平时和战时的军事行动中，都极大地依赖空间侦察力量。美国国防部主管的卫星主要提供受保护

① William McShane, *Integrated Net – Centric Data for a New Space Protection Paradigm*, Lockheed Martin, 2012. http: //www. amostech. com/TechnicalPapers/2012/Dta…/McSHANE. pdf.

的通信、定位和授时、地球和空间气象、导弹发射预警和跟踪以及空间态势感知等等。[①] 目前的空间能力已经发展了近60年，技术和威胁正在发生变化，传统系统需要进行重新设计和规划。技术的发展已经将空间侦察能力延伸到战争当中，同时，潜在的敌人正在开发能力，计划将战争延伸到空间。前者需要新的安排，提供战术空间侦察，后者要求“看”的更清楚，空间是如何在联合作战中发挥作用的。对新技术的利用，需要新的能力、新的机构以及新的过程，而应对威胁的发展需要对作战结构、计划和选择进行评估，为任务确保设置优先顺序。任务的确保取决于联合作战的需求。在各种情况中，评估军事价值和空间的重要性有助于联合作战的实施。空间系统的重要性，比如战斗机、坦克或者潜艇的重要性，源于它们在赢得战争中的作用。美国空军退役将军姆林斯说：“唯一的有意义的价值衡量标准是提高战斗能力。”[②]

（二）应对不确定的作战对手提出新的需求

美国国防部在冷战后历年的国防报告中都认为，21 世纪是一个不确定和无法预测的时代。全球反恐战争以及各地的不稳定，表明这个时代的复杂性日益增加。原有的和新的挑战源自各种威胁，包括敌对国家和非国家行为体。新的安全环境也包括传统威胁，敌人可获得先进的武器和技术，例如全球通信、空间光谱图像以及自动化能力等。敌人利用这些能力，极大地增强了对美国本土、美军以及美国全球利益的威胁。而这些先进能力的获得，同样也改变了敌人的作战方式。[③] 比如，阿富汗战场的叛乱分子，使用非对称战术，运用人际交流，蜂窝电话作为补充，依靠简陋的后勤以及运用大众

---

① Robert L. Butterworth, “Space and the Joint Fight”, *Strategic Forum*, Feb 2012. http: //www. ndu. edu/inss.

② James P. Mullins, *The Defense Matrix: National Preparedness and the Military – Industrial Complex*, San Diego, CA: Avant Books, 1986, p. 93. http: //www. whitehose. gov/sites/…/national _ space_ policy_ 6 – 28 – 10. pdf.

③ Larry J. Dodgen, “Leveraging Space to Support the Changing Paradigm”, *High Frontier*, Vol. , No. 4, 2007. http: //www. afspc. af. mil/shared/media/documents/AFD – 070622 – 058. pdf.

媒体，挑战美国对其定位和打击的能力。① 为此，必须为联合作战人员提供相关的支援，为其提供能够打败敌人的能力。联合作战人员需要拥有一种能够全天候追踪敌人的能力，而空间侦察能力则是这种支援的重要组成部分。美国前国防部长拉姆斯菲尔德在谈到空间的重要性时说："在过去的几年里，我们已经认识到空间信息不仅仅是保障力量，更是核心作战能力。"② 在持续的反恐战争中，联合作战部队机动更为灵活，火力更为精确，效果更加致命。美军认为，当前的作战环境使美军更加倚重网络化的能力。考虑到美军部队在复杂的环境，崎岖的地形和遥远的战场作战，卫星通信将是网络化部队作战能力的重要支柱，为地面、空中、空间和海上部队提供及时的决策信息，为美军部队提供作战优势。③ 全球威胁是不对称的，也是多样化的。新的威胁已经引起美国国防部的重视，因此美国国防部开始重新审视美军的组织机构和能力。线性部署大量的部队，应对梯次配置的对手，这种日子已经一去不复返。目前的联合、联军作战发生在非毗邻的战场，地形各异，条件苛刻。卫星通信网络连接不同的能力，真正地把"全球"嵌入全球信息栅格以及军队战略的、战役的、战术级的互联网。

二、美军空间侦察能力的转型

为了平衡作战挑战和预算限制，国防部和情报界的空间行动部门，改变了空间的部署和行动方式，融合转发来自空间平台的信息

---

① Larry J. Dodgen, "Leveraging Space to Support the Changing Paradigm", *High Frontier*, Vol. , No. 4, 2007. http://www.afspc.af.mil/shared/media/documents/AFD-070622-058.pdf.

② Donald H. Rumsfeld, Secretary of Defense, Remarks, *Association of the United States Army-Sponsored Space and Missile Defense Symposium in El Paso*, TX, 10 December 2003, on-line, Internet, 13 December 2004, Available from http://www.globalsecurity.org/space/library/news/2003/space-031210-afps01.htm.

③ Robert M. Shea, LtGen, USMC, Director, C4 Systems, J6, "Satcom: a Critical Enabler for Our Joint War Fighters", *High Frontier*, Volume 2, Number 3, April 2006. http://www.afspc.af.mil/shared/media/document/AFD-060524-003.pdf.

以及保护美国的空间侦察架构。[①] 该架构由国防部、情报界以及商业部门运行的轨道资产组成，包括了网络化的通信、地面处理以及分发系统。该架构为美军作战取得胜利提供了重要的信息保障，但同时也成为敌方攻击的美军致命软肋。

（一）美军军事转型对空间侦察能力转型的影响

美军认为，冷战后，尤其是在近年来世界局势剧烈变化的背景下，其军事任务正发生根本性的变化。针对所面临的威胁的变化，美军正在转型，目的是应对在21世纪国家安全所面临的挑战，确保应对在不同地方、不同形式的挑战以及各种威胁。转型后的美国陆军将是一个模块化的部队，部署能力和打击能力增强。美军认为，空间是美军陆军未来部队的一部分。陆军的空间侦察能力将聚焦于以下三大关键任务，确保获得决定性的胜利。[②] 一是在运动中保障态势感知。全球的、灵活的以及近实时的联合情报传感器网络，整合空间传感器和地面传感器，将提供更强的环境感知能力和持续监视的能力。战术反应能力将在运动过程中提供态势感知。通信的畅通将提高致命力、生存力以及作战人员的作战节奏。而提供这些能力的系统，最终必须在动态中部署任务，为各个地方的作战人员提供战斗情报。此外，基于互联网的全球信息栅格，以及先进的全球通信网络，将支援这个架构。二是支援非线性战场上的精确机动、火力、战斗维持以及信息。友军部队将精确地攻击敌人的重心并挫败敌人。美军将与友军同时在联合作战区域实施作战行动。三是保障持续的信息和决策优势。联合的、一体化的战斗指挥，将保障决策优势。由宽带通信保障的联合作战，将获得极大的联合力。[③]

---

① BG Jeffrey C. Horne, USA, "Transforming National Space Security: Enabling DOD and Intelligence Community Defensive Space Control Collaboration", *High Frontier*.

② Larry J. Dodgen Commander, US Army Space and Missile Defense US Army Forces Strategic Command, " Leveraging Space to Support the Changing Paradigm ", *High Frontier*, Vol. , No. 4, 2007. http://www.afspc.af.mil/shared/media/documents/AFD-070622-058.pdf.

③ Ibid.

（二）卫星通信能力：空间侦察能力转型的关键

在伊拉克和阿富汗战争中，美军实施侦察、监视以及武装打击任务的主要战斗装备是无人机。“捕食者”无人机由几千里之外的地面人员操控。战略无人侦察机“全球鹰”和有人驾驶的U－2S，在60000英尺的高空自动飞行，迅速拍摄图像，同时转发给用户。此外，无人机飞行控制平台以及图像，需要高带宽或者是上行和下行链接。[①] 未来战场，无人机和有人平台将与新一代的联合无人战斗空中系统共享带宽，实施自主的侦察监视和打击任务。连接战斗小组的未来战斗系统，将装备数百架无人机，支援战术级的侦察监视和通信中继需求。这些持续的技术发展态势，将对卫星通信系统造成更大的压力，因为未来的指挥官需要越来越多的带宽和连接。为满足日益增长的需求，美国空军制定了转型卫星（TSAT）计划。转型卫星计划将最终消除通信带宽对作战人员的限制，并将提供可生存的和可防护的高能力、类似互联网的连接。[②] 而这种高能力的系统，能够提供全面的解决方法，合同商正在测试的数据最高可达到每秒40000兆位，而作战需求仅是20000兆位。[③] 也就是说，这种卫星有能力在不到一秒的时间处理一份侦察图像，并能即时传输。比如，当前的“军事星”布洛克Ⅱ的图像或数据处理大约需要2分钟，而转型卫星的预期能力是将临界时间减少到不到一秒。正如波音一体化防御系统副经理富勒所说：“其他正在发展的空间资产都没有如此地接近满足未来可用带宽的需求。大家都认为GPS是规则改变者，而转型卫星则是革命性的”。[④] 在小型地球同步轨道星座的支持下，

---

① Mr. Shephard W. Hill, Senior Vice President, Business Development & Strategy, The Boeing Company, “A Legacy of Support to the War Fighter”, *High Frontier*, April 2006. http://www.afspc.af.mil/shared/media/document/AFD－060524－003.pdf.

② Ibid.

③ Ibid.

④ Erik Simonsen, “2 Satellite Programs Look to Meet Military's Need for Bandwidth”, *Boeing Frontiers* 4, No. 9, February 2006. http://www.boeing.com/news/frontiers/i_ids7.html (Accessed 28 February 2006).

转型卫星将成为国防部高带宽网络通信的支柱，包括支持全配置的动中通通信和受防护的战略通信。转型卫星将整合安全的和受防护的激光通信，用于情报信息的交联。它也是唯一的位于地平线的卫星通信系统，将建立与机载情报监视侦察平台的链接，满足“全球鹰”型无人机所需要的信息输出能力。此外，这种转型跳跃，在战术上，将给予战场指挥官比以往更快的反应和采取行动的能力。如果这种能力运用得当，那么冲突就会缩短，甚至被阻止。在部署转型卫星之后，美军将拥有一个天基网络通信链，实现国防部网络中心战构想。① 战斗机飞行员经常说“速度就是生命”。实际上，速度加上可用的带宽，就等于网络中心战中的生存。目前实施的“宽带填隙卫星”和“转型卫星计划”，将显著提升军事卫星通信能力，确保作战人员拥有在任何环境中获胜所需要的信息和协作能力。②

（三）一体化：空间侦察能力的转型目标

经过数十年的发展，美军的空间能力已经从“互通性”发展到旨在提供战斗效果的“互存性”。其中的区别十分重要，前者意味着“你能”，后者意味着“你必须”。③ 一是与作战一体化。组织机构的变革通常受环境转换的驱动。2004 年的美国《国家军事战略》将一体化确认为指导联合部队发展的重要原则。④ 各个层级必须实现一体化。在推动技术发展促进空间资产融入战场的同时，必须关注现有的组织机构和流程。二是作战的反应性。根据空间 C^4ISR 作战概念以及能力评估，美国空军改进对战役和战术层指挥官的空间反应，提出了联合作战空间的概念。联合作战空间是一个快速反应、网络

---

① Mr. Shephard W. Hill, Senior Vice President, Business Development & Strategy, The Boeing Company, “A Legacy of Support to the War Fighter”, *High Frontier*, April 2006. http://www.afspc.af.mil/shared/media/document/AFD-060524-003.pdf.

② Ibid.

③ U.S. Army, FM 3-14: *Space Support to Army Operations*, May 2005. http://www.globalsecurity.org/space/library/policy/army/fm/3-14/fm3-14.pdf.

④ JCS, *the National Military Strategy of the United States of America*, 2004, p.7. http://www.defense.gov/news/mar2005/d20050318nms.pdf.

化的空间星座，指定给联合部队指挥官，并与国家安全空间系统整合。主要的构件有：数小时内的快速发射、战术卫星、无人机、空间平台和地面的以及机载的指挥控制实现装备层级的战术融合，并且应作战指挥官的请求聚焦于特定的战区。

三、网络中心化、协同式的空间侦察指挥控制机构

美军联合作战条令认为，作战胜利要通过多个要素之间的联合才能实现。① 而空间侦察指挥控制机构也不例外，通过在整个网络中心战体系中，相互支援、相互融合，确保空间侦察行动的顺利实施。

（一）加强战略层和战役层机构的融合

2002 年 10 月，美国战略司令部与美国航天司令部合并，成立新的战略司令部。这种合并意味着美国国防部将应对非常规挑战和战略的不确定性。美军认为，由于 21 世纪的威胁是“全球化和大规模杀伤性武器的扩散”，因此，联合司令部计划为新的战略司令部增加新任务。其中任务之一就是发展空间行动能力，支持并规划、实施空间行动。新的美国战略司令部并没有以最优化的方法进行组织构建，而为了应对新任务的需要，尤其是考虑到当前和未来的安全环境，战略司令部司令需要以更为有效的方式去完成任务。② 其中也包括战略司令部基本的文化变革，就是要加强在新的领域实现创新，而不是固守传统不变。其预期目标是任何人能够在任何地方和任何时候获得所需要的信息，为作战问题提供一体化的解决办法。美国战略司令部和各个军种主张实施网络中心战。各军种和联合的转型路线图都以中心原则为基础。这是联合部队发展和维持决定性作战优势的一种方式。在讨论部队转型的 4 大支柱时，其中最重要的支

---

① JCS，JP3 -0：*Joint Operations*，Aug 11，2011. http：//www.fas.org/irp/dodder/dod/jp3_ 0.

② RADM Melvin G. Williams，Jr.，USN，USSTRATCOM Director，Global Operations，“Joint Space Command and Control”，*High Frontier*，April 2006. http：//www.afspc.af.mil/shared/media/document/AFD -060524 -003.pdf.

柱是通过发展联合作战概念和架构，加强联合作战。为了加强联合作战，各军种之间需要进行有效的融合与协调。为实现上述构想，美国战略司令部扁平化司令部组织机构，横向整合基于效果作战和网络中心作战。此外，美国战略司令部还成立了空间联合功能分司令部，应对战役层任务需求。这种结构使得美国战略司令部能够维持战略层的一体化，同时将战役层任务推向联合功能组成部队司令部。

2006 年 7 月成立的“空间联合功能分司令部（JFCC－S）”，任命第 14 航空队司令兼任该司令部司令。这种改变从全球视角，使得指挥官能够运用空间能力对进攻和防御性行动能力实施功能整合，比如全球打击和全球导弹防御。2007 年 5 月空军内部的航空队编制调整，重新将第 14 航空队，命名为第 14 空间战略航空队，将第 614 空间作战大队命名为第 614 航空航天作战中心。第 14 空间战略航空队成为美国战略司令部的空军空间作战组成部队，为所有配属给或附属于作战指挥官的空军部队提供集中化的指挥控制能力。[①] 第 14 空间战略航空队的任务不变，提供监视、预警以及战场描述方面的优势，保障进入空间，支援各层级战争的指挥控制活动。这种组织变化，为美国战略司令部司令、美国战略司令部以及指导空军航天部队的作战指挥官之间，提供了直接联系。美国空军航天部队通过第 614 航空航天作战中心的指挥，构成美国战略司令部的联合空间作战中心的核心能力，联合的空间力量由空间联合功能分司令部指挥官指挥。

（二）加强跨机构协作

如果各个机构之间实现跨机构协作，那么国家侦察办公室、国家安全局、国家地理空间情报局、NASA 以及国家海洋与大气管理局等机构，就可以实现信息共享，从而为决策者提供各种作战方案。

① HQ USAF Program Action Directive (PAD) 06－09, Implementation of the Chief of Staff of the Air Force Direction to Establish an Air Force Component Organization, November 7, 2006.

美国空军部前副部长赛格于2007年在国会作证时说："我们继续强调国家安全空间领域、跨职能领域的，比如情报监视侦察，跨国防部部门，以及其他的政府机构、行业、学术界以及国会之间的整合与协作。在空间侦察系统有能力担负动态任务，以及保护空间资产日益显得重要的时候，对机构的整合十分必要。"① 为推动这些努力，空军和国家侦察办公室签署一份协议，建立培养和管理空间专家的机制，从而支援军队和国家的目标。国家侦察办公室任务支援副主任兼任"空间联合功能分司令部"的副司令。并且国家侦察办公室在空军航天司令部还设立了一个新的职务，即航空、航天以及信息作战副主任。这种机构的设置与调整有助于空间侦察相关机构的协作。

四、空间侦察系统的一体化

美军认为，一套完整的航空、空间侦察系统通常包括侦察平台、传感器、数据链（即通信系统）和地面站四个要素。② 而空间侦察系统一体化需要打破原有的以平台为中心的僵硬模式，在现有侦察系统的基础上，将各分系统的四个要素融合在一起，建立一体化的侦察系统。

（一）空间侦察能力各要素的整合

目前有两种方式用于设计未来的空间侦察系统。一种是"相同的，但是更好"的方式：广域的覆盖、支援国家战略预警，可能通过改变搜集系统的组合实现更广的覆盖。另一种是联合构想2010中的设想：一种融合的、一体的、联合的以及反应性的情报，直接支

---

① Honorable Ronald M. Sega, Under Secretary of the Air Force, *Statement*, *National Security Space Posture*, Department of the Air Force to the House Armed Services Committee Subcommittee on Strategic Forces, March 23, 2007, p. 6 – 7. http://armedservices. house. gov/pdfs/Strat032307/Sega_ Testimony032307. pdf.

② Keith E. Maj., Gentile United States Air Force, *the Future of Airborne Reconnaissance*, the Marine Corps Command and Staff College, March 22, 1996. http://www. fas. org/irp/eprint/gentile. htm.

援作战人员。[①] 就单个传感器的技术指标来说，目前已经发展到了相当高的水平，有的甚至达到了技术极限，短期内实现质的突破的可能性不大，因此，美军将工作重点转向多种传感器综合技术性能指标的提高与发展方面，着力提高空间侦察系统的覆盖范围、精确度、敏感度以及侦察信号的范围等。[②] 一是提升侦察平台的综合功能。侦察平台为传感器提供了用武之地，侦察平台在空间上的拓展使传感器的覆盖空间相应地得到了拓展。[③] 同时传感器自身技术性能的提高，拓宽了可探测的信号范围，提高了探测精度。可侦察的电磁频谱不断扩展，促进侦察能力趋向全天候、全时段。美军的照相侦察卫星不仅进入了相对稳定的发展阶段，而且美军还积极开发各种新型侦察卫星，以提高卫星的综合侦察能力。这主要包括：增强地区覆盖率；扩大探测功能、分辨能力和各种参数搜集能力等；实时、数字化传输处理能力与全球定位系统相结合，实现快速情报生成与传输、快速制图等等。[④] 二是实现传感器之间的融合。“大量涌现、五花八门的探测器提醒人们注意数据综合的范围与价值，把探测器网络化而不是追求某种探测器是明智之举。”[⑤] 实现各种传感器的整合，成为提高情报侦察效果的重要途径。比如，美国军方对用宽视场探测小目标有特殊需求，要求侦察卫星能同时具有合成孔径雷达和红外成像的能力。[⑥] 合成孔径雷达适合于恶劣天气和大面积成像，红外成像适合于探测小目标，且认为凝视型面阵探测器要比扫描型

---

① Thomas Behling and Kenneth McGruther, *Planning Satellite Reconnaissance to Support Military Operations*. http://www.cia.org/library/center-for-the-study-of-intelligence/csi-publication/csi-studies/studies/winter98_99/art10.html.

② Keith E. Maj., Gentile United States Air Force, *The Future of Airborne Reconnaissance*, the Marine Corps Command and Staff College, March 22, 1996. http://www.fas.org/irp/eprint/gentile.htm.

③ Ibid.

④ 曾华锋等：《现代侦察监视技术》，国防工业出版社，1999年版，第192页。

⑤ ［美］马丁·C·里比基：《把明天的战场照亮》，《以军事力量谋求绝对安全：美国新军事革命与国防转型文献选编》，国防大学出版社，2003年版，第103页。

⑥ 梁德文：《美军世纪之交的航天侦察装备》，《电讯技术》，2000年第3期，第108—109页。

线阵探测器对付小目标的效果要好些。[①] 美军自 20 世纪 90 年代以来，一直在大力发展由多种传感器组成的多频谱侦察系统，以加强全天候侦察能力和反侦察能力。如负责继续进行“星球大战”计划的美国国防部机构——弹道导弹防御局，开始了一项多个传感器技术集成计划。该计划将设置在较低成本卫星上的多种传感器联合、协调使用，能保证持续不断地跟踪弹道导弹的运行轨迹。[②] 此外，美军航天司令部早在 1994 年就成立了空间作战中心，其中心任务之一就是实现传感器之间的融合。三是空间侦察能力的模块化发展。在加紧研制新型卫星应用装备的同时，美军研制了模块化的卫星应用装备，加装于或嵌入到战车、飞机、舰船以及导弹等武器平台上，以提升现有主战装备的作战效能。比如，美军对联合直接攻击弹药等都加载了 GPS 接收机模块，大大提高了精确制导武器的打击精度。[③]

（二）空间侦察系统与作战系统的集成

海湾战争是军事利用卫星的历史性时刻，这是空间资源首次在战略和战术中发挥核心作用。[④] 美军向盟国和外界展示了在军事行动中联合使用空间通信、导航和图像的重要作用。冷战时期设计用于对付苏联的卫星网络，在全球战争中为美国应对地区竞争者提供了极大的优势。美国联合使用空基和天基传感器，基于卫星的通信网络以及精确的目标选择，打击伊拉克军队。海湾战场并不是一个数字化战场，但是它又有由人的互动连接的诸多数字化元素，而这些数字化元素则适用于战术和战略级传感器。远程感知卫星提供了关于伊拉克军队的位置和实力的数据，包括目标选择信息，有助于盟

① 梁德文：《美军世纪之交的航天侦察装备》，《电讯技术》，2000 年第 3 期，第 108—109 页。

② ［法］穆罗汉：《21 世纪的战争》，杨杰、袁俊生译，经济日报出版社，2003 年版，第 87 页。

③ 陈同安：《美军卫星应用装备能力及作战应用分析》，《兵工自动化》，2010 年 9 月，第 5 页。

④ James Andrew Lewis, *Commercial Satellite Services and National Security: We are Not Alone*, March 25, 2003, p. 16. http://www.csis.org/files/media/csis…/030325_commercial_sat_services.pdf.

军的战斗毁伤评估。专业化的国防服务卫星能够提供对伊拉克飞毛腿导弹的预警。军事通信卫星的使用以及租用商业卫星的应答器，使得前沿部署的美军部队和本土之间的协调比较顺畅。[①] 尽管战争期间 GPS 接收器比较短缺，但是 GPS 卫星使得盟军能够在沙漠和空中精确导航。从军事角度看，海湾战争期间军事卫星的使用，最为重要的一面是预示了未来战争的某些方面。[②] 首先，使用配备 GPS 和远程感知数据的远程精确制导武器，打击伊拉克的目标，创造了一种新的、更为致命的攻击方法。第二，可能更为重要的是，用于通信和数据搜集的卫星服务的整合，表明美国能够为未来的军事冲突提供一种信息力量倍增优势。卫星服务（通信、远程感知和导航）和精确制导弹药以及指挥结构的整合，构成了美国对未来战争的构想基础。[③] 海湾战争中，美军重点使用精确性、卫星服务以及信息优势，改变了常规战争的面貌。[④] 卫星成为一种力量倍增器，使得小规模的部队能够更为有效地作战。它们是美国新型战争的重要构件，信息优势在战术军事行动中发挥了重要作用。[⑤]

（三）空间侦察与航空侦察的一体化

航空、空间侦察平台都是美军侦察平台中的重中之重，虽然空间侦察平台占据极大的优势，但也存在一些弱点，需要与航空侦察平台的协作才能弥补不足。侦察卫星的侦察覆盖面广，可在短时间内侦察大面积地域，并可长期监视某一地区，侦察的精确度高，且不受国界限制。但在支援战场作战方面，侦察卫星对目标区域的重访时间过长，时间分辨率低，空间分辨率也已经达到了极限的 0.1 米，且机动性差，生存能力差，易受敌方伪装措施的影响，或遭到

---

① James Andrew Lewis, *Commercial Satellite Services and National Security: We are Not Alone*, March 25, 2003, p. 16. http://www.csis.org/files/media/csis…/030325_commercial_sat_services.pdf.

② Ibid., p. 17.

③ Ibid.

④ Ibid.

⑤ Ibid.

反卫星武器的攻击。[①] 而侦察机的机动性强，随时可以根据需要进行调整部署，对目标进行长时间轮换侦察，弥补了侦察卫星在这方面的不足。[②] 在实战中，空间侦察的反应性与其他情报侦察能力比较，尤其是航空情报侦察的反应性对比，速度比较慢，造成情报失效的可能性较大。而冷战后，美军面临的打击目标都是时间敏感目标。这就在一定程度上迫切需要提高情报的时效性。所以，美国空军探索出了这样的协同方式：先由侦察卫星进行普查，确定目标在某一个大的范围内。而后通过航空侦察，尤其是使用无人机实施侦察，或者是使用特种部队实施抵近侦察。这些手段的交互式使用，能够提高情报的实效性和准确性。比如，2001 年美国在阿富汗进行的反恐战争中，为了寻找"基地"组织的目标，除了动用曾在"科索沃战争"中使用过的侦察卫星外，还发射了"高级锁眼－11"侦察卫星，并买断了"艾克诺斯"卫星飞经阿富汗上空的图像，另外还使用了多种型号的无人侦察机。这些卫星和飞机搜集了一系列侦察图像，其中包括辐射和热发射信息，以便寻找山洞、隧道和"基地"组织的士兵，使美军部队可以查明打击目标和可能面临的抵抗。这种多种传感器联合使用、协同动作的方式，从海湾战争以来的几场局部战争中已经司空见惯。因此，"美国空军将覆盖面广的卫星和覆盖面集中的空中设备结合起来，可向作战人员提供更准确和及时的情报。"[③]

（四）临近空间成为空间侦察能力的发展新领域

美军认为，运用临近空间平台，能够补充美军战区内的和战术层的通信卫星能力和情报侦察能力。[④] 2005 年 5 月 24 日，美空军航

---

① DOD, *the Aerospace Force Defending America in the 21st Century*, August 2008, p. 82000. http://www.379aew.afcent.af.mil/shared/media/document/AFD－060726－029.pdf.

② Ibid.

③ Ibid.

④ Air Force Space Command, *High Frontier*, Volume 2, Number 1, April 2006. http://www.afspc.af.mil/shared/media/document/AFD－060524－003.pdf.

天司令部（AFSPC）司令兰斯·洛德、空军研究实验室（AFR1）的代表以及空军航天司令部需求主管向空军参谋长约翰·江珀将军汇报了临近空间军事应用研究结果。报告指出，临近空间作为联合作战空间的一部分，具有军事应用潜力，有望部署作战用途的通信设备和情报传感器。报告的初步结论是：美空军目前有一种可靠的临近空间平台，可供使用的有效载荷除通信转发设备外，其他的适用装备还有很多。美空军认为，相对于空间卫星侦察，临近空间距离地面近，同样的侦察设备可以获得更高的分辨率，因此，“临近空间”飞行器能比卫星提供更多更精确的信息。[①] 临近空间是地表上空20到100千米之间的大气层区域。它介于国际上限制的空域和界定不严格的外太空之间。目前，由于临近空间的空气稀薄，难以支撑多数飞机的飞行，所以很少有飞行器在临近空间运行。但是对于卫星来说空气又太密，无法维持运转。近年来，临近空间成为一个热门话题，美军各个军种都在寻求途径，为作战部队提供效费比高、持续的、适合的以及战术层的空间效果。[②] 目前，美军有多种比空气轻的临近空间平台正在研究、开发和使用。

最简单和最成熟的临近空间平台是自由浮空器，与气球类似。这类装备廉价且容易制作和发射，但是它们运行的速度和方向完全取决于风向。通过改变气球的高度能够实现有限的操作，但是自由浮空器没有定位能力。[③] 因此，需要发射多个气球，维持对某个区域的持续的覆盖。这些气球能够在30千米高空携带10到1000磅的载荷。自由浮空气球展示了作为通信平台的作用。例如，空间数据公司，使用此类系统搜集和转发来自美国西南部油井平台的数据。美国空军空间战斗实验室也在探索如何使用气球改进战术通信，中继

① Hampton Stephens, “Near - Space”, *Air Force Magazine*, July 2005, p. 37. http://www. airforcemag. com/MagazineArchive/Pages/2005/July%202005/0705near. aspx.

② Ibid.

③ Lt Col Edward B. Tomme, USAF, *The Paradigm Shift to Effects - Based Space: Near - Space as a Combat Effects Enabler*, Research Paper 2005 - 01, Maxwell AFB, AL: Airpower Research Institute, 2005, p. 18. http://www. au. af. mil/au/awc/awcgate/cadre/ari_ 2005 - 01. pdf.

地面和空中部队的无线电广播。2005 年 3 月，美国空军战斗实验室的战斗天星系统，成功地使用一个小型的、自由浮空的气球，携带中继载荷，将战术视距无线电通信距离，从 10 英里延长到 400 多英里。美国空军战斗实验室目前正在开发自由浮空塔伦（TOPPER）系统，使用自主滑翔装备，修复和再利用更为昂贵的载荷。

可操纵的自由浮空器更为复杂，更适用于临近空间平台。高空气球下方悬挂翅翼，通过利用不同高度的风速和风向差异，可操纵此类平台。目前正在研究的最先进的临近空间平台是机动式平台。该平台使用各种推进机制，比如推进器或者易变的浮力，能够在关心的区域飞行或者定位数天或几个月。比如，海军研究实验室研究的高空机载中继与路由飞船，是一种海军舰艇和已部署的地面部队之间的高能力通信链接。

临近空间通信系统不能取代通信卫星，但是它们能够产生类似于战区和战术层次的空间系统所提供的效果。由于运行高度问题，临近空间平台的覆盖面积比卫星的要小很多。但是，它们能够增加地面视距网络的距离，为机动部队提供持续的、效费比高的通信服务。临近空间系统能够将通信连接延伸到卫星通信少或没有的区域。① 这种系统在高纬度地区、山区地形、城区或者类似的环境都是十分有用的。在那些环境中，地球同步卫星可能在地平线下或者被地形所遮挡。然而临近空间平台却能够漂浮或者定位在某个区域，与用户保持视距通信。考虑到它们的作战灵活性，临近空间通信系统能够为国防部军事通信卫星能力，提供有价值的辅助作用。

第二节　美军空间侦察的能力需求

为适应新的战略环境，确保信息优势。美国越来越重视空间侦察力量的发展，美国作为世界航天大国和唯一的超级大国，其军事

① http：//www. fas. org/irp/program/collect/uav_ roadmap2005. pdf.

航天系统的发展远远走在了世界的前列。除各种用途卫星系统之外，美国还用航天飞机、民用遥感卫星等进行军事侦察。总之，美国已经具有相当强的空间侦察能力。但是，美国并不满足，其追求的是单向透明，要与其他国家拉开绝对安全的距离。因此，美国认为其空间侦察能力还不能与其任务相匹配，需要继续发展新技术，如超光谱成像、特超光谱成像、先进的光电预警传感器、天基雷达以及研制中的低可探测性移动目标指示器等。这些新型遥感器和新技术将很快出现，以满足未来的探测、覆盖、目标特性及定位精度的需求。

一、能力需求

美军认为，在军队员额缩减和结构做了重大调整的情况下，军用航天系统便成了确保美军威慑力和战斗力的“力量倍增器”，它对于有效地维持美国的防务能力和军事安全至关重要。美国国防部的报告明确指出“为了适应新的战略环境，美国的部队需要裁减和改造，而航天系统将变得越来越重要。“空间侦察要具有使 C^4ISR 同陆、海、空军一体化并向其提供支援的重要能力，从而使太空基本力量倍增器有助于提高作战行动的效率和互通性，保持高技术优势，支援陆、海、空军在全球范围内的部署、维持和作战。”美军空间侦察的这种全球覆盖能力，将为其新的军事战略提供可靠的作战保障。

美国国防部认为，信息对国防具有重要的战略作用。信息优势是未来联合作战原则与概念的基础。在未来的局部战争中，谁能在获取、传输、处理和存储信息方面占有优势，谁就能掌握战争的主动权。空间侦察力量是从空间获取信息的强有力手段，起着其他任何武器系统所不可替代的作用，是确保信息优势的重要环节，正在成为信息时代军事行动的基础。

（一）快速反应、高灵敏度

目前，美国的天基预警信息主要由 6 颗“国防支援计划”（DSP）卫星提供。DSP 卫星位于地球同步轨道，仅能探测主动段飞行的导弹，可在导弹发射后40—50秒内将预警信息发回地面。为进一步提高对弹道导弹的侦察能力，尤其是对助推段导弹的侦察能力，美军希望预警卫星能提供灵敏度更高、更为快速的预警信息。美国正在发展的“天基红外系统高轨”（SBIRS－HiGH）预警卫星星座，由搭载在2颗大椭圆轨道（HEO）秘密卫星上的有效载荷和3颗地球同步轨道（GEO）卫星组成。GEO星上配备高速扫描红外探测器和凝视探测器（前者将在全视野内提供快速重复扫描，后者能对较小区域进行分段凝视或者专门凝视），能在导弹发射后10—20秒内将预警信息发回地面，同时能精确地确定发射地点，其定位精度约1千米。“天基红外系统高轨”的第二套HEO星于2008年3月发射，首颗GEO星目前仍处于研制阶段。同时，美空军还启动了旨在降低“天基红外系统高轨”计划技术风险的“备选红外卫星系统”（AIRSS）计划，其重点放在为“天基红外系统高轨”计划研制新一代能力上。对于侦察卫星，高灵敏度和快速反应也是未来的基本需求，通过技术改进、计划项目、小卫星等手段加速发展。

（二）全天时、全天候、全方位

美国目前拥有4颗分辨率0.1米的“锁眼－12”光学侦察卫星和4颗分辨率0.6—1米的“长曲棍球”雷达成像卫星，可以有效地对关注地区进行侦察与监视。由于侦察卫星造价昂贵，使得侦察卫星数量受限，无法对热点地区实施持续的全天时全天候侦察。为此，美军开始实施“未来成像体系结构”（FIA）计划和“空间雷达”（SR）计划。但由于这两个计划的关键技术成熟度不高，因此至今尚未取得实质性进展。2008年9月，美国防部正式启动“广域天基图像收集者”（BASIC）侦察卫星计划。该计划主要内容是美国防部将通过购买一系列商业成像卫星的图像以及采办商业卫星，用于天基情报的收集，2013年前花费10亿美元购买两家公司的4颗商用卫星的图像数据，其图像分辨率可达0.41米，原计划在2014年和2018年分别采购2颗和1颗新型商用成像卫星。为了增强卫星对地下目标与伪装目标的探测能力，进一步提高战场透明度，美军近年来大力发展超光谱技术。目前美军的超光谱技术还在试验阶段，并计划在2020年前研制战功多光谱与高光谱卫星，2030年前发展超光谱卫星。

（三）提高空间侦察数据传输速度

为了支持“发现即摧毁”的作战目标，创新“侦察—打击”的作战模式，侦察数据的传输非常重要。美军在现有“国防卫星通信系统”（DSCS）、“军事星”（Milstar）、“全球广播系统”（GBS）、“特高频后继”（UFO）卫星等军用卫星系统的基础上，提出研制“宽带全球卫星通信”（WGS）卫星、“先进极高频”（AEHF）和“移动用户目标系统”（MUOS）等军用通信卫星，使卫星通信最高数据传输率从伊拉克战争时的3.2G比特/秒提高到10—15G比特/秒。目前，美军正在发展支持“全球信息栅格”（GIG）的“转型卫星通信”（TSAT）系统，该系统采用了空间因特网技术，这是一种革命性卫星通信网络传输技术，也是美军通信卫星实现转型所追求的通信技术，将使卫星通信容量呈数量级增长，同时可使终端用户通过空间因特网实现高效的互联互通。为了提高卫星通信抗干扰、抗延迟以及容错能力，2008年9月，美国家航空航天局（NASA）利用“灾害简史星座”卫星首次在轨验证了应用于星际互联网的新传输协议，即“延迟容忍网络”（DTN）协议。相比传统的TCP/IP协议，DTN利用持久的网络内存储设备来保持网络连接的持续性，提高了卫星通信的可靠性。美军也正在发展激光卫星通信技术，美军已成功演示了TSAT卫星间的激光通信能力，其卫星通信数据传输速率达到20—40吉比特/秒。2008年3月，美国的NFIRE卫星与德国TerraSAR-x卫星使用激光终端成功进行了空间宽带数据传输试验，距离5000千米的两颗卫星建立了光学链接，并以5.5吉比特/秒的数据传输率实现了双向操作。美军还在开发“转移卫星任务运行系统”，其目的是在未来将TSAT与GIG连接起来，为TSAT提供网络和操作管理。

二、美军推进的空间侦察计划

为了满足美军军事战略和随性军事行动所要求的空间侦察能力需求，美军推进了多种计划和措施。这些计划和措施有的发展中途停滞了，有的发展过程中被迫取消，但是其对于未来空间侦察的设想和发展方向，体现了美军对于空间优势的重视。21 世纪的太空将进一步成为美国国家安全和国家利益的重心。从美军未来的军事发展计划看，空间侦察领域的投资还在持续增加，空间侦察装备仍将是未来军事装备发展的首要考虑。

（一）小型侦察卫星项目

美国为克服现有的大型侦察卫星重量重、费用极其昂贵（例如“锁眼－12”需要耗费 8 亿美元，发射火箭为 3 亿美元）、对目标重访周期长、轨道机动困难且不能提供实时情报，因此，美国军方极力促进情报界研制小卫星。基于这一需求、美国先后启动了“未来成像体系”（FIA）和“发现者－2”（Diseoverer II）侦察卫星星座计划。这是美国国家侦察局为满足 21 世纪的国家情报和军事需要，于 1997 年提出设计的下一代成像侦察卫星星座。

FIA 星座计划由数量更多、体积更小、功能更强的新型光学成像卫星和雷达成像卫星组成，最终将取代美国国家侦察局现有大型成像卫星群（包括“锁眼－12”光学侦察卫星和长曲棍球”雷达侦察卫星）。

但由于卫星的性能无法达到原定的要求以及研制费用的不断增加、2005 年 9 月、美国国防部和国家侦察局对计划进行了重构。为保持侦察能力的连续性，一方面美国国家地理空间情报局（NGA）实施了“未来视景”（Next View）计划，加强与美国商业高分辨率遥感卫星公司的合作，力图利用商用卫星补充在轨侦察能力；另一方面计划紧急采购由洛马公司研制的补充卫星提供“过渡能力”。在发展的过程中，侦察卫星计划历经数次重组，一些计划被中途取消，但美军发展小型雷达侦察卫星的方向没有改变。

（二）BASIC 系统

BASIC 计划是 NRO 于 2007 年底启动的下一代侦察卫星计划，是 FIA 计划光学部分取消后的第一个重大的光学侦察卫星研制计划。2007 年底，美国国家安全局启动了一项新的价值几十亿美元的计划，研发下一代侦察卫星。这是 2005 年被重组的 FIA 系统之后的一项重大计划，也就是 BASIC（Broad AreaSpace - based Imagery Collector）“宽域天基图像收集器”。这项研究涵盖一系列方案，包括整个新成像卫星的研发、派生商业成像卫星、购买商业卫星或租用现有卫星能力。2008 年夏季，国防部对 BASIC 计划做出决定，希望借此填补若干能力缝隙：

（1）增加国家地理空间情报局（NGA）从商业卫星公司购买卫星图像的数量；

（2）2014 年前后，国家侦察局将购买、发射并运行 1—2 颗分辨率为 0.4 米的商业成像卫星；

（3）国家侦察局设计建造另一颗先进的卫星，即 Block II 卫星，预计 2018 年发射，用于满足 2018 年后的需求，这些需求是现有在研商业成像卫星无法满足的。

美国空军及国防部发言人也于 2008 年 6 月 2 日宣布：尽管 BASIC 仍处于议案阶段，但空军作为负责监管 BASIC 项目建设的单位，已经决定公开建造这套卫星系统。空军副部长助理在一份文件中说：“尽管商业数据提供者在支持空军绘图与通用成像需求方面提供了关键的信息源，而且会继续成为关键的图像供应者，不过 BASIC 将是一个显著不同的任务。”BASIC 将与目前运行的航天照相侦察系统更紧密的集成，超过以往商业高分辨成像卫星。这些目标与运作将有保障作战安全的意味，即作战指挥官不会满足于购买商业图像所获得的支持。

BASIC 系统是 FIA 之后的第二个同类大型星座计划，迄今美国政府已经批拨出 29 亿美元用于该计划。

2008 年 9 月，美国国防部部长与国家情报局局长签署备忘录，批准该计划实施，并就计划的资金筹措与管理事宜达成一致。其中，NRO 负责 BASIC 卫星的研制、发射和在轨指挥与控制，NGA 负责卫星的任务分配和数据处理、利用和分发系统建设。但在 2008 年 10 月，由于受到金融危机的影响，美国国会很快取消了对 BASIC 计划的投资。

（三）“作战快速响应太空”计划的战术卫星

为了提高空间侦察系统的战术支持能力，美军还启动了“作战快速响应太空”（ORS）计划，发展小型、低成本的 TacSat 系列战术侦察卫星，以补充和增强国家太空能力而非代替国家航天系统。计划将使战场指挥官能够直接指挥、控制战术太空侦察系统，获取战场情报，战场指挥官将使用专用因特网协议的网络来指挥、控制这些战术侦察卫星。TacSat1—3 均为光学成像卫星，重量在 100—400 千克左右，都运行在 450 千米高的低地球轨道、分辨率最高达到 0. 9m。TacSal – 2 还搭载宽频传感器组件，具有搜集各种射频信号雷达、无线电和手持通信信号的能力、可对射频目标进行定位并在同时对其成像，还可搜集大型船只的信号情报。TacSat – 2 采用了天基通用数据链（CDL），可直接与任何兼容地面站的通用数据链进行通信。TacSat – 3 搭载超光谱成像仪，可侦察陆上伪装和隐藏目标，并快速提供目标探测及识别数据、战损评估信息和战场地形信息。TacSat – 4 采用了 12000 千米高的椭圆轨道（近地点为 400 千米），既能对感兴趣的地区进行较长时间的观察，又可通过适当选择轨道倾角使卫星在观察目标上空持续观测 1h 以上（近地轨道卫星只有几分钟），另外还能提高通信载荷的利用效率。

发展 ORS 就是为了确保美国具有太空支持作战的能力。美国军官在海湾战争期间就曾表示，希望具备战场指挥官能控制的太空系统。从战场应用角度来看，美国空军、海军、陆军及所有作战部队，都需要可支持快速响应和联合作战的卫星。但是长期以来，在美国只有高级指挥军官和部队的高层指挥人员对太空能力有优先使用权，战术分队和较低层级的指挥官却没有机会使用，而 TacSat 系统使战场指挥官能够直接指挥、控制战术太空系统，获取战场情报。

“战术卫星”（TacSat）系统由国防部转型办公室发起，TacSat－1、4由美国海军研究实验室牵头，FacSat－2、3由美国空军研究实验室牵头。根据ORS计划，TacSat应能由战场指挥官进行控制，从根本上解决战术应用问题，可使美国地面部队能在未来利用快速反应卫星侦察监视敌人部队，探测导弹发射、追踪友军部队、提供精确目标和预测天气。实际上，TacSat主要是为发展快速响应小卫星奠定技术基础，初期目标是进行战术应用的技术验证。战场指挥官将采用使用专用因特网协议的网络来指挥、控制TacSat系列卫星。

预计到2020年，外军的空间侦察系统都将完成更新换代，能够对全球任一热点地区实施持续侦察，提供全天候、全天时的图像情报和信号情报侦察能力，能够对各种空间目标实施有效侦察，战术侦察卫星能够快速响应战场需求，作战部队能直接控制战术侦察卫星获取战场情报。

（四）SeeMe项目

空间侦察发展的相当长时期，美国一直致力于开发并研制高成本、长寿命、重访周期较长的大型侦察卫星项目，这些卫星系统除了满足日常情报侦察需要外，还在军事作战期间提供关键的战场态势数据。但是由于这些卫星系统成本高、数量少、重访周期长、缺少实时信息分发链路，以及受到优先级冲突和保密规定限制，导致前线部署的基层作战人员无法实时按需获取战区情报，使得美军虽然耗巨资发展了世界上最先进的侦察卫星系统，但前线作战部队仍普遍感到缺乏天基信息的有效支持。①

为了解决战场态势感知数据获取不足，以及无法向基层作战人员按需提供卫星图像数据等问题，美国国防先进研究计划局提出“提高军事作战效能的空间系统”项目，延续了“作战快速响应空间”的发展思路，美国国防先进研究计划局作为美国创新概念和前

① 徐冰：《美国“提高军事作战效能的空间系统”的发展》，《国际太空》，2013年第9期。

沿技术的核心研发机构，于2012年3月12日提出了SeeMe项目发展构想，并于3月27日举行了SeeMe项目研讨会。5月9日，美国国防先进研究计划局发布了SeeMe项目的跨部门意见征询书（BAA），向包括移动电话、工业机械、CMOS固态器件、赛车和医疗器械等工业领域机构征询关键技术的创新方案。

1. 项目创新理念

针对战术应用对侦察卫星及其应用模式的创新需求，SeeMe项目旨在发展低成本小型成像卫星星座，通过空中发射方式进行快速部署，以向前线基层作战人员按需提供近实时的战场图像数据，提升美军基层作战部队在军事作战中的战场态势感知能力，进一步巩固和扩大美军的信息优势。

SeeMe项目实质上是以低成本为最高优先级，综合权衡重访周期、轨道、设计寿命、系统性能等其他指标，设计能够按需满足战术需求的小卫星星座系统。SeeMe项目主要包括以下3个方面的创新概念：

（1）创新卫星研制模式：SeeMe项目将利用具有较高可靠性的非宇航级商业现货部件，根据作战准备速度和部署需求，按照固定单星研制成本，以非连续生产方式建造卫星系统。以单星50万美元为最优先设计目标，采用非宇航级商用现货部件（COTS），达到90天工作寿命；采用贴牌生产（OEM）方式，在90天内完成24颗卫星制造。

（2）创新技术开发：SeeMe项目试图利用非传统的射频和光学孔径技术，以及传统或非传统的图像处理技术实现低成本、小型化、高效能。利用衍射光学技术以及赛车行业氮气推进技术、医疗器械行业气动阀门技术等非传统技术，实现低成本、小型化、高效能；卫星整星质量45千克，300千米轨道高度分辨率达到美国国家图像解释度分级标准（NIIRS）第5级（0.75—1.2m）。

（3）创新发射部署模式：SeeMe项目提出简化星箭运输和组装要求，全球常规机场起降，低成本一箭一星空中发射，快速、按需部署卫星。提高卫星发射和部署的速度和灵活性。采用智能移动终端，基层部队参与卫星成像任务规划和接受近实时战场图像。

2. 项目设计目标

美国国防先进研究计划局以低成本为目标，并结合以下三大因素制定了 SeeMe 项目的设计目标：

一是美国国防部要求美军具有在 90 天内完成全球军事战争准备的能力；二是美国国防部希望具有在 90 天内向前线作战人员分发数据的能力；三是美国国防先进研究计划局计划利用“空射辅助进入大空”（ALASA）项目开发新型火箭，以单发低于 100 万美元的成本将质量约 45.4 千克的卫星送入低地球轨道。

为了实现上述整体目标要求，从卫星系统、轨道设计、性能指标等多个方面具有详细具体的计划目标。

（1）卫星系统：SeeMe 项目计划由 24 颗小卫星组成星座，单星质量 45 千克，设计寿命 45—90 天。在收到卫星研制需求后的 90 天内，按照固定单星研制成本，利用商业现货部件建造 24 颗卫星。不算发射与地面支持和运行费用，单颗卫星成本 50 万美元，24 颗卫星成本共计 1200 万美元。

（2）轨道设计：SeeMe 卫星星座将运行在轨道高度 200—350 千米的低地球轨道上，实现对南北纬 10 度之间区域的持续覆盖，重访周期小于 90min。根据军事作战需求，卫星星座可以不均匀方式部署。

（3）用户和指标：每颗 SeeMe 卫星都能同时支持 10 个地面用户。从地面用户通过手持设备或通信系统向卫星提出成像请求到接收图像数据能够在 90min 内完成。

（4）分辨率要求：在 300 千米轨道高度上，能够获取星下点分辨率优于 NIIRS 5（NIIRS 是美国国家图像解析度分级标准）的可见光圈像，对应地面分辨率距离（GRD）为 0.75—1.2m。

（5）异地运输：在任务所需异地发射时，可以方便运输，且节约成本。利用现有的商业或军事运输方法，可将 24 颗 SeeMe 卫星运送到全球范围内至少 3 个民用机场或军事基地等待发射。用于验证 SeeMe 卫星系统像常规军需品一样，能够利用商业或军事集装箱进行储存和运输。

（6）接口要求：卫星和运载火箭之间采用“即插即用”接口，确保能够在到达发射场后 12—96h 内快速完成星箭总装，之后进行自主检测。另外。确保总装流程简单易懂，以便只具备较少知识或培训经验的飞行员、海员或士兵也能完成总装工作。

（7）快速提供保障：SeeMe 卫星发射入轨后，能够在 12—96h 内自主完成在轨检测与校准，之后正式在轨运行，为军事作战提供支持。

SeeMe 项目力图通过发展新型研制、非传统技术和空中发射部署 3 个方面的能力，改变目前美国军事空间侦察体系现状，建立起一个面向战术应用的快速响应空间信息支援体系。SeeMe 项目若能成功实现在轨演示验证，不仅极大提升美军基层作战部队在军事作战中的战场态势感知能力，还为美国探索了未来新型军事空间侦察装备发展应用模式。但另一方面，SeeMe 项目是美国国防先进研究计划局提出的创新项目，在一定程度上还存在较大的不确定性。

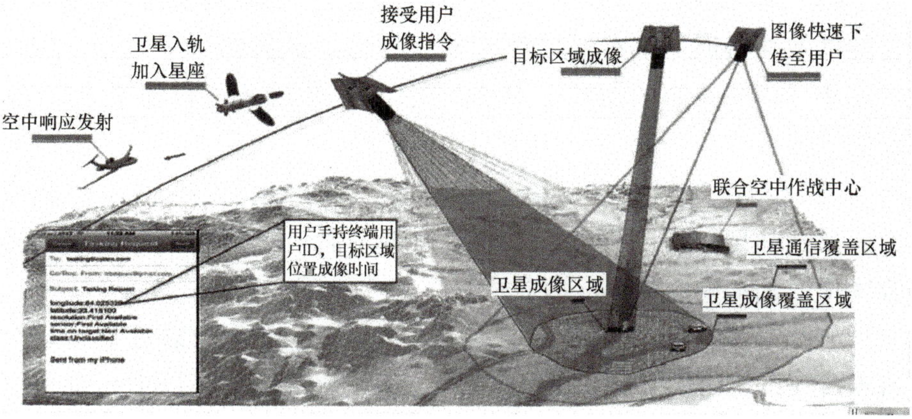

图 7—3　“提高军事作战效能的空间系统”项目的作战支持体系

（五）“2 +2”计划

“2 +2”计划是美国总统奥巴马在 BASIC 计划取消后，于 2009 年 4 月批准的一项下一代光学成像侦察卫星计划。在该计划下，NRO 将向洛马公司采购 2 颗 2.4 米光学口径的成像侦察卫星，卫星的性能将与目前在轨的高分辨率光学侦察卫星等同或略有提升，合同价值数十亿美元；同时 NGA 将向美国商业图像公司采购同等金额的商业高分辨率遥感卫星图像。在这笔资金资助下，地眼公司（GeoEye）和数字地球公司（DigitalGlobe）正在发展 1.1 米光学口径的下一代商业遥感卫星。不过该计划宣布后，美国参议院对其创新性表示质疑，要求政府采购数量更多、价格更低、基于新技术的成像侦察卫星。

第三节 发展的思路与举措

美国拥有地球上最先进的军事间谍卫星，但五角大楼却觉得远远不够。美国的军事战略决定了其需要具有先发制人的优势，它必须抢在其他国家之前建造出更先进却更便宜的间谍卫星。为降低卫星项目成本，美国国防部决定不再寻求成本高昂的“通用”侦察卫星，转而研制不那么复杂、生命周期更短、适合特定任务和区域的卫星系统，并将先进的技术尽早转化为可用能力和装备。近年来，美军在继续完善空间情报装备体系、提高性能水平的同时，将建设重点放在了提高获取情报的质量和持续性、信息共享和利用效率以及自主决策和作战协同、空间情报系统的攻击与防护等方面。美军正在积极筹划构建精确、持续的天基情报网络，资源丰富、功能强大的空间基础设施，开发具备预先和自主决策能力的指挥控制系统，强化主动式防御和综合攻击能力相结合的空间情报系统，推动了空间侦察能力的全面发展。

一、发展思路

美国的空间情报系统的发展战略，是以空间军事战略为主体的空间政治战略、空间经济战略和空间科学技术战略的综合性大战略，是整个国家战略体系的一个制高点，是国家总体战略的重要组成部分。

美国制定空间信息系统战略的指导思想是空间战略必须服务于国家利益，制定空间信息系统的战略发展必须在国家空间战略下，依据国家安全战略和军事战略。这一指导思想集中体现在空间信息系统的和空间情报能力的提升必须能够使军事力量的加强和维护国家安全利益上发挥作用。20 世纪 80 年代，美国退役空军中将、前美国安全委员会特种计划室主任丹尼尔·格雷厄姆，就曾提出了主要着眼于美国未来的国家利益和国家安全的“高边疆”战略理论…。在人类历史上，一个国家若能从人类活动的一个领域最有效地迈向另一个新的领域，就能取得巨大的战略优势；美国要开拓和利用空间领域发展经济和加强军事实力，在空间领域就决不能让别人掌握主动权。1997 年发表的美国《国家军事战略》也指出，随着越来越多的国家和集团有了开发其商用和军用空间领域的能力，美国必须尽一切努力保持空间优势，确保在空间的行动自由，并在接到指令时能够剥夺敌手的这种自由。为了确保美国在空间的绝对优势，美军航天司令部于 1998 年 4 月首次制定了发展空间军事力量，建设空间信息系统的长远规划。美国国防部 2001 年《四年防务评审报告》更是指出，空间控制——利用空间和不让对手利用空间——将成为未来军事竞争的关键目标。《美国空军 2005 年太空年鉴》提出的四项空间军事任务之三，就是控制空间——确保美国在空间的行动自由同时防止敌人利用空间。美国空军航天司令部发布的一份综合性顶层计划文件《2006 年及远期战略主计划》，在提出空军航天司令部发展构想的基础上，提出了美国空军航天司令部的主要任务是空间力量加强，以及控制空间和确保空间优势的空间对抗能力。

2001 年“9·11”事件后，美军的空间信息系统的发展战略开始包括反恐作战的内容。美军认为，空间技术在实时情报通信支持和数据传输方面对反恐作战是必不可少的。美国航空航天局（NAsA）为发现其他星球上的非常生命形式而研制的探测器，可用来检测恐怖分子散布的致命生物病毒制剂；DSP 卫星上用来探测弹道导弹的发射和导弹助推器喷焰红外信号的红外传感器，也能探测到阿富汗山洞里爆炸产生的热信号，从而使美军确定藏在阿富汗山洞和地道里的是什么武器；GPS 卫星能够精确地标明纽约城遭受恐怖袭击破坏最严重地区的瓦砾，从而加快清理和搬运速度。空间信息系统在对付恐怖主义袭击中能够发挥重要的监测和情报作用。

由此可见，美国的空间信息系统发展战略随着世界军事形势和美国的经济、科技、军事实力的变化而不断修改完善，其控制空间的战略图谋当前以及今后都不会改变。

二、美军空间信息系统发展的指导原则

美国国家空间政策的主要目标是确保美国拥有强大的空间能力，夺取和维持美在空间领域的领先地位。在美国国家空间政策中关于军事空间能力的发展享有很高的优先地位。美国军事空间政策是对美国国家空间政策关于军事空间活动的进一步诠释，寻求将空间能力应用于军事领域的技术途径，并确立军事空间系统应用体系建设的指导方针。美国军事空间政策在长期发展过程中体现了一些基本不变的指导原则，主要有夺取和维持其在军事空间领域的领先地位；确保在空间自由行动的权利；坚持军、民、商空间部门协调发展，以及营造与其军事空间力量建设目标相适应的国际法律环境等。

（一）夺取和维持美国在军事空间信息领域的领先地位

美国历来的军事空间政策始终认为，要实现国家安全目标，美国必须保持在军事空间领域的领先地位。这种领先地位具体体现在技术能力、工业基础、以及空间专业人才培养等诸多方面。

为保持在技术能力方面的领先地位，几十年来，美国积极发展

各种先进的运载火箭推进技术，不断提高运载火箭的运载量，增强火箭的冗余性、兼容性和可靠性，降低运载火箭进入空间的成本；长期将各种卫星技术作为军事空间领域的发展重点，重点研发空间侦察、监视、导航、气象与通信等航天系统，以提高这些系统在军事作战中的应用能力；积极研发反卫星技术，随时保留剥夺对手进入空间的权利；积极发展各种天基武器，为未来的空间作战做好准备。

为保持航天工业基础方面的优势，几十年来，美国不断加大对航天基础工业方面的投入，尤其是20世纪60年代到80年代，美国对航天领域的巨大投资使得美国获得了航天事业的全球领导地位。即使在冷战结束后和进入新世纪，美国对航天基础工业的投资仍然远远超过其他国家。

为维持在军事空间专业人才方面的优势，美国军事空间计划自诞生之日起，就要求在军事部门、政府部门、学术研究院和工业界培养和保留一支能掌握高度复杂技术的优秀军事航天专业人才队伍。对这些人才的要求是：能制定新的条令和操作方案，这些条令和操作方案涉及航天发射、进攻性和防御性空间作战、空间力量投送和其他空间军事应用等诸多领域；操作一些研制和部署过的最复杂的系统。为确保所需的人才和经验，国防部、情报部门乃至美国全国始终将强化职业发展、教育和训练方面的投资置于较高的优先权人才队伍。

美国对在空间领域“保持领先地位”概念的内涵随着形势变化而改变。1982年的美国家空间政策认为，对空间领域“保持领先地位”就是“在所有空间领域都要处于世界领先地位”。在经历了天基反卫失败、航天飞机失事等一系列重大挫折后，在1988年出台的国家空间政策中，对在空间领域“保持领先地位”有了新的解释：“在竞争日益激烈的国际环境中保持领先地位并不意味着要求美国在所有空间领域均处于领先地位，而是要求美国在能对取得国家安全、科技、经济和对外政策目标起至关重要作用的关键空间活动领域中处于领先地位。”

（二）坚持军、民、商空间信息系统协调发展的途径，开展有限的国际合作

美国的空间事业起源可追溯到 20 世纪 50 年代初对弹道导弹及其运载工具的研制，先有军、再有民、后有商。1958 年 7 月，艾森豪威尔政府时期的《国家航空与航天法案》明确，由国防部负责空间防御、空间武器研发与空间军事行动，其他空间活动由新成立的美国国家航空航天局（NASA）负责。到里根政府时期，商业空间活动有了较大的发展，在 1988 年发布的国家空间政策中，首次提出美国的空间活动由军、民、商三个独立的部门完成，从而确立了商业空间活动在国家空间政策中的地位。

美国这种由军、民、商共同管理空间事业的格局是由空间活动本身的特性所决定的。开发和利用空间一方面将给政治、军事、经济、文化等社会各个领域带来巨大的效益；另一方面又需要高强度的资源投入、承担很高的政治和经济风险。空间事业必须也只能由多个部门的联合参与，这是各个国家的空间活动所普遍遵循的原则。所以，整合、协调军、民、商各部门空间活动的指导思想和政策措施是美国家空间政策和军事空间政策的重要内容。军事空间技术的发展将会带动民用和商用空间技术水平的提高；而民用和商用空间活动的迅猛发展又能为军事空间活动提供坚实的技术基础，显著降低成本，缩短开发周期。

这种军、民、商共同参与空间活动的体制促进了美国空间能力的发展，但由于军、民、商空间部门在组织结构上相互独立，有着各自的管理、预算控制和政策监督体系，再加上信息沟通不够，从而造成了许多不必要的重复建设和资源浪费。为了克服这种弊端，美各个时期的国家空间政策都强调要加强各部门的协调与合作，并成立“空间高级机构间小组”、“国家空间安全委员会”之类的机构，为部门之间建立密切协作关系提供组织保证。

美国还重视国际空间技术合作。2006 年国家空间政策指出，美国政府将在符合美国国家安全利益的前提下，适时与其他国家和/或组织就空间活动展开国际合作。开展这种合作的前提条件是，这些空间活动需使合作双方共同受益，增进空间和平探索和利用，促进国家安全、国土安全，以及对外政策目标的实现。由此可见，这种合作是有限的、有条件的。

三、发展目标

空天领域历来是体现一个国家综合国力的象征，也是提升国家地位的主要舞台。进入 21 世纪，随着空天在国家安全战略中的作用与地位更加突显，世界主要国家加速推进空天高技术发展，围绕未来空天能力建设谋划技术发展，为赢得新的战略主动权提供先机①。

（一）确保空间情报获取能力“制高点”地位

空间情报获取能力蕴含着巨大的战略利益。美国认为，新世纪能有效利用空间的国家将享有更多的繁荣与安全，并拥有更大的优势。对美国而言，在今后一个时期，美国将保持和强化在空间的领导地位，确保其空间情报能力能够满足美国的国家安全、国土安全的需求。

其他国家也从近几场高技术局部战争的进程中发现，空间情报系统在现代战争中发挥着越来越重要的作用，新世纪的军事斗争领域已经从传统的陆、海、空扩展到空间和临近空间。随着对空天作为新世纪国家安全战略“制高点”的认知，俄、日、印等国家把发展空天事业作为展示综合国力、提升国际地位、赢得军事斗争主动权的重要舞台，纷纷制定发展规划，加大空天经费投入，积极抢占新的战略“制高点”。现实和潜在的威胁，更加剧了美国在该领域发展的紧迫感，未来 20 年，美国将大力发展空天高技术，积极保持空间这个国家安全战略“制高点”。

---

① 中国国防科技信息中心：《国外空天高技术发展动向与启示研究》，2010 年研究报告。

（二）确保国家安全是发展空间侦察系统的根本目标

美国认为，未来的安全依赖于空天优势。美国的国家安全对空天的依赖远远超过任何一个国家，这种现实导致潜在作战对手将其空间系统作为一个高价值目标，干扰美国的空间系统、服务和能力。因此，美国政府要求拥有控制空天的能力与技术，确保其在空天的行动自由，必要时限制对手利用空天的能力。

强大的空间态势感知能力是美国控制空天的基础。美军认为，发展和部署空间态势感知系统，将为空间攻防对抗作战奠定基础，也是发展空间武器的前提条件。为此，美国2006年发布的《国家空间政策》，明确将提供空间态势感知能力纳入国防部长和国家情报局长的职责，以满足政府相关部门对空间态势感知的需求.

美国加紧研发空间攻防对抗技术，促使其他国家对这一技术领域的探索研究。俄罗斯除对卫星系统采取各种主、被动防护措施外，还在前苏联“共轨式”反卫星武器达到实战能力和地基激光反卫星武器试验的基础上，研制本国的反卫星武器技术。俄罗斯在强激光、高功率微波等领域处于世界领先地位，也为俄罗斯发展相应的空间武器奠定了良好基础。

一些中、小国家为了扼制大国控制空间和利用空间带来的绝对优势，也积极探索反卫星武器技术。因为空间系统正日益成为国家的关键利益所在，一旦遭到干扰，将对拥有并依赖空间系统的一方以致命打击。以相对较少的投入研制能打击敌方易损的、耗资巨大的空间系统的反卫星武器，这正是“不对称战略”思想的精髓，将成为一些中、小国家威慑强大敌人以保护自身利益的一种选择。

（三）创新军事作战概念

随着空间系统在现代战争中的广泛应用，发展空天高技术已成为谋求创新军事作战能力的重要举措。进入21世纪，美国大力发展空天高技术并极力推进其在军事作战中的应用，目标是以空天为媒介进行作战力量远程投送，实现全球快速打击。如美国空军和国防高级研究计划局（DARPA）联合实施“兵力运用与从本土发射”

(FALCON)计划，其中涉及大量创新的空天高技术项目，目标是研发能对全球范围的战略目标实施快速打击的武器技术。

空间机动平台技术的研发，使得能对特定空间目标实施监视、检查、维修、燃料加注等空间操作，为空间攻防对抗提供了新手段。美国通过推动技术方面的革命性、创新性进步，特别是在先进制导、导航与控制系统、先进推进系统和新型材料等技术领域的创新，近年来开展的一系列空间机动平台技术演示验证试验取得重要进展，先后取得了空间自主交会对接、在轨燃料加注等试验的成功，标志着一批关键技术已经取得突破。预计，美国有可能在未来十年内研制出具备实际应用能力的空间机动平台，如空间作战飞行器等。

世界主要国家近年来十分重视发展深空探测技术，其目的是为创新作战能力储备新技术，并为演示验证新的作战能力创造机会。美国 2005 年进行的“深度撞击”试验，演示了高精度制导、自主导航与撞击器瞄准目标轨道机动等技术，这些完全与天基反卫星技术和空间拦截技术相类似，全面展示了对空间目标的精确打击能力，显现了军事上的应用价值。

天基平台的能源供应已成为制约空间活动的主要因素之一。各种大型侦察监视卫星、通信卫星、导航卫星乃至空间武器的发展，都受到能源供给的制约，天基太阳能发电技术的发展将提供解决途径。美国认为，天基太阳能发电对增强美国国家安全，提升国家实力和确保行动自由带来战略机遇。美国国防部积极推动天基太阳能发电技术研究，以利用天基太阳能供电来构建新的兵力结构，提升军事作战能力，如由太阳能供电的超长时续航空中监视侦察平台或陆基侦察监视与作战系统，甚至为地处偏远地区的军事基地或战场提供电能，这将彻底改变未来战争的作战样式。

四、具体举措

(一) 围绕国家安全和军事需求，构建一体化 ISR 网络

美军认为，发展全球覆盖、精确持续的感知能力，实现对态势

信息的一致性理解与认知，是实现国家安全和满足军事需求的“第一步”。为此，美军正在积极开发新型空间情报信息获取手段以及自动化态势融合等信息处理系统，大力推动情报、侦察、监视装备的集成，以实现对态势和局部战场的全面、精确、持续感知。

一是完善多层次、立体化的情报侦察和监视体系。在现有的情报侦察和监视体系基础之上，以天基情报获取手段建设为重点，不断开发新型探测手段，形成先敌发现、全球覆盖的侦察监视能力以及对重点目标的精确识别能力。如发展小微卫星等新型的侦察平台，提高卫星对拒止区域内活动目标的灵活识别和跟踪能力；提高卫星的重访率和地理定位能力，以及与其他信息获取力量的整合。此外，美军还十分注重对合成孔径雷达、空间雷达、超光谱成像、精确热成像等多项先进技术的攻关，用于解决对高机动、隐蔽和深埋等目标的探测识别、跟踪评估能力不足等问题。

二是构建天基、空基和地基融合的联合情报监视侦察网络。近年来，美军高度重视情报侦察监视装备的集成，提出了构建联合情报监视侦察网络（JISR）的设想。一方面，是通过管理措施推进联合。美国防部先后于 2005 年和 2007 年多次颁布了情报侦察监视集成路线图（草案），以指导 2004—2018 年期间美国防部 ISR 能力集成工作；还授予战略司令部在战略作战和联合作战任务中统筹运用和协调情报侦察监视装备的职能。另一方面，则是利用技术手段，为情报侦察监视装备提供按需联网、自动寻址等自组织功能。

三是提高态势融合效果。为了实现对多源情报的高质量融合，美军正在开发新型态势融合处理和分析系统，近期目标是使信息准确性和完整性比目前提高 20%。如，美军正在发展的新型分布式通用地面系统采用了“先发布后处理”的处理机制和智能融合等技术，可显著提高部队获取和融合态势的效率。此外，美军还正在积极开发关键支撑技术，如多源信息融合技术、数据挖掘技术、目标细微特征提取与识别技术、专家系统以及基于内容和特征的智能化分类筛选技术等。这些技术的研发对于提高空间情报的获取和利用具有重要作用。

（二）围绕情报共享需求，构建以信息基础设施为平台的共用环境

美军提出，实现信息优势目标的首要因素就是必须构建一个强大、可靠信息基础设施，以支撑跨军种、跨部门的充分信息共享，为实现精确态势感知、动态决策以及灵活协同提供支撑。为此，美军正在构建新一代信息基础设施——全球信息栅格，积极实施信息共享战略、构建高可信度的信息环境，以消除不同机构、军种和系统间的信息“缝隙”。

一是开发信息基础设施和先进战术信息分发手段。美军正在利用光纤、卫星、栅格等新成果技术，积极建设陆海空天全维覆盖、三军通用的新一代国防信息基础设施——全球信息栅格。此外，为了解决战术边缘频谱有限、通信质量差、无网络等问题，美军提出要重点解决“力量向边缘用户传送”问题，特别是要实现态势、指令等信息的无障碍分发。为此，美军大力发展新型战术通信手段，在继续提高抗多路效应、抗干扰、低可探测性的同时，重点是减少其对固定基础设施的依赖，即提高机动性和随需接入骨干网的能力。目前，美军除了采取改造 Link－16 等现有数据链、增加战术电台通信距离和带宽等措施外，还积极研制各种通用宽带数据链，开发激光、太赫兹等新技术手段，逐步实现战术边缘的大容量数据传输和宽带无线接入。

二是制定信息共享实施战略。美军认为，信息共享的实现是一项涉及文化、管理和技术的系统工程，需要顶层监管。为此，美军在《四年一度防务评审》等战略性文件中明确了实现信息共享的重要性，并以此为指导，制定了信息共享战略和相关指令，为信息共享能力发展提供了顶层指导。为了规范数据资源的共享原则和途径，2003 年美国防部颁布了第 8320.2 号指令《国防部网络中心数据共享》、《国防部网络中心数据战略》，确定了数据共享的目标。2007 年 5 月，美国防部又颁布了《国防部信息共享战略》，明确了具体实现方法和途径，即认识并发展信息共享价值链；提高信息流动性；

将信息共享嵌入军事力量当中；开发联合信息共享环境等。这些战略文件的制定，在文化、政策、管理、财政、技术和基础设施等各个方面，为美军实现信息共享提供了具体指南。

三是整合完善数据资源。为了解决目前数据库重复建设、数据更新周期长等问题，美军正在加紧整合军用数据资源，以构建全球可视的数据资源环境。美军提出，目标是要在已有四级体系基础之上通过高速通信网将现有的分散数据库、计算设施紧密联系起来，形成全球覆盖、分布式的信息融合处理中心以及跨级通用数据资源库，实现异构数据库间的松散协作和动态共享。为此，美军一方面加紧数据共享环境建设，构建基于面向服务架构的数据共享环境，将基础设施中现存的大量冗余、异构、重叠数据，全部移植到统一架构上；另一方面，则大力开发可以实现异构数据库数据无障碍交换的技术手段，如异构数据库集成中间件、共享数据服务器、可扩展标识语言等，进而实现跨异构网络的全球访问以及信息的智能定位提取。

四是开发精确动态的信息服务。为了使信息服务更加贴近用户、提高服务效率，美军通过实施“网络中心企业服务”计划，积极开发全球通用的信息服务。此外，美军还十分注重开发面向边缘用户的服务工具，为作战人员提供定向数据检索工具、信息过滤系统。这些工具可以根据特定的参数发现、解释和分类数据，去除无价值信息、自动挑选高优先级信息。特别是智能化数据查询与处理工具的运用，如数据挖掘、数据安全标记、元数据、数据质量等，将有助于提高跨系统、跨领域的一致性数据解析功能。

（三）扩大投资规模，有限保障实施

空间侦察作为国家战略侦察手段，已经成为国家威慑力量和军队战斗力的重要组成部分，成为世界各国竞相争夺的战略“制高点”。近年来，越来越多的国家纷纷研制新型侦察卫星，以尽快形成或提高自身的空间侦察能力。从美国未来的军事发展计划看，空间侦察领域的投资还将持续增加，空间侦察装备仍将是未来军事装备

发展的首要考虑。

美国军事优势在很大程度上依靠航天战略资源取得。近年来，美国年度航天预算费用都占世界航天预算费用的80%以上，美国一年为开发军事空间技术注入的资金约为150亿欧元，占全球在该项目上投资总和的90%还多。2006年8月31日，美国总统布什签署了新的《美国国家航天政策》，2011年奥巴马政府颁布了新的《美国国家航天政策》，为空间侦察领域的发展指出了未来的方向。

2006年的《美国国家航天政策》指出：在和平时期、危机时期以及各级冲突中，支持并能够满足防务与情报的需求及运用；开发并部署航天能力，保持美国优势，支持防御及情报转型。该政策要求国防部长“为国家安全提供及时、可靠和保成本的航天能力，支持持续的全球战略、战术预警，以及多层和综合的导弹防御”。该政策赋予国家情报局长的责任是：提供强大的国外太空情报搜集与分析能力，为维护国家安全和国土安全提供及时的信息与数据，并为美国及其各种航天活动以及航天实体提供太空态势感知能力支持。从新的航天政策可以看出，太空已成为美要经济、国家和国土安全越来越重要的组成部分，美国必须要在航天领域保持领先地位，从而确保美国的国家安全，国土安全以及各类外交目标得到保障。该政策首次明确将提供太空态势感知能力纳入国防部长和国家情报局长的职责，以满足政府相关部门对太空态势感知的需求。发展和部署太空态势感知系统，将为太空攻防对抗作战奠定基础，也是发展太空武器的前提条件。

美国的空间侦察多年来非常保密，但新政策显示了美国从事如下活动的事实：航天照相侦察（包括近实时能力）、过顶信号情报搜集、过顶测量与特征情报搜集，并明确了美国政府航天照相侦察用于搜集情报和为预警及军事行动提供情报。新政策还将太空过顶情报作为对付恐怖主义的重要手段。从其政策可以看出，美国空间侦察的各种应用越来越广泛。可以预见，空间侦察仍将是美国未来发展的重点之一。

第八章　美军空间侦察发展规律与启示

美军将空间侦察能力的发展至于重要的发展地位，被美军确定为“实现其他一切联合作战能力的必备要素”和发展的“战略制高点”。近年来，空间信息优势已成为牵引美军武器装备和国防科技发展的核心要素之一。在美空间侦察系统的发展过程中，既有成功经验，同样也面临着诸多问题和挑战。

第一节　美军空间侦察的发展趋势

在美军未来空间侦察能力的发展中，空间侦察装备仍是实现国家战略目标的重要物质基础。为在新的国际战略格局中占据有利地位，美也在积极开展军事改革和转型，利用科学的手段进行顶层设计和战略研究。美新版《国防战略》提出要切实增强全面威慑、空间作战和“强行介入”作战能力，更加重视合理分配资源以实现其战略目标。

一、突破单项技术，发展实时监控覆盖全球的空间侦察能力

空间侦察系统能否“看”清地面以及持续地“看”地面，与侦察卫星的遥感系统密切相关。侦察卫星的遥感系统的几个重要指标：分辨率、覆盖范围和时间性。[①] 时间性直接与覆盖范围直接相关，因

① 苏平：《影响军事变革的关键科技：信息技术》，http：//www.chinamil.com.cn/site1/ztpd/2004－09/07/content_ 3116.htm.

为用户对图像提出要求到卫星实际能获取目标图像的时间往往是整个过程最长的。[①] 因此，空间侦察系统能否“看”清地面以及持续地“看”地面，与卫星的分辨率和覆盖范围相关。但是，对于同一颗卫星，侦察卫星的分辨率与覆盖范围是一对矛盾体，分辨率越大，侦察卫星拍摄的视角就越小，覆盖范围就越小。美国人就形容其侦察卫星的视野就像“可乐吸管”。[②] 比如，在2014年的马航失联事件中，中国的“高分一号”卫星最先发现异物。“高分一号”卫星的分辨率最高只有2米，美国部分商业卫星的分辨率已经达到0.41米，军用卫星更是达到0.1米。“高分一号”相对比较容易做到拍摄的分辨率够用，还能覆盖尽可能广阔的范围。此外，随着战争形态的演变以及作战理论的发展，世界主要军事大国开始寻求发展持续侦察监视战场的情报监视能力，其中主要途径之一就是发展具有持续侦察监视能力的光学侦察卫星。作为地球同步轨道侦察卫星的一种[③]，地球静止轨道光学侦察卫星的高时效性和持续监视的侦察能力，已经成为当前光学侦察卫星的一个重要发展方向[④]。2013年，美国国防部公布，国防高级研究设计局正在研发新一代名为“使用薄膜实时光学成像”（MOIRE）侦察卫星，能够一次对地球40%的面积实施持续侦察。该卫星运行在3.6万千米高的地球同步轨道，能够实时传回覆盖范围内地球任何地方的高清图像和录像。国防高级研究设计局的专家说，这种能力是现役卫星所不具备的[⑤]。该卫星由18个八角形的镜子组成，使用先进的超级薄膜镜头，衍射光线，

---

① 苏平：《影响军事变革的关键科技：信息技术》，www. chinamil. com. cn/site1/ztpd/2004 - 09/07/content_ 3116. htm.

② 张亦驰等：《为何中国卫星最先发现异物：分辨率低覆盖范围广》，《环球时报》，2014年3月14日。http：//mil. news. sina. com. cn/2014 - 03 - 14/0832768732. html.

③ 中国百科网：《“地球同步轨道”就是“地球静止轨道”吗？》，www. chinabaike. com/article/16/86/93/20070330104813. html.

④ DARPA, *DARPA designs giant foldable satellite capable of surveilling 40% of earth*, Dec 2013. http：//rt. com/usa/satellite - spy - earth - darpa - 997.

⑤ DARPA, *DARPA designs giant foldable satellite capable of surveilling 40% of earth*, Dec 2013. http：//rt. com/usa/satellite - spy - earth - darpa - 997.

而非像传统的光学镜头那样反射光线。“使用薄膜实时光学成像”侦察卫星，号称间谍卫星之王。它的面世将颠覆现有光学成像侦察卫星的态势，理论上三颗地球同步轨道光学侦察卫星就能够完成对全球的实时覆盖。这是空间侦察领域的一次革命。①

二、建立空间侦察一体化

美军认为，一套完整的空间侦察系统通常包括侦察平台、传感器、数据链（即通信系统）和地面站四个要素。② 而空间侦察系统与作战系统的一体化需要打破原有以平台为中心的僵硬模式，在现有空间侦察系统的基础上，将各分系统的四个要素融合在一起，建立一体化的空间侦察系统。

（一）空间侦察系统的一体化

目前有两种方式用于设计未来的空间侦察系统。一种是“相同的，但是更好”的方式：广域的覆盖，支援国家战略预警，可能通过改变搜集系统的组合实现更广的覆盖。另一种是《联合构想2010》中所设想的：一种融合的、一体的、联合的以及反应性的情报，直接支援作战人员。③ 就单个传感器的技术指标来说，目前已经发展到了相当的水平，有的甚至达到了技术极限，短期内实现质的突破的可能性不大，因此，美军将工作重点转向多种传感器综合技术性能指标的提高与发展方面，着力提高空间侦察系统的覆盖范围、精确度、敏感度以及侦察信号的范围等。④ 一是提升侦察平台的综合

---

① DARPA, *DARPA designs giant foldable satellite capable of surveilling 40% of earth*, Dec 2013. http://rt.com/usa/satellite-spy-earth-darpa-997.

② Keith E. Maj., Gentile United States Air Force, *the Future of Airborne Reconnaissance*, the Marine Corps Command and Staff College, March 22, 1996. http://www.fas.org/irp/eprint/gentile.htm.

③ Thomas Behling and Kenneth McGruther, *Planning Satellite Reconnaissance to Support Military Operations*. http://www.cia.org/library/center-for-the-study-of-intelligence/csi-publication/csi-studies/studies/winter98_99/art10.html.

④ Keith E. Maj., Gentile United States Air Force, *The Future of Airborne Reconnaissance*, the Marine Corps Command and Staff College, March 22, 1996. http://www.fas.org/irp/eprint/gentile.htm.

功能。侦察平台为传感器提供了用武之地，侦察平台在空间上的拓展使传感器的覆盖范围相应地得到了拓展。[①] 同时传感器自身技术性能的提高，拓宽了可探测的信号范围，提高了探测精度。可侦察的电磁频谱范围不断扩展，空间侦察能力趋向全天候、全时段。比如，美军的成像侦察卫星不仅进入了相对稳定的发展阶段，而且美军还积极开发各种新型侦察卫星，以提高卫星的综合侦察能力：增强地区覆盖率；扩大探测功能、分辨能力和各种参数搜集能力等；实时、数字化传输处理能力与全球定位系统相结合，实现快速情报生成与传输、快速制图等等。[②] 再比如，美军的第五代信号侦察卫星“入侵者”号卫星，集通信情报侦察和电子情报侦察于一身，其综合功能更上一层楼。[③] 二是实现传感器之间的融合。“大量涌现、五花八门的探测器提醒人们注意数据综合的范围与价值，把探测器网络化而不是追求某种探测器是明智之举。”[④] 实现各种传感器的整合，成为提高空间侦察能力的重要途径。比如，美国军方对用宽视场探测小目标有特殊需求，要求侦察卫星能同时具有合成孔径雷达和红外成像的能力。[⑤] 合成孔径雷达适合于恶劣天气和大面积成像，红外成像适合于探测小目标，且认为凝视型面阵探测器要比扫描型线阵探测器对付小目标的效果要好些。[⑥] 美军自20世纪90年代以来，一直在大力发展由多种传感器组成的多频谱侦察系统，以加强全天候侦察能力和反侦察能力。如负责继续进行“星球大战”计划的美国国防部机构——弹道导弹防御局，开始了一项多个传感器技术集成计划。

---

① Keith E. Maj. , Gentile United States Air Force, *The Future of Airborne Reconnaissance*, the Marine Corps Command and Staff College, March 22, 1996. http: //www. fas. org/irp/eprint/gentile. htm.

② 曾华锋等：《现代侦察监视技术》，国防工业出版社，1999 年版，第 192 页。

③ 谭新焕：《美军电子侦察卫星最新发展及应用》，《外军信息战》，2012 年第 1 期，第 23 页。

④ ［美］马丁·C·里比基：《把明天的战场照亮》，《以军事力量谋求绝对安全：美国新军事革命与国防转型文献选编》，国防大学出版社，2003 年版，第 103 页。

⑤ 梁德文：《美军世纪之交的航天侦察装备》，《电讯技术》，2000 年第 3 期，第 108 – 109 页。

⑥ 同上。

该计划将卫星上的多种传感器联合、协调使用，保证持续不断地跟踪弹道导弹的运行轨迹。[①] 此外，美军航天司令部早在 1994 年就成立了空间作战中心，其中心任务之一就是实现传感器之间的融合。三是空间侦察系统的模块化发展。在加紧研制新型卫星应用装备的同时，美军研制了模块化的卫星应用装备，加装于或嵌入到战车、飞机、舰船以及导弹等武器平台上，以提升现有主战装备的作战效能。

（二）空间侦察系统与打击系统的一体化

空间侦察系统与打击系统的一体化，“可以理解为将空间侦察系统和战场上的战术行动、精确武器系统更加紧密地结合起来，建立集侦察、制导和火力摧毁等功能于一体的综合系统。”[②] 这种空间侦察系统与打击系统的一体化，也就是我们通常所说的从“传感器到射手”的能力和“情报—打击”的作战模式。

20 世纪 80 年代后期，战争形态逐渐由机械化战争向信息化战争过渡，作战方式也随之发生变化。新的战争形态和作战方式对空间侦察能力提出了新的要求，要求空间侦察系统作为整个作战空间中的情报监视侦察系统的一部分，与指挥控制系统、武器系统相连接，形成一个“无缝隙”的信息网络，提高对战场态势信息的共享程度，即构建一个“一体化”的空间侦察系统。[③] 空间侦察系统与指挥和作战人员相连接，直接向他们提供指挥决策和作战行动所需要的信息，同时，空间侦察系统又直接和武器系统相连接，及时将打击目标的数据传输给精确制导武器，将精确制导武器引向目标。[④]

---

① ［法］穆罗汉：《21 世纪的战争》，杨杰、袁俊生译，经济日报出版社，2003 年版，第 87 页。

② ［俄］萨布林·瓦切斯拉夫·尼卡拉伊维奇：《侦察－打击一体化和对地观测雷达系统》，国防工业出版社，2005 年版，《序言》v－vi。

③ 孙建民：《战后情报侦察技术发展史研究》，军事科学出版社，2008 年 11 月，第 190 页。

④ 孙建民：《战后情报侦察技术发展史研究》，军事科学出版社，2008 年 11 月，第 191 页。

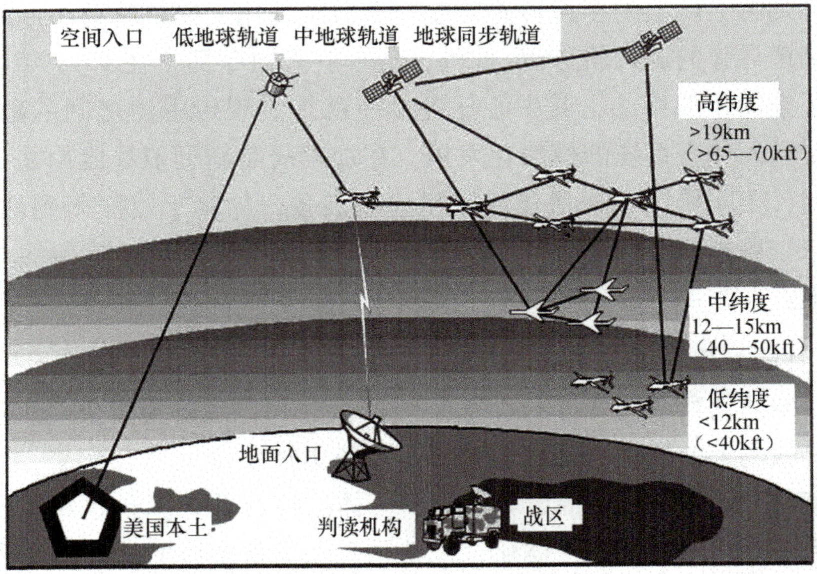

图 8—1　ISR 和作战平台的一体化图①

三、利用民用卫星补充军事用途

当前，对比未来的军事需求，空间侦察系统的能力仍存在较大差距，而民用卫星的技术性能、快速反应能力以及服务水平却在不断提高，这就为满足军事需求提供了新选择②。一方面，空间技术本身具有军民通用的性质。③ 另一方面，由于未来的军事需求与空间信息系统的能力仍存在较大差距，而民用卫星的技术性能却在不断提

① Elham Ghashghai, *Communications Networks to Support Integrated Intelligence, Surveillance, Reconnaissance, and Strike Operations*, RAND, 2004. p. 2. http://www.rand.org/pubs/technical_reports/2004/RAND_ TR159. pdf.

② Petrie, "Monitoring Iraq Imagery options for monitoring and gathering intelligence", *GI News*, 2003, pp. 28 – 33. http://web2.ges.gla.ac.uk/—gpetire/28 – 33_ monitoring. pdf.

③ Martti Lehto, *Space as a New Sphere of Future Information Warfare*, Australian Information Warfare and Security Conference, Edith Cowan University, p. 24. http://ro.ecu.edu.au/isw.

高，这就为军事需求提供了新选择。① 1996 年 3 月，美国政府发布了题为《21 世纪准备着：美国情报评估》的长篇报告，其中指出："发展商用卫星产业前景广阔。商用系统将影响今后美国情报界开发的系统的规模和性能，但为了可以预见的将来，商用系统必须为诸多情报系统的运行做出保障。情报机构应该继续评估商用系统的效用，并在可能的情况下依靠它们"。② 美国空军少校阿什珀在其研究文章中指出："利用商业卫星系统所提供的巨大的预先发展的基础，指挥控制系统的能力得到显著增强。这些系统增强了全球可用信息的搜集能力；为数据的全球传递提供了途径；并且为利用信息进行交流、计划和任务的执行提供了途径。总之，商用卫星系统提供了战场信息的可视化能力。"③

1999 年美国国会研究署递交国会的一份研究报告指出："现在，美国不断增加使用高质量的商用卫星影像资料。一些议员正在考虑要求政府在一定程度上加大商用卫星影像资料的利用程度。"④ 由此可见，美军对民用、商用卫星的依赖日益增强，民用、商用卫星正成为美军空间侦察的重要补充力量。如美国在战争中使用了许多民用通信卫星来补充军事通信卫星的能力缺口；美国国家地理空间情报局的军事制图任务全部采用民用卫星图像制作，而不发展专用的系统；美军已把军事气象卫星系统和极轨环境卫星（POES）系统合并为美国国家海洋和大气管理局（NPOESS）系统，不再发展专用的军用静止气象卫星；美国国防部低价订购了铱星公司的低轨道卫星星座，极大地提高了美军移动通信能力。再比如，成像卫星在民用

---

① Petrie, "Monitoring Iraq—Imagery Options for Monitoring and Gathering Intelligence", I News, 2003 (1): 28 -33.

② Commission on the roles and capabilities of the U. S. intelligence community, *Space reconnaissance and the management of technical collect ion*, March 1996. www. access. gpo. gov/int/int015. html.

③ Virginia B. Ashpole, Maj. , USAF, *Command and Control 2010: the Impact of Emerging Commercial Satellite Systems on Joint Operations*, Maxwell Air Force Base, Alabama. April 1998, p. 39.

④ [美] 理查德·A·贝斯特：《科索沃战争：对军事情报的启示》，《美国国会研究署递交国会的研究报告（选编）》，军事科学出版社，2002 年版，第 211 页。

和军事侦察上都具有较大的应用价值。民用往往要求成像卫星具有宽的测绘带宽和高精度的辐射定标，具有中等分辨率的图像（一般低于5米）。军事侦察在强调测绘带宽的同时，更强调高分辨率。但随着卫星图像应用于城市规划，有些国家已开始发展军民两用对地成像卫星，其分辨率进一步提高，使军用和民用的界线越来越不明显。比如2008年发射的美国“地球眼－1”低轨光学成像卫星，分辨率达到了0.41米，逼近美国最先进的军事成像卫星。

四、基于对抗需求，提高空间侦察系统防护能力

当前，在信息技术呈几何级数爆炸式发展的态势下，电子战以及反卫星技术也获得前所未有的发展，空间侦察系统因此面临巨大的威胁，再也不可能“天马行空，独来独往”。鉴于空间侦察系统在未来军事冲突中对美国经济和军事具有非常重要的意义，美军在多个版本的空间作战条令中都把空间防护作为空间作战的主要任务之一，要求未来的空间侦察装备必须具备躲避攻击、抗电子干扰、耐核辐射等能力。①

（一）损害限制

对空间侦察系统的破坏途径可分为三种：一种是物理损害，比如空间碎片撞击侦察卫星或者反卫星武器对侦察卫星实施打击；一种是自然损害，也就是空间环境对卫星的损害；还有一种是无形的损害，也就是敌方的电子战对己方空间侦察系统的损害。为此，美军主要通过以下几种方式来实施损害限制，对空间侦察系统，尤其是侦察卫星实施防护。一是运用空间态势感知能力对卫星实施防护。空间态势感知是对空间环境的认知，是空间作战所依靠的作战环境。② 美军将空间态势感知能力分为四大功能性能力：探测、跟踪、

---

① 邱君章：《美军侦察系统发展特点》，《外国军事学术》，2004年第8期，第70页。

② JCS, *JP3－14*: *Space Operations*, May 29, 2013, p. 30. www. fas. org/irp/dodder/dod/jp3_14. pdf.

识别，威胁预警和评估，特征描述，数据整合与使用。[①] 美军重视发展空间态势感知能力的主要目的之一是避免航天飞机、国际空间站以及卫星受到损害，因为技术先进的国家能够使用并不昂贵的武器攻击一些重要的卫星[②]，或者空间碎片也能毁坏卫星。二是防止空间环境对空间侦察系统的损害。从某种意义上讲，卫星会持续受到来自自然界和人为造成的外界环境的损害，许多卫星保护计划来源于已知的空间飞行器加固技术，[③] 比如，通过防太空辐射、防核爆炸辐射等来降低自然界和外界对卫星系统的损害。三是反电子战措施。电子技术在军事领域的广泛运用，使得“几乎所有的现代化武器装备，军队的作战指挥、军事情报以及控制、通信等系统等越来越依赖于电子系统的技术效能。”[④] 空间侦察能力与电子技术密切相关。电子战技术能够将卫星消灭在无声世界当中，或者使其暂时无法发挥作用。为此，美军空间侦察系统在发展反电子战技术，加强系统防护方面，重点发展卫星抗干扰技术、卫星激光防护技术、卫星加固技术以及卫星威胁预警技术等等。

（二）机动与隐身

空间侦察系统，特别是侦察卫星的运行轨道是相对固定的，很容易被敌方的侦察监视系统发现并锁定。但是，基于空间环境的复杂性，通常不太容易对一颗运行自由且“低可探测”的卫星实施拦截。[⑤] 美军的“锁眼－12”侦察卫星具备添加燃料的能力，这使得

---

① JCS，*JP3－14*：*Space Operations*，May 29，2013，p. 31. www. fas. org/irp/dodder/dod/jp3_14. pdf.

② 美军航天司令部：《美国航天司令部远程规划》，王立群等翻译，空军指挥学院科研部，2006 年版，第 15 页。

③ ［加拿大］Wilson W. S. Wong，James Fergusson 著：《军事航天力量—相关问题导读》，尹志忠等著，国防工业出版社，2012 年版，第 81 页。卫星加固技术是为了防止高空核爆炸对卫星及星上电子设备造成高压击穿、器件烧毁、电磁加热、浪涌冲击和瞬时干扰等破坏。

④ 沈永平：《军事高技术知识》，解放军出版社，1998 年版，第 131 页。

⑤ ［加拿大］Wilson W. S. Wong，James Fergusson 著：《军事航天力量—相关问题导读》，尹志忠等著，国防工业出版社，2012 年版，第 76 页。

卫星操作人员能够有更充足的燃料用于卫星的机动，同时意味着该卫星在目标选择和规避某些反卫星武器方面将更为灵活机动。另一种卫星防护措施是隐身技术。一般来说，跟踪和监视卫星主要是通过光学和大功率雷达来实施的，这意味着卫星隐身技术主要侧重于减少光学和雷达特征。①

五、建立高效的空间侦察协调机构

近几场局部战争的实践表明，美军的作战环境、作战手段、作战对象已经发生了深刻变化，其联合作战的一体化水平越来越高，从而对情报支援的一体化提出了新的需求。美军认为，需要加强空间侦察机构的一体化，改进态势感知共享，跨部门训练国防部和情报界的空间侦察人员，发展新的工具和分析技术等，从而保护并充分利用美国的空间侦察系统，支援联合作战。② 比如，2002 年 10 月，美军合并战略司令部与航天司令部，成立一个新的战略司令部。新的美军战略司令部并没有以最优化的方法进行组织构建，而是为了应对新任务的需要，尤其是考虑到当时和未来的安全环境，战略司令部司令需要以更有效的方式去完成任务。③ 其中也包括战略司令部基本的文化变革，即加强在新的领域实现创新，而不是固守传统不变。战略司令部的预期目标是任何人能够在任何地方和任何时候获得所需要的信息，为作战问题提供一体化的解决办法。④ 美国战略

---

① ［加拿大］Wilson W. S. Wong，James Fergusson 著：《军事航天力量—相关问题导读》，尹志忠等著，国防工业出版社，2012 年版，第 76 页。

② BG Jeffrey C. Horne，USA，“Transforming National Space Security：Enabling DOD and Intelligence Community Defensive Space Control Collaboration”，*High Frontier*，Aug 26，2008，p. 15. http：//www. dtic. mil/cgi – bin/GetTRDoc？ AD = ADA513488.

③ RADM Melvin G. Williams，Jr.，USN，USSTRATCOM Director，Global Operations，“Joint Space Command and Control”，*High Frontier*，April 2006. http：//www. afspc. af. mil/shared/media/document/AFD – 060524 – 003. pdf.

④ RADM Melvin G. Williams，Jr.，USN，USSTRATCOM Director，Global Operations，“Joint Space Command and Control”，*High Frontier*，April 2006. http：//www. afspc. af. mil/shared/media/document/AFD – 060524 – 003. pdf.

司令部和各军种均主张实施网络中心战，各军种和联合的转型路线图都以网络中心原则为基础。这是联合部队发展和维持决定性作战优势的一种方式。随着空间侦察能力在网络中心战理论与实践探索中发挥着越来越重要的作用，2006 年，美国国防部和情报界的高层整合各自的空间侦察机构，提升整体能力，提供态势感知能力。国家侦察办公室主任唐纳德·科尔和战略司令部司令卡特赖特签署协议，国家侦察办公室负责人事支援的副主任，担任战略司令部“空间联合功能分司令部”[①]（JFCC－S）的副司令。协议认为，基于“空间联合功能分司令部”任务的重要性，该机构从功能上和国家侦察办公室的对接是十分重要的。具体任务包括：作为国家侦察办公室主任作战事宜的顾问，确保对国防部、情报界以及其他用户的作战支援，满足他们的作战需求；确保为国家侦察办公室活动提供有效的计划和技术互动，优化对国防部、情报界以及其他机构的支援；在国家侦察办公室范围，在防务机构、各军种、作战司令部、情报界以及其他机构内，维持项目之间的联系和作战支援活动；建议提供通用的空间态势感知、快速评估影响空间侦察行动的事件的威胁、同步国防部和国家侦察办公室空间活动和支援性的部门对这些事件反应程序；确保以一种协调性的方法去分配资源，用于支援对情报监视侦察的作战需求，辅助提供空间情报给作战指挥官和情报界。[②]

第二节　美军空间侦察的发展重点

在未来的相当长阶段，美国将继续保持领先的空间侦察能力，美

① 空间联合功能分司令部是战略司令部的一部分。该司令部建于 2006 年 7 月 19 日，于 9 月 12 日投入现役，司令部位于范登堡空军基地。该司令部是由原来的空间联合功能分司令部拆分为空间联合功能分司令部与全球打击一体化联合功能分司令部而来的。

② BG Jeffrey C. Horne，USA，“Transforming National Space Security：Enabling DOD and Intelligence Community Defensive Space Control Collaboration”，*High Frontier*，Aug 26，2008，p. 15. www. afspc. af. mil/shared/media/document/AFD－080826－020. pdf.

国的信号情报侦察卫星继续保持持续的过顶信号情报侦察能力（电子情报、通信情报和测量与特征情报），新型信号侦察卫星将具备隐身性能；图像情报能力仍主要依靠“锁眼－12”和“8x 增强成像系统”提供0.1m 分辨率的光学图像，依靠“长曲棍球”雷达成像卫星提供0.3m 分辨率的合成孔径雷达成像能力，并由商用高分辨成像卫星提供0.4m 分辨率左右的光学图像补充能力间隙；FIA 卫星形成初始作战能力，提供增强的光学和雷达成像侦察能力；低成本小型雷达侦察卫星能在30 天内部署，可提供升空优于1m 分辨率的合成孔径雷达图像，目标探测可满足局部地区的侦察监视需求；同时由 SBSS 星座形成更强大的天基空间目标监视能力，空间目标信息更新周期缩短至 2 天（目前为5 天），空间态势感知能力大大提高；战术侦察卫星能够提供对地面部队的直接战场情报支持，战场指挥官可直接操控卫星实施对战场区域的侦察监视，真正地实现空间侦察的战术应用能力。

表 8—1　美国典型信息获取装备

类型	型号	能力
预警卫星	国防支援计划卫星（5 颗）	对洲际导弹预警时间约 25 分钟，对潜射导弹预警时间约 15 分钟，对战术导弹预警时间约 5 分钟
	“天基红外系统—高轨”大椭圆轨道预警有效载荷搭载卫星（2 颗）	扫描速度、精度比国防支援计划卫星高 10 倍
侦察卫星	锁眼－12 光学成像侦察卫星（2 颗）	分辨率 0.1 米
	长曲棍球雷达成像侦察卫星	分辨率 0.3 米
	“8x”光学/雷达卫星（1 颗）	视场和数据下传速率都是”锁眼－12”的 8 倍
	“顾问”（1 颗）、“喇叭”（2 颗）信号侦察卫星	可获取多个频段电子设施信息
	第三代海洋监视卫星（8 颗）	可全天候侦察、跟踪活动在全球洋面上的各种舰只和潜艇

空间侦察系统都将完成更新换代，能够对全球任一热点地区实施持续侦察，提供全天候、全天时的图像情报和信号情报侦察能力，能够对各种空间目标实施有效侦察，战术侦察卫星能够快速响应战场需求，作战部队能直接控制战术侦察卫星获取战场情报。

一、发展重点的方向

一是在信息获取技术方面，将形成以天基为骨干的情报侦察监视体系，实现全球弹道导弹预警以及全天候、全天时、精确持续的侦察能力，显著增强对机动、伪装、低空等目标的探测能力。其中，各种骨干信息获取装备的精度更高、反应更迅速，如卫星探测灵敏度较当前系统提高 10 倍以上，可在探测测到导弹后的 10—20 秒内将预警信息传送给战区部队；信息获取手段更加先进，如三维成像激光雷达达等新装备将投入使用，红外成像系统分辨率也将提高 50%，使得美军在杂波、反伪装、隐藏和欺骗等恶劣条件下对伪装和掩藏目标的探测率提高到 90%。

（一）仍然将光学卫星成像侦察作为空间成像侦察的主体

无论是实现的最早的空间侦察，还是空间侦察的未来发展，美国将空间成像侦察放在优先发展位置。一方面，可见光侦察卫星及其应用技术较为成熟，另一方面，其分辨率高、表现力强，侦察能力是其他卫星所不能及的，具有侦察目标的多样性，侦察应用的广泛性、普遍性和综合性。

美国成像侦察卫星经过几代的发展更新，已经日臻成熟和完善，在今后的一段时间内，以电荷耦合器件（CCD）为主的光电成像技术设备仍被广泛应用，特别是在普查型成像侦察卫星中，光电成像遥感有取代光学成像遥感之势，同时将提高卫星的综合成像侦察能力。即增强区域性覆盖率，扩大探测功能（穿透能力、分辨能力和多种参数的搜集能力）和实时数据提高能力。

（二）雷达成像侦察仍然是成像侦察卫星的一个重要发展方向

雷达成像是一种重要的微波成像侦察手段，它采用合成孔径雷达。合成孔径雷达具有全天候、全天时的侦察能力，并具有一定的揭露伪装能力，弥补了可见光侦察的不足，具有良好的方位分辨率和距离分辨率（其距离分辨率能通过脉冲压缩的方法得以改善），有一定的旁视能力和对动态目标的探测能力，能穿云拨雾和对水域、地表有一定的穿透能力，代表了成像侦察卫星的一个重要发展方向。在美国近期的许多卫星系统方案中，大都选用合成孔径雷达作为卫星的有效载荷。

当前，美国国家侦察局和国家安全局正共同研究确定下个 10 年后期用于侦听各类信号所需要的情报侦察能力。为适应这种要求，该计划希望用更多的小卫星组成更大的星座，以代替大卫星，覆盖全球，提高重访次数，以使它能适合于侦收敌方正在使用的和未来使用的各种类型的信号，以满足军事情报部门对全球任何指定地点进行情报搜集的需要。

（三）加强各种遥感器的综合运用，提高卫星的综合侦察能力

先进的侦察卫星系统将具有光学、雷达成像与电子侦察配套的综合侦察能力：成像分辨率将进一步提高，达到或超过 0.1 米级；侦察范围全面覆盖，不留盲区，对特定地区的重访事件缩短到分钟或更短的级别；能够对移动目标实施连续跟踪。

侦察卫星将会加强各种遥感器的综合运用，或是在一颗卫星上搭配集中遥感器，或是集中单一类型的卫星组成系统，目的是提高卫星的综合侦察能力。将增强地区性覆盖率，扩大探测功能（穿透能力、分辨能力和多种参数收集能力）相结合，提高实时数据的传输能力等。比如，在运用上，目前美国的“锁眼 -12”侦察卫星就是和“长曲棍球”侦察卫星配合使用，“锁眼 -12”侦察卫星提供高分辨率，“长曲棍球”侦察卫星可以弥补”锁眼 -12”侦察卫星的光学侦察缺陷，比如不能穿透云层观测等，两种卫星的组合可以实现全天候、高分辨率侦察。美国成像侦察卫星系统“未来成像体系结构”（FIA）包括可见光/近红外光电成像侦察卫星和 SAR 成像卫星 2 部分。

（四）小卫星组网侦察成为一种重要的趋势

小型侦察卫星相对于大型卫星有独特的优势，特别是战时和对于战场的军事行动情报支援，美国的战区和战术指挥官极力促进情报界研制小卫星。但是对于是否优先发展或者对于小卫星的作战功能的争论也是存在的，比如在美国国家侦察局以前对小卫星的发展持有两种不同意见，主要认为小卫星的分辨率无法同大卫星相比。自1996年7月起，国家侦察局完全支持发展小卫星，称“情报界和国家侦察局所面临的问题并不是要不要小卫星，而是我们的卫星应该小到什么程度”。

随着战场信息化程度的不断加强，对成像侦察卫星的需求越来越高，并提出了实时监视的要求。为此，美国当前的主要策略是利用有限的在轨运行的大卫星进行轨道机动，使其尽快机动到指定区域上空，获取区域情报和完成特定任务，或利用双星来实现相对高的时效性。和大卫星相比，小卫星研制周期短、发射灵活、价格低廉、生存能力强等特点，卫星组网后，可满足对战场，甚至全球任意地区高实效的侦察。如美国计划用“未来成像体系结构”或“发现者2”系统取代现役的成像侦察系统

比如，美国的“斯塔莱特”小卫星战术侦察星座计划，可以以每15分钟向战场指挥官提供一幅战场态势图，该星座可以不依赖不方便的国家通信系统，直接向战区提供战术情报。

有了这个星座以后，在接到任务10分钟之内，就可以对战场纵深160千米的地区进行侦察。根据美国国防先期研究计划局估计，平均每颗卫星只需6300万美元（包括发射费用在内，不到1亿美元），工作寿命为10年，整个计划总费用为17—23亿美元。

（五）发展采用“超光谱”（hyperspectral）遥感器系统的侦察卫星

为了实施全球近海和海岸作战的战略，美国将大力发展超光谱遥感器。这种系统将工作在很宽的频段范围，并可以用数据融合技术来提高探测伪装目标的成功概率。这种卫星可以有效识别伪装，还可以发现浅海的水下目标。

超光谱遥感器将以数百个谱段和 5—8m 的分辨率对地面成像。它将地面反射光分解成数百个谱段，因而对被成像表面能给出比常规光学仪器所探测不到的细节。美国军事官员认为，这类传感器将能探测到诸如坦克之类的战术目标，即使这类目标隐蔽在树冠或伪装网下面也逃不过它的眼睛。

在这一领域，军用卫星远远落后于民用卫星技术。1997 年 8 月 5 日，美国研制民用“轨道观测 -3”高分辨率遥感卫星的轨道科学公司与美国空军签定了一份金额为 3200 万美元的“作战者 -1”合同，为“轨道观测 -3”卫星增添一种超多谱段成像能力。在卫星 1999 年发射后的一年内，公司向空军提供了 800 幅超多谱段图像，从而使空军可以用便宜的价格得到宝贵的军事情报数据，而轨道科学公司也因此可成为唯一一家在商业基础上提供超多谱段图像的公司。

（六）大力发展具有侦察能力的高分辨率商业遥感卫星

随着民用地球资源观察卫星性能的不断提高，分辨率优于 4m 的民用高分辨成像卫星图像年已开始在市场上问世，美国同类卫星在 2000 年左右也开始陆续上天，并成为世界上最大的卖主。

民用高分辨成像卫星除了民用外，由于其分辨率足够高，因此还可应用于军事上，如情报侦察、国防监视、精确绘图和目标指示，以监视机场跑道、导弹发射井、武器试验场和防御设施等的动态，并跟踪部队集结和武器部署等军事活动准备情况。今天，这类民用卫星也成了美国 NRO 重要的空间侦察情报来源。

高分辨率商业遥感卫星具有广阔的应用前景。在民用方面用途广泛，可用于制图、建筑、采矿、城市规划、土地利用、资源管理、农业调查、环境监测、新闻和地理信息服务等多领域；在军事上，可用于情报收集、国防监视、精确制图、目标引导等方面。因此世界各国都在积极发展具有侦察能力的高分辨率商业遥感卫星。美国商务部已经发放了 10 余种商业遥感卫星的经营许可证，其中 5 种是高分辨率的遥感卫星系统，为了商业利益，美先后将 1 米分辨率的成像侦察卫星图像解密并在市场上销售。目前，美国地球之眼公司的“伊克诺斯”卫星和数字地球公司的“快鸟”卫星都可提供1米分辨率的图像，2007年发射的商业遥感卫星“世界观测－1”其全色分辨率达到了0.5米，可以满足军方的诸多要求。

二、技术发展的重点

空间侦察系统具有技术难度大、研发周期长、经费投入高、失败风险大等特点，为此美重点在空间信息对抗技术、空间目标监视技术等技术进行关键技术方向，加大投入和研究力度。

（一）空间信息对抗技术发展重点

美国加快推进空间信息系统建设，以期满足未来军事斗争的需求。在激光通信技术、空间因特网技术和“作战响应空间”技术有望物化为新一代装备投入作战使用；预计到2030年，超光谱成像技术、航天器电推进技术、强激光武器技术和F6卫星概念有望成熟。这些技术的发展，将对空间信息平台产生重大影响。

1. 发展超光谱成像技术提高对隐蔽目标的探测能力

美国在轨的“锁眼－12”光学侦察卫星和“长曲棍球”雷达侦察卫星的分辨率达到了0.1米和0.3米，但是对伪装的、隐藏的、欺骗性的、深埋的目标和移动目标的探测能力还不能满足美军的要求，作为弥补，美国正在发展超光谱成像技术提高对隐蔽目标的探测能力。

超光谱成像（HIS）技术是一种集光学、光谱学、精密机械、电子技术及计算机技术于一体的新型遥感技术。根据光谱分辨率的不同，成像光谱仪可分为多光谱型、高光谱型和超光谱型三种。目前应用的多光谱成像技术只能分辨十几种光谱，效能较低；高光谱成像技术能分辨上百种光谱；超光谱成像技术能分辨上千甚至上万种光谱，效能最高。

美国正在开展超光谱成像技术研发计划，目的是开发出能够进行快速精密识别和确定威胁目标的全天时超光谱成像技术。该技术物化成的超光谱探测器可在连续光谱段上对同一目标成像，直接反映被测物体的光谱特征，能识别各种目标，因而对探测侦察伪装目标、地下目标很有效，将进一步提高战场透明度。目前，高光谱、超光谱成像技术还处在试验阶段，预计高光谱技术2020年左右发展成熟并交付使用，而超光谱技术有望在2030年前研制成功。

2. 发展焦平面阵列技术提高对红外事件的探测能力

红外（IR）焦平面阵列（FRA）是研制天基预警卫星的关键技术之一，包括冷却的和非冷却的焦平面阵列技术，特别是长波和多光谱大面积凝视焦平面阵列。这种新型的IR传感器可从地杂波中提取弹道导弹发射信息，进一步提高对弹道导弹发射的识别和定位能力。天基预警卫星还要求高性能焦平面多元探测器的探测器元数要尽可能多，且响应率高、阻抗高、均匀性好，时间常数足够小。

动目标点迹处理与威胁判断技术也是天基预警系统的关键技术之一。点迹处理实际上就是多批次动目标的点迹跟踪处理，它根据图像处理单元发送来的每个目标的灰度等级与空间坐标，进行数据相关、目标机动识别、预测、输出目标的指示信息。依据目标的运动状态、灰度等级以及卫星的运动状态等信息进行多目标识别和威胁判断。其他的关键技术还包括：红外摄相分块步进扫描探测技术；轻质大孔径光学系统设计、分光、加工、精确调节技术；红外目标弱信号识别及处理技术；多波段探测传感器图像信号预处理及融合处理技术；系统星载环境下的可靠性技术；抗干扰技术；先进的低温技术；红外背景杂波抑制与调节技术等。

3. 发展激光通信技术提高通信带宽和安全保密性

射频通信传输速率受带宽、尺寸及功率限制，预计达到一个限度值（10G比特/秒）的速率后，如果再提高将变得很困难，或者将要付出更高的成本。而激光通信的数据传输速率理论上可比射频通信高出几个数量级；此外，激光通信还具有质量轻、功耗小、通信特征低、安全性高、抗干扰能力强等优点。因此，美国在构建下一代天基通信体系时，将激光通信作为优先发展的技术手段。

卫星激光通信是用望远镜替换微波通信射频天线，望远镜在光学通信终端中的作用与天线在射频系统中的作用相同。一个口径为2.5厘米、位于静止轨道上的光学通信终端，其数据率可达10G比特/秒以上的海量，因而低轨卫星上的望远镜只需15厘米口径；相比之下，射频通信终端的天线口径则需要1米以上。激光通信技术将使卫星通信容量产生数量级的提升，是“转型卫星通信”（TSAT）的关键技术，其应用将使战场信息传输的时延缩短到1秒以内，有利于实现实时打击，而且因其频段窄、波束小，与现有的通信系统相比更难被截获和干扰，安全性能有巨大提高。

4. 发展航天器电推进技术提高卫星平台的工作寿命与机动性

航天器电推进技术可提供小、中、大几种级别的动力，从用于微卫星/纳卫星机动的小推力系统到轨道提升、天基维持和其他天基机动的中、大推力系统。迄今为止，各种形式的电推进技术的发展，已经极大地提高了航天器的寿命，并开启了在其他领域的应用与开发的机会。目前，电推进系统包括离子发动机、电阻加热发动机和电弧加热发动机，用于航天器位置保持、姿态控制和轨道维持。电阻加热发动机和电弧加热发动机是电推进系统的最初形式，但这些系统正在让位于改进的离子发动机、脉冲等离子体推力器和霍尔效应推力器。这些技术将提供更高的效率，以及更好地控制推力。目前，美国继续推进该领域和相应领域的技术研发，以确保在航天器电推进技术处于优势技术水平。

2007年10月，美国国防高级研究计划局（DARPA）发布“快速进入航天器实验台”（FAST）工业日倡议。FAST项目是一个多阶段的发展计划，目标是为航天器设计、研制一个新型、比功率达到130瓦特/千克的“高功率发电分系统”（HPGS）原型机，并进行地面试验。2008年7月，DARPA授予波音先进系统公司FAST项目第一阶段合同，目的是为HPGS演示系统的研制制定一个完整的计划。HPGS将由太阳光聚光器、太阳能收集器、电力转换/管理/分配系统、散热器、超轻型结构，以及指向并跟踪太阳的可展开系统等构成。HPGS系统与先进的电推进系统相结合，可分级输出50—80千瓦的功率，为卫星在轨服务、天基态势感知、星载高能耗载荷（如高宽带卫星通信、天基雷达、激光雷达）等提供高效的电推进力或电力。波音公司FAST项目经理称，HPGS是一个革命性的航天器太阳能电源系统，将成为高机动性航天器和高能耗有效载荷的关键使能技术。未来HPGS的应用对象可能包括“轨道快车”、FREND天基机器人（由DARPA发展的在地球同步轨道上进行卫星交互操作的天基机器人项目）等，以提高空间平台自主交会、在轨服务和机动变轨能力。

5. 发展空间因特网技术实现天地一体化通信

卫星通信系统具有全球覆盖，广播、按需分配带宽，以及支持机动用户等能力，成为向全球用户提供宽带因特网集成业务极好的技术解决方案，可确保基层指挥官与单兵接入卫星进行战术通信，是延伸战场通信的首选方式。因而空间因特网技术（基于卫星的因特网技术）近年来得到快速发展。空间因特网技术，对于卫星网络迅速发展一点对多点通信，尤其是宽带多媒体应用领域具有很大的吸引力。卫星网络可以作为宽带接入网，或者作为连接各处网络的高速骨干网，或可以作为固定或移动用户终端之间的通信网。

“转型卫星通信”（TSAT）卫星载有因特网协议（IP）路由器，两个作战单元之间数据通信只需要一次传输，即地面上的终端联接一颗卫星只需一条上行链路和一条下行链路。一旦用户连接到卫星及其支撑的地面系统，他们就可以访问任何其他用户和数据。TSAT卫星能够在通过安全认证的用户之间建立通信链路，使地面部队和天基系统实现双向智能通信，TSAT卫星的IP传输模式从根本上改变了传统的基于电路的传输模式，这种带有革命性的通信传输，正是军事通信卫星实现转型通信所追求的通信技术，将使卫星通信容量呈数量级增长。

6. 发展强激光武器技术提供反卫星作战能力

美军通过“机载激光器”（ABL）计划重点发展具备反卫星作战

能力的高能激光器。2005 年，机载激光器的化学氧碘激光器达到一个重要里程碑，即全部 6 个组件的激光器系统在达到杀伤效应所必需的功率电平和持续时间上可靠地运行。2007 年，机载激光器计划完成低功率激光飞行试验。机载激光器在 2010 年 2 月进行关键性的“打靶”试验。尽管 2010 财年美国防部削减了机载激光器预算，终止第二架试验飞机的采购计划，但该项目仍在秘密继续，对美军而言仍有重大战略价值。

另外，目前高能激光器技术的重点是研制 100 千瓦功率和显著提高光束质量与控制的固体激光器和光纤激光器，有望在 20 年内形成作战能力。美国还积极发展激光反卫星武器技术，其关键技术主要有：激光器技术、大型反射镜技术、大气补偿与光束控制技术等。其中，激光器技术是激光反卫星武器的核心，用于产生高能激光束；大型发射镜用于把激光武器发出的光束射向并聚焦到目标上；光束控制技术用于捕获和跟踪目标，并控制发射镜将激光束导向目标。

7. “作战响应空间”概念和 F6 卫星概念引发航天器变革

“作战响应空间”（ORS）是美军重点发展的军事空间能力，它蕴含着一系列突破性的创新概念和不断发展、丰富和完善的理论，将对美军事空间能力提升带来革命性影响。正如美国防部长武装力量转型办公室主任塞布罗夫斯基所说：“美国正在向小型、快速、多数量时代迈进，现在是需要考虑空间模式转变问题的时候了”。ORS 运行模式将在未来帮助美国更好确保空间优势，使得空间对联合军事力量更具有及时响应性。发展“作战响应空间”技术可全面增强未来的天基能力：情报、监视与侦察，导航与授时，通信，气象，力量运用和空间控制任务。可以预见，随着美军“作战响应空间”技术的不断发展，将在未来 10 年左右带动其军事空间能力产生革命性提升。

F6（通过信息交换集成的未来、快速、灵活、自由飞行、模块式航天器）卫星概念是美军“作战响应空间”计划的重点项目之一，其主要目的是验证用 F6 模块式航天器替代传统单一大型卫星的可行性。2008 年 2 月，美国防高级研究计划局（DARPA）正式启动 F6 项目。DARPA 计划分 4 个阶段实施 F6 概念研发，前三个阶段主要开展概念研究，进行设计评估和突破关键技术，完成地面试验和集成；第四个阶段发射模块式航天器并进行在轨演示验证，预计在 2011 年进行首次发射。第一阶段要求完成以下任务：（1）为模块式航天器方案发展关键技术，包括强大的自组织网络、可靠的无线通信、容错型分布式计算、电力无线传输以及自主式集群导航；（2）选择一项重要的空间任务，并设计一个航天器系统来完成此任务；（3）发展一种使用计量经济学工具的创新性分析方法，对具备同样能力的新型模块式航天器和传统单一航天器的风险调整成本进行对比评估，确定发展新型模块式航天器的意义；（4）发展一种半实物型仿真测试平台，使用联网计算机对模块式航天器系统进行仿真。

从系统设计和应用特点分析，F6 系统的实质是将一个航天器的功能和故障风险分解到多个分离式模块中，进一步降低航天器对发射系统的要求，缩短研制周期，提高可扩展性和可维护性，增强空间资源的配置与使用效率，从根本上降低航天器全寿命周期费用。F6 项目无论是在军用、民用还是商用航天领域都具有较大的应用潜力，一旦获得关键技术突破，未来航天器的设计理念、体系结构、运行管理、制造和发射模式都可能发生重大变革，也将带来空间军事应用和空间对抗方式的根本变化。

（二）空间目标监视方面的技术

1. 以目标成像观测为重点的目标识别技术

建立空间监视系统的主要目的就是确认他国卫星的威胁。对空间目标的认知是空间目标监视工作的核心。由于空间目标距离遥远，要对其准确认知，需要获取空间目标的多类特性信息，经过综合分析才能得出较为详细和准确的判断。

为获取空间目标各类特性进行空间目标认知，国外建设了目标轨道监视、雷达测量成像、可见光测量成像、红外测量成像、激光测量成像、红外辐射谱测量、无线电信号特征、光亮度测量等多种手段，可以对空间目标进行比较准确的认知。

美军在空间目标认知中，十分注重获取目标的几何形态，为实现对空间目标的成像观测，建设了众多成像观测手段，如“星火”试验场的 3.5 米自适应系统（激光雷达试验系统）以及毛伊岛的 3.6 米自适应系统，建设了多部宽带成像雷达，在单部雷达分辨率达到很高情况下还对多部雷达的观测数据进行融合处理以求更高的分辨率。另外，美军还利用毛伊岛的 1.6 米和 3.67 米自适应光学望远镜等多套设备，开展了大量红外观测技术研究。从美军对空间目标的几何形态信息获取的重视，可以看出获取空间目标的几何形态对空间目标识别的重要作用。

2. 针对高轨目标的成像观测技术研究

在中高轨空间区域，集中着 GPS、军事通信卫星、导弹预警卫星等众多至关重要的空间系统。因此，确保高轨目标的安全有重要意义。但是，由于距离遥远，对高轨（特别是地球同步轨道）目标的识别在技术上非常困难，地基大口径自适应光学系统难以对上万千米的远距离目标成像，地基雷达由于高轨目标翻滚非常缓慢，难以取得良好效果，实际上，目前对在这个至关重要空间区域的目标识别认知能力非常弱。

为解决上述问题，美军从天基和地基两种途径同时着手开展高轨目标成像技术研究。在天基方面，计划发展“轨道深空成像器”（ODSI）系统，对地球同步轨道目标进行成像，进而进行识别。在地基方面，美国空军实验室建立了地球同步卫星激光成像国家实验基地（GLINT），用于实施和验证傅立叶望远镜成像概念，并于 2006 年 8 月成功进行相关技术验证性试验。

傅立叶望远镜应用光学合成孔径、激光主动成像技术，通过干涉测量重构目标图像。其配置如下：T 型基线长 100m，48 台发射器（直径 400mm），脉冲激光器（波长 527/850nm，脉冲能量 <100J），40m × 100m 接收器阵列，可对暗目标成像，角分辨率可达 8nrad。

3. 发展针对微小空间目标的探测技术

空间目标监视系统肩负着确保航天器在轨安全运行的重任。空间中分布着众多威胁航天器安全的碎片，因此对微小空间目标的探测监视，对保证航天器在轨安全稳定运行具有非常重要的作用。

现有的载人航天器，比如美国航天飞机，可以抗 1 厘米以下尺寸空间目标撞击。美国空间目标监视系统能够编目管理 1 0 厘米以上大小的空间目标，缩小其间的差距，是美军空间目标监视系统一直的努力方向。为提高对弱小空间目标的探测能力，美军开展了多项工作：基于雷达的对低轨微小空间目标监视技术研究；提高“空间篱笆”系统对微小目标的探测能力，将其工作频率由 216MHz 提升到 S 波段（2000MHz）；利用毛伊岛的光电设备进行激光雷达对空间目标探测技术试验，实现了对轨道高度 1000 千米处 1 厘米大小目标的探测；利用 NASA 约翰逊空间中心的液态镜面望远镜进行了空间碎片观测试验。目前，美军已具备对轨道高度在 1000 千米以下且尺寸在 1 厘米以下的空间目标进行监视管理的能力。但是这种能力是反应缓慢且不完备的。

4. 发展天基空间监视技术

虽然地基空间目标监视系统目前仍是空间监视的主要手段，但也存在一些不足：易受光照、气象条件的限制，且光学和雷达探测器都难以实现高轨目标的监视等，特别是现有地基空间监视系统整体上是反应缓慢。以美军为例，对于低轨非重点目标，可能有一天的不可见时段，中高轨的不可见时段可能更长至 3—4 天，这么长的不可见时段意味着大片的监视空白以及等长的反应周期，这在空天攻防中显然是无法接受的。

随着空间竞争日趋激烈，对空间目标监视系统提出了更高的要求：探测能力更强、系统反应时间更短、目标特性（轨道、形状等）描述更精确。为了从根本上解决地基监视网的一些固有缺陷，美军投资建设了天基空间监视系统。天基空间监视系统除了增加观测弧段，提高定轨精度外，还能提高美军对空间事件的反应能力，缩短对空间目标的不可见时段，增加可监视的空间区域范围，特别是增强对其地球背面的俄罗斯、中国等上空的监视能力。

可以看出，美军大力发展天基空间监视技术，目的是实时、准确地跟踪空间物体，并提供空间目标活动的连续图像，增强对空间动态的实时反应能力。这标志着美军空间监视系统的任务正从以对目标的监视，向对作战态势监视的方向发展；对空间目标的监视目的，已从知晓目标的存在向监视目标的近实时动态转变。

第三节　美军发展空间侦察能力的启示

随着空间侦察技术的快速发展与广泛应用，空间情报能力在国家政治、经济、军事与科技领域的作用更加突显，已经成为21世纪确保国家安全新的战略“制高点”。美国在空间信息技术领域投入巨大精力，极力推动其重点技术项目的突破，目的是要获取新的进入、利用与控制空天的能力，为掌控新的战略优势奠定基础。对美发展空间情报能力的历程进行归纳，以下的发展特色非常明显。

一、战略牵引，加强空间侦察能力的顶层设计

从发展动力上看，“军事始终是社会生活领域中对科学技术的最新成就利用得最多和最快的一个领域”。[①] 因此，总体上看，安全与军事需求始终是情报侦察技术发展的根本动力，[②] 当然，也是空间侦察能力发展的根本动力。从国家安全战略来看，空间侦察能力的发展一直与国际政治密切联系。空间侦察能力的诞生原因之一就是为

① 孙建民等：《战后情报侦察技术发展史研究》，军事科学出版社，2008年版，第153页。

② 孙建民等：《战后情报侦察技术发展史研究》，军事科学出版社，2008年版，第153页。

了实现对对手的战略侦察，保持国际政治的战略平衡和稳定。[①] 因为空间侦察能力具有距离和空间上的独特优势，而这种优势又是其他侦察能力所不具备的，尤其是空间侦察能力遂行的“越顶侦察”，既不会违反国际法，也不太容易引起国际纠纷，还能实现预期目标。也就是说，空间侦察既“可以获得重要的固定目标和活动目标的坐标，可以定期地更新这类情报，还可以绘制敌国的地图”，[②] “极大地提高了情报侦察的安全性，并且具有相当高的效费比”。[③] 因此，空间侦察作为一种战略侦察手段，越来越受到军方的重视。冷战结束后，世界格局出现多极化，影响国家安全的因素呈现出复杂、多元的特点，传统威胁和非传统威胁交织。这种新的国际形势使得空间侦察能力的发展面临新的挑战。因此，基于国家安全的新需求，美军的空间侦察能力，由以往主要服务于美、苏之间的战略“冷战”和“战略核对抗”，开始向全面夺取空间“优势”转变。

从发展条件看，作为空间侦察能力重要要素之一的空间侦察技术，其实质是现代科技在空间侦察领域的应用。从横向上看，空间侦察技术不是一项独立的技术，涉及光学、航天、电磁学等多个科技领域。从纵向上看，战后，美军的空间侦察技术走过了先军后民，以军带民，全面发展的道路。[④] 这种模式既促进了空间侦察能力的发展，也为国家节约了大量的军费，同时，带动了相关民用技术的发展。由此可知，统一的空间侦察技术发展战略，能够减少重复建设。总之，从情报侦察技术发展战略看，空间侦察能力的发展水平受制于国家的整体科技发展水平。

从发展趋势看，近年来，不论是近几场局部战争的经验教训，还是以美国为首的主要军事强国的非战争军事行动实践看，过去那

---

① 孙建民等：《战后情报侦察技术发展史研究》，军事科学出版社，2008 年版。第 6 页

② ［苏］洛莫夫：《科学技术的进步与军事上的革命》，战士出版社，1982 年版，第 56 页。

③ ［美］杜普伊：《国际军事与防务百科全书》，解放军出版社，1998 年版，第 2336 页。

④ 刘戟锋：《军事技术论》，兵器工业出版社，1991 年版，第 117 页。

种以平台为中心的空间侦察能力发展模式已经不适应现代军事行动的需求，空间侦察能力日益向一体化方向发展。比如，基于近几场局部战争的实践，美军认识到自身情报侦察能力的缺陷，也就是各个情报系统之间缺乏互通性，导致情报效益不高，甚至是情报失误。因此，美军《2004 财年国防授权法案》首次提出，制定美军未来 15 年的情报侦察一体化路线图，用于指导美军情报侦察装备的研发和一体化工作，[①] 当然也包括空间侦察装备的研发和一体化工作。这种空间侦察装备的一体化为空间侦察能力的一体化打下了坚实的技术基础。

美军空间侦察能力的发展，首先是以国家整体安全战略为指导，从战略上设计空间侦察能力的发展方向。空间侦察能力的发展方向由国家安全战略决定，有什么样的安全战略，就有什么样的空间侦察能力。其次，空间侦察能力的发展水平受制于情报侦察技术，甚至是国家的科学技术发展水平。因此，空间侦察能力的发展，应纳入国家科学技术发展的总体规划当中。从根本上看，国家科学技术水平，为空间侦察能力的发展提供了物质基础和技术基础，而空间侦察能力的发展在一定程度上也会推动很多技术门类的发展，两者相得益彰。

二、空间侦察推动战场情报支援方式的发展

空间侦察技术的发展提升了空间侦察能力，空间侦察能力在满足战场作战需求的过程中，不断演进，推动战场情报支援方式的发展。与其他侦察能力改变战场情报支援方式的作用比较，空间侦察能力在其中所发挥的作用是变革性的，具有“黏合剂”和“催化剂”的双重作用。

战后，随着防空力量的发展，尤其是“越南战争”期间，航空侦察能力并不能完全与防空能力匹敌。在防空威胁增加的情况下，

① Michael Sirak, “US Prepares Roadmap of Intelligence Priorities”, *JDW*, Oct 19, 2005.

航空侦察特别是"越顶侦察"更加困难。这时，需要发展在己方领空或者在敌防区外实施侦察的技术和平台。基于空间"远远高于陆地的最高点，是信息收集和快速分发的最佳位置"[①]的特点，空间侦察可实现"越顶侦察"和"防区外侦察"。[②]

现代战争需要"在尽可能短的时间内对目标所在区域进行饱和侦察"，"并进一步发展使用红外成像和空间雷达的新的监测能力，使之可以穿透云层或浓烟获得清晰的照片"。[③]

近年来，随着战争形态的转变和战场任务的变化，打击动态目标和时间敏感目标已经成为美军急需解决的重大课题。就军事通信卫星来说，支援打击动态目标，需要具备"动中通"的能力。2013年，美国空军开始正式实施对其先进极高频卫星通信系统进行通信测试，并向盟国开放数据终端。强大的"动中通"能力是先进极高频卫星最大的亮点，能够为战斗机提供高速宽带通信。"通过换装极高频卫星通信系统，B－2隐身轰炸机将能够以比原有卫星通信系统快得多的速度接收和传送战场信息。"[④]据此，B－2轰炸机就能够在飞行中修改任务规划，并为武器重新提供目标选择，并与其他飞机和地面部队进行更好的配合。[⑤]这样B－2轰炸机就实现了飞行中动态变更任务规划的目标，而当前战斗机的任务信息都是在飞行前上载的。

---

① ［加］威尔森、弗格森著：《军事航天力量——相关问题导读》，尹志忠等翻译，国防工业出版社，2012年版，第48页。

② 孙建民：《战后情报侦察技术发展史研究》，军事科学出版社，2008年11月版，第173—178页。

③ ［美］比尔·欧文斯：《拨开战争的迷雾》，胡利平、李耀宗译，国际文化出版公司，2001年版，第99页。

④ 李莉、汤付营：《将战场"尽收眼底"：解读美国先进极高频军事卫星》，《科技日报》，2013年8月13日。http：//science. kexue. com/2013/0813/34450. html。

⑤ 同上。

三、卫星通信是联合作战情报支援的关键

卫星通信是支援网络化的远程作战的重要的力量倍增器。[①] 它的超视距能力，广域覆盖以及大带宽能力，使得各级指挥控制、后勤以及 ISR 活动之间，得以实现关键信息交流。比如，在“持久自由行动”初期，美军使用战术卫星通信，近实时地、迅速地与 B－52 共享时间敏感目标选择数据，向塔利班部队投掷炸弹。在伊拉克自由行动的初级阶段，各种卫星通信为海军打击敌方提供了最新的情报信息，支援海军使用战斧巡航导弹实施攻击。几乎海军作战的各个层面都会使用卫星通信以满足网络化需求。如果没有卫星通信，其他备选的通信手段将极大地影响战役的实施以及对地面部队的支援。[②]

（一）卫星通信提供网络化的空间侦察支援能力

当前，随着作战对手的变化，联合作战部队依次分布在不同的地方，在实时信息需求方面和指挥控制方面，更加依靠网络化的能力。一是卫星通信是网络化部队作战能力的支柱。全球信息栅格是为联合部队发送网络中心作战能力的关键核心。网络中心是信息技术、武器平台、人员、条令、战术、技术以及程序之间的内部相互连接，实现近实时信息交换。[③] ISR 信息通常下行链接卫星，传输给指挥官，迅速支援决策。比如，在空中作战中心内部，不论是联合的还是联军的，都有一支通信支援小组管理指挥、控制、通信以及计算的需求和活动。卫星通信保障空中作战中心，灵活处理、管理以及融合各种来源的情报，为的是减少信息周期时间，缩短从传感

① Robert M. Shea, LtGen, USMC, Director, C4 Systems, J6, “Satcom: a Critical Enabler for Our Joint War Fighters”, *High Frontier*, Volume 2, Number 3, April 2006. http://www.afspc.af.mil/shared/media/document/AFD－060524－003.pdf.

② Ibid.

③ Maryann Lawlor, “War Validates Net Centricity Concept”, *Signal*, November 2005, pp. 17－22. http://www.afcea.org/content/? q＝node/1041.

器到射手的时间。二是卫星通信还保障广泛运用分散作战部署的部队能够获得美国本土的情报支援。卫星通信将前沿部署部队，以及通过全球信息栅格实现的战区外支援，连接到关键的信息来源，为联合作战人员的行动决策提供重要的情报保障。军事领导人使用卫星通信与位于半个地球之遥的在伊拉克的美军军官通话协调。而且，“捕食者”和“全球鹰”无人机行动极大地依靠卫星通信。宽带卫星通信数据链使得美国本土的无人机操作人员，能够执行在伊拉克的监视任务。而“捕食者”和“全球鹰”传感器所获得的关于伊拉克的数据，将通过卫星通信发送到远方的情报中心进行分析。

（二）卫星通信系统提升了联合作战的指挥控制能力

快速机动的部队可能机动到地面通信系统范围之外。卫星通信系统为战术力量提供了运动中伴随的通信基础设施。比如，多数的美军军机和舰艇有内置的卫星通信终端，能够在飞行途中或海上航行中使用。调整天线的位置能够保障地面部队获得卫星通信能力。但是，这种终端一般只能在部队停留片刻的情况下使用。[①] 对比地面通信网络，卫星通信系统为战术力量提供了高度的行动自由。在使用地面系统的情况下，部队必须静止不动，维持与有线网络的联系或者控制高低，提供视距中继节点。在使用卫星通信的情况下，甚至在几百英里或者几千英里的分散地区，用户都能够及时地相互联系。这就使得部队能够在全球进行部署，在战区外获得指挥控制、情报以及其他支援。一是通信卫星使用的增加，推动了联军空中作战的规划和实施。卫星通信，将最新的目标选择信息，即时发送给在航路上的作战飞机。例如，美军通过使用先进的通信卫星，在“海湾战争”中需要数天之长的目标选择周期，在“伊拉克自由行动”中则减少到几个小时，有时甚至减少到几分钟就可完成目标选择。二是卫星通信链使得分散的地面指挥官能够同步彼此在非毗临

① United States Strategic Command, *Satellite Communications Systems Capstone Requirements Document*, May 25, 2003, p. 67.

作战地区的行动。"伊拉克自由"行动中，直接的视距无线电通信难以实现相距数百英里的机动地面部队之间的联系。作为部分解决方法，美国陆军为美国和英国在伊拉克的地面部队，分发了大约1200台新的旅及旅以下部队战斗指挥系统（FBCB2）。在这些系统的支持下，通过商业卫星通信，指挥官获得数字地图和图像、通报敌人活动的情报报告以及跟踪GPS报告的友军部队的位置。

四、战略层次融合，战役层次共享空间侦察情报

从近几场局部战争的经验来看，① 战场需要由空间侦察系统提供两种能力：一是持续的、建制的情报监视侦察，二是全天候全时段的通信。②美国国家层次的情报监视侦察资产，很少围绕地球轨道运行。这些情报监视侦察资产通常担负更高等级的战略任务，所以无法支援战役和战术指挥官。③ 因此，美军各大军种纷纷制定"国家能力的战术使用"（TENCAP）计划解决这个问题。这就充分说明有必要融合战略层次的空间侦察信息，在战役层次实现共享，发挥空间侦察信息的作用，支援作战部队的战役战术行动。

（一）在战略层次融合空间侦察信息

当前，美军的成像卫星、侦察卫星还无法实现直接的战术支援，而通信卫星等则实现了对战场的直接支援。美军认为，国家的、军事的以及非军事的空间能力，无论是单独使用或者结合使用，都能够为联合部队指挥官提供所需要的信息，④ 从而扩大了空间情报支援的影响面，最大程度地发挥其作用。

---

① Jeffrey T. Richelson, Lifting the Veil on NRO Satellite Systems and Ground Stations, Oct 4, 2012, pp. 15 – 16. http://www2.gwu.edu/ – nsarchiv/NSAEBB/NSAEBB392.

② Ibid., pp. 17 – 18.

③ Ibid., p. 20.

④ JCS, JP3 – 14: *Space Operations*, May 29, 2013. http://www.dtic.mil/doctrine/new_pubs/jp3_14.pdf.

1. 国家的和国防部的 ISR 支援

国家 ISR 系统为总统提供直接情报支援。这些系统提供的信息由政府和军队的高级领导人使用，并做出战略层次的政治或军事决策，同样对联合部队指挥官有用。除军种组成部队战术使用国家能力计划以及分布式通用地面系统构件外，来自国家系统的信息以直接或间接的方式，提供给联合部队指挥官。对 ISR 支援的请求，由联合参谋部（J-2）情报处，或者作战指挥官或联合部队的联合参谋部作战处以及 J-2 搜集主管提出。包括联络官在内的其他信息源，嵌入联合部队司令部指挥官的 ISR 代表，或相应的国家或国防部情报机构的支援小组。

2. 非军事的和商业的图像支援

美国政府的和民用的图像卫星，为联合作战提供多数的图像支援。非军事的空间监视系统（包括商业的和盟国的空间能力）扩大了美国国防部的空间系统，提升监视和侦察的覆盖面。[①] 一是商业性质的光电成像卫星，可提供大范围的、中等分辨率的图像，在 3 到 15 天时间内有一次重访。商业图像卫星的数量和质量的增加，为美军提供了宝贵的机会，增加国家层次的侦察系统提供空间侦察制品的数量。所有的商业图像需求由国家地理空间情报局提出。二是商业图像最大的局限性是缺少对如何使用现有系统的了解。商业图像时效性不足以满足多数需要在 3 到 15 天时间内多次重访战区的搜集请求。由于出售来自这些系统的信息通常是不受限制的，因此在战时，将为敌人提供了可利用的弱点。对此，为了确保军事秘密安全，依据相关法律，若把商业图像出售给非美国政府用户的行为可能会被打击。三是国家地理空间情报局是国防部唯一的执行机构，负责采购所有商业的以及外国政府所拥有的图像远程遥感数据。

3. 地理空间情报支援

联合部队接收来自国家地理空间情报局当前的、准确的地理空

① JCS，JP3-14：*Space Operations*，May 29，2013. http：//www. dtic. mil/doctrine/new_ pubs/jp3_ 14. pdf.

间信息和服务制品。[①] 此外，地理空间情报局为部队提供其他最新的信息，比如，港口环境、水位、最近的城市建设、植被分析、冰层覆盖以及海洋特征。天基图像提供关于地形、表面水分条件、海底状况等，确认入口，特定的进出路线以及其他的任务参数，辅助作战环境联合情报准备。一是地理空间数据的主要来源是国家情报系统提供的可见光谱图像。图像提供了有利于分析区域的详细图景，可分辨确认自然的和人造的特征。立体的图像提供了海拔数据和改进的特征确认。二是全色的、多光谱图像是有益的数据来源，促进发展和更新地理空间信息和服务支援。基于它们的全球覆盖和定期更新，可见卫星系统对于提供地理空间信息和服务支援十分重要。三是危机期间，地理空间信息提供者与国家搜集系统的情报活动直接竞争。在某些情况下，民用的和商业的图像来源可减少这种竞争。

（二）在战役层次共享空间侦察情报：双向方式

基于空间侦察的实践，美军空间侦察能力应用方式之一是：空间侦察机构获得原始的情报素材，由国家层次的情报分析机构实施处理融合，经专用的分发网络或国防部的全球广播服务系统，完成对各级用户的情报支援。反过来，各级用户利用这种网络，通过情报分发终端提出侦察请求，实施信息反馈。[②] 这种模式获得的情报制品价值比较高，但是时效性比较差。比如，来自“锁眼”计划的图片（锁眼－11 和锁眼－12 是其中的一部分）传送到位于华盛顿的国家图像判读中心（NPIC）——中央处理和图片解译机构。所有的图片存储在此，复制品发送到用户。对于陆军请求的情报，复制的图片发送到主要的军事情报司令部，即位于奥夫特空军基地的第 544 战略情报联队。再从这里，情报被送到位于战场的陆军司令部。部分多光谱的图像被下行链接发送到全球接收站。毋庸置疑的是，这

---

① JCS, JP3－14: *Space Operations*, May 29, 2013. http: //www. dtic. mil/doctrine/new_ pubs/jp3_ 14. pdf.

② Ibid. , pp. 2－3.

些制品从类似的甚至可能是同样的路径传输到请求者，比如，首先到中央情报局，然后到国防部，最后到请求者的指挥链。① 另一种方式是空间侦察机构，通过全球广播服务系统和数据链，直接把原始情报素材发给用户，由用户本级完成情报的分析和使用。这种模式获得的情报制品可促进侦察打击的一体化，实现对作战用户的全方位支援，但是这种模式对用户的情报处理能力要求比较高。② 比如，"持久自由行动"中，在阿富汗上空的情报监视与目标获取侦察系统，由无人机和近100颗卫星组成。这些设施为持久自由行动指挥控制和实施层次提供近实时态势感知。这是历史上的第一次，作战人员能够在战场上近实时获得所请求的信息。③ 广播请求图像技术试验系统保障地面部队中继目标的坐标提供给卫星，而卫星对所关心的区域进行照相，转发高清的图像给请求的机构。在白天和晴好的气象条件下，该系统使用光电成像处理请求，在夜晚或者在其他各种气象条件下，该系统则使用雷达成像提供所需要的数据。④ 卫星为远程遥控无人机提供实时录像，通过卫星转发、跟踪以及确认，在某些情况由无人机打击地面目标。

五、理顺空间侦察机构之间的关系

战后，美军在空间侦察的理论探索和实践过程中，建立了比较完整的空间侦察机构，形成了集中控制，统一协调，各负其责，分工明确的格局。在集中控制方面，美军的空间侦察指挥控制体系由

① John D. T. Severance, *Proposed Design of a Tactical Reconnaissance Satellite System*, Air Force Institute of Technology, Nov 30, 1990. http://oai.dtic.mil/oai? verb = getRecord&metadataPrefix = html&identifier = ADA230471.

② JCS, JP2 – 03: *Geospatial Intelligence in Joint Operations*, October 31, 2012. http://www.fas.org/irp/dodder/dod/jp2 – 03. pdf.

③ Lambeth, S. Benjamin, *Air Power against Terror – America's Conduct of Operation Enduring Freedom*, Santa Monica: RAND, 2006, p. 274. http://www.rand.org/pubs/monographs/2006/RAND_MG166 – 1. pdf.

④ Ibid., pp. 276 – 277.

总统领导，国防部具体组织和实施，中央情报局局长进行协调补充，国会对其活动立法授权。① 在分散实施方面，比如国家安全局负责电子侦察，地理空间情报局负责成像侦察等等。②

近年来，美军的空间侦察能力获得较大的发展，空间信息流通顺畅、便捷，归功于其不断对其空间侦察机构进行批评反思和不断的调整。在之前，美军空间侦察机构之间的关系还不是很顺畅，主要表现在：没有统一的空间侦察领导机构，各军兵种之间的空间侦察能力互联互通互操作水平比较低。在这方面，美军有着深刻的教训，因为按照原来的体制，“战术单位在接收情报时，仍然采用层层传递的方法。即从国家到战区，再到军、师、团等等。这套模式是工业时代的遗存。在各部队仍然处于驻守状态或静态时，这套模式能发挥作用。然而，在海湾战争期间，当部队向战场机动时，情报分发和报告渠道‘崩溃’了。现存的这种层层报告模式，导致情报的传输过程往往需要好几个小时。底层战术级机构很少及时收到上级情报。这也影响了底层战术单位向上级报告其所需情报的效率。”③ 美军认为，一体化应该是空间侦察能力的发展方向，并且在海湾战争之后很快建立这种空间侦察机构。战后，美军经过反思和检讨战争中空间侦察系统存在的缺陷，理顺了空间侦察机构之间的关系，集中管理空间侦察活动。按照空间侦察的流程，建立统一的实施机构和工作流程，减少部门之间的壁垒，减少重复工作，以此获得最大的情报效益。从作战支援的视角看，随着战争形态的演进，打击战场动态目标日益成为作战行动的主要目标之一。战场情报支援机

---

① 钟海、周长安：《美军航天侦察情报机构和指挥体制》，《外国军事学术》，2006 年第 2 期，第 72 页。

② 李大光等主编：《美、俄太空军事力量及其作战运用》，武警出版社，2012 年版，第 106 页。

③ Lieutenant Gen Keith B. Alexander, *Joint Military Intelligence Program and Army Tactical Intelligence and Related Activities*, Headquarters, HQDQ Deputy Chief of Staff, G2 before the Committee on Armed Services Subcommittee on Strategic Forces United States 108th Congress, 2nd Session Hearings on Fiscal Year 2003, April 7, 2004, p. 6. www. fas. org/irp/congress/2004_ hr/040704Alexander. pdf.

构靠前部署，实时支援战场作战成为一种有效的支援方式。比如，阿富汗战争和伊拉克战争期间，美地理空间情报局均向战场派驻了情报支援分队，为作战部队提供成像侦察卫星图片。一方面，这有利于缩短情报流程，另一方面，也有利于空间侦察的保密。在战术军事行动中，统一管理战区的情报侦察行动，使战区情报能力发挥最大的作用。

六、加快空间侦察人才的培养

空间侦察是技术密集型领域，技术人才是空间侦察发展的根本。美军十分注重空间侦察人才的作用，构建了一套完整的人才培养机制。

（一）完善院校培养机制，培养空间侦察专业人才

院校是人才培养的主要途径，也是比较正规的方式。空间侦察人才的培养也应注重院校教育，通过系统的理论学习和实践训练，为掌握毕业后的第一任职能力打下良好的基础。

一是完善培养体系。作为美军空间侦察的主体，在空间侦察人才的培养体系建设方面，美国空军走在美军各个军种的前列。美国空军的空间作战人员培训体系中承担空军空间教育的主要有：空军空间作战学校以及空军战争学院等。[①] 此外，美国空军还对美国海军、陆军的空间作战专业人员进行培训。这种分层次、交叉式的教育，能够使空间作战人员获得比较全面的空间作战知识，为遂行当前和未来的任务做好准备，学员在毕业后经常能够获得其他的专业培训。空间侦察人才的培养渠道口径宽，一方面，有军队的培养体系，军事院校与相应的作战部队建立协作机制，各军兵种之间相互交流，共享军事培训教育资源；另一方面，依托国民教育和地方的科研机构，培养空间侦察人才。比如美国有很多计划项目，与地方

---

① Scott W. Beidleman, Maj. USAF, *Air Force Space Education: Transformation for Joint Operations*, AU, April 2003. www. handle. dtic. mil/100. 2/ADA424959.

大学建立了良好的合作关系，走出了一条空间侦察人才培养的军民融合之路。

二是科学设置培训课程。美军为加速空间作战部队的建设，培训空间作战人才，在2000年组建空间作战学院。空间作战学院设有空间作战基础课程和高级课程，教学重点主要在空间监测、导航与通信、情报卫星等方面。2001年，美国空军根据人才培养的需求，提出了空间作战人员培训课程体系：Space100，Space200，Space300，空间基本课程以及高级空间训练。[①] 这种课程体系的特点是逐层深入，以空间作战专业人员的专业发展为核心，基本贯穿学员的整个职业生涯。

（二）注重提高空间侦察人员的素质，提高情报效益

对于美军来说，不论对空间侦察人员的职业教育，还是学历教育，其落脚点都应是培养空间侦察人员的素质，以期提高情报效益。

一是制定职业发展计划。在总体上，美军制定了国防部层级的框架计划，指导各个军种制定空间作战人员的职业发展计划。该框架名为《空间人力资本资源战略》，目的是确保各个军种的空间作战人员获得必要的教育，技巧和经验，以满足国家安全对空间作战的需求。[②] 美国空军早在2003年就发布了《空军空间专业化战略》，制定了空间专业人员发展计划，从总体上筹划空间作战人才培养。美军适时修订空间侦察人员的职业发展计划，并将其纳入军事人才建设体系当中，从顶层设计空间侦察人员的素质要求，从而使得空间侦察人员的发展规划有法可依，有章可循。

二是培养联合文化，灌输联合意识。现代战争的主要作战方式是联合作战。空间侦察能力作为联合作战情报支援能力的重要组成

---

① Scott W. Beidleman, Maj. USAF, *Air Force Space Education: Transformation for Joint Operations*, AU, April 2003. www. handle. dtic. mil/100. 2/ADA424959.

② Peter B. Teets, "Under Secretary of the Air Force, NSS Plans Strategy for Developing Space Professionals", *High Frontier*, Air Force Space Command, summer 2004, p. 5. www. afspc. af. mil/shared/media/document/AFD – 070622 – 055. pdf.

部分，联合文化在其中更加具有重要的意义。空间侦察人员必须了解联合作战体系中各要素对空间侦察信息的需求，以支援联合作战目标的达成。为此，美军认为，空间侦察人员的培养中，其教育、训练和经验的宽度和广度方面，都应该渗透了解联合作战以及空间侦察能力如何最优地融入美军的作战概念和战争计划。①

三是培养多样化的空间侦察人才。近年来，空间侦察对抗领域的斗争日益激烈，窃密与反窃密的手段不断更新，这就需要空间侦察人才具有多种能力应对空间侦察领域的新形势。比如，在空间信号情报领域，信号情报目标的性质发生极大的变化，通信的数量急剧膨胀，先进的密码系统日益扩散到全球。② 因此，目标和技术的变化，在客观上需要各种不同的空间信号情报侦察人才。③ 根据 2010 年 6 月美国国家安全局颁布的《国家安全局 / 中央安全局战略》，未来，美军在培养空间信号情报侦察人才方面，总的要求是吸引、培养多样化的人才，以应对空间信号情报侦察方面的挑战。④

（三）注重空间侦察新型人才的培养

2001 年 1 月，美国空间安全评估委员会（亦称空间委员会）公布了名为《美国空间军事化管理与组织的过去、现在和未来》的研究报告。该报告指出，2001 年，在关键空间部门领导岗位工作的所有官员中，有空间职业背景的不足 20 %。对此，报告明确指出征募和培训空天情报骨干人才的必要性。报告的结论认为，“国防部尚未将培养国家需要的空间情报骨干队伍问题提上议事日程”。空间委员会主任、负责该报告的拉姆斯菲尔德就任国防部长后，要求空军部

---

① Peter B. Teets, “Under Secretary of the Air Force, NSS Plans Strategy for Developing Space Professionals”, *High Frontier*, Air Force Space Command, summer 2004, p. 6. www. afspc. af. mil/shared/media/document/AFD – 070622 – 055. pdf.

② Richard A. Best, Jr. , *the National Security Agency*: *Issues for Congress*, Congress Research Service, the Library of Congress, Jan 2001, p. 9. www. fas. org/irp/crs/RL30740. pdf.

③ Richard A. Best, Jr. , *the National Security Agency*: *Issues for Congress*, Congress Research Service, the Library of Congress, Jan 2001, p. 9. www. fas. org/irp/crs/RL30740. pdf.

④ NSA/CSS, *NSA/CSS Strategy*, June 2010. www. nsa. gov/about/strategic_ plan.

长詹姆斯·罗奇制定全面的空天信息职业管理规划。作为第一步，空军航天司令部制定了空天专业人员战略（space professional strategy），对培养和保持航天职业人员提出了有效途径。2003年7月，罗奇部长批准了该战略，并授权空军航天司令部司令负责管理职业培训。

2004年7月22日，美空军副部长彼得·蒂茨和空军航天司令部司令兰斯·劳德就航天骨干队伍建设问题在美众议院武装部队委员会的战略部队小组委员会举行了听证会，对空军培养国家需要的空间骨干队伍战略—“航天人力资本资源战略”（Space Human Capital Resource Strategy）进行了阐述。陆军、海军以及海军陆战队领导人也参加了听证会，并就这一问题补充发表了各自军种的看法。

2004年10月1日，美空军航天司令部在施里弗空军基地成立了“国家安全航天学院”（NSSI），它将成为美军航天教育和训练的中心。该学院原来是空间作战中心下属的“空间作战学校”（SPOSC）。美空军航天司令部航天专家管理办公室的官员在一份声明中指出，通过广泛的航天教育和训练项目，NSSI将为国防部和其他政府部门培养更多的航天专家。NSSI每年将招收2500名学员，约60%将来自空军，其他学员来自美国国家航空航天局（NASA），国家侦察局（NRO）及其他政府和军事部门。空军航天司令部司令指出，航天作战系统和能力与美军目前的作战密不可分，并成为夺取未来战争胜利的关键。NSSI在航天教育和培训活动方面的措施将提供最佳的航天系统知识并最终提高任务效率。

从2004年底开始，航天骨干队伍的培养全面展开，美军航天职业化部队的建设工作步入了正轨和专业化。美空军副部长蒂茨表示，“再过几年，我们将拥有一支完全专业化的、在整个国防部得以公认的空间干部队伍。”到2005年底，包括空军、海军、陆军、海军陆战队和国防部门在内，这支专业化的航天骨干队伍总计达到了10000人。美国认为这些未来的人才才是空间侦察的能力源，他们将“带领推进美国的空间力量现状，并能极大地转型军事作战和情报行动。”

图书在版编目（CIP）数据

美军空间侦察研究/高庆德，程英著．—北京：时事出版社，2017.1（2023.12 重印）

ISBN 978-7-5195-0047-4

Ⅰ．①美…　Ⅱ．①高…②程…Ⅲ．①空中侦察—研究—美国Ⅳ．①E87

中国版本图书馆 CIP 数据核字（2016）第 275844 号

出 版 发 行：时事出版社
地　　　址：北京市海淀区彰化路 138 号西荣阁 B 座 G2 层
邮　　　编：100097
发 行 热 线：（010）88869831　88869832
传　　　真：（010）88869875
电 子 邮 箱：shishichubanshe@sina.com
印　　　刷：北京世纪优彩科技有限公司

开本：787×1092　1/16　印张：25.5　字数：340 千字
2017 年 1 月第 1 版　2023 年 12 月第 6 次印刷
定价：90.00 元
（如有印装质量问题，请与本社发行部联系调换）